後漢書

志〔一〕

西晉・司馬彪 著
梁・劉昭 注
渡邊義浩 訳

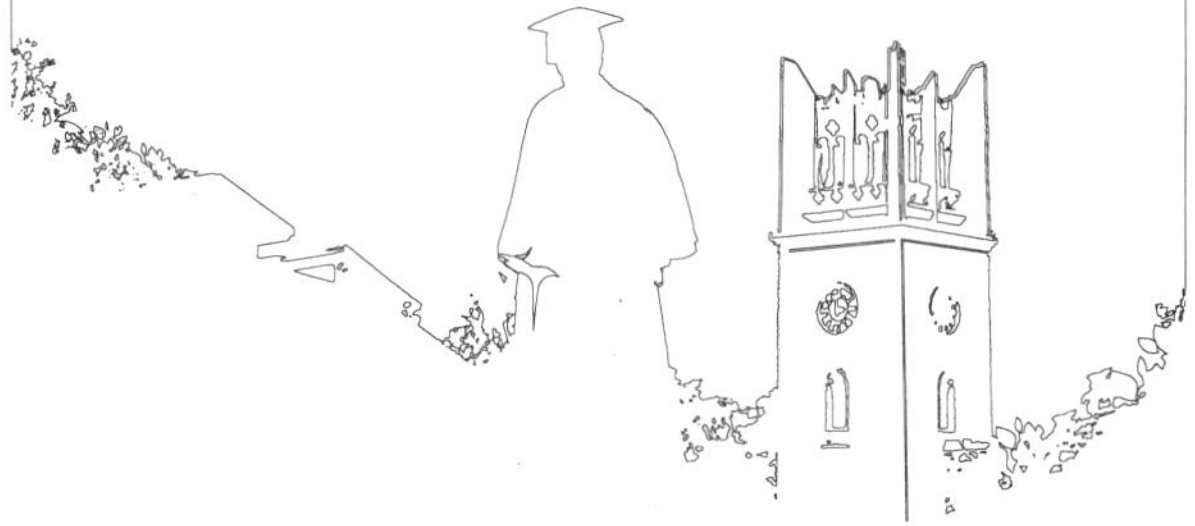

早稲田文庫
005

目次

凡　例

・本シリーズの底本は、「上杉本」と通称される米沢上杉氏の旧蔵した宋慶元四年建安黄善夫刊『後漢書』百二十巻六十冊（国立歴史民俗博物館蔵）を百衲本や中華書局標点本で校勘した『全譯後漢書』全十九巻（汲古書院、二〇〇一～一六年）である。正字で表現された本文および注の原文と諸本との校勘、訓読と詳細な引用を伴う補注、および参校については、汲古書院本を参照されたい。

・上杉本では、劉昭注は、割注の形式により本文に注記されている。本書では、煩を避けるため、主として底本の段落に従って本文を分け、［　］で囲まれた漢数字を附して本来の注記の位置を明らかにし、注自体は本文の後に一括して掲げた。また、本文の意味を補う場合には（　）を用い、簡単な注記を補う場合には〔　〕を用いて、その中に語句を補った。

後漢書注補志序

わたくし劉昭《りゅうしょう》が申し上げます、「むかし司馬遷《しばせん》は『史記《しき》』を著し、その中に（制度史を記した）「八書」（という分類項目）を立てました。（『漢書《かんじょ》』を著した）班固《はんご》は（制度史を継承し）推し広めて、これを「十志」と呼びました。（これらはいずれも）天と人との道筋、皇帝政治の大本について、奥深い源から区分し、著述に示したもので、（『史記』のように）山に隠された秘密の宝をつくり、石に刻んで永遠に（史書を正確に伝達）することをはじめたものです。（その内容は）『春秋《しゅんじゅう》』よりも繁雑であり、またそれぞれ（制度史を著すための体裁にも）工夫をこらした部分がございます。

（『史記』・『漢書』を継承する後漢の歴史は、明帝《めいてい》の）永平《えいへい》年間（五八〜七五年）になりますと、（歴史を書きつけるための）簡牘《かんとく》を東観《とうかん》で執（り、史書を著すことが始ま）りまして、本紀《ほんぎ》と列伝《れつでん》は（執筆されて、それらの事跡が世に）明らかにされましたが、（制度史である）書《しょ》と志《し》は（執筆されず、世に）聞こえておりませんでした。（書と志の執筆は）古い記録を調べてみますと、（侍中の伏無忌《ふくむき》と諫議大夫の黄景《こうけい》により）まず地理志《ちりし》が作られました。（それを受けて）張衡《ちょうこう》は、（漢の）輝かしい制度（のすべて）を記録しようと思いましたが、成し遂げられませんでした。（それでも張衡の著した）『霊憲《れいけん》』は精緻で深遠な内容で、天文は明らかになりました。蔡邕《さいよう》は（罪に問われ、著述を中断された後、流刑先の朔方《さくほう》で）盛んに慷慨《こうがい》の心を高ぶらせ（制度史を記した十意《じゅうい》の執筆を決意し）、まことに多く（の制度史の叙述）を継続しました。劉洪《りゅうこう》と協力して精密に、律暦《りつれき》（に関する制度史である律暦意）を詳述しました。胡広《ここう》より（漢の旧儀の知識を）広く承けて、礼儀《れいぎ》（に関する制度史である礼儀意）を完成しました。郊廟《こうびょう》と社稷《しゃしょく》（の祭祀）は、祭祀意《さいしい》に明らかにされました。乗物と冠服は、車服意《しゃふくい》〔輿服《よふく》意〕に詳しく配列されました。こののち応劭《おうしょう》と譙周《しょうしゅう》がその業績を継ぎ（応劭は『漢官儀《かんかんぎ》』、譙周は「礼儀志」や『古史考《こしこう》』を著し）、董巴《とうは》がその後を継承し（『大漢輿服志《たいかんよふくし》』を著し）ました。

司馬彪《しばひょう》が著した『続漢書《しょくかんじょ》』（の志）は、すべてで「八志」からなります。（そのうち）律暦志《りつれきし》は劉洪《りゅうこう》と蔡邕《さいよう》の構成に従い、車服志《しゃふくし》は董巴《とうは》と蔡邕の立てたものに依拠しております。礼儀志《れいぎし》と祭祀志《さいしし》は往年の制度から撰述し、百官志《ひゃくかんし》は旧来からの官簿に基づいております。（このように司馬彪の『続漢書』八志は）いずれも前代に修撰された典籍に依拠して、一家の言をなしたものです。（したがって、そこには）王者の教えの要点や、国家制度の淵源が、明瞭にかつ概略が備えられております。（しかしながら、『続漢書』という名は）班固《はんご》の『漢書《かんじょ》』に続くもので、（前・後漢の）流れを通じさせようとするものですが、体裁の奥深さは、（『漢書』を）超えられず、文辞の浅薄さは、並べるのも痛ましいほどです。これを（『漢書』の）後継の史書と名づけるのは、疑問を持たずにはおられません。華嶠《かきょう》の『漢後書《かんこうしょ》』は、（制度史の部分を）「十典《じってん》」と呼びます。（ただ、華嶠は）史書の収集と整理に時間を取られ、（「十典」を）ついに完成できませんでした。（そこで、華嶠の中子の華徹《かてつ》と少子の華暢《かちょう》という）二人の子息が続成し、（その文辞は）華麗で周到と称えられましたが、華氏の轍《わだち》（である『漢後書』）は永嘉《えいか》の乱で亡び、十典も共に滅びました。

　正しい言葉や奥義は、こうして絶えたのです。謝沈《しゃしん》と袁山松《えんさんしょう》（の『後漢書』）は昔のままで、何の工夫もなく、時には元の史料の字句を改め、（史料を）さらに広く捜し求めていません。（ただ、袁山松の『後漢書』は）藝文志《げいもんし》を加え、先に（司馬彪が『続漢書』から藝文志を）破棄した誤りを正していますが、（藝文志に著録された）諸篇は近年の記録より転載したものに過ぎません。初平《しょへい》（年間に行われた董卓による洛陽の破壊）と永嘉《えいか》（年間に行われた劉聡による洛陽の破壊）に書籍は焼き払われ、塵や煙のように消滅したので、その残りの限りある史料から（後漢の歴史を正確に）認識できるでしょうか。（謝沈や袁山松といった輩は）東晉《とうしん》の新しい虚構を借りて、後漢の故実としているだけなのです。このため学を志す者は（かれらの書を）採用しません。

范曄《はんよう》の『後漢書』は、良質で誠実なことは他の多く（の「後漢書」）を超えますが、自序は（「獄中より甥と姪に与える書」がありますが、『史記』や『漢書』のように）すべての本紀と伝記に備わってはおらず、志はすべて欠けております。（しかし）国史《こくし》は重大ですから、なるべくゆっくり仕上げるべきですし、天下の英才（の著書）であっても、なお（後人の）改訂を待つべきです。もし（国家の歴史を）草創期から書き始め、（先に著された史書など）拠り所が無ければ、生涯を尽くしても、わずかしか書けません。司《し》馬遷《ばせん》は父（の司馬談《しばたん》）の旧稿を託され（て『史記』を著し）、班固《はんご》は深く父（の班彪《はんひょう》）の力に頼っ（て『漢書』を著し）たのです。（しかも『漢書』は）太初《たいしょ》年間（前一〇四～前一〇一年）より前の部分は、班固が選出した部分も、十志が基づいた部分も、ほとんど（司馬遷の『史記』という）従来の著作に依拠しています。（さらに班固は）挙げられて宮中の校書《こうしょ》に二十年以上出入りしながら（『漢書』を完成できず）、馬続《ばしょく》が（『漢書』の十）志を、班昭《はんしょう》が（八）表（を著して、その抜けた部分）を補成しています。父の著述を続成した（班固のような）者ですら、（国家の歴史を編纂することは）何と困難なことでしょう。まして范曄の構想は（彭城王《ほうじょうおう》の）兵乱に掻《か》き乱され、（獄中の人となったため）心意気は歪《ゆが》められて、大成されるべき志も滅んだのです。（范曄の『後漢書』が史書としての）完全な形態に整わなかった理由は、誠にこのためです。（それでも范曄の『後漢書』）文辞が流麗で内容は豊かですので、続けて改訂を加えるに足り、（後漢の一代記に相応《ふさわ》しい文章を）尋ね求めて事情を調べると、（范曄の『後漢書』こそ）まさしく（後漢の国史に相応しい）踏襲すべき書籍なのです。

もとより（范曄は）『序例《じょれい》』に、「詳細なものを揃えて足りないものに加えたい」と論じており、（また司馬彪『続漢書』の）「八志」に言及して、非常にその長所を称え、「これは前代に修撰されたものだから、（わたしの『後漢書』もこれに）基づいて修撰したい」と記しています。また范曄の『後漢書』の本紀と列伝を調べますと、礼楽志《れいがくし》を作るべきとし、天文志《てんもんし》・五行志《ごぎょうし》・百官志《ひゃくかんし》・車服志《しゃふくし》（正しくは輿服志）は、名称が（司馬彪の『続漢書』の「八志」と）同じであります。これら以外の諸篇は、本紀や列伝には書かれていませんが、律暦志《りつれきし》や郡国志《ぐんこくし》も必ずや従来通りに立てたでしょう。范曄の遺書（となった「獄中より甥と姪に与える書」）の自序には、「あまねく志を作り、『漢書』にある志は、すべて備えたい。巻の中に論を述べ、得失を正したい」とあります。（范曄の『後漢書』の志は）書かれませんでしたが、趣旨は偉大です。（ただし）屋根を重ねる高殿や空に聳《そび》える楼閣も、（基礎となる）垂木《たるき》の柱組に傷があり欠ければ、霞《かすみ》掛かる山の頂きを望んでも、一段目すら積み重ねられません。（范曄が無実の罪で処刑され、その著作活動が）断絶されたのは、なんとも痛ましいことです。（わたくし劉昭は）ただ（范曄『後漢書』の）補成を思うために、道理からみれば（自らが書き著すべきなのに）旧典から借用するのは恥ずべきことですが、（司馬彪の『続漢書』の）八志を借り、それに注を附して（范曄の構想通り、巻中に論を述べて得失を明らかにするなどして志を）補うことにいたします。（わたくしは）見識も狭く表現もかたくなで、博遠（である司馬遷や班固、そして范曄）には及びませんが、基づく史料の力により、少しは並べて論ずることもできましょう。（そこで司馬彪の「八志」を）分けて三十巻とし、范曄《はんよう》の『後漢書』に合わせることにいたしました。（范曄の『後漢書』が）整い完成することを求めるのであれば、文の体裁の異同や出来不出来に誰が口を挟みましょうか。これにより（志を欠くという范曄の）恨みが除かれるのですから、ご賢察を願うばかりです。むかし褚少孫《ちょしょうそん》は、司馬遷《しばせん》の（死後に『史記』の）削除された部分を補成し、馬《ば》続《しょく》は班固の完成できなかった（『漢書』の志の）部分を続成しました。（史書を）補成するという義《ただしさ》は、昔からあるのです。（わたくしが）司馬彪《しばひょう》の八志を借り（て范曄『後漢書』を補成す）ることも、疑うべきことがありましょうか。そもそも歳月は、経てば経つほどいよいよ遠くなり、後世への戒めの言葉も、煙のように消え、真実の残されたものを広く探し求めても、その一端すら現れなくなるものです。（わたくしは）鍾律《しょうりつ》の妙《たえ》なる教理を併せようにも、目録にまとめるのが精一杯、暦の算法の玄妙さを集めるにも、論証するのも恥ずかしい程度の知識しかございません。星占術の秘法、（予言書の）河《か》図《と》や緯書の秘蔵の教義は、（後漢の制度史を著すには）みな通暁する必要がありますが、わたくしが使用できますのは（東晋で新たに作られた）書籍のたぐいです。時には見るべき所もありますが、所詮は端々の寄せ集めです。（蔡邕が著した当時の）正篇を見ておりませんので、記事は（後漢の制度の）詳細で正確な理解に反していることもございましょう。（しかし）今でこそ泰平の世でありますが、（過去の戦乱によって失われた）これらの書籍は手に入りませんので、少しばかり疏漏がありましても、どうかお責めにならぬようお願い申しあげます。

律暦志上　第一　律準　候気

むかしの人（『春秋左氏伝《しゅんじゅうさしでん》』僖公伝《きこうでん》十五年に記される韓簡《かんかん》）は、数を論じて言った、「物が生じて形があり、形があってこれが増え、増えて後に数があった」と。そうであれば、天と地が初めて形を成し、人や物が現れて、そののち数を数えることが生まれた。記録には、「（黄帝《こうてい》の史官である）大橈《だいどう》が十干十二支《じっかんじゅうにし》を作り〔一〕、（黄帝の臣下である）隷首《れいしゅ》が数を作った」とある〔二〕。（十干十二支と数の）二つが作られたので、それらに基づき日表《じっぴょう》〔ノーモンによる日影の観測〕が始まり〔三〕、それに基づき森羅万象が管理された。そもそも一・十・百・千・万（という数の役割と作用）は、同一である。（これに対して）十二律《じゅうにりつ》（という絶対音高）・度・量・衡・暦法は、役割と作用が異なる。物には長短があるので、長さを計るには度を用い〔四〕、物には多少があるので、容量を量るには量を用い〔五〕、量には軽重があるので、重さを計るには権衡《けんこう》を用い〔六〕、音楽には音の高低があるので、調和させるためには律呂《りつりょ》を用い、（日・月・星の）三光の運行には、記録するために暦法を用いるのである。こうして微《かす》かで現れない理法や、精密な変化が、統《す》べ集められるようになった〔七〕。

［劉昭注］

［一］『呂氏春秋《りょししゅんじゅう》』（巻四 孟夏紀 尊師）に、「黄帝《こうてい》は大橈《だいどう》を師とした」とある。『博物記《はくぶつき》』に、「容成氏《ようせい》は暦を造った。黄帝の臣下である」という。（蔡邕《さいよう》の）『月令章句《がつりょうしょうく》』に、「大橈は五《ご》行《ぎょう》の理法を探り、（北斗七星の柄の部分の三星である）斗綱《とこう》が（季節に応じて旋回して）指し示す方向（の含意する所）を占った。そのうえで始めて十干を作り、それにもとづいて日に名前をつけた。十干を幹とよぶ。十二支を作って十二ヵ月に名前をつけた。十二支を枝とよぶ。枝と幹とが組み合わされて、六十という単位が形成された」とある。

［二］『博物記』に、「隷首《れいしゅ》は、黄帝の臣下である」という。一説には、「隷首は、計算の名手であった」という。

［三］表とは、ノーモンの影のことである。

［四］（劉向《りゅうきょう》の）『説苑《ぜいえん》』に、「粟《ぞく》に基づき（長さの単位である）度を作った。粟一粒の長さを一分〔約0.23㎝〕とし、十分を一寸〔約2.3㎝〕とし、十寸を一尺〔約23㎝〕とし、十尺を一丈〔約2.3m〕とした」とある。

［五］『説苑』に、「千二百粒の粟（の体積）を一籥《やく》〔約0.02dℓ〕とし、十籥を一合〔約0.19dℓ〕とし、

十合を一升〔約1.98dℓ〕とし、十升を一斗〔約1.98ℓ〕とし、十斗を一斛《こく》〔約19.8ℓ〕とした」とある。

［六］『説苑』に、「粟十粒（の重さ）を一圭《けい》〔約0.06g〕とし、十圭を一銖〔約0.58g〕とし、二十四銖を一両〔約13.9g〕とし、十六両を一斤〔約222g〕とし、三十斤を一鈞〔約6.66kg〕とし、四鈞を一石〔約26.7kg〕とした」とある。

［七］『漢書《かんじょ》』（巻二十一上）律暦志《りつれきし》に、「そもそも暦を推しはかり十二律を作った。器物を制作し、ぶんまわしで円を描き、さしがねで方形を描き、分銅で重さを量るのに棒ばかりでバランスを取り、水準器や墨縄で（水平や直線をはかり）正しい升で計量して、奥深いものを探り、潜むものを探索して、深いものを引っかけ遠くのものを引き寄せるためには、数はなくてはならない。（数があることで）長さを度る者は毫釐《ごうりん》の微少を失わず、体積を量る者は（黍六十四粒の量である）圭や（その四倍の）撮《さつ》を失わず、重さをはかる者は（黍十粒の重さである）黍《しょ》や（その十倍の）累《るい》を間違えない。一に糸口を得て、十に協せ、百に長じ、千に大きくし、万に広げるのである」とある。

前漢《ぜんかん》が勃興すると、（文帝《ぶんてい》の丞相《じょうしょう》となった）北平侯《ほくへいこう》の張蒼《ちょうそう》は、初めて律暦《りつれき》を秩序立てた。武帝《ぶてい》は楽律《がくりつ》を正すために、協律都尉《きょうりつとい》を置い（て李延年《りえんねん》を任命し、八音を整えさせ）た。元始《げんし》年間〔一～五年〕に至ると、（平帝《へいてい》のもと政権を掌握していた王莽《おうもう》は）鍾律《しょうりつ》に通暁した者を広く徴召《ちょうしょう》し、その意義を考えさせ、義和《ぎか》の劉歆《りゅうきん》は箇条書きにして上奏し、『漢《かん》書《じょ》』に班固《はんご》は（劉歆の上奏を）取ることで律暦志《りつれきし》を著した。（それより前の）元帝《げんてい》の時、郎中《ろうちゅう》の京房《けいぼう》は（相対音高である宮《きゅう》・商《しょう》・角《かく》・徴《ち》・羽《う》の）五声《ごせい》の音と（絶対音高のうち陽《よう》である黄鍾《こうしょう》・太蔟《たいそう》・姑洗《こせん》・蕤賓《すいひん》・夷則《いそく》・無射《ぶえき》の）六律《りくりつ》（と陰《いん》である大呂《たいりょ》・夾鍾《きょうしょう》・中呂《ちゅうりょ》・林《りん》鍾《しょう》・南呂《なんりょ》・応鍾《おうしょう》の六呂《りくりょ》を加えた十二律、それを展開した六十律）の数的関係を理解した。元帝は太子太傅《たいしたいふ》の韋玄成《いげんせい》と諫議大夫《かんぎたいふ》の王章《おうしょう》に命じて、ともに京房を楽府《がくふ》で試問させた。

京房は試問に対《こた》えて、「（わたくしは易と占いの）学問をもとの小黄《しょうこう》の県令である焦延《しょうえん》寿《じゅ》より受けました。六十《ろくじゅう》の（絶対音高である）律《りつ》を互いに発生させる方法は、（低音である）上から（高音である）下を発生させるには、みな（もとの律管の）三分の二の長さ（にした新たな律管）を作成し、（高音である）下から（低音である）上を発生させるには、みな（もとの律管の）三分の四の長さ（にした新たな律管）を作成する（三分損益法《さんぶんそんえきほう》を用いる）のです。陽律《ようりつ》が陰律《いんりつ》を下に生じ、陰律が陽律を上に生ずること（を繰り返すこと）により、（基準の律である黄鍾から十二番目の律となる）中呂《ちゅうりょ》に収斂され、十二の律が整うことになります。（さらに繰り返しますと）中呂は（十三番目の律で、中呂よりも低音である）執始《しっし》を上生し、執始は（十四番目の律で、執始よりも高音である）去滅《きょめつ》を下生するといった具合に、上下（低音と高音）が互いに発生して、（六十番目の律である）南事《なんじ》に収斂され、六十の律が整うことになります。そのように十二律が展開して六十律に至ることは、あたかも八卦《はっか》が展開して六十四卦《ろくじゅうよんか》が生成されることに似ております。宓羲《ふくぎ》は易《えき》を作成して、陽気の初まりを重視し、（それにより）音律の原理を定めました。冬至《とうじ》の日の（相対音高である）五声《ごせい》を定めるには、（六十律の基本である）黄鍾《こうしょう》を（声のドにあたる）宮《きゅう》とします。（律の）太蔟《たいそう》を（声のレにあたる）商《しょう》とし、（律の）姑洗《こせん》を（声のミにあたる）角《かく》とし、（律の）林鍾《りんしょう》を（声のソにあたる）徴《ち》とし、（律の）南呂《なんりょ》を（声のラにあたる）羽《う》とし、（律の）応鍾《おうしょう》を（声のシにあたる）変宮《へんきゅう》とし、（律の）蕤賓《すいひん》を（声のファにあたる）変徴《へんち》とします［一］。これが（相対音高である七）声を作り出している気の始元の姿で、（宮・商・角・徴・羽の）五声（と変宮と変徴）の基本です。したがって（冬至の日の宮・商・角・変徴・徴・羽・変宮の七声に対応する黄鍾・太蔟・姑洗・蕤賓・南呂・応鍾の七律だけが）各々（一年のうちの）一日（の宮に配当されて、その一日）を統括するのです。（黄鍾など七声以外の色育《しきいく》から遅時《ちじ》までの）その他（の五十三律）は（低音から）順番に従ってめぐり、各々の日に配当された律がそれぞれ宮となり、商・徴（など他の七声）は（それぞれの宮に）従って定まるのです〔二〕。（『礼記《らいき》』の）礼運篇《らいうんへん》に、「（相対音高である）五声と（絶対音高である）六律と十二（律の絶対音高を発する律）管は、（十二律が代わるがわる宮を音階としても、五声を定められるという意味で）めぐって互いに宮となる」とあるとおりです〔三〕。六十律を一年を構成するそれぞれの日に配分するにあたり、黄鍾（を宮とする日）は冬至から始まり、（一年経ち、また）冬至になると（黄鍾を宮とする日に）戻ります。こうして（六十律を一年の日々に配当することで）陰陽や寒暖や風雨の占いも（それを基礎に）生まれるのです。（六十律相生の法に基づき六十律を生成し、それに七声を対応させ、それを一年の各々の一日に配当しおわった）この段階では、多くの音を秩序だて、それらの高低を調和させるには、（革製の）打楽器や木製楽器の音でない限りは、調和いたしません。（『尚書』の）虞書《ぐしょ》（尭典）に、「十二律により五声を調和させる」とあるのは、これを言っているのです」と言った。

京房はまた、「竹笛は（長短の相違を長さの単位である）度により（正確に）調べられません。そのために準《じゅん》（という楽器）を作り、それを利用して（十二律の「実」である）数を定めます。準の形は（大型の琴である）瑟《しつ》のようで、長さは一丈〔約2.3ｍ〕で十三弦（の楽器で）、琴柱《ことじ》の間隔は九尺〔約2.07m〕で、それにより黄鍾の律管の長さである九寸〔約20.7cm〕に対応いたします。中央の一本の弦の下に分や寸（の単位）を刻むことで、六十律の高低の基準とするのです」と言った。

京房の音律について述べた議論は、劉歆の上奏文よりも詳しく、その（六十律相生の法という律の生成）方法は、太史令《たいしれい》の役所で施行され、（太史令の部署の一つである）候《こう》部《ぶ》もこの方法を用いている。文章が多いのですべては掲載しないが、ここにその要点をまとめて、『漢書《かんじょ》』律暦志（の記述）に続けておく。

［劉昭注］

［一］（蔡邕《さいよう》の）『月令章句《がつりょうしょうく》』に、「（律の）姑洗《こせん》を（声のミにあたる）角《かく》とし、（律の）南呂《なんりょ》を（声のラにあたる）羽《う》とする。すなわち（姑洗の方が南呂よりも）少し低音である」という。

［二］（蔡邕の）『月令章句』に、「律《りつ》とは、比率であり、音を出す管（の比率）である。上古の聖人は陰陽に基づき、音声を区別し、その高低を明らかにしたが、それらは文章に記せず口伝えできないものであった。そこで始めて金属を鋳て鍾《しょう》を作り、それにより十二の音を掌らせ、そのあとで鍾に基づき上昇し下降する気《き》（と、それに相応じて高下する六十律と）を明らかに

した。（しかし）鍾は（音程の高下を形状として）区別しにくいので、竹を切って管を作り、これを律（管）と呼んだ。律というものは、（音の）高低の比率の基準である。音の高低は、（竹で作った律管の）長短の比率を定めることで制度化された」とある。

［三］鄭玄《じょうげん》は、「宮《きゅう》（を象徴するところ）の数は八十一であり、黄鍾《こうしょう》の（律管の）長さは九寸〔約20.7㎝〕、（それは）九（寸）と（陽の数の代表である）九とを乗じると（黄鍾の実の数である）八十一になるからである。宮（である黄鍾の律管の長さ）を三つに分けてその一を減らすと徴《ち》が生じる、徴（を象徴するところ）の数は五十四であり、林鍾《りんしょう》の（律管の）長さは六寸〔約13.8㎝〕、（それは）六（寸）と（陽の数の代表である）九とを乗じると（林鍾の実の数である）五十四になるからである。徴（である林鍾の律管の長さ）を三つに分けてその一を増やすと商《しょう》が生じる、商（を象徴するところ）の数は七十二であり、太蔟《たいそう》の（律管の）長さは八寸〔約18.4㎝〕、（それは）八（寸）と（陽の数の代表である）九とを乗じると（太蔟の実の数である）七十二になるからである。商（である太蔟の律管の長さ）を三つに分けてその一を減らすと羽《う》が生じる、羽（を象徴するところ）の数は四十八であり、南呂《なんりょ》の（律管の）長さは五寸三分寸の一〔約12.3㎝〕、（それは）五（寸）と（陽の数の代表である）九とを乗じると四十五であり、それに三分寸の一（と九とを乗じると三となり、その和が南呂の実の数である）四十八になるからである。羽

（である南呂の律管の長さ）を三つに分けてその一を増やすと角《かく》が生じる、角〔を象徴するところ〕の数は六十四であり、姑洗《こせん》（律管の）の長さは七寸九分寸の一〔約16.4㎝〕、（それは）七（寸）と（陽の数の代表である）九とを乗じると六十三であり、それに九分寸の一（と九とを乗じると一となり、その和が南呂の実の数である）六十四になるからである。（以下、同様の方法に従って）角（である姑洗の律管の長さ）を三つに分けてその一を減らして変宮《へんきゅう》を生成し、変宮を三つに分けてその一を増やして変徴《へんち》を生成する。この（手続きによって七声と十二律が対応した楽律を生成し終えた）後は、それらが一年の各月に対応して変化していく、（これが『礼記』礼運篇に）いわゆる、めぐって互いに宮となる、である」と言っている。

律準

（京房《けいぼう》の）『律術《りつじゅつ》』には、次のように記されている。「陽は円を形とし、その性は動である。陰は方を節《きまり》とし、その性は静である。動は（本質的な）数を三とし、静は（本質的な）数を二とする。（したがって）陽より陰を生ずるには、これを二倍する。陰より陽を生ずるには、これを四倍し、いずれも三分の一を乗じる。陽から陰を生成することを下生といい、陰から陽を生成することを上生という。上生は黄鍾《こうしょう》の低音（である律管の長さ九寸）を過ぎることはできず、下生は黄鍾の高音（である律管の長さ四寸五分）に及ぶことはできない。（こうして陽を象徴する数である三を分母としながら、陰を象徴する数である二あるいは四を乗じて六十律を生成していくことは）みな、天（の数）を（一・三・五の）三（つの奇数）とし地（の数）を（二・四の）両（つの偶数）とし、（天）蓋《がい》を円とし（大地である）覆《ふく》を方とする（ようなもので、そうする）のは、（陽である）偶数の六が（陰である）奇数の三をうける（ことが陽と陰とが互いに構成する）道だからなのである。黄鍾は、律呂《りつりょ》の筆頭であり、（他の）十一律を生成する根本である［一］。その相生《そうしょう》法《ほう》は、いずれも三分してその一を損益するものである。この事実の故に十二によってこれ（すなわち三という数）を規準に、（三を十二回自乗すべきところであるが、一は二を含んで三になるという事実に鑑みて、十二回ではなく十一回自乗して）十七万七千百四十七を得て、これを黄鍾の実《じつ》とする［二］。また（黄鍾の実である十七万七千百四十七に）二を掛けて、三で割る（つまり三分の二を掛けて三分損する）、この操作を林鍾《りんしょう》の実を下生すると称する。また（林鍾の実である十一万八千九十八に）四を掛けて、三で割る（つまり三分の四を掛けて三分益する）、この操作を太蔟《たいそう》の実を上生すると称する。この操作を上下に推し広げることにより、六十律の実を決定する。（また）三を九乗した数である、一万九千六百八十三を（六十律管の長さを算出する際の共通の分母である）法《ほう》とする。（十二）律《りつ》（管の長さ）の場合は寸《すん》を長さの基準の単位とし、準《じゅん》（の弦の長さ）の場合は尺《しゃく》を長さの基準の単位とする。（分母に）満たない余りの数はこれを十倍し、（それを改めて分子で割り）得た値を分《ふん》を単位に表現する。さらにまた（分母に）満たない余りの数はこれを十倍し、（それを改めて分子で割り）得た値を小分《しょうふん》を単位に表現する。さらにそれ以下の余りの数により（プラス八分の一の）強《きょう》や（マイナス八分の一の）弱《じゃく》を決定する。

［劉昭注］

［一］『漢書《かんじょ》』（巻二十一上 律暦志 上）に、「黄帝《こうてい》は、伶倫《れいりん》を派遣して、大夏《たいか》の西、崑崙山《こんろんざん》の北側から、嶰谷《かいこく》に生えている竹を取らせ、その穴の直径と肉の厚さが均一なものの、二つの節《ふし》の間を切り取ってそれを吹かせ、これを黄鍾《こうしょう》の律管とした。（さらに）十二律の竹管を定めるために鳳凰《ほうおう》の鳴き声を聞き、雄の（鳳凰の）鳴き声を六種、雌の（鳳凰の）鳴き声も六種、（それらを）黄鍾の音と比較して、すべての律管をつくることができた、これが十二律の基本となっている。世の中がとても治まっているときには、天と地の気《き》が合って風が生じる。天

と地の風気が正しいと、十二律は明確に定まる」とある。

［一二］『漢書』（巻二十一上 律暦志 上）に、「（陰陽が生じる前の）太極《たいきょく》の根元の気《き》は、（天・地・人の）三つを一つに包み込んだものである。（太極の）極とは、中という意味である。（根元の）元とは、始めという意味である。十二辰をめぐっていく際には、最初に子《し》の位置からめぐり始める。（元、すなわち始めにあたる）一の数を丑《ちゅう》の位置において三倍にして、三を得る。またこの三を寅《いん》の位置において三倍にして、九を得る。またこの九を卯《ぼう》の位置において三倍にして、二十七を得る。またこの二十七を辰《しん》の位置において三倍にして、八十一を得る。またこの八十一を巳《し》の位置において三倍にして、二百四十三を得る。またこの二百四十三を午《ご》の位置において三倍にして、七百二十九を得る。またこの七百二十九を未《び》の位置において三倍にして、二千百八十七を得る。またこの二千百八十七を申《しん》の位置において三倍にして、六千五百六十一を得る。またこの六千五百六十一を酉《ゆう》の位置において三倍にして、一万九千六百八十三を得る。またこの一万九千六百八十三を戌《じゅつ》の位置において三倍にして、五万九千四十九を得る。またこの五万九千四十九を亥《がい》の位置において三倍にして、十七万七千百四十七を得る。これは陰《いん》と陽《よう》とが徳を合わせ、気が子の位置に集まって、万物を化育させるということである。だから（十二支で言えば、生物は）子のときに発芽の萌しが現れ、丑のときに芽が

紐ばれて出かかり、寅のときに（陽の気が届いて芽が）引きあげられ、卯のときにむっくりと地上に現れ、辰のときにしんしんと伸び、巳のときに伸長の極みに達し、午のときに（敷きつめたように）横におさえられ、未のときに鬱蒼と昧《くら》いほどにしげり、申のときに（万物は）しっかりとひきしまり、酉のときに実がなって孰《じゅく》し、戌のときに尽《ことごと》く地に落ち、亥のときに（万物は地中に）すっぽりと収められる。（他方、十干で言えば、万物は）甲《こう》のときに甲《から》を破って出て、乙《おつ》のときにむくむくと軋《きし》みだし、丙《へい》のときに（雄雌が）明確に分かれ、丁《てい》のときにとても盛んになり、戊《ぼ》のときにさかんに円熟し、己《き》のときにきちんとした紀《すじみち》に収まり、庚《こう》のときに極まりなくかわり、辛《しん》のときにすっかり新しくなり、壬《じん》のときに懐妊し、癸《き》のときに筋道どおり揆《おさ》められる。このため陰陽が及ぼす作用、万物がそれを受けて始まりから終わりへと繰り返す過程は、律呂の中に類別され展開されているうえに、さらに日月・星辰の動きの中に現れており、こうして万物の変化の有様を明確に見ることができる」とある。

黄鍾《こうしょう》（の実）は、十七万七千百四十七。林鍾《りんしょう》を下生する。黄鍾を宮《きゅう》とすれば、太蔟《たいそう》が商《しょう》となり、林鍾が徴《ち》となる。（冬至の日）一日（に配当される）。律《りつ》（管の長さ）は、九寸〔約20.74cm〕。準《じゅん》（の弦の長さ）は、九尺〔約207.4cm〕である。

色育《しきいく》（の実）は、十七万六千七百七十六。謙待《けんたい》を下生する。色育を宮とすれば、未知《みち》が商となり、謙待が徴となる。六日（に配当される）。律（管の長さ）は、八寸九分八厘と約〇、一厘〔約20.65㎝〕。準（の弦の長さ）は、八尺九寸と一万九千六百八十三分の一万五千九百七十三寸〔約206.6㎝〕である。

執始《しつし》（の実）は、十七万四千七百六十二。去滅《きょめつ》を下生する。執始を宮とすれば、時息《じそく》が商となり、去滅が徴となる。六日（に配当される）。律（管の長さ）は、八寸八分七厘と約〇、八厘〔約20.4㎝〕。準（の弦の長さ）は、八尺八寸と一万九千六百八十三分の一万五千五百十六寸〔約204㎝〕である。

丙盛《へいせい》（の実）は、十七万二千四百十。安度《あんど》を下生する。丙盛を宮とすれば、屈斉《くつせい》が商となり、安度が徴となる。六日（に配当される）。律（管の長さ）は、八寸七分六厘ひく約〇、一厘〔約20.1㎝〕。準（の弦の長さ）は、八尺七寸と一万九千六百八十三分の一万千六百七十九寸〔約201㎝〕である。

分動《ふんどう》（の実）は、十七万八十九。帰嘉《きか》を下生する。分動を宮とすれば、随期《ずいき》が商となり、帰嘉が徴となる。六日（に配当される）。律（管の長さ）は、八寸六分四厘強〔約19.9㎝〕。準（の弦の長さ）は、八尺六寸と一万九千六百八十三分の八千百五十二寸〔約199

㎝〕である。

質末《しつまつ》（の実）は、十六万七千八百。否与《ひよ》を下生する。質末を宮とすれば、形晋《けいしん》が商となり、否与が徴となる。六日（に配当される）。律（管の長さ）は、八寸五分二厘と約〇、五厘〔約19.6㎝〕。準（の弦の長さ）は、八尺五寸と一万九千六百八十三分の四千九百四十五寸〔約196㎝〕である。

大呂《たいりょ》（の実）は、十六万五千八百八十八。夷則《いそく》を下生する。大呂を宮とすれば、夾鍾《きょうしょう》が商となり、夷則が徴となる。八日（に配当される）。律（管の長さ）は、八寸四分三厘弱〔約19.4㎝〕。準（の弦の長さ）は、八尺四寸と一万九千六百八十三分の五千五百八寸〔約194㎝〕である。

分否《ふんひ》（の実）は、十六万三千六百五十四。解形《かいけい》を下生する。分否を宮とすれば、開時《かいじ》が商となり、解形が徴となる。八日（に配当される）。律（管の長さ）は、八寸三分一厘強〔約19.1㎝〕。準（の弦の長さ）は、八尺三寸と一万九千六百八十三分の二千八百五十一寸〔約191㎝〕である。

凌陰《りょういん》（の実）は、十六万千四百五十二。去南《きょなん》を下生する。凌陰を宮とすれば、族嘉《ぞくか》が商となり、去南が徴となる。八日（に配当される）。律（管の長さ）は、八寸二分一厘弱〔約18.9㎝〕。準（の弦の長さ）は、八尺二寸と一万九千六百八十三分の五百十四寸〔約189㎝〕である。

少出《しょうしゅつ》（の実）は、十五万九千二百八十。分積《ふんせき》を下生する。少出を宮とすれば、争南《そうなん》が商となり、分積が徴となる。六日（に配当される）。律（管の長さ）は、八寸九厘強〔約18.6㎝〕。準（の弦の長さ）は、八尺と一万九千六百八十三分の一万八千百六十寸〔約186㎝〕である。

太蔟《たいそう》（の実）は、十五万七千四百六十四。南呂《なんりょ》を下生する。太蔟を宮とすれば、姑洗《こせん》が商となり、南呂が徴となる。一日（に配当される）。律（管の長さ）は、八寸〔約18.43㎝〕。準（の弦の長さ）は、八尺〔約184.3㎝〕である。

未知《みち》（の実）は、十五万七千百三十四。白呂《はくりょ》を下生する。未知を宮とすれば、南授《なんじゅ》が商となり、白呂が徴となる。六日（に配当される）。律（管の長さ）は、七寸九分八厘強〔約18.36㎝〕。準（の弦の長さ）は、七尺九寸と一万九千六百八十三分の一万六千三百八十三寸〔約183.9㎝〕である。

時息《じそく》（の実）は、十五万五千三百四十四。結躬《けつきゅう》を下生する。時息を宮とすれば、変《へん》虞《ぐ》が商となり、結躬が徴となる。六日（に配当される）。律（管の長さ）は、七寸八分九釐と約〇、二五釐〔約18.2㎝〕。準（の弦の長さ）は、七尺八寸と一万九千六百八十三分の一万八千百六十六寸〔約182㎝〕である。

屈斉《くつせい》（の実）は、十五万三千二百五十三。帰期《きき》を下生する。屈斉を宮とすれば、路時《ろじ》が商となり、帰期が徴となる。六日（に配当される）。律（管の長さ）は、七寸七分九釐弱〔約17.9㎝〕。準（の弦の長さ）は、七尺七寸と一万九千六百八十三分の一万六千九百三十九寸〔約179㎝〕である。

随期《ずいき》（の実）は、十五万千百九十。未卯《みぼう》を下生する。随期を宮とすれば、形始《けいし》が商となり、未卯が徴となる。六日（に配当される）。律（管の長さ）は、七寸六分八釐強〔約17.7㎝〕。準（の弦の長さ）は、七尺六寸と一万九千六百八十三分の一万五千九百九十二寸〔約177㎝〕である。

形晋《けいしん》（の実）は、十四万九千百五十六。夷汗《いかん》を下生する。形晋を宮とすれば、依行《いこう》が商となり、夷汗が徴となる。六日（に配当される）。律（管の長さ）は、七寸五分八釐弱〔約17.4㎝〕。準（の弦の長さ）は、七尺五寸と一万九千六百八十三分の一万五千三百三十五寸〔約174㎝〕である。

夾鍾《きょうしょう》（の実）は、十四万七千四百五十六。無射《ぶえき》を下生する。夾鍾を宮とすれば、中呂が商となり、無射が徴となる。六日（に配当される）。律（管の長さ）は、七寸四分九厘強〔約17.2㎝〕。準（の弦の長さ）は、七尺四寸と一万九千六百八十三分の一万八千十八寸〔約172㎝〕である。

開時《かいじ》（の実）は、十四万五千四百七十。閉掩《へいえん》を下生する。開時を宮とすれば、南中《なんちゅう》が商となり、閉掩が徴となる。八日（に配当される）。律（管の長さ）は、七寸三分九厘と約〇、一厘〔約17.0㎝〕。準（の弦の長さ）は、七尺三寸と一万九千六百八十三分の一万七千八百四十一寸〔約170㎝〕である。

族嘉《ぞくか》（の実）は、十四万三千五百十三。隣斉《りんせい》を下生する。族嘉を宮とすれば、内負《ないふ》が商となり、隣斉が徴となる。八日（に配当される）。律（管の長さ）は、七寸二分九厘と約〇、一厘〔約16.8㎝〕。準（の弦の長さ）は、七尺二寸と一万九千六百八十三分の一万七千九百五十四寸〔約168㎝〕である。

争南《そうなん》（の実）は、十四万千五百八十二。期保《きほ》を下生する。争南を宮とすれば、物応《ぶつおう》が商となり、期保が徴となる。八日（に配当される）。律（管の長さ）は、七寸一分九厘強〔約16.5㎝〕。準（の弦の長さ）は、七尺一寸と一万九千六百八十三分の一万八千三百二十七寸〔約165㎝〕である。

姑洗《こせん》（の実）は、十三万九千九百六十八。応鍾《おうしょう》を下生する。姑洗を宮とすれば、蕤《すい》賓《ひん》が商となり、応鍾が徴となる。一日（に配当される）。律（管の長さ）は、七寸一分一厘と約〇、一厘〔約16.4㎝〕。準（の弦の長さ）は、七尺一寸と一万九千六百八十三分の二千百八十七寸〔約164㎝〕である。

南授《なんじゅ》（の実）は、十三万九千六百七十四。分烏《ふんう》を下生する。南授を宮とすれば、南事《なんじ》が商となり、分烏が徴となる。六日（に配当される）。律（管の長さ）は、七寸九厘と約〇、八厘〔約16.3㎝〕。準（の弦の長さ）は、七尺と一万九千六百八十三分の一万八千九百三十寸〔約163㎝〕である。

変虞《へんぐ》（の実）は、十三万八千八百八十四。遅内《ちだい》を下生する。変虞を宮とすれば、盛変《せいへん》が商となり、遅内が徴となる。六日（に配当される）。律（管の長さ）は、七寸一厘と約〇、五厘〔約16.1㎝〕。準（の弦の長さ）は、七尺と一万九千六百八十三分の三千三百三十寸〔約161㎝〕である。

路時《ろじ》（の実）は、十三万六千二百二十五。未育《みいく》を下生する。路時を宮とすれば、離《り》宮《きゅう》が商となり、未育が徴となる。六日（に配当される）。律（管の長さ）は、六寸九分二厘と約〇、一厘〔約15.9㎝〕。準（の弦の長さ）は、六尺九寸と一万九千六百八十三分の四千百二十三寸〔約159㎝〕である。

形始《けいし》（の実）は、十三万四千三百九十二。遅時《ちじ》を下生する。形始を宮とすれば、制時《せいじ》が商となり、遅時が徴となる。五日（に配当される）。律（管の長さ）は、六寸八分三厘弱〔約15.7㎝〕。準（の弦の長さ）は、六尺八寸と一万九千六百八十三分の五千四百七十六寸〔約157㎝〕である。

依行《いこう》（の実）は、十三万二千五百八十二。色育《しきいく》を上生する。依行を宮とすれば、謙待《けんたい》が商となり、色育が徴となる。七日（に配当される）。律（管の長さ）は、六寸七分三厘と約〇、五厘〔約15.5㎝〕。準（の弦の長さ）は、六尺七寸と一万九千六百八十三分の七千五十九寸〔約155㎝〕である。

中呂《ちゅうりょ》（の実）は、十三万千七十二。執始《しつし》を上生する。中呂を宮とすれば、去滅《きょめつ》が商となり、執始が徴となる。八日（に配当される）。律（管の長さ）は、六寸六分六厘弱〔約15.3㎝〕。準（の弦の長さ）は、六尺六寸と一万九千六百八十三分の一万千六百四十二寸〔約153㎝〕である。

南中《なんちゅう》（の実）は、十二万九千三百八。丙盛《へいせい》を上生する。南中を宮とすれば、安度《あんど》が商となり、丙盛が徴となる。七日（に配当される）。律（管の長さ）は、六寸五分七厘ひく約〇、一厘〔約15.1cm〕。準（の弦の長さ）は、六尺五寸と一万九千六百八十三分の一万三千六百八十五寸〔約151cm〕である。

内負《ないふ》（の実）は、十二万七千五百六十七。分動《ふんどう》を上生する。内負を宮とすれば、帰嘉が商となり、分動が徴となる。八日（に配当される）。律（管の長さ）は、六寸四分八厘と約〇、一厘〔約14.9cm〕。準（の弦の長さ）は、六尺四寸と一万九千六百八十三分の一万五千九百五十八寸〔約149cm〕である。

物応《ぶつおう》（の実）は、十二万五千八百五十。質末《しつまつ》を上生する。物応を宮とすれば、否与《ひよ》が商となり、質末が徴となる。七日（に配当される）。律（管の長さ）は、六寸三分九厘強〔約14.7cm〕。準（の弦の長さ）は、六尺三寸と一万九千六百八十三分の一万八千四百七十一寸〔約147cm〕である。

蕤賓《すいひん》（の実）は、十二万四千四百十六。大呂《たいりょ》を上生する。蕤賓を宮とすれば、夷則《いそく》が商となり、大呂が徴となる。一日（に配当される）。律（管の長さ）は、六寸三分二厘と約〇、一厘〔約14.54cm〕。準（の弦の長さ）は、六尺三寸と一万九千六百八十三分の四千百三十一寸〔約145.4cm〕である。

南事《なんじ》（の実）は、十二万四千百五十四。上生も下生もしない。南事は窮であり、商・

徴は無く、宮にできない。七日（に配当される）。律〔管の長さ〕は、六寸三分一厘弱〔約14.51㎝〕。準（の弦の長さ）は、六尺三寸と一万九千六百八十三分の千五百十一〔約145.1㎝〕である。

盛変《せいへん》（の実）は、十二万二千七百四十一。分否《ふんひ》を上生する。盛変を宮とすれば、解形《かいけい》が商となり、分否が徴となる。七日（に配当される）。律〔管の長さ〕は、六寸二分三厘と約〇、五厘〔約14.34㎝〕。準（の弦の長さ）は、六尺二寸と一万九千六百八十三分の七千六十四寸〔約143.4㎝〕である。

離宮《りきゅう》（の実）は、十二万千八十九。凌陰《りょういん》を上生する。離宮を宮とすれば、去南《きょなん》が商となり、凌陰が徴となる。七日（に配当される）。律〔管の長さ〕は、六寸一分五厘と約〇、一厘〔約14.15㎝〕。準（の弦の長さ）は、六尺一寸と一万九千六百八十三分の一万二百二十七寸〔約141.5㎝〕である。

制時（の実）は、十一万九千四百六十。少出《しょうしゅつ》を上生する。制時を宮とすれば、分積《ふんせき》が商となり、少出が徴となる。八日（に配当される）。律〔管の長さ〕は、六寸七厘弱〔約13.96㎝〕。準（の弦の長さ）は、六尺と一万九千六百八十三分の一万三千六百二十寸〔約139.6㎝〕である。

林鍾《りんしょう》（の実）は、十一万八千九十八。太蔟《たいそう》を上生する。林鍾を宮とすれば、南呂《なんりょ》が商となり、太蔟が徴となる。一日（に配当される）。律（管の長さ）は、六寸〔約13.82㎝〕。準（の弦の長さ）は、六尺〔約138.2㎝〕である。

謙待《けんたい》（の実）は、十一万七千八百五十一。未知《みち》を上生する。謙待を宮とすれば、白呂《はくりょ》が商となり、未知が徴となる。五日（に配当される）。律（管の長さ）は、五寸九分九厘弱〔約13.78㎝〕。準（の弦の長さ）は、五尺九寸と一万九千六百八十三分の一万七千二百十三寸〔約137.7㎝〕である。

去滅《きょめつ》（の実）は、十一万六千五百八。時息《じそく》を上生する。去滅を宮とすれば、結躬《けつきゅう》が商となり、時息が徴となる。七日（に配当される）。律（管の長さ）は、五寸九分二厘弱〔約13.61㎝〕。準（の弦の長さ）は、五尺九寸と一万九千六百八十三分の三千七百八十三寸〔約136.1㎝〕である。

安度《あんど》（の実）は、十一万四千九百四十。屈斉《くっせい》を上生する。安度を宮とすれば、帰期《きき》が商となり、屈斉が徴となる。六日（に配当される）。律（管の長さ）は、五寸八分四厘ひく約〇、一厘〔約13.43㎝〕。準（の弦の長さ）は、五尺八寸と一万九千六百八十三分の七千七百八十六寸〔約134.3㎝〕である。

帰嘉《きか》（の実）は、十一万三千三百九十三。随期《ずいき》を上生する。帰嘉を宮とすれば、未卯《みぼう》が商となり、随期が徴となる。六日（に配当される）。律（管の長さ）は、五寸七分六厘と約〇、一厘〔約13.25cm〕。準（の弦の長さ）は、五尺七寸と一万九千六百八十三分の一万千九百九十九寸〔約132.5cm〕である。

否与《ひよ》（の実）は、十一万千八百六十七。形晋《けいしん》を上生する。否与を宮とすれば、夷汗《いかん》が商となり、形晋が徴となる。五日（に配当される）。律（管の長さ）は、五寸六分八厘強〔約13.07cm〕。準（の弦の長さ）は、五尺六寸と一万九千六百八十三分の一万六千四百二十二寸〔約130.7cm〕である。

夷則《いそく》（の実）は、十一万五百九十二。夾鍾《きょうしょう》を上生する。夷則を宮とすれば、無射《ぶえき》が商となり、夾鍾が徴となる。八日（に配当される）。律（管の長さ）は、五寸六分二厘弱〔約12.92cm〕。準（の弦の長さ）は、五尺六寸と一万九千六百八十三分の三千六百七十二寸〔約129.2cm〕である。

解形《かいけい》（の実）は、十万九千百三。開時《かいじ》を上生する。解形を宮とすれば、閉掩《へいえん》が商となり、開時が徴となる。八日（に配当される）。律（管の長さ）は、五寸五分四厘強〔約12.75cm〕。準（の弦の長さ）は、五尺五寸と一万九千六百八十三分の八千四百六十五寸〔約127.5

cm〕である。

去南《きょなん》（の実）は、十万七千六百三十五。族嘉《ぞくか》を上生する。去南を宮とすれば、隣斉《りんせい》が商となり、族嘉が徴となる。八日（に配当される）。律（管の長さ）は、五寸四分六厘と約〇、八厘〔約12.56cm〕。準（の弦の長さ）は、五尺四寸と一万九千六百八十三分の一万三千四百六十八寸〔約125.8cm〕である。

分積《ふんせき》（の実）は、十万六千百八十七。争南《そうなん》を上生する。分積を宮とすれば、期保《きほ》が商となり、争南が徴となる。七日（に配当される）。律（管の長さ）は、五寸三分九厘と約〇、五厘〔約12.41cm〕。準（の弦の長さ）は、五尺三寸と一万九千六百八十三分の一万八千六百七十一寸〔約124.1cm〕である。

南呂《なんりょ》（の実）は、十万四千九百七十六。姑洗《こせん》を上生する。南呂を宮とすれば、応鍾《おうしょう》が商となり、姑洗が徴となる。一日（に配当される）。律（管の長さ）は、五寸三分三厘強〔約12.26cm〕。準（の弦の長さ）は、五尺三寸と一万九千六百八十三分の六千五百六十一寸〔約122.7cm〕である。

白呂《はくりょ》（の実）は、十万四千七百五十六。南授《なんじゅ》を上生する。白呂を宮とすれば、分烏《ふんう》が商となり、南授が徴となる。五日（に配当される）。律（管の長さ）は、五寸三分二厘強

〔約12.23㎝〕。準（の弦の長さ）は、五尺三寸と一万九千六百八十三分の四千三百六十一寸〔約122.4㎝〕である。

結躬《けつきゅう》（の実）は、十万三千五百六十三。変虞《へんぐ》を上生する。結躬を宮とすれば、遅内《ちだい》が商となり、変虞が徴となる。六日（に配当される）。律（管の長さ）は、五寸二分六厘強〔約12.10㎝〕。準（の弦の長さ）は、五尺二寸と一万九千六百八十三分の一万二千百十四寸〔約121.0㎝〕である。

帰期《きき》（の実）は、十万二千百六十九。路時《ろじ》を上生する。帰期を宮とすれば、未育《みいく》が商となり、路時が徴となる。六日（に配当される）。律（管の長さ）は、五寸一分九厘と約〇、一厘〔約11.93㎝〕。準（の弦の長さ）は、五尺一寸と一万九千六百八十三分の一万七千八百五十七寸〔約119.4㎝〕である。

未卯《みぼう》（の実）は、十万七百九十四。形始《けいし》を上生する。未卯を宮とすれば、遅時《ちじ》が商となり、形始が徴となる。六日（に配当される）。律（管の長さ）は、五寸一分二厘と約〇、一厘〔約11.78㎝〕。準（の弦の長さ）は、五尺一寸と一万九千六百八十三分の四千百七寸〔約117.8㎝〕である。

夷汗《いかん》（の実）は、九万九千四百三十七。依行《いこう》を上生する。夷汗を宮とすれば、色育《しきいく》が商となり、依行が徴となる。七日（に配当される）。律（管の長さ）は、五寸五厘強〔約11.62cm〕。準（の弦の長さ）は、五尺と一万九千六百八十三分の一万二百二十寸〔約116.2cm〕である。

無射《ぶえき》（の実）は、九万八千三百四。中呂《ちゅうりょ》を上生する。無射を宮とすれば、執始《しつし》が商となり、中呂が徴となる。八日（に配当される）。律（管の長さ）は、四寸九分九厘強〔約11.48cm〕。準（の弦の長さ）は、四尺九寸と一万九千六百八十三分の一万八千五百七十三寸〔約114.9cm〕である。

閉掩《へいえん》（の実）は、九万六千九百八十。南中《なんちゅう》を上生する。閉掩を宮とすれば、丙盛《へいせい》が商となり、南中が徴となる。八日（に配当される）。律（管の長さ）は、四寸九分三厘弱〔約11.34cm〕。準（の弦の長さ）は、四尺九寸と一万九千六百八十三分の五千三百三十三寸〔約113.3cm〕である。

隣斉《りんせい》（の実）は、九万五千六百七十五。内負《ないふ》を上生する。隣斉を宮とすれば、分動《ふんどう》が商となり、内負が徴となる。七日（に配当される）。律（管の長さ）は、四寸八分六厘と約〇、一厘〔約11.18cm〕。準（の弦の長さ）は、四尺八寸と一万九千六百八十三分の一万千九百六十六寸〔約111.8cm〕である。

期保《きほ》（の実）は、九万四千三百八十八。物応《ぶつおう》を上生する。期保を宮とすれば、質末《しつまつ》が商となり、物応が徴となる。八日（に配当される）。律（管の長さ）は、四寸七分九厘と約〇、五厘〔約11.03cm〕。準（の弦の長さ）は、四尺七寸と一万九千六百八十三分の一万八千七百七十九寸〔約110.3cm〕である。

応鍾《おうしょう》（の実）は、九万三千三百十二。蕤賓《すいひん》を上生する。応鍾を宮とすれば、大呂《たいりょ》が商となり、蕤賓が徴となる。一日（に配当される）。律（管の長さ）は、四寸七分四厘と約〇、一厘〔約10.90cm〕。準（の弦の長さ）は、四尺七寸と一万九千六百八十三分の八千十九寸〔約109.0cm〕である。

分烏《ふんう》（の実）は、九万三千百十六。南事《なんじ》を上生する。分烏は窮次であり、徴は無く、宮にできない。七日（に配当される）。律（管の長さ）は、四寸七分三厘と約〇、一厘〔約10.88cm〕。準（の弦の長さ）は、四尺七寸と一万九千六百八十三分の六千五十九寸〔約108.8cm〕である。

遅内《ちだい》（の実）は、九万二千五十六。盛変《せいへん》を上生する。遅内を宮とすれば、分否《ふんひ》が商となり、盛変が徴となる。八日（に配当される）。律（管の長さ）は、四寸六分八厘弱〔約10.76cm〕。準（の弦の長さ）は、四尺六寸と一万九千六百八十三分の一万五千百四十二寸

〔約107.6㎝〕である。

未育《みいく》（の実）は、九万八百十七。離宮《りきゅう》を上生する。未育を宮とすれば、凌陰《りょういん》が商となり、離宮が徴となる。八日（に配当される）。律（管の長さ）は、四寸六分一厘と約〇、二五厘〔約10.61㎝〕。準（の弦の長さ）は、四尺六寸と一万九千六百八十三分の二千七百五十二寸〔約106.1㎝〕である。

遅時《ちじ》（の実）は、八万九千五百九十五。制時《せいじ》を上生する。遅時を宮とすれば、少出《しょうしゅつ》が商となり、制時が徴となる。六日（に配当される）。律（管の長さ）は、四寸五分五厘強〔約10.47㎝〕。準（の弦の長さ）は、四尺五寸と一万九千六百八十三分の一万二百十五寸〔約104.7㎝〕である」と。

（竹の）管を切って律管《りつかん》をつくり、吹くことで（その音高と相対音高である）声《せい》を照合し、（低音から高音の順番に）配列することで（声と）気《き》を窺う（ことで対応する）のは、（音律を整える）道の根本である〔一〕。（律暦の）術者（である京房《けいぼう》）は律管《りつかん》の声が微《かす》かであり、声を生成する（十二律管の）実体（の長さ）が知り難く、その（法や実の）分数も明確でないために、準《じゅん》を製作して律管に代えた。準が生成する（十二律の）声は、明快で流暢で理解しやすく、（弦の長さの）分や寸の数値も大きい。しかし、（準の）弦は（張り具合が）緩くなったりきつくなったりすることで（音の）高低が変わるので、律管でなければ（十二律を）正せない。準の真ん中の最も長い弦（の絶対音高を黄鍾律）に均しくなるように調律し、黄鍾《こうしょう》（律管が生成する音）とも符合するようにさせ、（準の胴に）目盛りを刻み、その日盛りに従って残りの律を求める。（律管の長さも準の弦の長さもすべて）数に準拠しながら（正確な十二律に）応ずるのである。

〔劉昭注〕

〔一〕『漢書』（巻二十一上 律暦志上）の注に、「章帝《しょうてい》の時、零陵郡文学《れいりょうぐんぶんがく》の奚景《けいけい》は、冷道県《れいどうけん》の舜《しゅん》を祀った祠の下で白玉の笛を手に入れた。むかしは（律管とするため竹ではなく）玉で笛をつくった」とある。

音律と七声は精密で繊細なものであり、これらを総合的に把握できる者だけが理解できる。（後漢の章帝《しょうてい》の）元和《げんわ》元〔八四〕年、待詔候鍾律《たいしょうこうしょうりつ》の殷肜《いんゆう》が上言して、「（現在、後漢の）官僚には六十律に通暁して、準《じゅん》を使って音を調律できる者はおりません。かつて待詔であった厳崇《げんすう》は、詳しく準の使用方法を子の厳宣《げんせん》に教え、厳宣は（準の使い方や音律に）通じております。どうか厳宣を召し出し、学官につけて、楽器の調律を任されますように」と申し上げた。（章帝は）詔を下して、「厳崇の子（である厳宣）の学問は、音律に通暁するという。（絶対音高である）律を聞き分け、（相対音高である）声を協和させられる者であるか、審査して試験せよ。父の学問を継承できず、聞き分けられないのに聴けるとする者ではないのか。音律と七声は微妙なものであるから、一人が（厳宣を）否定しても、すべてが定まるわけではなく、（逆に）一人がよいとしても、すべてが明らかになるわけでもない。律管（の順番）をばらばらにしたものを吹き、よく十二律を知ることができて、一つも間違えなければ、厳崇の学問をよく伝えると見なすことにせよ」とした。太史丞《たいしじょう》の弘《こう》は、（厳宣に）十二律の音を聞き分けさせたが、二律は的中したが、四律は的中せず、六律は何の律であるかさえ答えられず、厳宣は学官に就けられなかった。これより音律の専門家で、準の弦を張れる者はいなくなり、（太史令配下の部署である）候部《こうぶ》でも（準を）見知っている者はいなくなった[二]。

熹平《きへい》六〔一七七〕年、東観《とうかん》（の史官）は、音律を掌《つかさど》っていた太子舎人《たいししゃじん》の張光《ちょうこう》たちを召して準の意義を問うた。張光たちは（準を）知らず、（役所に）帰って古い蔵を探すと、準を見つけられ、形も仕組みも京房《けいぼう》の書籍の通りであったが、準の弦の（張り方の）緩急を定められなかった。音楽は書籍で人に明らかに伝えられず、音律の知識を持つ者は（誰かにそれを）教授したいと思っても、その手段が無く、心が音律に熟達した者は身体で知っていても、師事するものがいない。このため（音律・暦法・歴史記録などを掌る）史官《しかん》であっても（音律の）高低を正確に弁別できる者は、ついに絶えた。いま伝えられるものは、（音律を示す律管や準の）だいたいの概数と候気《こうき》の方法だけである。

［劉昭注］

［一］薛瑩《せつえい》の『後漢記《ごかんき》』に、「上（章帝）は太常楽丞《たいじょうがくじょう》の鮑鄴《ほうぎょう》たちが、楽《がく》について上奏したので、車騎《しゃき》将軍《しょうぐん》の馬防《ばぼう》に下し（て議論をさせ）た。馬防は（その結果を）上奏して次のように申しあげた、「建初《けんしょ》二（七七）年七月、鮑鄴が上奏して、「王者の飲食は、必ず基づくべき原理として（春夏秋冬の）四時に応じた（酸・苦・辛・鹹《かん》・甘の）五味を必要とします。したがって（食事の際に奏でられる音楽である）食挙楽《しょくきょがく》（も五味に応じた音律にすること）は、（王者が）天地に順い、神明を養い、福応を求めるためにございます。（『孝経』広要道章に）「（民人のよくない）風俗を移し改め（て善良な風俗に変え）るには、（民人に）音楽を奨めることが最もよい」と申します。音楽というものは天地の和であり、長らく荒廃させるべきものではありま

せん。（それなのに）今（漢の）官楽には、ただ太族《たいそう》（の音律に基づく音楽）があるだけで、月ごとにふさわしい律に応じておりません。十二の月に（それぞれ相応しい月律の正確な音を生成する楽器である）均《きん》を作るべきであり、（その結果）各々その月の気に応じ（る音楽を奏で）れば、天地に順い、和気に応じられます。明帝《めいてい》は始めて霊台《れいだい》に（七人の候鍾律《こうしょうりつ》を置き）六律《りくりつ》を候《うかが》わせましたが、まだ月ごとの門を設けておりません。『楽経《がくけい》』に、「十二月をめぐるのは、気を整え物を豊かにするためである。月ごとに北斗の柄が建《おざ》す方角に対応した門を開き、その月の律を奏歌する」とあります。まことにぜひこれを実施すべきです。どうか待詔候鍾《たいしょうこうしょう》律《りつ》の厳崇《げんすう》、および楽器作りを得意とする者と一緒に作業をして、考工《こうこう》に必要な資材を供給させてください」と申しました。（それに対して）詔が太常《たいじょう》に下されました。太常は、「楽器を製作するには百四十六万銭が必要となります。太僕《たいぼく》に（その費用を）請求して、作成しましたら、ご報告いたします」と上言しました。（しかし）報告されておりません。今明らかな詔が臣《わたくし》馬防《ばぼう》に下されました。臣はそこで鮑鄴《ほうぎょう》および待詔候鍾律《たいしょうこうしょうりつ》の音律に詳しい者に下問したところ、みな「聖人が楽を制定したのは、気を整え和を致し、陰陽を整えるためです」と申しました。臣愚《わたくし》が考えますに、上天の明時に順い、それにより歳首は正月と決定し、太族の音律を発して、雅頌《がしょう》の音学を奏で、それにより太平を立て、和気を迎えるべきであります。

その条理は甚だ備わっております」と。詔書により馬防の上言を三公《さんこう》に下した」とある。

そもそも五音は陰陽《いんよう》から生まれ、分かれて十二律《りつ》となり、（さらに十二律が）六十律に変化する。（それは）みな四時十二ヵ月の気を整え、万物を正すためである。天は日（時計の）影により（正し）、地は響きにより正す。（その地の響きが）律なのである。陰陽が調和すれば（日時計の）影は極点に達し、律管と気が応じれば（律官の中の）灰は飛び散る。このため天子は、常に冬至と夏至の日には前殿に臨み、八能《はちのう》の士を集め、（金・石・糸・竹・匏《ひさご》・土・革・木でつくった楽器である）八音《はちいん》（鍾鎛《しょうはく》・磬《けい》・琴瑟《きんしつ》・簫管《しょうかん》・笙《しょう》・塤《けん》・鼓《こ》・柷敔《しゅくご》）をならべ、（基準音を奏でる）楽器である均《きん》（が生成する十二律）を聴き、日時計の影の長さをはかり、鍾（が生成する十二）律をうかがい、灰（の重さ）をはかり、陰陽（が調和しているかどうか）を究めさせる。冬至は陽の気が昇ってくるので、十二律は高くなり、日時計の影は最も長くなり、黄鍾《こうしょう》の音が（気に）応じ、灰は軽くなり秤《はかり》は上を向く。夏至は陰の気が昇ってくるので、十二律は低くなり、日時計の影は最も短くなり、蕤賓《すいひん》の音が（気に）応じ、土灰は軽くなり秤は下を向く[二]。（冬至・夏至の）前後五日の間に（八種の楽調の基本となる数値の）調査を行い、八能の士はそれぞれの徴候と状況を報告し、太史令《たいしれい》が（それをまとめて）上奏する。（陰陽が）極まると（人びとは）和順し、そうでないと（未来は）芳しくない〔二〕。

〔劉昭注〕

〔一〕『淮南子《えなんじ》』（天文訓）に、「（五月は）水の気が上昇するので夏至は湿潤であり、（十一月は）火の気が上昇するので冬至は乾燥する。乾燥するので灰は軽くなり、湿潤であるので灰は重くなる」とある。

〔二〕『易緯《えきい》』に、「冬至に君主は宮殿から出ず、兵を止め、楽《がく》に従事すること五日、黄鍾《こうしょう》の磬《けい》を撃つ。公卿《こうけい》・大夫《たいふ》・列士《れつし》の思いを得られれば、陰陽の影は定まった長さとなる。夏至の日にも、冬至と同様の礼を行う。冬至の日には、八尺〔約184㎝〕の日表《ノーモン》を立て、日中にその影を視る。影が規定の通りであれば、その歳は豊年で、人びとは和順する。影が規定の通りでなければ、その歳は実りが少なく、人びとには偽りごとが多くなり、政令は安定しない。影が長かったときには水害があり、影が短かったときには旱害がある。一尺〔約23㎝〕長ければ日食が起こり、一尺短ければ月食が起こる。月食が起これば臣下の行いを正し、日食が起これば君主の政道を正す」とある。

候気

候気《こうき》の法では、（風が入らないように）部屋を三重につくり、戸を閉め、もれなく（壁の）隙間を塗りこめ、赤い布を敷きつめる。部屋の中には木の机を設けるが、（机は）律ごとにそれぞれ一つずつ、内側を低くし外側を高くして、その方位に従って置く。律管を机の上に並べ、葭莩《かふ》〔葦の茎の内側の薄皮〕の灰を律管の中に入れ、その内側を塞いでおく〔一〕。暦日《れきじつ》を調べてこれを観察する。（特定の暦日に対する）気《き》が至ると灰は動く。灰のうち気によって動いたものは灰が飛び散り、人や風が動かしたものは灰が集まる。宮殿の中で候気をするには、玉製の律管十二本を用いる。ただ（冬至と夏至の）二至《にし》の場合は霊台《れいだい》で候気をして、竹製の律管六十本を用いる。候日《こうじつ》はその暦の示すとおりである〔二〕。

〔劉昭注〕

〔一〕葭莩は、河内郡《かだいぐん》〔河南省武陟の南西〕より産出する。

〔二〕（蔡邕《さいよう》の）『月令 章句《がつりょうしょうく》』に、「むかしの鍾や律をつくる者は、耳によって、その音階を整えた。後世になると（耳で整えることが）できなくなったので、かりに数によって鍾や律の基準を正すようになり、基準の数が正しければ音もまた正しいとされた。鍾は何斤何両といった重さと、中に入れることができる何升何斗といった数を基準となし、律もまた何寸何分といった長短を基準とした。このため黄鍾《こうしょう》の律管の長さは九寸〔約20.7㎝〕で、内径は三分〔約6.9㎜〕、外径は九分〔約20.7㎜〕とされ、それ以外は（律管の長さだけが）みな次第に短かくなり、ただ内径と外径は増減がないとされたのである。基準によって量ることとは、文章にしたり口で伝えたりでき、多くの人と知識を共有できるが、それでも耳で定めた（音の）明らかであることには敵わない」とある。

律暦志中 第二　賈逵論暦　永元論暦　延光論暦　漢安論暦　熹平論暦　論月食

（前漢武帝《ぜんかんぶてい》の）太初《たいしょ》元〔前一〇四〕年、初めて三統暦《さんとうれき》（の元である太初暦《たいしょれき》）を用いてから、使われ続けること百年以上が経ち、暦はやや天象よりも遅れ、（実際の）朔《さく》〔一日〕が暦（の朔）より先になり、朔が（暦上の）晦日《みそか》に起こったり、月が（暦上の）朔日に現れたりした。その運行を考えると、暦日は（天象よりも）遅れることはあっても進むことは無く、月（の運行）は進むことはあっても遅れることは無い。（後漢光武帝《ごかんこうぶてい》の）建武《けんむ》八〔三二〕年、太僕《たいぼく》の朱浮《しゅふ》や太中大夫《たいちゅうたいふ》の許淑《きょしゅく》たちはしばしば上書して、「暦と朔（との関係）が正しくありません。ぜひ（現行の前漢の劉歆《りゅうきん》が太初暦を理論的に増補した暦法である三統暦を）改正すべきです」と申し上げた。その時には（月の運行の）角度（と暦と）の誤差は、まだ僅かであり、光武帝《こうぶてい》は天下が平定されたばかりであることを理由に、（暦を）検討し改正する余裕はないとした。

（明帝《めいてい》の）永平《えいへい》五〔六二〕年、官暦（である三統暦の予測）では七月十六日は月食になるとしていた。太史待詔《たいしたいしょう》の楊岑《ようしん》は、当時、月食がしばしば暦より先に起きていたことを考え、そこで計算を早め（一日）繰り上げて（月食の）日であるとし、上言して、「月は十五日に食するはずです。（十六日とする）官暦は的中いたしません」と申し上げた。そこで詔書により、楊岑に（月の）観察を行わせ（その結果を）、官暦と比較させた。七月より始め、十一月に至るまで、（月の満ち欠けである）弦望《げんぼう》を観察すること五回に及んだが、官暦（の予測）はみなはずれ、楊岑（の予測）はみな的中した。庚寅《こういん》、詔書により楊岑を弦望月食官《げんぼうげつしょくかん》に任命し、また太史待詔の張盛《ちょうせい》や景防《けいぼう》や鮑鄴《ほうぎょう》たちに（一年を三六五日と四分の一とする）四分暦《しぶんれき》により、楊岑（の予測）と比較させた。一年あまりの間、張盛たち（の四分暦）が的中させた予測は、楊岑（が的中させた予測）よりも六回多かった。（そこで永平）十二年十一月丙子《へいし》、詔書により張盛・景防が楊岑に代わって、弦望や月食の時刻を担当することになった。（後漢）四分暦が、（太初暦の採用以来）はじめて施行されたのである。（しかし）この時、張盛・景防らは、まだ暦元《れきげん》を明らかにし、（天体の運行の）角度を明確にできず、ただ月の弦望（の予測）を行っただけであった。

これ〔永平十二年〕より先の（永平）九年、太史待詔《たいしたいしょう》の董萌《とうほう》は、暦が正しくないと上言し、（明帝は）それについて三公《さんこう》・太常《たいじょう》に下し、暦を知る者たちと共に議論をさせた。（永平）十年四月に（議論は）終わったが、（暦のずれた）原因を明確に示せる者はいなかった。（章帝の）元和《げんわ》二〔八五〕年になると、三統暦《さんとうれき》は天象との食い違いが益々大きくなり、太陽と月とそれぞれの宿度（の誤差）が多く観測された。また観測者はみな、冬至の日に太陽が斗宿《としゅく》〔距星は射手座のφ星〕の二十一度に位置しており、いまだ牽《けん》牛宿《ぎゅうしゅく》〔距星は山羊座のβ星〕まで五度もあることを知っていたが、それなのに（三統暦は冬至点を）牽牛宿の中星《ちゅうせい》としていた。（太陽の運行を示す二十四節気《せっき》は）天象に遅れること四分の三日であり、（三統暦が定めた月の）晦《かい》〔みそか〕・朔《さく》〔一日、新月〕・弦《げん》〔半月、上弦と下弦がある〕・望《ぼう》〔十五日、満月〕は、天象と差があること一日であり、宿度《しゅくど》では五度の差であった。章帝《しょうてい》は（このような三統暦と天象との）ずれを知り、（その理由および対策を）史官に試問した。（ところが史官は三統暦と天象とが）合わないことは知っているものの、暦を改定してずれを直すことはできなかった。そこで（太史待詔の中の）治暦《ちれき》である編訢《へんきん》や李梵《りぼん》たちを召し出し、その状況を研究させた〔二〕。

二月甲寅《こういん》、（章帝は）ついに詔書を下して次のように言った。「朕《ちん》が聞くところによれば、古《いにしえ》の聖王は、〔『周易《しゅうえき》』乾卦文言伝《けんかぶんげんでん》に〕「天の時がまだ至らないうちに（これに先立って事を行うが、その行いは天の心に適合して）天は（大人の行う事に）違うことはない、また（聖人の聖知は）天の時がすでに至れば（これに従って事を行うが、その行いは少しも）天の心に背き違えることはない」と述べている。『河図《かと》』には、「（火徳《かとく》の漢の守護神である）赤帝《せきてい》の（子である劉邦《りゅうほう》より数えて）九代目（の皇帝である光武帝劉秀《こうぶていりゅうしゅう》）は（一時衰退した漢を）再び盛んにし、十代目（の明帝）はそれを繁栄させ、十一代目（の章帝である朕《ちん》）はいっそうそれを発展させる」とある。また、「九代目（の光武帝）の治世において、皇帝は徳を修めて、（前漢武帝と同様に）封禅《ほうぜん》を行って善政を石に刻む」とも記されている。朕は不徳の身でありながら、（後漢の帝位という）大業を受け継いでいるので、朝も夜も敬《つつし》み畏れ、あえて安らぐことはない。わたくし末小子《まつしょうし》は、（漢の）歴数《れきすう》が終わろうとする世を受け、どうしたら（漢の）興隆を続け、祖宗《そそう》（の偉大な統治）を回復し、民草を救えるであろう。『尚書琁璣鈐《しょうしょせんきけん》』には、「（火徳である漢が祖と重んじる）堯《ぎょう》の世（の有様）に従い、（帝堯）陶唐氏《とうとうし》の文化をひろげよ」とある。『尚書帝命験《しょうしょていめいけん》』にも、「堯に従い（堯の）遺徳を考え、（暦法の）周期を記して天象（との正しい関係）を立てよ」と記されている。しかも三皇《さんこう》は歩み、五帝《ごてい》は驟《はし》（るように歴史の流れは次第に早くな）り、（各時代ごとに）優劣の基準は異なっている。どうして（朕のような）頑迷固陋な者が、（天命の重みを）克服して堪えられようか。（よい方策を求めて）これに従おうと思っても、手段がない。いつも河図・洛書《らくしょ》（に記されている聖王の記録）を見て、衷心より自分を恥ずかしく思う。さきごろより（朕の不徳により）、政治（の施策）は

（時を）得ず、陰陽は調和せず、災異《さいい》はやまず、癘疫《れいえき》の気《き》が、流れて牛を傷つけ、農の本（である種）は播かれていない。そもそも、人事の得失により天から下される象徴の善し悪しである、皇帝の五つの態度・行為に応じた（雨・暘《ひでり》・燠《あつさ》・寒《さむさ》・風などの）災害は、すべて朕《ちん》自らに責任があり、それは（政治に）欠陥があるためで、どうすればこれを補えようか。『尚書《しょうしょ》』（高宗肜日《こうそうゆうじつ》）には、「まず王に告げて、その祀りを正さねばならぬ」とあり、また『尚書』（堯典）には、「歳の二月、東方に巡守して、泰山《たいざん》に至り、（そこで）柴を焼いて（天を）祀り、順序立てて山河（の諸神）に望祭《ぼうさい》をした。それから東方の諸侯を引見した。（その場合）四時や十二月（の不一致）を合わせ日を定めた」とある。（漢の）祖先である堯《ぎょう》を泰山で祀り、律と度量衡を同じくし、渾天儀《こんてんぎ》により天象を観測し、暦象を整え正せば、益があるのではないか。『春秋保乾図《しゅんじゅうほけんと》』に、「（一つの暦法を施行して）三百年を経たら、暦は法則を改正する」とある。史官は（前漢武帝の）太初《たいしょ》元（前一〇四）年に定められた鄧平《とうへい》の術（である太初暦より発展した三統暦）を使用しているが、（一年を三百六十五日と千五百三十九分の三百八十五日としている三統暦は、一年を三百六十五日と四分の一とする四分暦よりも四年につき）千五百三十九分の一日分だけ長い。（実際には施行以来約百九十年であるが、三統暦は）三百年という長い年月の中で、度数は次第にずれ、益々誤りは大きくなった。渾天儀《こんてんぎ》（による観測）は正確ではなくなり、天象と（暦とは）合わなくなった。冬至の日、太陽は斗宿《としゅく》の二十一度にあるが、三統暦《さんとうれき》は牽《けん》牛宿《ぎゅうしゅく》の中星にあるとしている。（また、実際の天象は、三統暦が指し示す）立春よりも一日先になっているが、四分暦《しぶんれき》は（天象の立春の日を正確に）立春の日と計算している。（わずか一日の違いではあるが、漢では陰の気が強い冬には刑罰を行い、立春以降は行わないなど、季節によって政治が定まっているため）誤った暦により獄を治め刑罰を執行すると、（政治にとって重要な）陰陽《いんよう》の気《き》を整えられなくなり、そうした状況下で治まった時に応じた政治をしたいと望むことは、おそらく無理であろう。いま改めて四分暦を採用し、暦を正確にすることにより尭（の遺徳）に従い、それによって聖人の孔子《こうし》の天を奉じる（ために緯書で述べた『三百年を経たら、暦は法則を改正する』という）文章に順おう。多くの君子から民草に至るまで、謹んで授ける四分暦に心を寄せ、すぐに受け取り広く伝えて、わが祖先の遺した功績を明らかにせよ」と。こうして（後漢）四分暦が施行された。

その際、編訢《へんきん》と李梵《りぼん》は、なお（歳の初めである）元首の十一月は、まず大の月〔三十日〕にして、それによって（月の）弦望に合わせ、（弦望の日づけを）名付けるのに定まった日づけが対応するようにしたいと考えた。しかし（それを行うと）十九年に七回の閏月《うるうづき》を入れることができず、晦朔《かいさく》が実質を失うので、これを行うことを躊躇していた。章帝《しょうてい》はまた（暦を整えようとする）聖なる思いを持ち、この問題を経学《けいがく》と讖緯《しんい》思想から考えるため、左中郎将《さちゅうろうしょう》の賈逵《かき》に、治暦《ちれき》の衛承《えいしょう》・李崇《りすう》、太尉属《たいいぞく》の梁鮪《りょうい》、司徒掾《しとえん》の厳勗《げんきょく》、太子舎人《たいししゃじん》の徐震《じょしん》、鉅鹿郡《きょろくぐん》〔河北省寧晋の南西〕の公乗《こうじょう》である蘇統《そとう》および編訢と李梵など十人に議論をさせた。

（その結果を賈逵は次のように報告した）「考えますに（四分暦の元首十一月の）月はまず小の月〔二十九日〕から始めるべきです。（その理由は）『春秋《しゅんじゅう》』をみますと、朔を書いて晦を書かないのは、朔の日には必ず朔の現象が起こりますが、晦はそうではないためです。朔の現象は、必ずその月に起こります。したがって（元首十一月を）まず大の月としますと、一ヵ月に二回朔が起こり、後の月に朔が無いことになります。これは明らかに取るべき方法ではございません。李梵たちは、まず大の月から始めようといいますが、（経書や緯書の）文章には（それを）正しいとする記述は無く、（日付を弦望に）対応させようとしますと、（望から）十六日目に、（夕方に晦日なのに西空に新月が現れる現象である）朓《ちょう》が起こり、晦は実質を失います。また晦と合朔が同時になり、異なる日にならなくなります」と言った。章帝は、編訢と李梵の〔暦に対する〕知識が狭いことを知り、勅令を下して、「こだわることはない。四分暦は、すでに頒布された。〔暦算の起源となる歳である〕天元〔暦元〕の最初の月は、小の月とせよ」と申し渡した。〔このように〕定まってよりのち、暦数はようやく是正された。〔和帝の〕永元《えいげん》年間〔八九〜一〇五年〕に、また史官に〔月の運行する九つの道である〕九道《きゅうどう》の法により弦望を観測させたが、その結果の記録は、誤差のないものであった。賈逵の〔暦に関する〕議論は、豊富な内容を含み、後に〔暦の〕議論をする者は、これによって〔意見を〕折衷することができる。そのためここに詳しく収録した。

〔劉昭注〕

〔一〕蔡邕《さいよう》の議に、「李梵《りぼん》は、清河郡《せいがぐん》〔河北省清河県の南東〕の人である」という。

賈逵論暦

賈逵《かき》の暦論《れきろん》に次のように言っている。「太初暦《たいしょれき》〔から発展した三統暦〕では、冬至の日に太陽の位置は牽牛宿《けんぎゅうしゅく》の初度《しょど》にあるとするが、〔それは〕牽牛宿の中星にあるということとである。（これに対して）古い暦である黄帝暦《こうていれき》・夏暦《かれき》・殷暦《いんれき》・周暦《しゅうれき》・魯暦《ろれき》では、冬至の日に太陽は建星《けんせい》〔南斗の上にある六星〕にあるとしている、建星（の位置）はすなわち今の斗宿《としゅく》（の位置）である。太初暦の斗宿（の宿度）は二十六度三百八十五分、牽牛宿（の宿度）は八度である。『行事史官注《こうじしかんちゅう》』を調べると、「冬至と夏至（の日に）太陽の位置は、いつも太初暦（が主張する位置である牽牛宿の初度）に及ばないこと五度であり、冬至（の日）には、太陽は斗宿の二十一と四分の一度の位置にある」としている。『石氏星経《せきしせいきょう》』には、「黄道《こうどう》の座標において（冬至日躔《にってん》〈冬至における太陽の位置〉と同義語となる）牽牛宿の初度は、斗宿の二十度にあたり、去極度《きょきょくど》〔天の北極点を原点に南へ測った〕は百十五度である。赤道《せきどう》の座標において（牽牛宿の初度）は、斗宿の二十一度となる」とある。四分暦《しぶんれき》は『行事史官注《こうじしかんちゅう》』と、天の度数が呼応している。『尚書考霊曜《しょうしょこうれいよう》』も、「斗宿は二十二度で、端数は無い。冬至には牽牛宿の始まるところにある」とする。また編訢《へんきん》たちも、「いま（冬至の日に）太陽の位置は、まだ牽牛宿の中星に至らないこと五度（の位置）、斗宿の二十一と四分の一度にある」としており、『尚書考霊曜』と近似しており、事態を明らかにしている。元和《げんわ》二〔八五〕年八月、（章帝は）詔書を下して、「『石氏星経』（は重要な書籍であり、暦法の研究はこれ）より離れてはならない。（太初暦と四分暦の）二つの暦法により、実際の測定をして（試験をし）、正確な数値を得ることが多かった方を上奏せよ」と述べられた。（そこで）太史令《たいしれい》の玄たちは元和二〔八五〕年から永元《えいげん》元〔八九〕年に至るまでを観測し、五年間における太陽の運行、および冬至の太陽の位置を比べたところ、（その位置は）斗宿の二十一と四分の一度であり、（それは黄帝暦・夏暦・殷暦・周暦・魯暦といった）古暦の（冬至における太陽の位置とされた）建星および『尚書考霊曜』が説く位置にも合い、その星の間の距度《きょど》はみな『石氏星経』の通りであった。（太初暦やその発展型である三統暦など）他の暦法で冬至における太陽の位置を牽牛宿の初度にあるとするものは、これによって遂に退けられたのである」と。（また）賈逵《かき》の暦論《れきろん》に次のように言っている。「太初暦《たいしょれき》により前漢《ぜんかん》の初め（である漢高祖元〔前二〇六〕年）から太初《たいしょ》元〔前一〇四〕年までの（間に起こった）日食二十三回（が暦の正確であることを示す朔に起こったのか否か）を調査すると、うち十七回は朔《さく》に起こり、四回は晦《かい》に起こり、二回は二日に起こっている。新暦（である四分暦）によれば七回は朔に起こり、十四回は晦に起こり、二回は三日に起こ（り太初暦の方が正確であ）る。太初暦によって太初元年から更始《こうし》二〔後二四〕年までの二十四回を調査すると、十回は晦に起こ（り、朔は十四回に減）る。新暦により調査すると、十六回は朔に起こり、七回は二日に起こり、一回は晦に起こ〔り、新暦である四分暦の方が少し正確であ〕る。太初暦によって建武《けんむ》元〔二五〕年から永元《えいげん》元〔八九〕年までの二十三回を調査すると、五回は朔に起こり、十八回は晦に起こる。新暦によって調査すると、十七回は朔に起こり、三回は晦に起こり、三回は二日に起こ〔り、新暦である四分暦の方が正確であ〕る。また、新暦によって遡って春秋時代〔の日食〕を調査すると、日食が朔に起こったものは二十四回あるが、〔暦の正確さが〕失われて〔日食が朔に〕あたらなかったものも二十三回ある。〔そもそも〕天の運行は長短様々であり一様ではなく、必ず端数があり、端数もまた長短があるので、揃えることはできない。暦を作る人はまさしく〔暦の基本周期を〕七十六年〔という整数を一蔀《ほう》〕と決めているために、端数がやや長すぎ、〔次第に誤差が溜まり〕ついには一日にも達するのである。ゆえに『周易《しゅうえき》』の金火相革《きんかそうかく》の卦《か》の象《しょう》には、「君子は暦を正しく制定して〔春夏秋冬の四〕時〔の変革〕を明らかにする」とある。また〔『周易』革卦〕に、「周《しゅう》の湯王《とうおう》と殷《いん》の武王《ぶおう》の革命は、上は天に従い下は人心に応じた」とある。ここでは、聖人は必ず日月《じつげつ》・星辰《せいしん》を観測して〔暦の〕数値を明らかにするが、〔一定の数値で〕数千万年を〔正確に〕貫くことはできず、その間に必ず改定の必要があることを言っている。〔暦が天象から〕離れていくのに先立って度数を求め、それにより日月・星辰の所在に（暦を）合わせていくだけである。このために度数を求め、それにより日月・星辰（の所在）を合わせていくのにも、異なった時代には（異なった）方法がある。太初暦は、下って今（の天象）に通用せず、新暦（である四分暦）は遡って漢の初め（の天象）を説明できない。一つの暦法は、必ず三百年の間だけ使用できるのである。このため緯書《いしょ》（『春秋保乾図』）の文章に、「（一つの暦法を施行して）三百年を経たら、暦は法則を改正する」とある。漢帝国が勃興した際は、太初暦を用いるべき（天象）であったが、（すぐさま）改暦を行わず、下って太初元〔前一〇四〕年に百二年も経ってから始めて改暦をした。このため（太初暦に改暦する）以前の前漢では、晦の一日前に（天象では）合朔が起こるほど（暦にずれが生じること）になり、（太初暦の施行後）下って成帝《せいてい》や哀帝《あいてい》の時にも、（天象では）二日（とすべき日）を（暦の上では）朔としており、このため（天象の）合朔の多くが（暦の上の）晦に出現したことは、一つの暦法が三百年しか用いられないことの明確な証拠なのである」と。

（さらに）賈逵《かき》の暦論《れきろん》に次のように言っている。「臣《わたくし》はかつて傅安《ふあん》たちが黄道《こうどう》を基準に日月の運行や月の満ち欠けを観測して（赤道を基準とする史官の観測結果よりも実際の天象に）近い場合が多かったと次のように上奏しました。「史官は、ひたすら赤道《せきどう》を基準に観測しているので、（実際の）日月の動きと対応せず、いま使用している暦では月の満ち欠けの誤差が、一日以上に及んでいます。そのため（暦に基づく予測を）上奏するにあたり、変なことを述べ、太陽（の周期）が縮んだり（太陽の動きが）退いたりという報告になっています。黄道《こうどう》を基準にすれば、自然と（正しい）運行や度数を得られるため、変な報告はいたしません。どうか太史令《たいしれい》に太陽と月の運行を二十八宿ごとに記録した簿冊、および星の度数の対照表を請求して、待詔星象《たいしょうせいしょう》と共に検討させていただきたいです」と。その上奏は可とされた。臣が謹んで考えますに、前《さき》に（ご下問へ）応えて、「冬至の日の（太陽の）去極度《きょきょくど》は百十五度、夏至の日の去極度は六十七度、春分・秋分の日の去極度は九十一度」と申しあげました。（『尚書』）洪範《こうはん》篇には、「太陽と月の（定まった）運行により、冬があり夏がある」とあります。（劉向《りゅうきょう》の）『五紀論《ごきろん》』には、「太陽と月は、黄道に従って（運行し）、（冬には最）北端の東井宿《とうせいしゅく》〔距星は双子座μ星〕に至る。平均すると太陽の運行は日に一度であり、月に十三度と十九分の七度」とあります。いま史官はひたすら赤道を基準に度数を測っているので、（実際の）日月の動きと対応しておりません。（両者の違うさまは）斗宿《としゅく》・牽牛宿《けんぎゅうしゅく》・東井宿《とうせいしゅく》・輿鬼宿《よきしゅく》〔距星は蟹座θ星〕は、赤道座標ならば十五度となるところが、黄道座標では十三度半となり、東壁宿《とうへきしゅく》〔距星はペガスス座γ星〕・奎宿《けいしゅく》〔距星はアンドロメダ座ζ星〕・婁宿《ろうしゅく》〔距星は牡羊座β星〕・軫宿《しんしゅく》〔距星は烏座γ星〕・角宿《かくしゅく》〔距星は乙女座α星〕・亢宿《こうしゅく》〔距星は乙女座κ星〕を（日月が）行くにも、（その位置の度数は）赤道では七度となるところが、黄道では八度となります。あるときは、月は運行する距離が大きかったのに、太陽と月との距離がかえって少なくなることもあります。これを日《にち》却《きゃく》〔月と日の距離が少ない〕と申します。黄道が牽牛宿に会う位置を考えますと、赤道の南二十五度を出たところとなり、黄道が東井宿・輿鬼宿に会う位置は、赤道の北二十五度を出たところとなります。（そもそも）赤道は天の中心線として、南極と北極からともに九十度の地点に想定されたものに過ぎず、太陽や月の軌道ではありません。しかも遥か遠くに基準を定めて、太陽や月の運行を測るのですから、それが実際の運行と食い違うのは当然のことです。いま『太史官候注《たいしかんこうちゅう》』により元和《げんわ》二〔八五〕年九月以来の月が（冬至点である）牽牛宿・（夏至点である）東井宿を運行した四十九の事例を考えますと、（一日あたり）十一度しか運行しなかったものはなく、（春分点である）婁宿・（秋分点である）角宿を運行した三十七の事例は、十五・十六度も運行したものはなく、（いずれも傅）安（が黄道を基準に観測した結果）の言葉の通りでした。典星待詔《てんせいたいしょう》の姚崇《ようすう》・

井畢《せいひつ》たち十二人に問い質しましたところ、みな、「星図《せいず》には基準となる書き方があり、太陽（の運行）も月（の運行）も実は黄道を基準としていますが、官には黄道を基準として天体を観測する器具がなく、（黄道を基準とした観測を）施行する手段がありません」と申しておりました。

考えますに（前漢宣帝《せんてい》の）甘露《かんろ》二〔前五二〕年には、大司農中丞《だいしのうちゅうじょう》の耿寿昌《こうじゅしょう》が上奏して、「渾天儀《こんてんぎ》によって太陽と月の運行を測定し、天の運行の様子を調べますと、太陽と月が運行して、牽牛宿《けんぎゅうしゅく》と東井宿《とうせいしゅく》まで来ますと、（一日あたり）太陽は一度以上動き、月は十五度動きますが、婁宿《ろうしゅく》と角宿《かくしゅく》の所まで来ますと、太陽は一度動き、月は十三度動きます」と述べております。赤道（を基準として観測したこと）が（月の運行に遅速があるような）結果をもたらせているのです。これは前の時代（である前漢）には、みなが知っていたことであります。すでに言われているように、黄道（による測定）は有効で、天象ともよく合致し、太陽の運行が進んだり遅れたりすることはなく、月の満ち欠け（の日付）も、一日と違うことはありません。赤道を（基準に）用いることに比べて（実際の天象に）正確に合うのです。せひ採用すべきであります。和帝《わてい》は臣《わたくし》の調査を多く正しいとしてくださいました」とした。考えるに賈逵《かき》の暦論《れきろん》は、永元《えいげん》四〔九二〕年のものである。

（永元）十五〔一〇三〕年七月甲辰《こうしん》に至り、（和帝は）詔書を下して、太史黄道銅儀《たいしこうどうどうぎ》〔これまでとは異なり、黄道宿度を観測できる渾天儀《こんてんぎ》〕を造らせた。〔全天を二十八宿に分けてそれぞれに度数を割りあて〕角宿《かくしゅく》を十三度とし、亢宿《こうしゅく》を十度とし、氐宿《ていしゅく》〔距星は天秤座α星〕を十六度とし、房宿《ぼうしゅく》〔距星はさそり座π星〕を五度とし、心宿《しんしゅく》〔距星はさそり座σ星〕を五度とし、尾宿《びしゅく》〔距星はさそり座μ星〕を十八度とし、箕宿《きしゅく》〔距星は射手座γ星〕を十度とし、斗宿《としゅく》を二十四と四分の一度とし、牽牛宿《けんぎゅうしゅく》を七度とし、須女宿《しゅじょしゅく》〔距星は水瓶座ε星〕を十一度とし、虚宿《きょしゅく》〔距星は水瓶座β星〕を十度とし、危宿《きしゅく》〔距星は水瓶座α星〕を十六度とし、営室宿《えいしつしゅく》〔距星はペガスス座α星〕を十八度とし、東壁宿《とうへきしゅく》を十度とし、奎宿《けいしゅく》を十七度とし、婁宿《ろうしゅく》を十二度とし、胃宿《いしゅく》〔距星は牡羊座35星〕を十五度とし、昴宿《ぼうしゅく》〔距星は牡牛座17星〕を十二度とし、畢宿《ひっしゅく》〔距星は牡牛座ε星〕を十六度とし、觜宿《ししゅく》〔距星はオリオン座λ星〕を三度とし、参宿《しんしゅく》〔距星はオリオン座δ星〕を八度とし、東井宿《とうせいしゅく》を三十度とし、輿鬼宿《よきしゅく》を四度とし、柳宿《りゅうしゅく》〔距星は海蛇座δ星〕を十四度とし、星宿《せいしゅく》〔距星は海蛇座α星〕を七度とし、張宿《ちょうしゅく》〔距星は海蛇座υ星〕を十七度とし、翼宿《よくしゅく》〔距星はコップ座α星〕を十九度とし、軫宿《しんしゅく》を十八度とし、すべてで三百六十五と四分の一度とした。冬至における太陽の位置は斗宿の十九と四分の一度と決定した。史官は、こうして太陽と月の運行を観察し、月の満ち欠けを（黄道座標を）参照して、より正確に把握できるようになったが（それを黄道の度数により）記録することはなかった。それは渾天儀では、黄道の度数を直接定められないため、（黄道の度数を）観測することが難しかったので、黄道の度数（の方が正確であるの）に従うことは少なかった。（そして）賈逵《かき》の暦論《れきろん》に次のように言っている。「今の史官が朔や月の満ち欠けや月食の時刻を予測しても、的中しないことが多いのは、月の運行が周期的に遅くなったり速くなったりする現象を知らないからです。永平《えいへい》年間〔五八～七五年〕に、詔書があり、もとの太史待詔《たいしたいしょう》である張隆《ちょうりゅう》に四分暦により、月の満ち欠けや月食を考え、暦を調整させました。（張）隆は、「『周易《しゅうえき》』の九・六・七・八の爻《こう》を用いて、月の運行の遅速を知れます」と言いました。いま考えてみると、張隆の調整したものには多くの誤りがあります。（そこで）臣《わたくし》は、張隆に前任者の推算した（過去の月の運行の記録を）遡って推算させましたが、的中しなかったり、あるいは日を異にしたり、天象と一致しないことは益々大きくなり、十度以上もずれを生じるに至りました。李梵《りぼん》と蘇統《そとう》が『太史官候《たいしかんこう》注《ちゅう》』により調査したところでは、月の運行には確かに遅速がありますが、必ずしも（前漢の耿寿昌《こうじゅしょう》が考えていたように）牽牛宿《けんぎゅうしゅく》と東井宿《とうせいしゅく》や婁宿《ろうしゅく》と角宿《かくしゅく》のところに（速さが最大・最小になるところが）あるわけではなく、また所謂「朓《ちょう》」とも（朔日の明け方に、まだ東方に月が残っている）「側匿《そくとく》」とも違っています。それは月の運行する道に遠近や出入があることから生じるのです。（速さが速くなる所が）ほぼ一ヵ月にもとの速いところから三度移動し、九年で九つの月の軌道が一巡りして元に戻るのです。（九道の九年とメトン周期である一章十九年をかけた）九章《きゅうしょう》、すなわち百七十一年で、（暦が）十一月合《ごう》朔旦冬至《さくたんとうじ》（という元の姿に）戻ることは、『春秋《しゅんじゅう》』および（それに基づいて作成された）三統暦《さんとうれき》における九道の終数（である小終百七十一年）に合致します。そのため朔や月の満ち欠けや月食の時刻を知れるのです。太史官《たいしかん》が記録していた天象の度数に基づき、九道術《きゅうどうじゅつ》などの方法により、遡って建武《けんむ》年間（二五～五六年）以来の月食およそ三十八回を推算してみますと、誤差は少なく、役に立つ（方法であるため）、試験をして上奏すべきです」と。

考えてみると史官《しかん》には古くから九道術《きゅうどうじゅつ》が伝わっていたが、廃《すた》れて継承する者がいなかった。熹平《きへい》年間（一七二～一七八年）、もとの治暦郎《ちれきろう》である梁国《りょうこく》の宗整《そうせい》が（廃れていた）九道術を献上した。詔書が太史官《たいしかん》に下され、古くから伝わる九道術と比較したところ、合い応ずるものであった。（そこで史官に）属する太子舎人《たいししゃじん》の馮恂《ふうじゅん》が比較校訂をし、馮恂もまた再び（宗整のそれとは異なる）九道術を作り、数値を増減して、宗整の九道術と比較したところ、差はほとんど無かった。太史令の単颺《ぜんよう》は、馮恂の九道術により月の満ち欠けを測ることを奏上した。しかし（月食や朔望の）時刻はなお天象より先になったり遅れたりして、十度以上もの誤差が出るものであった［一］。

［劉昭注］

［一］（西晋《せいしん》の）杜預《どよ》の『春秋長暦《しゅんじゅうちょうれき》』に、「『尚書《しょうしょ》』（堯典）には、「（一年の総日数である）朞《き》は、三百六十六日として、閏月を設けることにより（春夏秋冬の循環と、十二朔望月《さくぼうづき》とを調整して）四時を定めて（太陽年である）歳を完成させよ。（この暦法により）百官を集め、多くの功績が挙がるようにせよ」とある。そこで天子は必ず（天文観測を掌る）日官《にちかん》を置き、諸侯は必ず（天文観測を掌る）日御《にちぎょ》を置き、代々天文観測の方法を修得させて、それにより（天象と暦面とを一致させる）技術を考えた。（『尚書』は、一太陽年の）全日数を挙げて述べているため（三百六十）六日と言っているが、実際は（三百六十）五日と四分の一日である。太陽の一日の行度は一度、そして月の一日の行度は十三度十九分の七度と若干の端数である。日官はま

さしくこの（太陽と月との行度の）遅速を調節して晦《かい》と朔《さく》（の時期）を考察して（暦法を編成し、総合的に調整して閏月を設置すべきである。閏月には（朔望月を決定する指針となる、冬至・大寒《たいかん》・雨水《うすい》・春分・穀雨《こくう》・小満《しょうまん》・夏至・大暑《たいしょ》・処暑《しょしょ》・秋分・霜降《そうこう》・小雪《しょうせつ》という十二の）中《ちゅう》気《き》が無く、そのために北斗は規則に背いて（十二辰《しん》のうちの）二つの辰の間を指すが、（これこそ閏月が）他の月に異なる理由である。こうした調整を重ねることにより（天象と暦とが）互いに通じあえば、（春夏秋冬の）四時と（冬至・夏至の二至、春分・秋分の二分、立春・立夏・立秋・立冬の四立である）八節《はちせつ》は（暦と）相違すること無く、そうして一年が成立する。それは微妙さと緻密さの結晶である。このような精密な微細さを獲得して、天道に合致（した暦法に準拠）すれば、歴史を叙べる際に暦に悖《もと》るということはない。

故に『春秋左氏伝《しゅんじゅうさしでん》』（文公《ぶんこう》伝六年）には、「閏月を入れることで（春夏秋冬の）四時と（朔望月と）の誤差を正し、四時（が暦と合うこと）により農事が行われ、農事により民の生活が豊かになる。生活（の安定と向上と）は、民の最重要事であり、それは閏月を入れ（て四時と暦を合わせ）ることにある」という。しかしながら陰陽（二気）の運行は、（その運）動によって差異を生じ、差異は次第に大きくなり、遂には暦と異なるまでになる。このため（『春秋』の編者である）孔子《こうし》と（「左伝」の著者である左《さ》）丘明《きゅうめい》は、朔と閏の事実について（『春秋』

や「左伝」に）文を著すたびに、朔と閏とが（天象との一致を）得ているか失っているかを矯正しようと思い、それにより暦（法の基準とする数値、ひいては暦法自体の重要性）を宣伝し明らかにしようとした。桓公《かんこう》十七（前六九五）年には、日食は朔に起きたとあるが、『春秋』経《けい》は（それが起きた）日（に関する記録）を欠き、単に朔と書いている。僖公《きこう》十五（前六四五）年には、日食は再び朔に起きたが、『春秋』経は（それが起きた）朔と日（に関する記録）を欠いている。そのため『春秋左氏伝』は、日食の発生の（朔の日を）得（ているか）失（っているかを判断基準とすること）により、（日食の発生が暦面に一致しているか否かで）時の史官の（観測と記録の）誤りを正し、かつ記録されたもの以外の日食、あるいは暦法の正常な運行が失われていることをも明らかにしている。

荘公《そうこう》二十五（前六六九）年、『春秋』経に、「六月辛未《しんび》の朔に、日食があった。太鼓をたたき犠牲を社《しゃ》に供えた」とある。周正《しゅうせい》の六月は、夏正《かせい》の四月に相当し、いわゆる（陽が極まり、未だ陰が兆《きざ》さない）正陽《せいよう》の月である。それなのに、荘公二十五年当時の暦法が（閏月の置き方を）誤っており、実は（日食が起こったのは）七月の朔であり、（正陽の月である）六月の朔ではない。だから『春秋左氏伝』（荘公伝二十五年）は、「（太鼓をたたく）きまりの月（である六月）ではない。ただ正陽の月の朔だけに、陰気がまだ生ぜず、（それなのに）日食の起きることがあれば、幣《へい》を社に供え、太鼓を朝廷でたたく」と記している。この日食は幣を社に供え太鼓を朝廷でたたくきまりの月（である六月）に起こったものではなく、（こうした）異変により暦の誤りを明らかにしようとしたのである。文公《ぶんこう》十五〔前六一二〕年の『春秋』経の文章も（『春秋』荘公二十五年と）まったく同じである。ともに社に犠牲を捧げて太鼓をたたいたのであるが、『春秋』文公 伝十五年は、「（社で太鼓たたき牲を捧げることは天子の礼であり、諸侯としては）非礼である」と記している。明らかに前の『春秋左氏伝』荘公 伝二十五年は、（当時の暦が誤っていた）正陽の月（の本来あるべき時期）を明らかにしようとしたもので、後の『春秋左氏伝』文公 伝十五年は（日食への天子と諸侯の礼の違いの事）例を挙げて、（天子の礼とは異なる）諸侯の礼を明らかにしようとしたのである。これこそ（左丘明ら）聖賢が（『春秋』に託した）微言大義《びげんたいぎ》であり、先儒たちは未だに悟っていない所である。昭公《しょうこう》十七〔前五二五〕年夏六月、日食があったが、季孫意如《きそんいじょ》が（六月は）正陽の月ではないと言い張り、魯の朝廷を欺いたことは、（秦の趙高が）鹿を指して馬と言い張ったことに等しい。だから『春秋左氏伝』（昭公 伝十七年）は、「（季孫意如は）君主を君主としていない」と記して（季孫意如を非難して）いる。またこのことより（昭公十七年）夏六月は天正（である周正）となっていることも明らかになるのである。

劉歆《りゅうきん》は三統暦《さんとうれき》を造り、それにより『春秋』を研究した。『春秋』に記される日食で干支《かんし》があるものは三十四回、その中で三統暦（の計算により導かれるもの）は、ただ一回の日食だけであり、その暦術は諸家（の暦法）に比べて最も劣ったものである。さらに（劉歆の三統暦は）六千年余りで（暦に）一日を加えている。およそ年というものは、積み重なった日が順序をなしてできるもので、理由もなく一日を加えることは、行ってはならないことの中でも甚だしいものである。班固《はんご》は漢代の名儒であり、『春秋』を考察することが最も精密な者であった。（しかし）ただ班固だけではないが、古《いにしえ》より『春秋』を論じる人々は、誤謬を述べる者が多く、あるいは一家の暦術をつくり、あるいは黄帝《こうてい》以来の諸暦を用いて、それにより『春秋』経伝の朔日を推測しているが、みな整え合わせることはできていない。太陽が朔日に日食となるのは、これは天の験《しるし》であり、『春秋』の経伝も朔日の日食を記録するのは、天（の意志）を得たものである。それなのに劉歆や賈逵《かき》など諸儒の説は、みな（日食の起こった日を）月の二日あるいは三日としている。それはあからさまに聖人の明文に違う。かれらの誤りは、一つの暦法を守り、（日食で示される）天の消息に合わせないことにある。わたしは『春秋』の（天の意志を暦に反映している）ことに感じ、かつて暦論を著して、暦に通底する論理を解きあかした。その大要は、次のとおりである。

天の運行が止まず、日月星辰《じつげつせいしん》が、それぞれ特定の運行ルートを通る理由は、これらがみな（自らが）動いている物であることによる。物が自ら動くのであるから、その動き方は一つではなく、運行のルートは多くなるが、（自らが動いているため）自づから限りがある。日を累《かさ》ねて月となり、月を累ねて歳となり、新しいものと古いものをならべて（日月星辰の運行ルートを調べて）みると、（全体としては）少しの差も生じない理由は、（これらが自ら動いているという）自然の理に基づいているからである。したがって『春秋』では（短期間でみると）多くの月に日食が起こる場合もあり、長年にわたり日食が起こらない場合もあるので、理を一定にすることができない。他方（天の運行の）数値は（長期間でみると）一定であるため、暦は（天の運行との）違いが無いものはない。始めは少しの誤りにすぎないので、それに気がつくことができないでいると、（少しずつの差が）積み重なって多くの差となり、弦望《げんぼう》朔晦《さくかい》を失うような大きな暦の誤りとなり、暦を改めざるを得ない状況になる。『尚書』（堯典篇）に「慎んで大いなる天の運行に従って、日月星辰について暦を計算して天象を観測する」とあり、『周易』（革卦大象《かくかたいしょう》）に「暦を正しく制定して、春夏秋冬の四時の変革を明らかにする」とあるのは、天の運行に順って、暦と合致させるのを求めており、暦と合致するようにに天に徴《しるし》が現れるわけではないことを言っている。これにより暦を論じると、春秋の二百年余りの間、その暦法は多く変化している。その計算方法は、絶えて伝わっていないが、それを経伝の微妙な表現に含まれる大旨に尋ねてみれば、その大略を知ることができる。時の誤りであれば、それは経伝に験《しるし》がある。（春秋を）学ぶ者は経伝の月日と日食の有無により、（当時の暦の）朔晦を考え、それにより当時の験を推察すべきである。それなのに（いままでの春秋を学ぶ者を）見るとみなそのような方法を取っておらず、それぞれ自分の学問に依拠して春秋（時代の暦法）を推察している。これは自分の影により他人の足の長さを測ることと異ならず、取るべき道ではない。

わたしが暦論を著した後に、咸寧《かんねい》年間〔二七五～二八〇年〕に至り、算術を得意とする李《り》修《しゅう》と夏顕《かけん》は、論じた体系に依りながら暦術をつくり、乾度暦《けんどれき》と名づけ、朝廷に献上した。その暦術は、太陽の運行は四分暦の定数を用い、月の運行をわずかに増したものであった。三百年で暦を改めるという意志をうけて、（日行と月行の）二元を調整し、七十年あまり、その調整は強弱により表現したが、強弱の差は少しであるため、それをさらに調整するため（日と月との）遠通の違いを用いた。ある時尚書《しょうしょ》と史官《しかん》が、乾度暦と泰始暦《たいしれき》を用い、古今の（日食月食の）記録と比較をしてみると、乾度暦の方が泰始暦より正確であり、官暦（である泰始暦）に勝ること四十五事と上奏したが、今その暦術は詳細に備わっている。ある時にまた

（乾度暦と）ともに古今の十個の暦を比較するため、春秋の記録と比較したところ、三統暦が最も不正確であることが分かった。いま詳細にその得失の数値を列《なら》べ、また『春秋』経伝の微妙な表現に含まれる大旨によって、日辰朔晦を考え、それにより新たに明らかになったことをくわえて、『春秋経伝長暦《しゅんじゅうけいでんちょうれき》』をつくる。もろもろの経伝により根拠を証明し、及び失《しつ》閏《じゅん》や違時《いじ》、文字の誤謬《ごびゅう》は、みなこれを明らかに記した。まだ完全には天の運行を明らかにしたとは言えないが、思うにこれが春秋時代当時の暦であろう。学者たちよ、これをご覧あれ」と。

永元論暦

永元《えいげん》十四〔一〇二〕年、待詔太史《たいしょうたいし》の霍融《かくゆう》は上言して、「官暦の漏刻《ろうこく》〔時間測定方法〕の変化率は、九日ごとに一刻を増減するものです。（しかし、この方法では暦と）天象が対応せず、あるときには時刻の差が二刻半に至る場合もあります。（現在の暦は）夏暦《かれき》が精密であることに及びません」と申しあげた。そこで詔書を太常《たいじょう》に下し、史官と霍融に渾天儀により天を観測させ、（太陽の北極からの）遠近を調査させた。太史令の舒《じょ》、衛承《えいしょう》、李梵《りぼん》たちは、その結果を報告して、「考えてみますに、官の施行しています漏刻法である令甲《れいこう》の第六常符漏品《じょうふろうひん》は、（前漢の）宣帝《せんてい》の三〔前七一〕年十二月乙酉《いつゆう》に下されたもので、（光武帝の）建武《けんむ》十〔三四〕年二月壬午《じんご》の詔書により（後漢でも）施行されています。そもそも漏刻というものは、昼間の長短により数を定めるもので、変化率は太陽が（赤道から）南北に二度四分移行するごとに一刻を増減するものです。（二十四節気の間隔である）一気《いちき》は、みな十五日ですが、太陽が北極から離れる角度にはそれぞれ違いがあります。いま官で用いています漏刻の率は、九日で一刻を変えますが、これは実際の太陽の進退には随《したが》っておりません。（これに対して）夏暦の漏刻は、太陽の南北への移行に随って長短を定めるものであり、官の漏刻よりも精密で、実際に近いもので、それを施行すべきことは明らかです」と申しあげた。

永元《えいげん》十四〔一〇二〕年十一月甲寅《こういん》、詔を下して、「司徒《しと》と司空《しくう》に告ぐ。漏刻は、昼と夜の時の分かれを司り、日暮れと夜明けを定めるためのものである。日暮れと夜明けの時刻の長短は、太陽の北極からの距離の遠近により定まるが、太陽の軌道は円周であり、簡単な増減により、それを計ることはできず、渾天儀《こんてんぎ》によりそれを測定すると共に、正午の太陽の影の長さを参照すべきである。いま官の漏刻法は定まった率により、日暮れと夜明けの時刻を分け、九日で一刻を増減しているので、（昼夜の変化の）実態と合わなくなり、いいかげんな数値により時刻を表現するに至っている。太史待詔の霍融は上言をして、暦と天象とが対応していないと述べ、太常は史官に渾天儀で天象を観測させ、（漏刻の壺に）水を流して（両者の対応を調査して）、官の漏刻は天象を失うこと三刻に至ると報告した。そこで正午の太陽の影の長さに合わせて昼夜の刻数をつくり、誤差を少なくして、精密で実際の天象に近くして検証することもできた。今「晷《き》景《えい》漏《ろう》刻《こく》四《し》十八《じゅうはち》箭《せん》」の早見表を制定して、官府の用いなければならない者にわかち、郡国《ぐんこく》の上計吏《じょうけいり》が至った際に、四十八箭を頒布せよ」とした。（早見表に書かれた）文は多いので、はじめの二十四気における太陽の位置、並びに黄道去極《こうどうきょきょく》・晷景《きえい》・漏刻《ろうこく》・昏明の中星を選び下巻に記録した。

むかし太初暦《たいしょれき》が制定されたときには、元封《げんぽう》年間〔前一一〇～一〇五年〕より新たな暦法を考えはじめ、元鳳《げんほう》年間〔前八〇～七四年〕に完成した。三十年経ってから、（太初暦の）是非がはっきりとしたのである。後漢四分暦《しぶんれき》を用いるに際しても、また建武《けんむ》年間〔二五～五五年〕より始めて、元和《げんわ》年間〔八四～八七年〕に施行され、永元《えいげん》年間〔八九～一〇五年〕に完成した。七十年余り（を費やしてから）、そののち（天象の観測のための）渾天儀《こんてんぎ》や（暦を計算するための計算の方）式が備わって確立し、天文の観測にも標準ができた。天文のことは奥深く微妙であり、（それを観測して暦をつくることは）このようにたいへんに難しいことなのである。

（光武帝が漢を）中興して以来、図讖《としん》の書物が世の中にひろまり、それらの中で『尚書《しょうしょ》考霊曜《こうれいよう》』と『春秋命暦序《しゅんじゅうめいれきじょ》』は、共に甲寅の歳を暦元《れきげん》とする（殷暦の）暦法を採用している。殷暦《いんれき》の上元（である獲麟《かくりん》〈魯《ろ》の哀公《あいこう》十四（前四八一）年〉から二百七十五万九千八百八十六年前）は、四分暦《しぶんれき》の庚申《こうしん》の歳の暦元（の上元である獲麟から二百七十六万年前）よりも百十四年後にあり、（殷暦の）朔日（と四分暦の朔日）の差は二日（殷暦の方が）後になる。学者はこの殷暦（およびそれを正当視する緯書を）を民間で学び、これを信じて唯一の正しい暦と理解している。また太初暦が施行されてより、天象が（暦よりも）速いために、（太初暦を）学ぶ者が言うには、「百四十四年ごとに（歳星《さいせい》である木星と逆方向に廻ると想定されていた仮想天体である）太歳《たいさい》は（赤道を十二等分した十二辰のうちの一つである）一辰《いっしん》を超え、百七十一年ごとに朔余《さくよ》〔百七十一年間、暦を運用したことにより生じた月の余り〕の（八十一分の）六十三日、中余《ちゅうよ》〔百七十一年間、暦を運用したことにより生じた年の余り〕の（千五百三十九分の）千百九十七日を棄てるべきで、そうすることにより（太初暦は）常に正確に施行できる。（ところが）太初《たいしょ》元〔前一〇四〕年から永平《えいへい》十一〔六八〕年に至るまでで、百七十一年であるため、余分を棄てるべきであったのに、余分を棄てることをしなかった。ゆえに（太初暦は）ますます誤差を生じた（のであり、余分を棄てれば、現在でも有効な暦な）のである」とのことであった。この（殷暦と太初暦の有効性を主張する）二家は、常にその暦術を掲げて、施行することを希《ねが》い、それを訴える者があるたびに、百官は会議をし、儒者たちは深く思いをめぐらせた。（かれらが）暦を論ずる議論には、取るべき筋道があり、多くの説を聞き、これを識ることは、利益となることである。そこでこれらの暦論を詳しく記録することにした。

延光論暦

安帝《あんてい》の延光《えんこう》二〔一二三〕年、中謁者《ちゅうえつしゃ》の亶誦《たんしょう》は、（庚申元《こうしんげん》の後漢四分暦ではなく）甲寅元《こういんげん》（の暦法）を用いるべきであると言い、河南の人である梁豊《りょうほう》は、ふたたび（前漢武帝《ぜんかんぶてい》期に制定した）太初暦《たいしょれき》を用いるべきであると言った。尚書郎《しょうしょろう》の張衡《ちょうこう》と周興《しゅうこう》は、いずれも暦に詳しかったので、しばしば亶誦と梁豊を批判したが、（亶誦と梁豊は）答えられなかったり、誤りを言ったりした。張衡と周興は、儀注《ぎちゅう》を調査して、過去の暦法を考え、現在の暦法とも比較して、九道法《きゅうどうほう》が最も精密であるとした。詔書を出して（この問題を）公卿に下して、詳しく議論させた。太尉《たいい》の劉愷《りゅうかい》たちは上奏して、「侍中《じちゅう》の施延たちの意見は、「太初暦は、（暦が）天象より進んでおり、太陽の位置は一度の誤差があり、月の満ち欠けは正確に暦に反映せず、月は晦であるはずが、すでに西方に見え、日食の予測は天象と応じません。元和《げんわ》年間〔八四～八七年〕に四分暦《しぶんれき》に改めたのはそのためです。四分暦は、太初暦よりも精密ですが、これもまた正しい暦とは言えず、共に用いてはならない暦です。（これらに対して）甲寅《こういん》（を暦）元（とする暦）は天象とも合致し、図讖《としん》にも叶い、施行すべき暦です」というものでした。博士《はくし》の黄広《こうこう》と大行令《たいこうれい》の任僉《じんせん》の意見は、「九道法《きゅうどうほう》を用いることが適当」というものでした。河南尹《かなんいん》の祉《ち》と太子舎人《たいししゃじん》の李泓《りおう》たち四十人の意見は、「もし甲寅元を用いますと、『春秋元命苞《しゅんじゅうげんめいほう》』に天地開闢より（孔子が『春秋』の執筆をやめた）獲麟《かくりん》までは百十四年とあることを崩してしまい、閏月の六回を推定して、その日に当てなければならず、あるいは朔晦弦望や、二十四気の宿度など（暦と）合致しないものは一つではありません。九道法により朔を定めますと、月は（三十日の）大の月が三回（二十九日の）小の月が二回連続することになります。これらはみな（暦として）適当ではありません。元和年間に行われた改暦は、『春秋保乾《しゅんじゅうほけん》図《と》』の「（二つの暦法を施行して）三百年を経たら、暦は法則を改正する」という文に応じたものです。四分暦はもともと図讖《としん》から起こったもので、最も正確であり、（他の暦法に）代えるべきではありません」というものでした。劉愷たち八十四人の意見は、「太初暦に従うべき」というものでした」とした。

（これに対して）尚書令《しょうしょれい》の陳忠《ちんちゅう》は上奏して、「太初暦に従う者の多くは、みな特別な証拠や効験があるわけではございません。いたずらに前漢の世宗《せそう》である武帝《ぶてい》が夷狄《いてき》を打ち払い領土を拡げ、国を承けることが久しく長かったことを理由とするだけです。あるいは、章帝《しょうてい》が四分暦に改暦した後、災異が俄《にわ》かに頻発し、いまだ瑞祥もない、と言っている者もおります。わたしくは伏して考えますに、聖王が興るときは、それぞれ正朔を異にするもので、それにより（天・地・人）の三統を互いに通じさせます。漢の高祖《こうそ》劉邦《りゅうほう》が受命した際には、秦の暦法を踏襲し、十月を年の首《はじめ》として、閏月は常に年の終わりの（九月の）後に置いていました。この暦法は先代の暦法を鑑みておらず、『尚《しょう》書《しょ》』堯典《ぎょうてん》とも異なっております。太宗文帝《たいそうぶんてい》は、（秦の）不合理な暦法に従っていながら、（天地人の）三階はみな平らかになり、（それを言祝《ことほ》ぐ）黄龍が至り、刑獄は減少して、（雨・暘《ひでり》・燠《あたたかさ》・寒《さむさ》・風の）五つの徴候がすべて備わっていました〔二〕。（これに対して）哀帝《あいてい》と平帝《へいてい》の時代には、共に太初暦に従っていましたが、怪しい事件は重ねて起こり、激しい禍も一度ではありませんでした。（それなのに）議論をする者は、実際に現れた歴史の記録によって調査をし、真実を考え事実を求めることはせず、妄説を広く受け入れ、福はすべて太初暦のおかげとし、咎はすべて四分暦のせいにしているのです。太初暦は多くの賢人が作り上げたものですが、（暦としての寿命が尽きているという）是非はすでに定まっております。永平《えいへい》年間（五八～七五年における議論）を十分ではなかったとし、また月の満ち欠けを改めようとするのでしょうか。四分暦に誤謬があれば、施行できません。（しかし、実際に施行され、そして）元和《げんわ》年間〔八四～八七年〕に鳳凰《ほうおう》が現れましたのは、四分暦に応じて集まったと考えられないのでしょうか。（かれらの議論は）遠くむかしに作った太初暦を褒め称えるときには、その良い点のみを強調し、近く後から改めた四分暦を謗るときには、その福を隠しています。（このような）漏れのある見解や偏った議論は、正しいとすべきではありません。

わたくしはここで、また重ねて張衡《ちょうこう》と周興《しゅうこう》を批判します。考えてみますに（劉向《りゅうきょう》の）『五紀論《ごきろん》』により（日月の）行度《こうど》を推算しますと、当時は他の方法に比較して（天象に）近接していたでしょうが、それでもなお古《いにしえ》の年月を考えられるものではありませんでした。劉向《りゅうきょう》の子である劉歆《りゅうきん》に及んで『春秋』に合わせ、年数を考えて、夏《か》の年数を減らして、周《しゅう》の年数を増やそうとしました。これを年表や本紀に考えてみますと、誤差があること数百に及びます。二つの暦を比較して調査しますと、六千百五十六年の間に、太初暦は一日多くなります。また冬至の太陽は、斗宿《としゅく》にあるべきにも拘《かかわ》らず、（太初暦は）牽牛宿《けんぎゅう》にあるとしております。迂闊にも再び太初暦を用いてはならないことは、このように明確です。（これらのことは）史官は、見方を共通にしており、それは張衡と周興だけではありません。はじめには九道法が精密で近いと考えていました。いま議論する者は（九道法には）欠陥があると考えています。また甲寅を暦元とする暦にしても、誤りが多くございます。これらはみな正式なものとする訳にはまいりません。むかし孔子《こうし》は（『韓詩外伝《かんしがいでん》』巻五の説話のように）馬の名を借りてまで、君主を尊崇する義に従わせました。ましてや天の暦数は、疑いのあるものに任せて虚妄なものに従い、非を是に代えることはできません（後漢四分暦を使うべきであります）」とした。安帝《あんてい》は、陳忠の上言を納れ、ついに改暦のことを止めた。

〔劉昭注〕

〔一〕『尚書《しょうしょ》』洪範《こうはん》篇に、「（種々のしるしである）庶徴《しょちょう》とは、雨・暘《ひでり》・燠《あたたかさ》・寒《さむさ》・風（による徴候）である。この五つのものが（代わるがわる）みなやって来て、それぞれその順序どおりであれば（多くの草が繁茂して）よい」とある。

漢安論暦

順帝《じゅんてい》の漢安《かんあん》二〔一四三〕年、尚書侍郎《しょうしょじろう》の辺韶《へんしょう》が上言して、「世は数が欠けた時に衰え、道は常を得た時に盛んになります。数が欠ければ物が衰え、常を得れば国が昌《さか》えるからです。孝武皇帝《こうぶこうてい》は聖なる思いを述べて、元封《げんぽう》七〔前一〇四〕年十一月甲子朔旦冬至《こうしさくたんとうじ》を暦元として、太史令《たいしれい》の司馬遷《しばせん》や治暦《ちれき》の鄧平《とうへい》などに詔を下して（それまでの顓頊暦《せんぎょくれき》を）改めて太初暦《たいしょれき》を建て、暦元を改め朔日を易《か》えて、夏正《かせい》を採用し、『易経乾鑿度《えききょうけんさくど》』に記された八十一分の四十三（の八十一）を日法《にちほう》〔一朔望月の数値における分母〕としました。（昭《しょう》帝《てい》の元鳳《げんぽう》三年に諸暦の精度を比較するために建てた天文台である）清台《せいだい》で観測を行い、（晦《かい》・朔《さく》・弦《げん》・望《ぼう》・節《せつ》・気《き》の）六異を調査し、（暦の）粗密を試験した際には、太初暦が最も優秀な成績を収めました。そののち劉歆《りゅうきん》は（太初暦の）研鑽を続けて深奥を極め（三統暦《さんとうれき》へと改良し）、これを『春秋』に検証して、さらに『周易』の教理を参考といたしました。また『河図帝覧嬉《かとていらんき》』『洛書乾曜度《らくしょけんようど》』に基づいて（月の）九道論《きゅうどうろん》を拡張し、百七十一年に（一度の割合で、日の端数である八十一分の）六十三日を増減して（暦のずれを解消し）、百四十四年に一度の割合で（干支の）次を超えて進ませ（る超辰法《ちょうしんほう》によって暦のずれを解消する三統暦を完成し）ました。この工夫により（太初暦を改良した三統暦は）天象の運行に応じ、誤謬が少ないのです。太初《たいしょ》元〔前一〇四〕年から永平《えいへい》十一〔六八〕年に至るまでは、ちょうど百七十一年にあたり、（日の端数である八十一分の）六十三日を増減して（暦のずれを解消す）る年でしたが、暦を担当していた者は、この方法に拠るべきことを知りませんでした。（そのため三統暦は天象とのずれを生じ）推算いたしました十二回の（月の）満ち欠けに、ずれが生ずることとなり、三統暦を廃止しようとする者たちは、得たりとばかりに三統暦を批判しました。元和《げんわ》二〔八五〕年に至り、（百七十一年の周期である）小終《しょうしゅう》の数は過ぎ、日の余分はさらに多くなって、月が晦朔《かいさく》ではないのに先に見えるような暦のずれが生じました。孝章《こうしょう》皇帝は『春秋保乾図《しゅんじゅうほけんと》』に、「一つの暦法を施行してから三百年が経てば、それを改めよ」とあることを理由に、四分暦を用いたのです。（ところが四分暦は金星である）太白《たいはく》が（太初《たいしょ》元年前十一月）甲子《こうし》に原点に戻ることを（0.75日繰り上げて）癸亥《きがい》とし、天象を暦算に従わせ、日の前に合わせたものに過ぎません。また庚申《こうしん》の歳（である前二百七十六万四百八十一年）を上元とするのに、明文がありません。くわえて庚申《こうしん》を孔子《こうし》獲麟《かくりん》の歳（である前四八一年）に託することも、『春秋感精符《しゅんじゅうかんせいふ》』がそれを単閼《たんあつ》（の歳である卯《ぼう》）の歳に置くことと矛盾しています。史官は次々と代わりましたが、これまでの因襲に依拠して疑問をそのままにし、深く考えをめぐらし、遠き慮りをみせる者が少なく、月の満ち欠けを知ることができればよい、と考える者ばかりなので（こうした三統暦の理解不足のために暦にずれが生じ、四分暦には欠陥があるので三統暦に復するべきであることを理解してはいないので）す」と申しあげた。

（これに対して順帝は）詔書を下して三公《さんこう》や百官に（辺韶の三統暦復興の議論を）下げ渡して、共に議論をさせた。太史令《たいしれい》の虞恭《ぐきょう》と治暦《ちれき》の宗訢《そうきん》などが議をたてまつり、「暦を建てる根本は、必ず先に暦元を定めることにあります。暦元が正しく定まりましたら、その後に日法《にちほう》を定めます。日法が定まりましたら、その後に周天《しゅうてん》をはかり（春分・秋分の）二分と（夏至・冬至の）二至を定めます。以上の三者に正しい法則があれば、正しい暦を作成できるのです。四分暦の仲紀《ちゅうき》の暦元《れきげん》は、孝文皇帝《こうぶんこうてい》の後元《こうげん》三〔前一六一〕年であり、太歳《たいさい》は庚辰《こうしん》にありました。四十五年を遡ると、太歳は乙未《いつび》にあり、それは前漢が勃興した元年です。さらに二百七十五年を遡りますと、太歳は庚申《こうしん》となり、それは孔子

（が『春秋』に書き記した）獲麟《かくりん》の年です。またさらに二百七十六万年、これを遡りますと、また庚申となります。こうして年々（干支を）受け継ぎ、現在から上代へ遡りますと、誤りなく把握できます。このように四分暦の暦元は明らかな図讖《としん》に著された（ことに基づく）ものです。（これに対して三統暦のもとである太初暦が施行された）太初《たいしょ》元（前一〇四）年は丁丑《ていちゅう》の歳で、遡りましてその三統上元《さんとうじょうげん》（前十四万三千二百三十一年）は、庚戌《こうじゅつ》の歳であるべきです。ところが（太初暦では）丙子《へいし》としますのは、百四十四年で（歳の干支を）一つ超えるため、（三統暦元から太初元年までの十四万三千百二十七年間に）およそ（超辰《ちょうしん》を行うこと）九百九十三回を超え、（その九百九十三回の超辰により十二支を）空しくめぐることは八十二周余りとなりますので、（三統暦元は）丙子《へいし》になるとしているからです。考えてみますと、歳が超える所は、天元《てんげん》の十一月甲子朔旦冬至《こうしさくたんとうじ》のことであり、その時に太陽も月も共に超えるとされています。太陽の運行は（一日に）一度であり、三百六十五度と四分の一度を積むことにより、天を一めぐりいたします。これを名づけて歳と言っているのです。たしかに歳は一つの干支に従いますが、（超辰法で干支は飛ばすといたしましても）太陽は空しく天をまわりませんので、歳において辰を超える（という超辰法そのものが正しい）ことはありえません。考えてみますに、百七十一年は二蔀《ほう》一章《しょう》〔一蔀は七十六年、一章は十九年〕にあたりますが、（三統暦が）余りとする（八十一分の）六十三日は、（計算の結果として導かれる数値ではなく）自然の数です。そもそも数とは、微細なものから現れ、微細なものが毫氂《ごうりん》となり、毫氂なものが蓄積して、分寸を生成するものです。（天文学で申しますと）二つの儀（である天地が）形成されたのちに、太陽と月が分離を始めます。その結果、太陽と月が初めて運行することにより分が生じ、分が積み重なって度となります。太陽は一日に運行することは一度であり、一年で天をめぐります。そこで暦術をつくる者は、それぞれに度法を考え、あるものは一度を九百四十分と規定し、あるものは一度を八十一分と規定しました。それらの法には精粗があり、そのため（四分暦と三統暦という）二つの暦法が生成されましたが、その目的は同一です。日法《にちほう》は、太陽が運行する度数です。太陽は明らかな輝きを放ち、運行には常に節度がありますので、日法により定められる数値は、永遠に有効で無効となることはなく、少しの増減であっても、長い期間には有効な差となって定まった数値が現れるのです。こうした日法の規則性を鑑みて、三統暦（の八十一分の六十三日という自然な数を切り捨てる方法）を検討しますと、日法の数において何の根拠もなく余りを捨てるという方法はあり得ないことです。いま（太初暦を制定した鄧）平の失態を粉飾するために、余分を捨て去るという方法を取ることは、暦の大道を傷つけることになりましょう。考えてみますと、太陽と月との運行を推算するときに、（計算により推測された数値と実際の天象とは）周期の終わりの数値が同一にはならないもので、（三統暦ではとくに）四章（七十六年）の日数の終わりには朔を得ないことが一分に達します。（この差は）九道法《きゅうどうほう》の進退を調整する方法を利用しても、恐らくは欠陥を補うことができないでしょう。また暦の正確さを測る方法には、月の晦朔や弦望（の推算）のほかに、月食という天譴《てんけん》の予測（の正確性を競うことがあり、それ）ほど、明らかな方法はありません。そこでいま（八十一分の）六十三日の余分を捨てた三統暦によって、章和《しょうわ》元〔八七〕年より以降の日食二十回と〔二〕、月食二十八回を推算して、四分暦の推算と得失をくらべ、子細に検討を加えましたところ、四分暦の方が正確であることが多いうえに（その推算方法も）比較的簡便で卑近な方法であることが分かりました。

孝章《こうしょう》皇帝は、暦法と天の度数をすべて審《つまび》らかにして正しくし、天図《てんず》と渾天儀《こんてんぎ》と日晷《にちき》と漏刻《ろうこく》を天象の運行と応じさせました、これは再び超えることのできない業績です。『春秋文曜鉤《しゅんじゅうぶんようこう》』には、「高辛《こうしん》氏が天命を受けて（天子となると）、南正《なんせい》の重《ちょう》と火正《かせい》の黎《れい》は、始めて天文を説いた。帝尭《ぎょう》が即位すると、羲和《ぎか》は渾天儀を創作した。夏《か》王朝が徳教を制作すると、昆吾《こんご》は天神を列した。周《しゅう》王朝が名号を改めると、萇弘《ちょうこう》は天官を分掌した」とあります。『春秋運斗枢《しゅんじゅううんとすう》』には、「常占《じょうせん》は暦経《れきけい》をもち、代々史官が明らかにした」とあります。『洪範五紀論《こうはんごきろん》』には、「民間には黄帝《こうてい》の諸暦があるが、史官の記録が明らかであることには及ばない」とあります。古《いにしえ》より今に至るまで、聖明なる帝王は、（暦法の問題があれば）議論を義和や常占が就いていた史官から採用し、精微な数量の問題は、日晷や渾天儀により定め、多くの人の疑問を宮中に秘蔵されていた書物によって正し、四分暦の原型を改めないことはありませんでした。光武《こうぶ》皇帝の時になると、しばしば詔書を下されて、改暦の端緒を開かれ、孝明《こうめい》皇帝はその内容を調査され、孝章《こうしょう》皇帝はその方法を広く施行しました。君主は（光武帝・明帝・章帝の）三人の聖君主が交替され、年数は数十年が経過し、十分に調査したうえで、広く施行されたのです。その暦元は上統開闢《じょうとうかいびゃく》（である前二百七十六万四百八十一年）であり、その数値は（太初改暦の以前に用いられた、一年を三百六十五日と四分の一日とする）四分暦の数値に復古しています。どうか（元和《げんわ》二年二月）甲寅《こういん》の詔書の故事のように、後漢四分暦を施行すべきです」と申し上げた。（順帝は）上奏を可とした。

〔劉昭注〕

〔一〕（『後漢書』の）五行志《ごぎょうし》を検討してみますと、章和《しょうわ》元〔八七〕年より漢安《かんあん》二〔一四三〕年にまでの日食は二十三回です。『古今注《ここんちゅう》』ではさらに一回多くなります。

熹平論暦

霊帝《れいてい》の熹平《きへい》四〔一七五〕年、五官郎中《ごかんろうちゅう》の馮光《ふうこう》と沛相《はいしょう》上計掾《じょうけいえん》の陳晃《ちんこう》は、「（後漢四分暦の）暦元は正しくありません。そのため妖民が益州《えきしゅう》で叛乱を起こし、盗賊があい続いて害をなしています。暦は甲寅《こういん》を暦元とすべきであるのに、庚申《こうしん》を用いています。図讖《としん》や緯書《いしょ》には庚申を暦元と定めているものはありません。（いま後漢四分暦が庚申を暦元とするのは）秦《しん》が周《しゅう》の（正しい暦）元を代え（そのために滅亡し）たことと同じです。太史《たいし》治暦郎中《ちれきろうちゅう》の郭香《かくきょう》と劉固《りゅうこ》は考えますに（庚申の暦元が正しいという）妄説をつくり、（適当な書物を）求めて庚申を暦元とすることは、経書《けいしょ》や緯書の明文に基づく、などと申しております。（後漢四分暦が庚申を暦元とするのは正しくないというわれわれの主張が）正しくなければ重罪を受ける覚悟です。（ご検討をお願いいたします）」と申しあげた。乙《いっ》卯《ほう》、詔書《しょうしょ》を三公府《さんこうふ》に下して、儒者で（暦の）道に明らかなものと詳しく議論をさせ、正しい暦のあり方を究めさせようとした。そこで群臣を司徒《しと》府に集めて議論をさせた〔一〕。

〔劉昭注〕

〔一〕『蔡邕集《さいようしゅう》』に、「三月九日、百官は司徒府に集まった。司徒《しと》公は殿下に東を向いて座につき、校尉《こうい》は南を向いて座につき、侍中《じちゅう》・中郎将《ちゅうろうしょう》・大夫《たいふ》・千石・六百石は重なりあいながら北を向いて座につき、議郎《ぎろう》・博士《はくし》は西を向いて座についた。戸曹令史《こそうれいし》は坐の真ん中で詔書を読み上げ、司徒公は議論を主宰した。蔡邕は前列の侍中の西北の座につき、公卿《こうけい》のそばで、馮《ふう》光《こう》・陳晃《ちんこう》と暦法の是非を論難しあった」とある。

議郎《ぎろう》の蔡邕の議論は、次のようであった。「（天体の運行を把握するための）暦の定数は精密で微妙なもので、（それを明確に認識していた）聖人の時代を去ること久しい今となっては、（その定める定数は）長所と欠点が互いに入り乱れ、暦術に一定の方法はありません。前漢《ぜんかん》が勃興すると秦《しん》の制度を継承して、暦法は（始皇帝が定めた）顓頊暦《せんぎょくれき》を用い、その暦元は乙卯《いつぼう》でした〔二〕。百二年の後、（前漢の）孝武《こうぶ》皇帝は、始めて正朔《せいさく》を改め、暦法は太初暦《たいしょれき》を用い、暦元は丁丑《ていちゅう》として、これを百八十九年施行しました。（後漢の）

孝章《こうしょう》皇帝は、改めて四分暦《しぶんれき》を採用し、暦元は庚申《こうしん》としました。（それなのに）いま馮光《ふうこう》と陳晃《ちんこう》は、庚申（の暦元）を誤りとし、甲寅《こういん》（の暦元）のみを正しいとしています。暦法を考えますに、黄帝《こうてい》・顓頊・夏《か》・殷《いん》・周《しゅう》・魯《ろ》の六暦には、それぞれ独自の暦元があります。馮光と陳晃の依拠する暦元は、このうち殷暦の暦元です。他の暦の暦元も、讖緯《しんい》の書物には明記されませんが、それぞれ一家の暦術に基づいたもので、すべてその当時において（天象に合致した）有効な暦元でした。武帝が始めて太初暦で丁丑《ていちゅう》の暦元を用いたため、六暦（を奉ずる暦家）は騒ぎを起こし、どの暦が優れているかを争いました。（昭帝《しょうてい》の）太史令《たいしれい》である張寿王《ちょうじゅおう》は、甲寅《こういん》の暦元（をもつ殷暦）を正しいとし、漢の太初暦を誤っているとしましたが、（上林苑《じょうりんえん》の帝室天文所である）清台《せいだい》での観測では、（殷暦の）成績は下位に沈み、暦算でも精度が低かったため、（漢暦を誹《そし》った罪により張寿王は）重ねて弾劾を受けました。（その時、丁丑を暦元とする）太初暦は天象と合致し、遺漏するところがありませんでした。このように讖緯の書物に明記された暦元でなくとも、先には有効なものがあったのです。四分暦を用いてより今に至るまで、四分暦の行度を考えますと、（甲寅の暦元をもつ殷暦よりも正しい）太初暦よりも精密であり、これもまた新しい暦元の方が、今では有効であることを示しています。延光《えんこう》元〔一二二〕年に、中謁者《ちゅうえつしゃ》の亶誦《たんしょう》は、また四分暦の庚申の暦元を誤っているとし、『春秋命暦序《しゅんじゅうめいれきじょ》』に記される甲寅の暦元を用いるべきと上言しました。（これに対して）公卿《こうけい》と百官は集まって議論して検討した結果、甲寅の暦元を施行しませんでした。それに加えて、（日・月・星の）三光《さんこう》の運行は、遅速進退が、必ずしも一様ではありません。暦術家は、計算を尽くしてこの動きを追い求め、当時に合うものを採用するだけです。そのため古今に多くの暦術があるのです。今の暦術が古《いにしえ》に遡って通用できないことは、また古の暦術が今に下って通用できないのと同じです。『春秋元命苞《しゅんじゅうげんめいほう》』と『周易乾鑿度《しゅうえきけんさくど》』は、共に天地開闢《かいびゃく》より（孔子が『春秋』の執筆をやめた）獲麟《かくりん》に至るまでを二百七十六万年としています。また、『春秋命暦序《しゅんじゅうめいれきじょ》』は、獲麟より漢（の建国）に至るまでを積み重ねると、（殷暦の）庚午《こうご》の蔀《ほう》の二十三年より、間に己酉《きゆう》・戊子《ぼし》（の二つの蔀）をはさみ、丁卯《ていぼう》の蔀の六百十九年に終わり、合計して二百七十五年であるとしています。漢の元年における歳は乙未《いつび》で、（それから推算すると）上は獲麟の年に至れば歳は庚申《こうしん》となります。これから推算してさらに上を考えますと、上は天地開闢の歳に極まり、上元は庚申《こうしん》の歳となり（これは後漢四分暦の暦元となり）ます。讖緯の書物に明文が無いといっても、（後漢四分暦の）定数には根拠が存在するのです。それにも拘らず馮光《ふうこう》と陳晃《ちんこう》は天地開闢より獲麟に至るまでを二百七十五万九千八百八十六年とし、獲麟より漢に至るまでを百六十一年としており、（後漢四分暦と）比べますと、その差は百十四年も少なくなっています。（馮光と陳晃はこの定数で）ちょうど満ち足りていると申していますが、これは上は『周易乾鑿度』と『春秋元命苞』と異なり、中は獲麟の年を哀公十四年に置くことを不可能とし、下は『春秋命暦序』の獲麟より漢に至るまでに経過した四つの蔀の年数に及ばなくなるもので、各種の記録や史官の暦注《れきちゅう》と応じないものです。

〔劉昭注〕

〔一〕蔡邕《さいよう》の「月令論《がつりょうろん》」に、「顓頊暦《せんぎょくれき》の術に、「天元《てんげん》の正月己巳《きし》朔旦立春《さくたんりっしゅん》において、共に太陽と月は天廟《てんびょう》の営室宿《えいしつしゅく》の五度にあった」とある。今の月令では孟春《もうしゅん》の月、太陽は営室宿にある」とある。

今の（後漢四分）暦の（熹平五年）の正月が癸亥《きがい》朔であることに対して、馮光《ふうこう》と陳晃《ちんこう》はそれを乙丑《いっちゅう》朔にすべきとしております。乙丑朔（にすべきという見解）の癸亥朔と（の関係）は、題辞の款識《かんし》のように自由に変更できるものではありません。その前に弦《げん》望《ぼう》・晦朔《かいさく》や（月の状態である）光魄《こうはく》・虧満《きまん》といった観測できるものにより、その確かな証拠を見つける必要があります。しかし、馮光と陳晃の暦は、『尚書考霊曜《しょうしょこうれいよう》』を根拠としますが、二十八宿の度数や冬至の際の太陽の位置は、今の史官（の記録）や（戦国時代の）甘徳《かんとく》と石申《せきしん》の『星経《せいけい》』とも異なっており、校定できません。現行の渾天儀《こんてんぎ》により天文を検証しましても、また『尚書考霊曜』には合致しません。馮光と陳晃が本当に自らの暦術に依拠して、改めて天文観測の道具を作り、それにより天文の度数を測定して、遠くは讖緯の書物の検証し、近くは（日・月・星の）三光の運行と合致でき、甘徳と石申（の『星経』）に取って代わり、多くの暦術を持つ者を（かれらの暦術の優越性により）追い詰められたときにのみ、かれらの暦術を用いるべきです。馮光と陳晃（の暦法の難点）を詰問しましても、ただ（彼らの暦法が）図讖に基づいていることだけを理由に言い逃れ、こちらの主張に耳を貸そうとしません。元和《げんわ》二（八五）年二月甲寅《こういん》の制書《せいしょ》に、「朕《ちん》が聞くところによれば、古《いにしえ》の聖王は、（『周易』乾卦文言伝《けんかぶんげんでん》に）「天の時が至らないうちに（これに先立って事を行うが、その行いは天の心に適合して）天は（大人《たいじん》の行うところに）違《たが》うことはない、また（聖人の聖知は）天の時がすでに至れば（これに従って事を行うが、その行いはいささかも）天の心に背き違えることはない」と述べている。史官は

（前漢武帝の）太初《たいしょ》元〔前一〇四〕年に定められた鄧平《とうへい》の術（である太初暦より発展した三統暦）を使用しているが、冬至の日に太陽は斗宿《としゅく》の二十一度にあるべきなのが、三《さん》統暦《とうれき》では牽牛宿《けんぎゅうしゅく》の中星にあるとしている。（また実際の天象は三統暦が指し示す）立春よりも一日先になっているが、四分暦《しぶんれき》は（天象の立春の日を正確に）立春の日と計算している。（わずか一日の違いではあるが、漢では陰の気が強い冬には刑罰を行い、立春以降は行わないなど季節によって行う政治が定まっているため）誤った暦によって獄をおさめ刑罰を執行すると、（政治にとって重要な）陰陽《いんよう》の気《き》を整えることができなくなり、そうした状況の中で治まった時に応じた政治をしたいと希望することは、おそらく無理であろう。いま改めて四分暦を採用し、暦を正確にすることにより尭（の遺徳）に従い、それによって聖人の孔子《こうし》の天を奉じる（ために緯書で述べた「三百年を経たら、暦は法則を改正する」という）文に順おう」とございます。これが始めて後漢四分暦で、庚申の暦元を用いた際の詔です。この詔では（後漢四分暦で庚申の暦元を用いる正統性を）多くの河図《かと》・洛書《らくしょ》や讖緯の書物を引用して証拠としています。（後漢四分暦は）史官の個人的な意図で勝手に構築した暦法ではないのです。それなのに、馮光と陳晃はこれを郭香《かくきょう》と劉固《りゅうこ》が勝手に作った妄説としています。（馮光と陳晃は）経典の文意に違反し、これを甚だしく誤らせるものです。むかし尭《ぎょう》は羲和《ぎか》に命じて暦をつくらせ、日月・星辰（の位置や運行）を表現させ、舜《しゅん》は四時と月日をととのえ、殷《いん》の湯王《とうおう》と周《しゅう》の武王《ぶおう》の革命は、暦の正確な運用と四時の明確化に努めながら行われました。いずれも正しい（暦法に対する）対応と言えましょう。それでもなお（こうした聖王の時代にも）水害に遇い旱害に遭い、戦いが起こって蛮夷《ばんい》は中華を脅かし、寇賊は非違をなす有り様でした。それなのに馮光と陳晃は考えてみるに、陰陽が和せず、姦臣が蔓延《はびこ》り盗賊が横行するのは、みな暦元（が讖緯の書物に合致していないこと）により起こる咎《とが》なのである、などと称しています。こうした考えは誠に理に叶っておりません。元和二年に庚申の暦元を用いてより、今に至るまで九十二年です。それなのに馮光と陳晃は、（いま後漢四分暦が庚申を暦元とすることは）秦《しん》が周《しゅう》の（正しい暦）元を代え（そのために滅亡し）たのと同じ（ぐらい正しくない）ことだ、などと申しております。秦の暦元より、漢は三たび暦元を代え、（乙卯《いつぼう》・丁丑《ていちゅう》・庚申の暦元を使っているので）いつも庚申の暦元を使っていたわけではないのを知らないのです。馮光と陳晃のちっぽけな学びを信用するのは、淫らで虚しい適当な欺いた言葉を信じる罪となります。朔日を改め暦元を代えるという重大なことは、先に（昭帝《しょうてい》の太史令《たいしれい》である）張寿王《ちょうじゅおう》が（甲寅の暦元をもつ殷暦を正しいとし）試験をしたところ効果がなく、（安帝《あんてい》の中謁者《ちゅうえつしゃ》である）亶誦《たんしょう》の（庚申元《こうしんげん》の後漢四分暦ではなく、甲寅《こういん》元《げん》の暦法を用いるべきであるとした）議論も用いられなかったほど（慎重にしなければならないこと）です。元和二年の（後漢四分暦を施行する）詔書は、文も備わり義も著れており、群臣や議者のよく変更できるものではございません」と申し上げた。太尉《たいい》の陳耽《ちんたん》と司徒《しと》の袁隗《えんかい》と司空《しくう》の許訓《きょくん》は、蔡邕の議論により馮光と陳晃（が根拠もなく官暦を批判したこと）を不敬の罪により弾劾して、（刑期三年の労役刑である）鬼薪《きしん》の罪に当てようとした。（霊帝は）詔を下して罪の執行をやめさせた［一］。

［劉昭注］

［一］臣《わたくし》劉昭は、「君子でなければ、（自分の力を）国に発揮することはできないでしょう。蔡《さい》邕《よう》の議論を考えますと、天の機密を言う優れた議論です。（蔡邕は）賢明なる存在として朝廷で重きをなし、（その優れた議論で）広く利益を遠くまで与えます。公卿《こうけい》は正しい対応をして、浅薄なものどもを懲戒する責務を果たし、（霊帝の）詔書《しょうしょ》は（浅薄な議論をも広く受け入れるために）罪を裁くなとします、またそれぞれ君子として国家のために職務をしっかりと果たしています」と考えます。

論月食

太初暦《たいしょれき》の月食予測は、失敗が多かった。後漢四分暦は、太初暦の月食予測の計算法を踏襲し、河平《かへい》元〔前二八〕年の癸巳《きし》の歳を計算の起源として、五年施行した。永元《えいげん》元〔八九〕年、天象では七月の後閏月に月食があったが、（計算に基づく）予測では八月に起こるはずであった。永元二〔九〇〕年正月十二日、蒙県《もうけん》〔河南省商丘県の北東〕の公乗《こうじょう》である宗紺《そうこん》が上書して、「今月の十六日に月食が起こるはずです。しかし官暦は二月に起こると予測しており（誤っており）ます」と申しあげた。（月食の）時期が至ると、宗紺の言葉通りであった。太史令の巡《じゅん》が、宗紺は官で用いるのに有益ですと上奏したので、宗紺は待詔《たいしょう》に任命された。甲辰《こうしん》、詔書が下されて、宗紺の月食予測の方法を採用することにした。五十六年施行して、本初《ほんしょ》元〔一四六〕年に至ると、天象では十二月に月食があったが、暦では翌年の正月（を月食の予測日）としており、始めて誤差が生じた。（そののち）熹平《きへい》三〔一七四〕年に至るまでの二百十九年間の中で、暦に先んじて月食の観測されることが十六回に及んだ。

（そこで）常山長史《じょうざんちょうし》の劉洪《りゅうこう》は、七曜術《しちようじゅつ》を作り奉った。甲辰《こうしん》、詔を下して太史部郎中《たいしぶろうちゅう》の劉固《りゅうこ》と舎人《しゃじん》の馮恂《ふうじゅん》らに、（劉洪の七曜術を）検討をさせたところ、（かれらは）また八元術を作った。劉固たちが作成した月食予測術も、（劉洪の七曜術と）あわせて互いに調査した。劉固の月食予測術は、七曜術と同じであった。（劉洪と劉固の月食予測術は）月食が起きるところを共に己未《きび》の歳（一七九年）では四月と予測し、馮恂の術では三月とし、官暦では五月とした。太史令は報告書を奉り、予測の時に的中したものを施行したい、と申し上げた。丁巳《ていし》、詔を下して可とした。

熹平四（一七五）年、宗紺の孫である宗誠《そうせい》が上書して、「宗紺の月食予測方法を受け継ぎ、（官暦の予測方法を）改めるべきです。今年の十二月に月食が起こるはずです。しかし官暦は、翌年の正月に起こると予測しており（誤っております）」と申しあげた。（月食の）時期が至ると（宗誠の）言葉通りであった。宗誠を舎人に任命した。丙申《へいしん》、詔書を下して、宗誠の月食予測の方法を行うことを許した。

光和《こうわ》二（一七九）年、干支は（月食予測術の優劣を定めるべき）己未の歳であったが、三月から五月は、みな陰の気が強（く雨が多くて月食を観測できな）かった。太史令《たいしれい》の修《しゅう》と太史部舎人《たいしぶしゃじん》の馮恂《ふうじゅん》たちは行度を推算して、考えてみると（月食は）三月（の可能性）が高く、四月（の可能性）は低いとした。（これに対して宗）誠は、四月（に月食が起こっていた）とした。（しかし史官は）上奏して宗誠の月食予測術を廃止し、馮恂の月食予測術を施用するとした。光和三〔一八〇〕年、宗誠の兄であ（り九道法を主張している）る宗整《そうせい》が、何度も上書して、「去年の三月には月食は起こっておらず、四月に起こったはずです。史官は宗誠の正しい月食予測術を廃止し、馮恂の正しくない術を用いています。整の上奏を太史令に検討させてください」と言った。太史官の責任者は、「最後まで自分は三月（の可能性）が高く、四月（の可能性）は低いとは申しませんでした。月食は実際に起こったのを観測したものが正しい結果であり、可能性の高下で論じられません」とした。（霊帝は）詔書を太常《たいじょう》に下して、天象に関する記録を詳細に検討し、月食予測術の重要な点を考察させ、その虚実を議論させた。

太常の就耽《しゅうたん》は、侍中の韓説《かんえつ》と博士の蔡較《さいかく》と穀城門候《こくじょうもんこう》の劉洪《りゅうこう》と右郎中《ゆうろうちゅう》の陳調《ちんちょう》を太常府に集めて、天象に関する記録を一つずつ検討して、難しい問題を議論させた。馮恂と宗誠も（太常府に呼び）それぞれ（質疑に）応えさせた。

馮恂の月食予測術は、五千六百四十一ヵ月に九百六十一回の月食が起こることを定数とするもので、除法により日食の回数を求め、調節のための定数を加えるものであった。建武《けんむ》年間〔二五～五五年〕より以降の（月食の）推算をすると、三百二十七回の月食を的中させられたが、十五回の月食は計算とは異なった。月食に関する官の記録を調査すると、（建武年間以来）天象として九十八回の月食を観測し、二つの術と比べると、その違いは二千百〔この数値は原文の誤り、正確な数値は不明〕であった。宗誠の月食予測術は、百三十五ヵ月に二十三回の月食が起こることを定数とするもので、乗除計算をして月を求める。（その際）建康《けんこう》元〔一四四〕年より以前は四十一を減じ、建康年間以降は三十五を減じるものであった。（しかし、光和二年においては）どちらの月食予測術を使った予測結果も、月食を的中させられなかった。

　馮恂の月食予測術は、旧来の方法を改易するものであり、宗誠の月食予測術は従来の方法を調整したものである。その長所短所を論じても、互いに陵駕するほどでは無かった。それぞれ緯書を引いて、自らの月食予測術の正当性にしようとしたが、その文には明らかな義は無く、（結局二つの月食予測術の優劣は）計算した結果と天象とを比べてみるしかない。そもそも太陽と月の観測術は、太陽は黄道《こうどう》に従って動き、月は九道《きゅうどう》に従って動く（のでそれぞれ軌道が異なるという困難さを持つ）。赤道儀《せきどうぎ》で観測をすれば、太陽の冬至は去極度《きょきょくど》で百十五度となる。太陽の入宿度《にゅうしゅくど》は、赤道儀の測定では斗宿の二十一度となり、黄道儀《こうどうぎ》の測定では斗宿の十九度となる。赤道儀と黄道儀を互いに参照すると、太陽と月の運行は、曲直の差があり、それによって進退が生じる。だから月は井《せい》宿《しゅく》と牛宿《ぎゅうしゅく》を運行する際には、一日ごとに十四度以上ずつ運行し、月が角宿《かくしゅく》と婁宿《ろうしゅく》にある時には、一日ごとに十二度以上ずつ運行する。月の運動は変動しないことはないのである。こうした理解により二つの月食予測術の優劣を考えると、月食予測術は、誤差が生じなければ改める必要はなく、明証がなければ用いることはできない。天道は精微であるのだから、定まった数を求めることは難しく、術法は多くの種類があり、暦紀は一つではない。まだ明証がなければその方法が正しいと知ることはできず、いまだ誤差が生じなければその方法が誤っていると知ることはできない。誤っていることが分かれば、その後にこれを改め、正しいことが分かれば、その後にこれを用いればよい。これがまことに中庸を取る方法といえよう。いま宗誠の月食予測術は、まだ誤差や誤謬が生じておらず、馮恂の月食予測術は、まだ単独で的中するという際立ち方を見せてはいない。明証がない方法により、まだ誤差が生じていない方法を改めるのは、検証がこれから起こる前にそれを正しいとする者である。宗誠の月食予測術が述べる百三十五ヵ月に二十三回の月食が起こることは、その文が書籍にあり、学者の修めるものであり、また施行して以来すでに久しく、官もその方法を守っている。太陽と月の運行の中から経験的に割り出したこの数値は、重みがあり、天象とも違わないものであるから、天象の運行を信じて、述べて作らないことは見識である。馮恂は、長い間天文観測所におり、心を詳細に用い、意志を強く持ち、懸命に観測を続け、新たな月食予測術の定数を確立し、以前の月食を推算し、以後の月食を予測して、また実際の月食とも応じることができた。暦紀の改正は、天を敬うほど慎重でなければならず、明確な典拠が必要なことは、甲《こう》辰《しん》・丙申《へいしん》の詔書（が下されて暦法が改制された時）のようでなければならず、実際の月食が完全に一致しなければならない。したがって今は宗誠の月食予測術を施用することにし、馮恂の月食予測術は採用しない。だが、史官は馮恂の月食予測術を試し、その結果が明確に正しければ、馮恂の月食予測術を行うことにし、それにより新たな月食予測術の定数を確立して、暦紀を改易するべきである。就耽は、韓説たちの議論を上奏し、（霊帝は）詔書を下して「可」とした。（それでも）馮恂と宗整と宗誠は、それぞれまた上書を行い、馮恂は宗誠の月食予測術を施行すべきではないと言い、宗整は馮恂の月食予測術を復活すべきではないと言った。（こうした態度は）劉洪が批判するものとなり、問題は永安台《えいあんだい》に下されて議論をしたが、みな馮恂と宗誠たちの言説に賛成しなかった。（それどころか詔書による決着を批判するかれらの）傲慢や（自らの説だけを正しいとする）

欺瞞ぶりが弾劾された。（これに対して）詔書が下されて、馮恂と宗誠はそれぞれ二ヵ月分の贖罪に当てられ、宗整は左校で労働することが二ヵ月とされた。ついに劉洪たちを用いて、宗誠の月食予測術を施行させることにした。

光和《こうわ》二〔一七九〕年、万年県《まんねんけん》の公乗《こうじょう》である王漢《おうかん》が『月食注《げっしょくちゅう》』を奉った。（その本は）章和《しょうわ》元〔八七〕年より今年に到るまで約九十三年間に起こった、百九十六回の月食を的中させたものであった。官暦の月食予言である河平《かへい》元〔前二八、癸巳〕年の月と違って、己巳《きし》の歳を暦元としていた。事は太史令《たいしれい》の修に下され（検討した結果）、王漢が作った『月食注』は、観測された月食と合わなかったものが二回、（実際に観測されなかった月食を官暦が）的中させたとしているものを（王漢の『月食注』では）的中していないとするものが二十九回でしたと上言した。（事態を重くみた）尚書《しょうしょ》は、穀城門候《こくじょうもんこう》の劉《りゅう》洪《こう》を召し出した。勅命を下して、「さきに郎中の馮光《ふうこう》と司徒掾《しとえん》の陳晃《ちんこう》がそれぞれ暦（の錯誤）を申し出た際、もとの議郎《ぎろう》である蔡邕《さいよう》は、かれらと共にその律暦志《りつれきし》を補正しながら編纂した。いま劉洪は、太史令の修のもとにいたり、王漢と互いに参照しながら、暦元を考えて月余分を計算し、月食を予測せよ。己巳元《きしげん》の（場合の方が月食の予測が）精密であること、（それには拠るべき）師法があることを明らかにし、劉洪が王漢より説を継承せよ。それができなければ答えよ」と命じた。劉洪は上言して、「王漢の己巳元を考えてみますに、これは『尚書考霊曜《しょうしょこうれいよう》』の旃蒙《せんもう》の歳である乙卯《いつぼう》元のことです。とすれば馮光と陳晃が推した甲寅元《こういんげん》と同じようなものです。（己巳元、つまり王漢が推奨する乙卯元の暦も馮光と陳晃が推した甲寅元の暦も）共にこれまでの天象の動きに従って暦を作り、（太陽・月・星の）三光の運行を推算するため、今の天象では誤差が出ます。孔子が一つの緯書の中に二つの暦元を載せているのは、暦には興廃があり、天象の運行に従って調節すべきことを示すためです。甲寅元（である殷暦）は、孔子の時代に有効であり、己巳元である顓頊暦《せんぎょくれき》は、秦が施用しました。漢が興隆して国を建てましたが、それに応じて暦を改めませんでしたので、元封《げんぽう》年間〔前一一〇～一〇五年〕になりますと、暦に誤差が生じて正確ではなくなり、改めて太初暦を用いることにし、三百年で暦を改めるという原則に基づき調節したのです。甲寅元と己巳元は、緯書《いしょ》の文に明文のある暦元ですが、その有効年数はすでに切れています。このために暦を学ぶものは、それぞれ聞いた所を伝えますが、実際に試験をしますと、完全に正確なものを得ることはできないのです。そもそも甲寅元（である殷暦）は、天正《てんせい》〔周正〕の正月甲子朔旦冬至《せいげつこうしさくたんとうじ》のときに、（太陽と月および五星の）七曜《しちよう》が一律に運行をはじめる点を、牛宿《ぎゅうしゅく》の初度に求めます。〔顓頊暦《せんぎょくれき》が上元とする〕乙卯《いつぼう》の歳は、人正〔夏正〕の〔正月〕己巳朔旦立春のときに、〔太陽と月および星の〕三光は、天廟宿《てんびょうしゅく》〔距星はペガスス座α星〕の五度に集まるとされています。二つの暦元の端点における時間差を考えますと、閏余《じゅんよ》の差は百五十二分の三ヵ月、合朔《ごうさく》の差は〔九百四十分の〕三百四日、中気《ちゅうき》と節気《せっき》の余の差は〔三十二分の〕二十九日となります。〔緯書に明文があり〕有効で信じるべき〔暦元とされている甲寅元と己巳元の二つの〕暦であっても〔閏余・合朔・中気節気など定まって日が〕一致しない理由を、王漢は解釈し説明をせず、ただ先人の書があることを論拠とするのみです。王漢の作成した『月食注』と官で施行している月食予測術を比較しますと、予測術の異なる事例が二十九例、的中せずに月食の起こった事例が二例でございました。考えてみると王漢は書籍を学び、己巳元〔の暦法〕を発見し、朝廷はそれを知らないと考えたのでしょう。しかし聖人には〔複数の暦を天象の運行により〕使用したり廃止したりするという正しい考え方があり、史官には天の運行を理解するための精密な予測術があることを知らなかったのです。甲寅元と己巳元〔の暦法〕は、先にすでに施行したもので、その有効性が尽きたため用いなくなったものです。河平《かへい》年間〔前二八～二五年〕には狂いが生じ、史官はすでにこの暦法を廃止しております。それなのに王漢は過去の暦法を持ち出して論争をしており、ほとんど参考にすべき点はありません。師法が有ると申しましても、無いのと同じです。予測の結果もまた精密であるとは言えません。王漢の説く蔀数《ほうすう》は、暦術家の共に知るものですから、採用すべきところはありません」と申しあげた。（そこで）王漢を郷里に帰らせた〔一〕。

〔劉昭注〕

〔一〕袁山松《えんさんしょう》の『後漢書』に、「劉洪《りゅうこう》は、字《あざな》を元卓《げんたく》といい、泰山郡蒙陰県《たいざんぐんもういんけん》〔山東省蒙県の南西〕の人である。魯王《ろおう》の宗室である。延熹《えんき》年間〔一五八～一六七年〕に、校尉《こうい》から太史《たいし》官への徴《ちょう》召《しょう》に応じて、郎中《ろうちゅう》に任命され、常山長史《じょうざんちょうし》に遷ったが、父の喪に服するために官を去った。のち上計掾《じょうけいえん》となり、郎中に任命され、東観《とうかん》で研究をして律暦記《りつれきき》を著し、謁者《えつしゃ》・穀城門候《こくじょうもんこう》・会稽東部都尉《かいけいとうぶとい》に遷った。徴召されて中央に戻ることになり、まだ戻らないうちに、山陽太守《さんようたいしゅ》となり、官に卒した。劉洪は計算を得意とし、当世に並ぶものは無く、七曜術《しちようじゅつ》を作った。東観にいる時には、（蔡邕《さいよう》と共に）律暦記を著した。また天文に関する官の記録を考察し検討して乾象暦《けんしょうれき》をつくるに至った。十年以上、太陽と月の運行を考察し予測して、天象と違うことはなく、みな今の世に伝わっている」とある。『博物記《はくぶつき》』には、「劉洪は誠実で学問を好み、

（儒教の）六藝《りくげい》の多く書物の意図を読み取って考えるには、天文の数術は、幽深で見つけ難いものを探り求め、奥深いものをさぐり遠くのものを明らかにすることである、とした。そこでついに（天文に）集中して思いを凝らした。曲城侯相《きょくじょうこうしょう》となったが、政治は清らかで差別がなく、吏民は畏れながらも愛し、州郡が礼を異にするほど（整った政治を行ったの）であった」とある。

律暦志下　第三　暦法

むかし聖人が暦を作ったときには、（北斗七星の第一星から第四星までの）琁璣《せんき》の運動、（日・月・五惑星という）三光《さんこう》の運行、黄道《こうどう》上の（太陽の運行としての）発展や収斂、（ノーモンの日）景《かげ》の長短、北斗七星の（第五星から第七星までの、柄の部分である）斗綱《とこう》が指し示す所、青龍《せいりゅう》〔木星〕がある所を観察すると共に、異変を参考とし、（暦法の基本となる）数値を交錯させせつつ総合することにより、暦術を制定したのである。

天の運動というものは、一昼夜に運行が周天（の総度数）を超過し、（恒）星は天に従って（天に張りついている星であるかのように東から）西に移動し、太陽は天（の動き）に相違して（西から）東に移動する。太陽の運行と周天における星の運動とは、天にあっては（周天の）度数と成り、暦にあっては（一度が一）日となる（ため中国では周天は三百六十五度である）。太陽の居所は列宿によって示され、四と七（を乗じた数である二十八宿）に終わり、日（という単位）を受容するためには甲乙（以下の十干と子丑以下の十二支と）により、（十と十二の最小公倍数である）六十で（一回の周期を）終わる。太陽と月とは相互に関連しつつ推移していくが、太陽の運行はゆるやかで、月の運行は速やかであるが、太陽と月がちょうど同じ所に在る（ときがあり）、その時を合朔《ごうさく》という。（また）ゆるやかに運行する太陽が（月よりも）先にいき、速やかに運行する月が（太陽に）後れることもあるが、（合朔の位置に）近い第一と（合朔の位置から）遠い第三に（太陽と月とが）在るときは、これらを弦《げん》という。（太陽と月とが対極に位置して）天を二分する状態に在るときは、これを望《ぼう》という。速やかに運行する月がゆるやかに運行する太陽に追いつき、光が（遮られ）尽き、（月の）実体が伏して見えない状態にあるときは、これを晦《かい》という。晦と朔が合体して離反し、北斗七星の柄が指し示す十二辰が移動していくことを、（朔望《さくぼう》）月という。

（このように）太陽と月が運行することにより、冬があり夏があり、冬と夏の間には、春があり秋がある。太陽が北陸を運行するときは冬といい、西陸（を運行するとき）は春といい、南陸（を運行するとき）は夏といい、東陸（を運行するとき）は秋という。太陽が運行する（黄）道は南に展開し、（天の北）極を去ることがいよいよ遠く、ノーモンの（正午の）日景はいよいよ長く、それが極まれば、冬至になる。太陽が運行する（黄）道が北方に収斂し、（天の北）極を去ることがいよいよ近く、ノーモンの（正午の）日景はいよいよ短く、それが極まれば夏至になる。冬至と夏至との中間の時、（黄）道が（ちょうど南北から）等しいところにあり、（日出・日没の）ノーモンの日景も真東と真西とを示す時が、春分と秋分である。

太陽は天を周回し、一年に一度ずつの寒暑があり、四季は備わり（一年が）完成し、万物はことごとく改まり、歳星《さいせい》〔木星〕は十二次を（一次）遷移し、（太歳紀年法に基づく歳名である）青龍《せいりゅう》も十二辰を移動する。これら一連の変化を歳という。一歳の始めは冬至であり、一ヵ月の始めは朔である。冬至と朔とが同日に生じる周期を章《しょう》〔章法、十九年に七回の周期で閏月を置いて「至」（冬至）と「朔」を同日に回帰させる周期〕といい、それら（冬至と朔）が、一日のはじめ（夜半、すなわち午前零時）に同じく存在するようになる周期を蔀《ほう》〔蔀法。章法により生ずる日の端数を七十六年を単位として解消すること〕といい、蔀の始めの日の干支が六十回廻って終わ（り、最初の干支に回帰す）る周期を紀《き》〔紀法。月の朔望・節気の日付・朔や節気の時刻・日の干支が同一に復帰する周期。一万八千八百ヵ月が紀月〕といい、歳の干支も（元に）復する周期を元《げん》〔元法。すべてが元に復する最終的な周期。一元は四千五百六十年〕という。これらの理由の故に日は上記の周期をみたし、月は上記の周期に閏（月を挿入）し（て月の朔望と季節とを一致させ）、四季は上記の周期を（季節ごとに）分かち、歳は上記の周期を一周し（て一年一年を刻み）、章は上記の周期を明らかにし、蔀は上記の周期を部分に分け、紀は上記の周期を記録し、元は上記の周期を原初に回帰させる。（上記の周期が設定されて）そのあとに千変万化して異なり、月の出現が暦面に先んじることが不規則に起きることがあっても、上記の周期に結びつけ系統だてることによって是正できない場合はないのである。

（天の北）極は中心を指し、（赤）道はその外周をめぐり、（天の北極を中心とした）琁衡《せんこう》〔北斗七星〕の一年の円周運動を追い、四季による一日の長さの伸び縮みを観察することにより、太陽の軌道である黄道《こうどう》が生み出される。壺に孔をあけて（水時計の本体である）漏《ろう》を作り、（日盛りをしるした）矢を浮かべて時刻を定め、漏（の水位の低）下により時刻を数え、（ある時刻に南中する星宿である）中星《ちゅうせい》を考えることで、夕暮れと夜明けが生み出される。太陽には黄道があり、月には九行《きゅうこう》（と呼ばれる軌道）があり、九行は（黄道を南北に）出入して（黄道との間に）交（点）が生じる。朔《さく》は（大地からみて、太陽と月とが同一方向に一列に並ぶ現象である）会《かい》であり、望《ぼう》は（大地をはさんで太陽と月が一列に並ぶ）衡《こう》であり、（黄道と九行との）交点に（朔・望が）隣接していれば、太陽が欠ける日食や月影が薄くなる月食が生じる。月には（その姿が見えなくなる）晦《かい》と朔《さく》とがあり、五惑星には（星が太陽と重なって見えなくなったり再び現れることである）合《ごう》と見《けん》があり、月には（満ち欠けである）弦《げん》と望《ぼう》があり、五惑星には（運行が一時的に止まる）留《りゅう》や（それまでとは反対の方向に運動する）逆《ぎゃく》（の現象）があるが、その帰結は同一であるために、（それらの諸現象を予測する）推歩《すいほ》の術が発生した。

金星と水星は陽光を承け、太陽の下の位置を先行したり後行したりし、（運行が）速ければ太陽に先行し、（やがて太陽の運行に）遅れるようになって後に滞留し、滞留して後に逆行して、逆行して太陽から遠ざかり、遠ざかって後に速度を増し、速度を増して太陽と（運行の速さを）競い、競ってからまた太陽に先行する。（惑星の運行にはこうした）遅速や順行・逆行があるため、早朝に出現したり夕方に出現したりするという現象が生じる。太陽・月・五惑星の各々には、（運行の）終わりと始まり（すなわち周期）があり、（それぞれを基準とした）七つの起算点が生み出される。（それらの）出現と潜伏には（一定の）日数があり、留や順行・逆行現象が起きるには（黄道座標上の一定の）度数があって、こうして（天文観測にもとづいて運行の遅速の変化に関する）比率を表す数値が得られる。（運行に要する時間の）長短の不斉はそれを等しくし、（運行の度数の数値の量の）多少はこれを均等にすることで（太陽と月と五惑星の）会合の（周期の）終点が生み出される。以上の事実と原理を引き伸ばし、（類似の現象に）触れてそれを延長させることで、幽遠で見つけ難いものを探り求め、奥深いものを探り、遠きものを明らかにすれば、幽《かす》かで暗く隠れているものでも、その精細まで明らかにできる。そのため陰陽には分限があり、寒暑には節度があり、天地は観測するべき正しさを持ち、日月も正常な明るさを保つのである。

　そもそも暦術をおさめ暦法制定の事業を始め、大いに光り輝いたものは、（顓頊《せんぎょく》に仕えた南正《なんせい》の）重《ちょう》と（火正の）黎《れい》の二人が最初である〔一〕。聖帝の命令を敬しみ承ることは、あたかも天命を受け継ぐことのようであった。暦に基づく天文現象の観測と（日・月・五星の）三辰《さんしん》の運行とを掌《つかさど》り、それにより民に農事に関する指示を授け、閏月を設置して四季を確定し、それにより毎年の農耕の収穫を成就させることは、（尭《ぎょう》の時代に天文現象の観測と日・月・五星の運行とを掌る官職にあった）羲氏《ぎし》と和氏《かし》が隆盛の基盤をつくった〔二〕。占象《うらかた》を金（の八卦である兌《だ》）と、火（の八卦である離《り》、すなわち六十四卦の革の卦）に取り、革命をして制度を創立し、暦を修治して四時（の移り変わり）を明らかにし、天に応えて民（の希望）に順うことは、（殷の）湯王《とうおう》と（周の）武王《ぶおう》がその全盛期を現出した〔三〕。王の徳が衰退するに及び、道に従わない君主が上では混乱をひきおこし、頑迷で愚かな史官が下では過失を犯すようになった。夏（の仲康）の時、（天文観測と暦法とを管掌する役職にあった）羲氏と和氏（の両氏）が酒色にふけりすさんで、四時を荒廃させ日（の序列）を乱したので、胤侯《いんこう》がかれらを征伐した。（殷の）紂王《ちゅうおう》は淫乱と残虐な行いをなし、（日の十干・十二支、すなわち）甲子の次序を喪失するにおよんで、（周の）武王《ぶおう》がかれを誅滅した。このように天文と暦法とを正して明らかにする者は、勃然として興起する。他方天文と暦法とを荒廃させる者は、忽然と滅亡する。なんと偉大なものであることか、天地の根本原理を道理づけるということは、帝王の壮挙である。それゆえに聖人はその事業を宝のように重視し、君子はそれに勤勉に励むのである。

暦というものは聖人（と同様）の六つの徳（のはたらき）を持っている。根本的な気《き》（である陰陽二気）に基づく働きは、体制を尚《とうと》ぶことであり、数の総合に基づく働きは、条文を尚ぶことであり、（事物の）類比に基づく働きは、（四時における周期である易の）四象を尚ぶことであり、仕事をすることに基づく働きは、（生・長・収・蔵という）四時（の作用）を尚ぶことであり、往時をもって占うことに基づく働きは、原初を尚ぶことであり、未来を予知することに基づく働きは、行く末を尚ぶことである。大いなる事業は暦法の記載から始まり、（その大業の成否などの）吉凶が発生する。したがって君子は、事を興す場合には、暦法に照らして事に当たり、（その結果として明らかになった）天命を受けて、それに背くことをしない。そもそも天（象）により地（上の人事）に関わる場合には、（四季などの）時を観測し揆《はか》って教化を施し、これを明堂《めいどう》〔王者が国家の典礼に関する重要な行事をする建物〕で頒布し、そのことによって民衆のために（遺漏がないように）極めることにおいては、月令《がつりょう》〔『礼記《らいき》』の篇名。十二ヵ月の時節に応じて行うべき政令を記したもの〕よりも大きな役割を果たすものはない。帝王の大いなる支配は完備し、天下における可能な仕事は完全に終わる。これらから以上を行うこと、すなわち様々な禁忌を設けることについては、君子はそれを知ることに惑わされないのである。

〔劉昭注〕

〔一〕顓頊《せんぎょく》（の時代に天文・暦法をつかさどったもの）は、重《ちょう》と黎《れい》である。

〔二〕唐尭《とうぎょう》・虞舜《ぐしゅん》・夏《か》・商《しょう》（の時代に天文・暦法をつかさどったもの）は羲氏《ぎし》と和氏《かし》である。

〔三〕（蔡邕の）『月令章句《がつりょうしょうく》』は、「帝舜《ていしゅん》（が尭から禅譲《ぜんじょう》を受けた時に）は（尭が定めていた）時月と正日に従って、そのまま国家を受け継ぎ、（殷の）湯王《とうおう》と（周の）武王《ぶおう》は（武力による放伐《ほうばつ》の）革命を実行し、（前代で使用していた）暦を修治して四時を明らかにした。太平の世を継承した者は従来の暦法に従い、戦乱の世を継承した者は従来の暦法を改革するのである」と述べている。

斗宿《としゅく》の二十一度は、（天の北）極から最も遠ざかった位置である。太陽がここにある時に冬至となり、万物はその時に生成（を開始）する。そのため十二律は（基本音高である）黄鍾《こうしょう》を基音とし（て音階を構成し）、暦法は冬至を始点とし、月は北斗七星が子《し》すなわち北を指し示す月（である夏暦の十一月を始め）とし、時制は（子《し》の刻である）夜半を起点とする。漢の高皇帝《こうこうてい》〔劉邦《りゅうほう》〕が天命を受けてから四十五年後（にあたる前漢の文帝《ぶんてい》の後元三〈前一六一〉年）には、（木星の対照位置にあるとされた仮想天体である太歳《たいさい》は）十干では上章《じょうしょう》（すなわち庚《こう》）、十二支では執徐《しつじょ》（すなわち辰《しん》の位置）に在り、（前年の）冬十一月の甲子《こうし》の日の夜半に、朔と冬至になる（そのような年を暦元とし）、年数や月数および閏月の数の累積は、みなこの時から開始することにし、暦元を立て朔の日を正しくし、これを（後）漢（の四分）暦と称した。また両元《りょうげん》の年を遡ると（冬十一月甲《こう》子夜半朔旦冬至《しやはんさくたんとうじ》に加えて）月食・五星の計算の起点となる。

暦（法の根本とされる種々の定）数を生み出すにあたっては、渾天儀《こんてんぎ》や日表《じっぴょう》を立て、日影（の長さ）を観測した。日の影が長ければ太陽は遠く、（その時点の太陽の天球での位置が）天（球を区分するために想定された度数）の端緒である。太陽がその端緒の位置を出発し、（大地のまわりを）一周すると一歳（すなわち一太陽年）が形成される。しかし（その時点での）日の影（の長さ）は、（出発したときと同様の状態には）復帰しない。四周（すなわち四太陽年）つまり千四百六十一日を経て、日の影（の長さ）は出発した時の状態に復帰する。これが太陽の運行の（一サイクルの）終了である。四周（という周回運動の回数）により、それに含まれる日数の合計（である四太陽年、千四百六十一日）を割ると、（商として）三百六十五と四分の一を得る。これが一太陽年の日数である。太陽は、一日に一度の割合で（天空を）運行していく。（したがって）三百六十五と四分の一という数値は、周天の総度数でもある。太陽と月が揃って出発する天の度数の端緒（である冬至点）を観察すると〔二〕、太陽は十九周、月は二百五十四周を運行した段階で、復び出発した位置で（大地から見て同一方向に並び）会合する。これが月の運行の（一サイクルの）終了にあたる。太陽の運行回数（である十九）により月周（である二百五十四）を割ると、（商として）一太陽年あたりの（月の）周天運行の回数（に相当する、十三と十九分の七という数値）が得られる。（一太陽年につき、太陽自身も一回の割合で大地のまわりを「公転」するという事実を勘案して、その）太陽の周天運動の回数である一を

（一太陽年あたりの月の周天運動の回数である）十三と十九分の七から減じると、その差は十二と十九分の七になる。（これが）月の運行が周期を終え、太陽の運行に追いつく周期であり、一太陽年あたりの（朔望）月（の数）である。（一太陽年あたりの朔望月の月数である十二と十九分の七を除数として）一太陽年の日数（である三百六十五日と四分の一日）を割ると、（その商が）一朔望月〔朔から望を経て次の朔まで〕の日数（である二十九日と九百四十分の四百九十九日）になる。（一太陽年あたりの朔望）月（の数である十二と十九分の七ヵ月のうち）の分子部分の数値、すなわち七の積算値が、（同じく、一太陽年あたりの朔望月の数である十二と十九分の七ヵ月のうちの）分母部分の数値（である十九）と同数になれば、（新たに）一朔望月が得られる。あらたに一朔望月が形成された場合、当該の年は（十三ヵ月からなる）大の年である。（暦のうえの）月は四季に関しては（一定の時を維持しておらず）推移する、それ故に十二種類の中気《ちゅうき》を置くことによって各月の（暦のうえにおける）位置を定める。朔の日はあるが中気を含まない月を閏月とする。各月に含まれる中気に先立つものは（十二）節気という。中気とともに二十四（節）気となる。（二十四節気の総数である）二十四によって一太陽年の日数である三百六十五日と四分の一日を割ると、（その商は）一節気あたりの日数（である十五日と三十五と三十二分の七の）分子部分の七が積算されて（分母部分の数値である三十二を超過し、その結果）一日を形成すれば、そのような日は没日《ぼつにち》〔十五日間隔の節気で一年を分割した際、余りとなる五日（六日）〕とする。一年に含まれる二十四節気の日数の端数である三十二分の七日の分子部分の七を合計し（七×二十四＝百六十八とし）、法《ほう》（すなわち三十二分の七の分母部分の三十二）で割ると、一年あたりの没日の日数になる。一年あたりの没日の日数の端数は（十六回の）中気において消滅し、その中気は冬至において終わ（り始ま）る。冬至における日の端数（である四分の一日のうちの分子部分である一）が積算されて（冬至における日の端数である四分の一日のうちの）分母部分である四と同数になれば、新たに一日が得られ、四年（周期）で（端数は）消滅する。一年あたりの月数（である十二と十九分の七ヵ月）のうちの分子部分である七は（積算されて）閏（月）を形成するが、閏（月を置く周期は）は七（回）で（一サイクルを）終え、その（サイクルの）年数は十九年であり、これを章《しょう》と名づける。章の最初においては端数は尽き、一章十九年を四倍すると（冬至の日の端数と朔望月の合計の月数の端数とは）ともに消滅する。この周期（すなわち一章十九年の四倍にあたる七十六年）を蔀《ほう》と名づける。一年の日数（である三百六十五日と四分の一日）に一蔀（すなわち七十六年）を乗ずると蔀の日数（すなわち二万七千七百五十九日）となる。（六十干支のはじめにあたる）甲子《こうし》を蔀の最初の年の干支と定めると、二十蔀（すなわち千五百二十年）で最初の状態に復帰する。そこで二十蔀を紀《き》とする。一紀のサイクルを終えた段階では、青龍（つまり太歳紀年法にもとづく歳名）はいまだ最初の歳名に復帰しない、三終（すなわち三紀、四千五百六十年）の後に青龍は最初の歳名に復帰する。（この周期を）元《げん》とする。

［劉昭注］
［一］太陽と月が揃って出発する天の度数が、（太陽と月との運行の）起点とされた二十八舎〔二十八宿、つまり斗の二十一度〕における合朔《ごうさく》である。

元法《げんほう》は、四千五百六十（年）である［一］。紀法《きほう》は、千五百二十（年）である［二］。紀月《きげつ》は、一万八千八百（ヵ月）である。蔀法《ほうほう》は、七十六（年）である［三］。蔀月《ほうげつ》は、九百四十（ヵ月）である。章法《しょうほう》は、十九（年）である。章月《しょうげつ》は、二百三十五（ヵ月）である［四］。周天《しゅうてん》は、千四百六十一（度）である。日法《じっぽう》は、四である。蔀日《ほうじつ》は、二万七千七百五十九（日）である。没数《もつすう》は、二十一である。通法《つうほう》は、四百八十七（日）である。没法《もつほう》は、七であり、それが章閏《しょうじゅん》〔一章、十九年間に置かれる閏月の数である七〕である。日余《じつよ》は、百六十八である。中法《ちゅうほう》は、三十二である。大周《だいしゅう》は、三十四万三千三百三十五（日）である。月周《げっしゅう》は、千十六（ヵ月）である。

〔劉昭注〕

〔一〕『楽叶図徴《がくきょうとちょう》』に、「暦元は甲子朔旦冬至《こうしさくたんとうじ》のときに、太陽と月とが牽牛宿《けんぎゅうしゅく》の初度にあるところから始まり、二十八宿を（西から東へと）右行して、王者の終始を考える。あるものは一に尽き、その暦数はあるものは一に尽きることができない。四千五百六十年を紀《き》として、甲《こう》寅《いん》で終わりとなる」とある。宋均《そうきん》は、「紀《き》とは元《げん》のことである。四千五百六十という数値は、五行《ごぎょう》が交代して、一たび終了する大きな数である。王者は即位すると、その統《とう》を全うするものもあり、あるいはその暦数を尽くさないものもある。だから一元は四千五百六十年を甲寅《こういん》の終わりとするのである。王者は勃興すると、必ず元を易える。ことさらにまた前に沿わないで終わるとはこのことをいう」と言っている。韓子《かんし》に、「四千五百六十年を一元《いちげん》とする。元の中に災厄の年もある。だから聖人は九年分の蓄えを持ち、これに備えている」とある。

[二]（蔡邕の）『月令章句《がつりょうしょうく》』に、「紀《き》（の年である千五百二十年）には、（日の干支が）戻って暦元に復帰する」とある。

[三]『月令章句』に、「七十六年を蔀首《ほうしゅ》とする」とある。

[四]『月令章句』に、「十九年と七つの閏月（の和である二百三十五ヵ月）を一章《いちしょう》とする」とある。

月食（を予測するため）の数を定めるためには、皆既月食《かいきげっしょく》の記録を拠り所とする。おおむね二十三回の月食の後に再び皆既月食となり、その間は百三十五ヵ月である。二十三回の月食により百三十五ヵ月を除すると、五と二十三分の二十ヵ月で一回の月食が発生することが分かる。この数で一年分の月（である十二と十九分の七ヵ月）を除すると、一年ごとに二と五百十三分の五十五回（の月食）が起こることになる。（これによれば五百十三年には）千八十一回の月食が起こることになり、蔀《ほう》（の年数である七十六）と（五百十三と）の公約数として十九を得、それぞれを公約数で割った商の数として四と二十七を得る。これらを互いに乗ずると（十九×四×二十七となり）、二千五十二となり（これを蔀会《ほうかい》）、これに二十を乗じた（四万千四十という）数を元会《げんかい》とよぶ。元会《げんかい》は、四万千四十（年）である。蔀会《ほうかい》は、二千五十二（年）である。歳数《さいすう》は、五百十三である。食数《しょくすう》は、千八十一（回）である。月数《げっすう》は、百三十五（ヵ月）である。食《しょく》法《ほう》は、二十三（回）である。

（ある歳が）蔀《ほう》に入ってから何年後かという年数を推算する方法は、「元法《げんほう》（である四千五百六十）を上元《じょうげん》（から数えて求める歳が何年目かという歳）の数から除《のぞ》けるだけ除去し、その余数を紀法《きほう》（である千五百二十）で除し、得る所の商の数を（天・地・人の三紀の順序で）天紀《てんき》よりはじめ、数え終わった次が該当する紀である（なお、商が〇ならば天紀とし、一ならば地紀とし、二ならば人紀となる）。

紀法に満たない余数は、紀の中での年数である。（具体的には）蔀法《ほうほう》（である七十六）により紀法に満たない余数を除し、得る所の商の数を甲子蔀《こうしほう》よりはじめ、数え終わった次が該当する蔀である（商が〇ならば甲子蔀とし、一ならば癸卯蔀《きぼうほう》とし、二ならば壬午蔀《じんごほう》とし、三ならば辛酉蔀《しんゆうほう》になるようにする）。蔀法に満たない余数は、蔀の中での年数である。それぞれの該当する紀の（うち該当する蔀の）歳名（を次に列挙する表）により命名し、数え終わったところが、求める所の年の太歳のある所となる」というものである。

月食がおこる蔀会《ほうかい》の年を推算する。元会《げんかい》（である四万千四十）を上元（から数えて求める歳が何年目かという歳）の数から除けるだけ除去し、その余数を蔀会《ほうかい》（である二千五十二）で除し、得る所の数に二十七を乗じ、六十あるいは六十の整数倍は除去して、その余数を二十で除して得る所の商の数を、天紀よりはじめ、数え終わった次が該当する紀である。二十に満たない余数は、数を甲子蔀よりはじめ、数え終わった次が該当する蔀会である。計算をはじめたときに蔀会に満たなかった余数は、蔀会の中での年数である。それぞれの該当する紀の歳名により命名し、数え終わったところが、求める所の年の太歳のある所となる。（天・地・人の三紀の中の、二十蔀のそれぞれの蔀首の歳名、および一紀の二十蔀の蔀首の天正朔旦冬至《てんせいさくたんとうじ》の日の干支を列挙すると次のようになる）

天紀の歳名	地紀の歳名	人紀の歳名	蔀首
庚辰	庚子	庚申	甲子一
丙申	丙辰	丙子	癸卯二
壬子	壬申	壬辰	壬午三
戊辰	戊子	戊申	辛酉四

甲申	甲辰	甲子	庚子五
庚子	庚申	庚辰	己卯六
丙辰	丙子	丙申	戊午七
壬申	壬辰	壬子	丁酉八
戊子	戊申	戊辰	丙子九
甲辰	甲子	甲申	乙卯十
庚申	庚辰	庚子	甲午十一
丙子	丙申	丙辰	癸酉十二
壬辰	壬子	壬申	壬子十三
戊申	戊辰	戊子	辛卯十四
甲子	甲申	甲辰	庚午十五
庚辰	庚子	庚申	己酉十六
丙申	丙辰	丙子	戊子十七
壬子	壬申	壬辰	丁卯十八
戊辰	戊子	戊申	丙午十九
甲申	甲辰	甲子	乙酉二十

天正《てんせい》〔周正、十一月歳首〕を推算する方法。蔀《ほう》の何年目かという年数を置き、そこから一を減じ、章月《しょうげつ》（である二百三十五）をこれに乗じ、そこから章法《しょうほう》（である十九）に満ちるごとに（引けるだけ引いて、引いたたびに）一ずつ数え、その結果を積月《せきげつ》と名づけ、あまりを閏余《じゅんよ》とする。（閏余が）十二以上であれば、その歳には閏月《うるうづき》がある。

天正の朔日《さくじつ》を推算するには、蔀に入ってからの積月《せきげつ》を置き、蔀日《ほうじつ》（である二万七千七百五十九）をこれに乗じ、そこから蔀月《ほうげつ》（である九百四十）に満ちるごとに（引けるだけ引いて、引いたたびに）一ずつ数え、その結果を積日《せきじつ》と名づけ、あまりを小余《しょうよ》とする。積日は六十（あるいはその整数倍）の部分を除去し、そのあまりを大余《だいよ》と名づけ、蔀の最初の年の（前年十一月朔・夜半・冬至の日の干支の）名からこれを数え始め、数え終わった次が、前年天正十一月の朔日である。小余が四百四十一以上の場合には、其の月は大（の月）である。翌月の朔日を求めるには、大余二十九と小余四百九十九を加え、小余が蔀月（である九百四十）に満ちれば、一が得られるので、繰り上げて大余に加え、（干支の）数え方は前と同じようにする。

（天正の朔日を推算するための）別の方法では、大周《だいしゅう》（である三十四万三千三百三十五）を年に乗じ、周天《しゅうてん》（である千四百六十一）を閏余に乗じたものをこれから減じ、余が蔀月に満ちるごとに得られる数（を蔀名から数えた算外）が、天正の朔日である。

二十四節気《にじゅうしせっき》を推算する方法は次のとおりである。蔀《ほう》の何年目かという年数を置きそこから一を減じ、日余《じつよ》（である百六十八）をこれに乗じ、そこから中法《ちゅうほう》（である三十二）に満ちるごとに（引けるだけ引いて、引いたたびに）一ずつ数え、その結果を大余《だいよ》と名づけ、あまりを小余《しょうよ》とする。大余は六十（あるいはその整数倍）の部分を除去し、そのあまりを（蔀の最初の年の前年十一月朔・夜半・冬至の日の干支である）蔀名《ほうめい》から数え始め、数え終わった次が、前年冬至の日（の干支）である。次の節気を求めるには、大余の十五と小余の七を加え、（六十を）除《のぞ》いたり（蔀名から）数えるのは前と同じようにする。小寒《しょうかん》の日となる。

閏月《うるうづき》の所在を推算する方法。閏余《じゅんよ》（の数）を章法《しょうほう》（である十九）より減じ、そのあまりに十二を乗じ、章閏《しょうじゅん》（である七）に満ちるごとに（引けるだけ引いて、引いたたびに）一ずつ数え、（その余りが）四より大きければまた商の数に一を加える。これを前年の十一月より起算して、数え終わった次が、閏月のある所である。（実際には、端数がでた場合、閏月を前の月に置くか、後の月に置くかの）進退があるので、中気《ちゅうき》（を含まない月を閏月とすること）により閏月を定める。

弦《げん》・望《ぼう》の日を推算する方法。その月の朔の大余と小余の数をもとにして、それぞれに大余の七と小余の三百五十九と四分の三を加え、小余が蔀月《ほうげつ》（である九百四十）を越えたら一を繰り上げて、大余に加える。大余を使った（干支の）数え方は（天正の朔日を推算する方法などで蔀名から数え始めて、数え終わった次とするような）方法と同様にして、上弦の月（の日の干支）が得られる。さらに（大余七と小余三百五十九と四分の三を）加えると望を得られ、次は下弦を、そしてまた翌月の朔を得られるのである。そもそも弦・望の小余が二百六十以下であれば、それぞれに百刻を乗じ、蔀月（である九百四十）に満ちるごとに（引けるだけ引いて、引いたたびに）一刻ずつ数え、その結果がその時に最も近接する節気の夜の長さの半分に満たなければ、一日繰り上げて（弦・望の）日（の干支）とする。

没日《ぼつにち》と滅日《めつにち》を推算する方法。蔀《ほう》の何年目かという年数から一を減じ、没数《ぼつすう》（である二十一）をこれに乗じ、そこから日法（である四）に満ちるごとに（引けるだけ引いて、引いたたびに）一ずつ数え、その結果を積没《せきぼつ》と名づけ、あまりは没余《ぼつよ》とする。通法《つうほう》（である四百八十七）を積没に乗じ、そこから没法（である七）に満ちるごとに（引けるだけ引いて、引いたたびに）一ずつ数え、その結果を大余《だいよ》と名づけ、あまりは小余《しょうよ》とする。大余が六十より越えていればその（六十あるいはその整数倍）部分を除去し、そのあまりを（蔀の最初の年の前年十一月朔・夜半・冬至の日の干支である）蔀名《ほうめい》から数え始め、数え終わった次が、前年冬至前の没日（の干支）である。その後の没日を求めるには、大余の六十九と小余の四を加え、小余が没法（である七）を越えれば、大余に繰り上げ、（干支の）数え方は前と同じようにし、余分（である小余）が無いものは滅日とする。（没日と滅日を推算するための）別の方法では、十五を冬至の小余に乗じて、そこから通法（である四百八十七）を減じ、あまりを没法（である七）に満ちるごとに（引けるだけ引いて、引いたたびに）一ずつ数える、（結果を冬至から数えた算外が）天正の後の没日である（とする）。

合朔《ごうさく》の（際の太陽と月の）所在の度数を推算する方法。蔀に入ってからの積月を置き、蔀日（である二万七千七百五十九）をこれに乗じ、大周《たいしゅう》（である三十四万三千三百三十五）を越えていればこれを除去していき、そのあまりが蔀月（である九百四十）に満ちるごとに（引けるだけ引いて、引いたたびに）一ずつ数え、その結果を積度《せきど》と名づけ、あまりは余分《よぶん》とする。積度を斗宿の二十一度に加え、（九百四十分の）二百三十五分を加え、（斗宿以下の）各宿の宿度値によりこれを順次減少させていき、（そのあまりが）

宿度値に満たなくなれば、それが太陽と月が合朔する場所の星宿の度数である。次の合朔（の際の太陽と月の所在の度数）を求めるには、度数の二十九を加え、（九百四十分の）四百九十九分を加え、その分が蔀月に満ちれば（度に繰り上げて）一度を加え、斗宿を経過したら（九百四十分の）二百三十五分を除けばよい。

（合朔の際の太陽と月の所在の度数を推算するための）別の方法では、閏余《じゅんよ》を周天《しゅうてん》（である千四百六十一）に乗じ、それを大周《だいしゅう》（である三十四万三千三百三十五）から減じ、あまりが蔀月に満ちるごとに（引けるだけ引いて、引いたたびに）一度ずつ数え、斗宿の二十一度と四分の一度をあわせれば、それが天正《てんせい》合朔における太陽と月の所在の度数である。

太陽の（夜半の）所在の度数を推算する方法。蔀に入ってからの積日《せきじつ》を置き、蔀法《ほうほう》（である七十六）をこれに乗じ、蔀日《ほうじつ》（である二万七千七百五十九）を越えていればこれを除去していき、そのあまりが蔀法に満ちるごとに（引けるだけ引いて、引いたたびに）一ずつ数え、その結果を積度《せきど》と名づけ、あまりは余分《よぶん》とする。積度を斗宿《としゅく》の二十一度に加え、十九分を加え、（斗宿以下の）各宿の宿度値によりこれを順次減少させていくと、それが夜半の太陽の所在の度数である。次の日の所在を求めるには、一度を加える。次の月の所在を求めるには、大の月であれば三十度を加え、小の月であれば二十九度を加え、斗宿を経たら十九分を除けばよい。

（太陽の所在の度数を推算するための）別の方法では、朔小余を合朔の度分より減じたものが、日の夜半の所在であるとする。その余分を二百三十五で割り、十九をこれに乗ずる。

月の（夜半の）所在の度数を推算するには、蔀に入ってからの積日の数を置き、月周《しゅう》（である千十六）をこれに乗じ、蔀日《ほうじつ》（である二万七千七百五十九）を越えていればこれを除去していき、そのあまりが蔀法に満ちるごとに（引けるだけ引いて、引いたびに）一ずつ数え、その結果を積度と名づけ、あまりは余分とする。積度を斗宿の二十一度十九分に加え、（太陽の所在の度数を推算する）上の方法と同じように除いていけば、それが求める所の日の夜半の月の所在の宿の度数である。次の日の所在を求めるには、十三度二十八分を加える。次の月の所在を求めるには、大の月であれば三十五度六十一分を加え、小の月は二十二度三十三分を加える。分が蔀法に満ちれば（度に繰り上げて）一度を加え、斗宿を経たら十九分を除けばよい。その冬の下旬に月が張宿《ちょうしゅく》と心宿《しんしゅく》にあればこれを注記しておくが、これは昼の漏刻《ろうこく》が尽きたのち黒夜が漏刻の尽きる前に発生する状況をいうのである。

（月の所在の度数を推算するための）別の方法では、蔀法により朔小余を除し、得るところを太陽の夜半の度数から減ずる。あまりは分より減ずる。それが月の夜半の所在の度数である。

太陽が黎明の時に入る所の度分を推算する方法は次のとおりである。その月の節気の夜漏《やろう》の数を置き、蔀法《ほうほう》（である七十六）をこれに乗じ、二百でこれを除くごとに一分を得る。それが夜半から黎明に至るまでに移行する分である。それを夜半の太陽の所在の度分に増せば、黎明の時の（太陽の）所在の度分となる。太陽が昬《くれ》の時に入る所の度数を求めると、夜半から黎明に至るまでの太陽の行く所の分を蔀法より減じ、そのあまりが夜半から昬に至る分である。それを夜半の（太陽の）所在の度分に加えれば、昬の時の太陽の所在の度分となるのである。

月が黎明の時に入る所の度分を推算する方法は次のとおりである。その（月の）節気の夜漏の数を置き、月周《げつしゅう》（である千十六）をこれに乗じ、二百でこれを除し、積分とする。積分が蔀法（である七十六）に満ちるごとに（引けるだけ引いて、引いたたびに）一ずつ数え、それを夜半の度に増すと、それが月の黎明の時の所在の度分となる。月が昬の時に入る所の度数を求めると、黎明の積分を月周より減じ、そのあまりが蔀法に満ちるごとに（引けるだけ引いて、引いたたびに）一ずつ数え、夜半（の月の所在の分度）に加えれば、それが昏の月の所在の度分となるのである。

弦《げん》・望《ぼう》の時に太陽の入る星宿の度数を推算する方法は次のとおりである。（太陽の）合朔の（時の星宿の）度数を置き、七度と三百五十九と四分の三分を加え、星宿の順序に従ってこの数から引いていくと、上弦の太陽が入る星宿の度数を得ることができる。望と下弦（の太陽が入る星宿の度数）を求めるには、（弦の時の太陽が入る星宿の度数に七度と三百五十九と四分の三分を）加えたり（星宿の順序にしたがって）引いたりすることは前と同じようにし、小分は四に満ちれば（繰り上げて）大分の一とし、大分は蔀月に満ちれば（繰り上げて）一度とする。

弦・望の時に月の入る星宿の度数を推算する方法は次のとおりである。月の合朔の（時の星宿の）度数を置き、度は九十八を加え、分は六百五十十三半を加え、星宿の順序にしたがってこの数から引いていくと、上弦の月が入る星宿の度数を得ることができる。望と下弦（の月が入る星宿の度数）を求めるには、（弦の時の月が入る星宿の度数に七度と三百五十九と四分の三分を）加え（たり星宿の順序にしたがって）引いたりすることは前と同じようにし、蔀月に満ちれば（繰り上げて）一度とする。

月食《げっしょく》を推算する方法は次のとおりである。蔀会《ほうかい》に入ってからの年数を置き、一を減じ、食数（である千八十二）をこれに乗じ、歳数《さいすう》（である五百十三）に満ちるごとに（引けるだけ引いて、引いたたびに）一ずつ数え、その結果を積食《せきしょく》と名づけ、あまりを食余《しょくよ》とする。月数《げっすう》（である百三十五）を積食に乗じ、食法《しょくほう》（である二十三）に満ちるごとに（引けるだけ引いて、引いたたびに）一ずつ数え、その結果を積月《せきげつ》と名づけ、あまりを月余《げつよ》分《ぶん》とする。積月から章月《しょうげつ》（である二百三十五）を除いていき、そのあまりを入章月数《にゅうしょうげっすう》とする。まず入章閏《にゅうしょうじゅん》を除いてから、十二を除いていき、あまりを十一月から数え始め、数え終わった次の月が、前年十一月前の食月である。入章閏を求めるには、入章月《にゅうしょうげつ》を置き、章閏《しょうじゅん》（である七）をこれに乗じ、章月に満ちるごとに一を得る、その結果が入章閏数である。余分が二百二十四以上二百三十一までであれば、食は閏月にある。閏月に進退があるので、朔日によって確定する。後の月食を求めるには、五ヵ月と二十分を加え、（月余分が）法（である二十三）を越えれば（その分を）一月として繰り入れ、月の数え方は前の方法と同じであり、その月余分がない場合には食は前月に繰り上げる。

月食がある月の朔日を推算する方法は次のとおりである。食積月《しょくせきげつ》の数を置き、二十九をこれに乗じ、積日《せきじつ》とする。また四百九十九を積月《せきげつ》に乗じ、蔀月《ほうげつ》に満ちるごとに（引けるだけ引いて、引いたたびに）一ずつ数え、それを積日にあわせ、六十でこれを除し、そのあまりを入っている所の蔀名から数え始め、数え終わった次の日が、前年天正前食月の朔日（の干支）である。月食の日を求めるには、（それは望日なので、朔望月の半分にあたる）大余の十四と小余の七百十九半を加え、小余は蔀月に満ちたならば大余（の一）となし、大余を数えることは前の方法と同じにすれば、その結果が月食の日（の干支）である。その後の月食の朔日及び月食の日を求めるには、（まず五ヵ月後として）みな大余二十七と小余六百十五を加える。その月余分が二十に満たない場合には（その直前で月余分が積月に繰り上がったことになるため）、（前回の六ヵ月後ということになるので、さらに一ヵ月分として）また大余二十九と小余四百九十九を加える。月食の日の小余は、漏刻で換算してこれを考え、夜漏（の刻数）がいまだ尽きていなければ、繰り上げて前の日を月食の日とする。

（その後の月食を推算するための）別の方法では、歳数（である五百十三）を上元（以来の年数）から引けるだけ引き、そのあまりを積月に換算し、（月数マイナス食法である）百十二をこれに乗じ、月数（である百三十五）に満ちればこれを去り、あまりは食法

（である二十三）に満ちるごとに一とする、その結果が天正の後に起こる月食までの月数である。

（気・朔・月食など）さまざまな（時刻である）加時《かじ》（を十二辰で表したもの）を推算する方法。十二を小余に乗じ、先に（夜半から子《ね》の時の終わりまで、すなわち一日の二十四分の一に相当する）分母の半分を引いて、一時を得、そのあまりを分母によって除し、得た所の数値を夜半の子より数え始め、数え終わった次が、（日数に対して）加えられる時である。

（気・朔・月食など）さまざまな上水漏刻《じょうすいろうこく》（夜明けと夕暮れに、水時計の箭を差し替えてからの刻数）を推算する方法。百を小余に乗じ、その分母に満ちれば一刻を得、分母に満たなければこれに十を乗じ、分母に満ちれば一分を得る。積刻《せきこく》は先に当該日に近い節気の夜漏《やろう》（の夜の長さの刻数）の半分を減じ、あまりは昼上水の数とする。昼漏《ちゅうろう》（の昼の長さの刻数）を過ぎればこれを去り、あまりは夜上水の数とする。その刻数が夜漏の半分に満たなければ、これを減じ、あまりは昨夜がまだ尽きない分であるとして、弦望はその日にあることになる。

（木・火・土・金・水の五惑）星の（運行を推算するための暦）数は、それぞれ（の惑星）

が太陽と（会合するまでの日数や分の）記録したものと、周天度数（である三百六十五と四分の一）を互いに約して日率《にちりつ》や周率《しゅうりつ》としたものである。章法《しょうほう》（である十九）を周率に乗じたものを月法《げつほう》とし、章月《しょうげつ》（である二百三十五）を日率に乗じたものを、月法で除したものを、積月と月余《げつよ》とする。一月の日数を積月に乗じ、その結果を朔の大余と小余とする。蔀日《ほうじつ》（である二万七千七百五十九）を月余《げつよ》に乗じ、月法を朔《さく》の小余に乗じてこれを加え、章法を章月に乗じその結果によりこれを割り、その結果を日度法《にちどほう》で除したものを入月日《にゅうげつじつ》と（そのあまりを）日余《にちよ》とする。日法を周率に乗じたものを日度法とし、周率により日率を減じ、そのあまりを周天に乗じ、日度法で除したものを、積度《せきど》と度余《どよ》とする。（五種類の）日率は互いに約せるものは約したのち、この最小公倍数を求めると、二千九百九十九兆一千六百二十一億五千八百二万六千三百を得、この数が五つの惑星が（同時に太陽と会合してから、再び同時に太陽と会合するまでの周期の）終わりであり、蔀の数と同じように、元法に通じるものである。

　木星。周率は、四千三百二十七である。日率は、四千七百二十五である。合積月は、十三である。月余は、四万千六百六である。月法は、八万二千二百十三である。大余は、二十三である。小余は、八百四十七である。虚分は、九十三である。入月日は、十五である。日余は、一万四千六百四十一である。日度法は、一万七千三百八である。積度は、三十三である。度余は、一万三百十四である。

火星。周率は、八百七十九である。日率は、千八百七十六である。合積月は、二十六である。月余は、六千六百三十四である。月法は、一万六千七百一である。大余は、四十七である。小余は、七百五十四である。虚分は、百八十六である。入月日は、十二である。日余は、千八百七十二である。日度法は、三千五百十六である。積度は、四十九である。度余は、百十四である。

土星。周率は、九千九十六である。日率は、九千四百十五である。合積月は、十二である。月余は、十三万八千六百三十七である。月法は、十七万二千八百二十四である。大余は、五十四である。小余は、三百四十八である。虚分は、五百九十二である。入月日は、二十四である。日余は、二千百六十三である。日度法は、三万六千三百八十四である。積度は、十二である。度余は、二万九千四百五十一である。

金星。周率は、五千八百三十である。日率は、四千六百六十一である。合積月は、九である。月余は、九万八千四百五である。月法は、十一万七百七十である。大余は、二十五である。小余は、七百三十一である。虚分は、二百九である。入月日は、二十六である。日余は、二百八十一である。日度法は、二万三千三百二十である。積度は、二百九十二である。度余は、二百八十一である。

水星。周率は、一万千九百八である。日率は、千八百八十九である。合積月は、一である。月余は、二十一万七千六百六十三である。月法は、二十二万六千二百五十二である。大余は、二十九である。小余は、四百九十九である。虚分は、四百四十一である。入月日は、二十八である。日余は、四万四千八百五である。日度法は、四万七千六百三十二である。積度は、五十七である。度余は、四万四千八百五である。

五惑星（の太陽との会合年）を推算する方法。上元より以来の、求める所の年が終わるまでの年数を置き、周率をこれに乗じ、日率に満ちるごとに（引けるだけ引いて、引いたたびに）一ずつ数え、その結果を積合《せきごう》と名づけ、あまりは名づけて合余《ごうよ》とする。合余は周率によりこれを除する。ここ（求める年）に該当しない場合は（それ以前の年にさかのぼる）退歳《たいさい》である。（商を）得ることが無ければ、星はその年に（太陽と）合し、一を得れば前年に合しており、二であれば二年前に合している。金星と水星は積合が奇数であれば（合〈内合〉のあと）明け方（に見えること）となり、偶数であれば（合〈外合〉のあと）夕方（に見えること）となる。その周率に満たないものは逆に（合余を周率から）減じて、あまりは（分母を周率とした時の、前年冬至から合までの年単位の時間を表す分子である）度分《どぶん》とする。

五惑星が（太陽と）会合する月を推算する方法。合積月《ごうせきげつ》を積合に乗じ（その結果を）小積《しょうせき》とし、また月余《げつよ》を積合に乗じ、その結果が月法に満ちるごとに（引けるだけ引いて、引いたたびに）一ずつ数え、小積に加えて積月《せきげつ》とし、あまりは月余《げつよ》とする。積月は紀月《きげつ》（である一万八千八百）に満ちればこれを去り、あまりは入紀月《にゅうきげつ》とする。つねに章閏《しょうじゅん》をこれに乗じ、章月《しょうげつ》（である二百三十五）に満ちるごとに（引けるだけ引いて、引いたたびに）一ずつ数えて閏《じゅん》とし、あまりを閏余《じゅんよ》とする。閏を入紀月より減じ、あまりは十二によりこれを去り、あまりを入歳月《にゅうさいげつ》の数として、天正十一月より起算して、数え終わった次が、惑星が（太陽と）合する月である。その閏余が二百二十四以上で二百三十一までであれば惑星は閏月に（太陽と）合する。閏月に進退があるので、朔によってこれを定める。

（五惑星が太陽と会合する月の）朔日《さくじつ》を推算する方法。蔀日《ほうじつ》（である二万七千七百五十九）を入紀月に乗じ、蔀月《ほうげつ》（である九百四十）に満ちるごとに（引けるだけ引いて、引いたたびに）一ずつ数えて積日《せきじつ》とし、あまりは小余《しょうよ》とする。積日は六十に満ちればこれを去り、あまりを大余とし、甲子から数え始め、数え終わった次が、惑星が（太陽と）合する月の朔日である。

（五惑星が太陽と会合する日が月の朔日から）何日目かを推算する方法。蔀日（である二万七千七百五十九）を月余に乗じ、その月法を（朔の時刻に対応する）朔小余《さくしょうよ》に乗じ、これを加えて、（章法×章月の）四千四百六十五で約し、得るところが日度法に満ちるごとに（引けるだけ引いて、引いたたびに）一ずつ数えて入月日となし、あまりは日余とする。朔日から入月日を数え始め、数え終わった次が、惑星が（太陽と）合する日付けである。

（五惑星が太陽と）合する際の度数を推算する方法は、周天《しゅうてん》（である千四百六十一）を度分に乗じ、日度法に満ちるごとに（引けるだけ引いて、引いたたびに）一ずつ数えて積度《せきど》となし、あまりは度余とする。斗宿の二十一と四分の一度（の冬至点）から数え始め、数え終わった次が、惑星が（太陽と）合する度数である。

別の方法では、退歳《たいさい》に一を加え、それを上元（以来の年数）より減じ、（日の干支が元に復帰する年数である）八十に満ちればこれを除去し、あまりは没数《ぼっすう》（である二十一）をこれに乗じ、日法（である四）満ちるごとに（引けるだけ引いて、引いたたびに）一ずつ数えて、大余となし、あまりは小余とする。甲子《こうし》から大余を数え始めれば、それが惑星の（太陽と合する）歳の天正冬至の日である。また周率を小余に乗じ、度余を加え、あまりは日度法に満ちれば度に加え、その結果の数が冬至からの星合までの日数であり、日数の数え方は冬至から数える。

（五惑星と太陽との）次の合の月を求めるには、合積月《ごうせきげつ》を入歳月《にゅうさいげつ》に加え、（合積月に対する）月余《げつよ》を（今回の合の時の積月に対する）月余に加え、その和が月法に満ちれば一を得て、それを入歳月に加える。入歳月は十二に満ちればこれを去り、閏月があればそれを計算して、あまりは数え始める方法を前のようにして、数え終わった次が、次の合の月である。金星と水星は（今回が）晨（の合）であれば加えた次は夕（の合）となり、夕（の合であれば）加えた次は晨（の合）となる。

（五惑星が太陽と次に会合する月の）朔日を求めるには、（各惑星の）大余と小余を今回（の合）の値（大余と小余）に加え、月余（直前に求めた月余の和）が一月を得れば（合は翌月になるので）、また大余二十九と小余四百九十九を加え、小余は蔀月（である九百四十）に満ちれば一を得て、それを大余に加え、大余を数え始める方法は前と同様の方法をとる。

（五惑星が太陽と次に会合する日が月の朔日から）何日目かを求めるには、（各惑星の）入月日と日余を今回（の合）の数値に加え、あまりは日度法に満ちれば一を得て、日に加える。その前の合月朔（つまり今回の合の直前の朔）の小余がその（惑星の）虚分に満ちていれば、空に一日を加える（次回の朔が繰り下がるので、入月日を一日減らすことになる）。日は月に満ちれば先に二十九を去り、そののち合月朔の小余が四百九十九に満たなければ（その前月は大の月なので）、また一日を減じ、そのあまりを数え始める方法は前と同様の方法をとる。

（五惑星が太陽と次に）合する際の度数を求めるには、（各惑星の）積度と度余を今回（の合）の数値に加え、あまりは日度法に満ちれば一を得て度に加え、数え始める方法は前と同様の方法をとり、斗宿を越えることがあれば周率（分母である日度法の四分の一）を除く。

木星は、朝早く、見えなくなってから（少したったあとで）十六日と（一万七千三百八分の）七千三百二十、五日を経、二度と（一万七千三百八分の）一万三千八百十一度を運行して、太陽の後方にあること十三度とすこしで、東方に現れる。（木星は出現すると西から東へと）順行して、一日に五十八分の十一度を進み、五十八日間で十一度を進む。（そののち順行する速度が）やや遅くなり、一日に（五十八分の）九度をいき、五十八日間で九度を進む。（そののち）留《りゅう》となり運行しないこと、二十五日。（今度は東から西へと）逆行して、一日に七分の一度をいき、八十四日間で十二度を退く。また留となり（運行しないこと）、二十五日。また順行して、五十八日間で九度を進み、また五十八日間に十一度を進み、太陽の前方にあること十三度とすこしで、西方に夕方に見えなくなる。見えなくなったり逆行したりすることを除くと、（木星は）一回に三百六十六日の間現れ、二十八度を進む。見えなくなってからまた十六日と（一万七千三百八分の）七千三百二十、五日を経、二度と（一万七千三百八分の）一万三千八百十一度を運行して、太陽と合《ごう》となる。凡そ一回の（会合周期である）終《しゅう》は、三百九十八日と（一万七千三百八分の）一万四千六百四十一日であり、（この間に）星の間を進むことは三十三度と（一万七千三百八分の）一万三百十四度であり、一日あたりに進む度数を平均すると四千七百二十五分の三百九十八度となる。

火星は、朝早く、見えなくなってから（少したったあとで）七十一日と（三千五百十六分の）二千六百九十四日を経、五十五度と（三千五百十六分の）二千二百五十四、五度を運行して、太陽の後方にあること十六度とすこしで、東方に現れる。（火星は）出現すると（西から東へと）順行して、一日に二十三分の十四度をいき、百八十四日間で百十二度を進む。（そののち順行する速度が）やや遅くなり、一日に（二十三分の）十二度をいき、九十二日間で四十八度を進む。（そののち）留となり運行しないこと、十一日。（今度は東から西へと）逆行して、一日に六十二分の十七度をいき、六十二日間で十七度を退く。また留となり（運行しないこと）、十一日。また順行して、九十二日間に四十八度を進み、また百八十四日間に百十二度を進み、太陽の前方にあること十六度とすこしで、西方に夕方に見えなくなる。見えなくなったり逆行したりすることを除くと、（火星は）一回に六百三十六日の間現れ、三百三度を進む。見えなくなってからまた七十一日と（三千五百十六分の）二千六百九十四日を経、五十五度と（三千五百十六分の）二千二百五十四、五度を運行して、太陽と合となる。凡そ一回の（会合周期である）終は、七百七十九日と（三千五百十六分の）千八百七十二日であり、（この間に）星の間を進むことは四百十四度と（三千五百十六分の）九百九十三度であり、一日あたりに進む度数を平均すると千八百七十六分の九百九十七度となる。

土星は、朝早く、見えなくなってから（少したったあとで）十九日と（三万六千三百八十四分の）千八十一、五日を経、三度と（三万六千三百八十四分の）一万四千七百二十五、五度を運行して、太陽の後方にあること十五度とすこしで、東方に現れる。（土星は）出現すると（西から東へと）順行して、一日に四十三分の三度をいき、八十六日間で六度を進む。（そののち）留となり運行しないこと、三十三日。（今度は東から西へと）逆行して、一日に十七分の一度をいき、百二日間で六度を退く。また留となり（運行しないこと）、三十三日。また順行して、八十六日間に六度を進み、太陽の前方にあること十五度とすこしで、西方に夕方に見えなくなる。見えなくなったり逆行したりすることを除くと、（土星は）一回に三百四十日の間現れ、六度を進む。見えなくなってからまた十九日と（三万六千三百八十四分の）一万四千七百二十五、五日を経、三度と（三万六千三百八十四分の）一万四千七百二十五、五度を運行して、太陽と合となる。凡そ一回の（会合周期である）終は、三百七十八日と（三万六千三百八十四分の）二千百六十三日であり、（この間に）星の間を進むことは十二度と（三万六千三百八十四分の）二万九千四百五十一度、一日あたりに進む度数を平均すると九千四百十五分の三百十九度となる。

金星は、朝早く、見えなくなってから（少したったあとで）五日を経、四度を退いて、太陽の後方にあること九度で、東方に現れる。（金星は）出現すると（東から西へと）逆行して、一日に五分の三度をいき、十日で六度を退く。（そののち）留となり運行しないこと、八日。（今度は西から東へと）順行して、一日に四十六分の三十三度をいき、四十六日間に三十三度を進む。そして（順行の速度は）早くなり、一日に一度と九十一分の十五度をいき、九十一日間で百六度を進む。（順行の速度は）ますます早くなり、一日に一度と（九十一分の）二十二度をいき、九十一日間で百十三度を進み、太陽の後方にあること九度で、東方に明け方に見えなくなる。見えなくなったり逆行したりすることを除くと、（金星は）一回に二百四十六日間現れ、二百四十六度を進む。見えなくなってからまた四十一日と（二万三千三百二十分の）二百八十一日を経、五十度と（二万三千三百二十分の）二百八十一度を運行して、太陽と合となる。一合は二百九十二日と（二万三千三百二十分の）二百八十一日であり、星の間を進むこともこの数値と同じ度数である。

金星は、夕方に、見えなくなってから（少したったあとで）四十一日と（二万三千三百二十分の）二百八十一日を経、五十度と（二万三千三百二十分の）二百八十一度を進んで、太陽の前方にあること九度で、西方に現れる。（金星は）出現すると（西から東へと）順行して、はやく、一日に一度と九十一分の二十二度をいき、九十一日間で百十三度を進む。やや遅くなり、一日に一度と（九十一分の）十五度をいき、九十一日間で百六度を進む。さらに遅くなり、一日に四十六分の三十三度をいき、四十六日間で三十三度を進む。（そののち）留となり運行しないこと、八日。（今度は東から西へと）逆行して、一日に五分の三度をいき、十日で六度を退き、太陽の前方にあること九度で、西方に夕方に見えなくなる。見えなくなったり逆行したりすることを除くと、（金星は）一回に二百四十六日間現れ、二百四十六度を進む。見えなくなってから五日を経、四度を退いて太陽と再び合す。凡そ再び合する一回の（会合周期である）終は、五百八十四日と（二万三千三百二十分の）五百六十二日であり、星の間を進むこともこの数値と同じ度数である。一日あたりに進む度数を平均すると一度となる。

水星は、朝早く、見えなくなってから（少したったあとで）九日を経、七度を退いて、太陽の後方にあること一六度で、東方に現れる。（水星は）出現すると（東から西へと）逆行して、一日に一度を退く。（そののち）留となり運行しないこと、二日。（今度は西から東へと）順行して、一日に九分の八度をいき、九日間で八度を進む。そして（順行の速度は）早くなり、一日に一度と四分の一度をいき、二十日間に二十五度を進み、太陽の後方にあること十六度で、東方に明け方に見えなくなる。見えなくなったり逆行したりすることを除くと、（水星は）一回に三十二日間現れ、三十二度を進む。見えなくなってから十六日と（四万七千六百三十二分の）四万四千八百五日を経、三十二度と（四万七千六百三十二分の）四万四千八百五度を運行して、太陽と合となる。一合は五十七日と（四万七千六百三十二分の）四万四千八百五分であり、星の間を進むこともこの数値と同じ度数である。

水星は、夕方に、見えなくなってから（少したったあとで）十六日と（四万七千六百三十二分の）四万四千八百五日を経、三十二度と（四万七千六百三十二分の）四万四千八百五度を進んで、太陽の前方にあること十六度で、西方に現れる。（水星は）出現すると（西から東へと）順行して、はやく、一日に一度と四分の一度をいき、二十日間で二十五度を進む。やや遅くなり、一日に九分の八度をいき、九日間で八度を進む。（そのち）留となり運行しないこと、二日。（今度は東から西へと）逆行して、一日に一度を退き、太陽の前方にあること十六度で、西方に夕方に見えなくなる。見えなくなったり逆行したりすることを除くと、（水星は）一回に三十二日間現れ、三十二度を進む。見えなくなってから九日を経、七度を退いて太陽と再び合す。凡そ再び合する一回の（会合周期である）終は、百十五日と（四万七千六百三十二分の）四万千九百七十八日であり、星の間を進むこともこの数値と同じ度数である。一日あたりに進む度数を平均すると一度となる。

（五惑星の位置を推算する方法である）歩術《ほじゅつ》は、（前項で示された五惑星ごとの）歩法《ほほう》の（合の時から）見えない期間〔伏という〕の日数と、その間運行する度・分を（それぞれの惑）星が太陽と合となる日と度・余に加える。（求めたい日数や度数を）数えていくことは、前と同じような方法をとれば、惑星の初めて見える時〔見と呼ぶ〕の日と度を求めることができる。（歩法の度の端数の分母である）行分母《こうぶんぼ》を度・余に乗じ、日度法で除して満つるごとに一として求め、分のあまりが半分の法より多い場合には（四捨五入して）また一とし、さらに一日ごとに運行する分を加えて、その分母に満ちれば一とする。逆行と順行では行分母が同じではないので、該当する行分母を（換算しようとする分数の）もとの分子に乗じ、もとの分母で除する。留《りゅう》の場合は前を承け、逆行であればこれを減じ、見えなくなれば度を書かない。斗宿《としゅく》を経過したときには、行分母の四分の一を除く。端数については、繰り上げと切り捨てを行う。（次に記す）赤道度《せきどうど》によって、度数を命名したものに、（次に示された進退の数を用いて）進は加え退は減ずれば、黄道《こうどう》の度数になる。

月名表

天正十一月 冬至	十二月 大寒	正月 雨水	二月 春分
三月 穀雨	四月 小満	五月 夏至	六月 大暑
七月 処暑	八月 秋分	九月 霜降	十月 小雪［一］

〔劉昭注〕

［一］（蔡邕《さいよう》の）『月令《がつりょう》 章句《しょうく》』に、「孟春《もうしゅん》は立春《りっしゅん》を節気《せっき》とし、驚蟄《きょうちつ》を中気《ちゅうき》とする。中気は必ずその月にあるが、節気は必ずしもその月にあるとは限らない。孟春の驚蟄を例とするならば（驚蟄が）十六日以後にあれば、立春は正月にあり、驚蟄が十五日以前にあるならば、立春は前年の十二月にある」とある。

（「星宿表」）

斗《と》宿　二十六度四分の一　退二	牛《ぎゅう》宿　八度	女《じょ》宿　十二度　進一	虚《きょ》宿　十度　進二
危《き》宿　十七度　進二	室《しつ》宿　十六度　進三	壁《へき》宿　九度　進一	

（以上が）北方（の七宿であり、その宿度の合計は）九十八度四分の一である。

奎《けい》宿　十六度	婁《ろう》宿　十二度　退一	胃《い》宿　十四度　退一	昴《こう》宿　十一度　退二
畢《ひつ》宿　十六度　退二	觜《し》宿　二度　退三	参《しん》宿　九度　退四	

（以上が）西方（の七宿であり、その宿度の合計は）八十度である。

井《せい》宿　三十三度　退三	張《ちょう》宿　十八度　進一
鬼《き》宿　四度	翼《よく》宿　十八度　進二
柳《りゅう》宿　十五度	軫《しん》宿　十七度　進一
星《せい》宿　七度　進一	

（以上が）南方（の七宿であり、その宿度の合計は）百十二度である。

角《かく》宿　十二度	心《しん》宿　五度　退三
亢《こう》宿　九度　退一	尾《び》宿　十八度　退三
氐《てい》宿　十五度　退二	箕《き》宿　十一度　退三
房《ぼう》宿　五度　退三	

（以上が）東方（の七宿であり、その宿度の合計は）七十五度である。

右が赤道《せきどう》の宿度値であり、周天で三百六十五度と四分の一となる。

斗宿　二十四度四分の一	牛宿　七度	女宿　十一度	虚宿　十度
危宿　十六度	室宿　十八度	壁宿　十度	

（以上が）北方（の七宿であり、その宿度の合計は）九十六度四分の一である。

奎宿　十七度	婁宿　十二度	胃宿　十五度	昴宿　十二度
畢宿　十六度	觜宿　三度	参宿　八度	

（以上が）西方（の七宿であり、その宿度の合計は）八十三度である。

井宿　三十度	鬼宿　四度	柳宿　十四度	星宿　七度
張宿　十七度	翼宿　十九度	軫宿　十八度	

（以上が）南方（の七宿であり、その宿度の合計は）百九度である。

角宿 十三度	亢宿 十度	氐宿 十六度	房宿 五度
心宿 五度	尾宿 十八度	箕宿 十度	

（以上が）東方（の七宿であり、その宿度の合計は）七十七度である。

右が黄道《こうどう》の宿度値であり、周天で三百六十五度と四分の一となる。

黄道《こうどう》の去極度《きょきょくど》や日景の測定は、渾天儀《こんてんぎ》と日表《にちひょう》に依拠している。漏刻《ろうこく》の推算は、（前後の二つの節気の）去極度の遠近差を（冬至と夏至の）二至《にし》の刻数の差に乗じ、（二至の去極度の）遠近差で除して（二至の去極度の遠近差に満ちるごとに）一刻の差として、（両節気間の時刻の）増減をする。昏明《こんめい》（の中星）の推算は、周天度《しゅうてんど》を昼漏《ちゅうろう》（の刻数）に乗じ、夜漏《やろう》（の刻数）をこれより減じ、（その結果を）二百で除して、定度《ていど》とする。定度により周天度を減じ、あまりを明中星積度《めいちゅうせいせきど》とし、定度に一を加えたものを昏中星積度《こんちゅうせいせきど》とする。定度を求めた余りは四を乗じ、法数である二百で除して（商が一は）少とする。二は半とし、三は太とし、余りはこれに三を乗じ、法数である二百で除して（商が一は）強となし、あまりは分母の半数以上を強とする。強の三倍は少となし、少の四倍は一度とし、強の二倍は少弱とする。また太陽の所在の度と余を少・強で表して、それぞれこれに加える［二］。

［劉昭注］

［一］張衡《ちょうこう》の『渾天儀《こんてんぎ》』に、「赤道《せきどう》は、渾天の腹を帯状に横に走り、赤道の南極と北極からの距離は九十一度と十六分の五度である。黄道《こうどう》は、渾天の腹を帯状に斜めに走り、赤道の表（の道筋）と裏の（道筋）からそれぞれ二十四度ばかり離れている。したがって夏至（の時の太陽）の去極度は、六十七度（と十六分の五である）強であり、冬至（の時の太陽）の去極度は、百十五度と端数は同じく強である。こうしたことから黄道が赤道を斜めに切るところは、春分と秋分の去極度である。今この春分の去極度が九十度少であり、秋分の去極度が九十一度少であるのは、夏暦の影響下で去極度の測定法により率を定めたためである。いちばん上に横に列している第一行の数値は、黄道が進退する割合を示す数値である。本来は黄道銅儀《こうどうどうぎ》により太陽と月（の位置）を測ると、その数値を知ることができる。黄道銅儀により、一年間（測定すれば）すべて終えることができるが、その間にも雨があり、（その変化する率は）定め難いものである。そこで小型の渾天儀を作り、赤道と黄道をすべて設《しつら》え、それぞれ調整して

三百六十五度と四分の一度（の目盛り）を振り、冬至点が位置する所から起算を始め、互いに対応させて始点を同じ値にする。北極およびその衡（である南極）を決めて、それぞれ針棒で穴を空けて軸とし、薄い竹ひごを用意して、その両端に穴を空け、二つの穴の中間のところが、渾天の半分と等しくなるようにして、軸に指し貫き、よく調整して渾天（の球面と竹ひご）が互いに擦れ合うように密着させる。そうしておいて北極の針の先から半周して、百八十二度と八分の五度となったところが、反対側の（南極の）針の先にくるようにする。さらに（心棒軸と）竹ひごを真ん中を半分に分けて折り、その半分に折った先が、冬至点に当たるようにし、他方の先端は北極端の針の方向を指すようにし、半分に折った竹ひごの一端を冬至点にあてがい、そこから（黄道上を）一度ごとにいちいち移動していき、この半分の竹ひごの先端を読むと読みの加減により、赤道の上の何度に当たるかが分かるのである。その加減する割合が、進退の数値である。北極から測って読んだ目盛りが、黄道の去極度である。それぞれ赤道と黄道を分割して二十四気（の目盛り）をつくり、一気ごとの間隔は十五度と十六分の七度とし、一気ごとに、（平均すると）黄道を一度の増減率で進退することとなる。その理由は、黄道が（冬至点ないし夏至点にあたる近傍の赤道と）まっすぐになる時には、南極ないし北極からの距離が最も近くなり、そこの前後の範囲は小さいけれども、真横に赤道と平行になってしかも（赤道と角度が）等しく移動する、ゆえに竹ひごをあててこれを測ると、（黄道は）赤道より最も多く離れている。もし一気（の間隔）を十六日であるとすれば、すべて一率に四日ごとに（四分の一度である）少半の増減の差率が導かれる。もし一気（の間隔）を十五日であるとすれば半分にできないことになる。したがって、（黄道である）中道上での三日分に対応して、赤道上における増減の差が（四分の一度である）少半になるような率を導入すると、三気を一区切りと（した区間ごとに、この端数が消えるまとまりが）できる。だから、四十六日ごとに（赤道上の進退の）差が三度になるのである。（進退の）差が三度になる時点において、（黄道上の）五日目に対応する差率が同じであれば（三節気を）一として（黄道上にあてた日数は）、その実数において四十六日ではありえなくなる。（この区間内の）残りの日数については中央を区切りとする、だから五日間は同じ率となるのである。率が同じであっても（次の節気と区切り目の）前にあたる範囲はすべて強率となり、後にあたる範囲はすべて弱率となって、（一様の率によって）計測することはできない。三度に至るとまた進退が見られるのは、黄道が（赤道に対して）やや斜めに傾いていて、（赤道と）横に平行して目盛りを測れないからである。春分・秋分には退いていく理由は、黄道が（赤道より離れて）始めて（角度が）起き、一層斜き、横に平行して度を測定できないからである。また一気のごとに一度の進退となり、三気で一区切りとした区間では、（赤道における差は）また三度になるのである。三気が終わった後になると、（赤道と黄道は）かなり離れてきて、両者が平行な状態に近づいてくる、だから（太陽の動きを赤道上に引き直してみると）横に運行すると考えて測ることができ、（赤道に引き直した）速さはかなり進むようになる。立春と立秋になると、横に進行する状態からかなり遠のき、しかも（運行を引き直した目盛りの）進み具合はまだ進んでいると言えるのは、遅れていく分によってすでに進んだ部分を減じても、なお余りがあり、その残りが尽き果てていないためである。立夏と立冬になると、横に進行する状態にかなり近づいてきて、しかも（運行を引き直した目盛りの）進み具合はまだ遅れていると言えるのは、進んでいく分によって、すでに遅れた部分を増しても、なお不足があり、その不足分が満たされていないためである。以上のことから論じると、太陽の（黄道上の）運行には、進退する（加速度的な）運動があるわけではない。それなのに赤道上の目盛りによって黄道（に沿う運行を）測るから、（進退が）あるように見えるのである。二十八宿の相互間の広がりの距離に基づいて測定する場合は、赤道を基準にして測るので、黄道にまた進退があることになる。冬至点は、斗宿の二十一度と（四分の一である）少半のところにあり、最も（北極点から）遠いときである。しかもこの天文表によれば、斗宿の二十度となっているが、いずれにせよ（北極からの去極度は）ともに百十五度と（十六分の五である）強である。（赤道上での）冬至点は、これと同じ宿度値になるべきである。夏至点は、井宿の二十一度と（六分の五である）半強のところにあり、最も（北極点から）近いときである。しかもこの天文表によれば、井宿の二十三度となっているが、いずれにせよ（北極からの去極度は）ともに六十七度と強である。（赤道上での）夏至点は、これと同じ宿度値になるべきである」とある。

二十四気	冬至〔二〕	小寒
日所在	斗宿　二十一度八分退二	女宿　二度七分進一
黄道去極	百十五度	百十三度強
晷景	一丈三尺	一丈二尺三寸
昼漏刻	四十五	四十五八分
夜漏刻	五十五	五十四二分
昏中星〔二〕	奎宿　六弱	婁宿　六半強退一
旦中星	亢宿　二少強退一	氐宿　七少弱退二

大寒	立春	雨水	驚蟄	春分	清明
虚宿　五度十四分進二	危宿　十度二十一分進二	室宿　八度二十八分進三	壁宿　八度三分進一	奎宿　十四度十分	胃宿　一度十七分退一
四十六八分	四十八六分	五十八分	五十三三分	五十五八分	五十八三分
五十三八分	五十一四分	四十九二分	四十六七分	四十四二分	四十一七分
百十度大弱	百六度少強	百一度強	九十五度強	八十九度強	八十三度少弱
胃宿十一半強退一	畢宿　五少弱退三	参宿　六半弱退四	井宿　十七少弱退三	鬼宿　四	星宿　四大進一
一丈一尺	九尺六寸	七尺九寸五分	六尺五寸	五尺二寸五分	四尺一寸五分
心宿　半退三	尾宿　七半弱退三	箕宿　大弱退三	斗宿　少退二	斗宿　十一弱退二	斗宿二十一半退二

穀雨	立夏	小満	芒種	夏至〔三〕	小暑
昴宿　二度二十四分退二	畢宿　六度三十一分退三	参宿　四度六分退四	井宿　十度十三分退三	井宿　二十五度二十分退三	柳宿　三度二十七分
六十五分	六十二四分	六十三九分	六十四九分	六十五	六十四七分
三十九五分	三十七六分	三十六一分	三十五一分	三十五	三十五三分
七十七度大強	七十三度少弱	六十九度大弱	六十七度少弱	六十七度強	六十七度大強
張宿　十七進一	翼宿　十七大進二	角宿　大弱	亢宿　五大退一	氐宿　十二少弱退二	尾宿　一大強退三
三尺二寸	二尺五寸二分	一尺九寸八分	一尺六寸八分	一尺五寸	一尺七寸
牛宿　六半	女宿　十少進一	危宿　大弱進二	危宿　十四強進二	室宿　十二少弱進三	奎宿　二大強

大暑	星宿　四度二分進一	六十三八分	三十六二分	七十	尾宿　十五半弱退三	二尺	婁宿　三大退一
立秋	張宿　十二度九分進一	六十二三分	三十七七分	七十三度半強	箕宿　九大強退三	二尺五寸五分	胃宿　九大弱退一
処暑	翼宿　九度十六分進二	六十二分	三十九八分	七十八度半強	斗宿十少退二	三尺三寸三分	畢宿　三大退三
白露	軫宿　六度二十三分進一	五十七八分	四十二二分	八十四度少強	斗宿二十一強退二	四尺三寸五分	参宿　五半弱退四
秋分	角宿　四度三十分	五十五二分	四十四八分	九十度半強	牛宿　五少	五尺五寸	井宿　十六少強退三
寒露	亢宿　八度五分退一	五十二六分	四十七四分	九十六度大強	女宿　七大進一	六尺八寸五分	鬼宿　三少強

節気							
霜降	氐宿　十四度十二分退二	百二度少強	八尺四寸	五十三分	四十九七分	虚宿　六大進二	星宿　三大強進一
立冬	尾宿　四度十九分退三	百七度少強	一丈	四十八二分	五十一八分	危宿　八強進二	張宿　十五大強進一
小雪	箕宿　一度二十六分退三	百十一度弱	一丈一尺四寸	四十六七分	五十三三分	室宿　三半強進三	翼宿　十五大強進二
大雪	斗宿　六度一分退三	百十三度大強	一丈二尺五寸六分	四十五五分	五十四五分	壁宿　半強進一	軫宿十五弱進一〔四〕

〔劉昭注〕

〔一〕（蔡邕《さいよう》の）『月令 章句《がつりょうしょうく》』に、「（二十四節気ごとに定められた）中星《ちゅうせい》が南中すべきなのに南中しなければ、太陽の運行が遅れているのである。まだ南中すべきではないのに南中したのであれば、太陽の運行が進んでいるのである」とある。

[二]（蔡邕の）『月令章句』に、「冬至《とうじ》が極であるということには、三つの意味がある。昼漏は最も短かくなり、去極は最も遠くなり、晷景《きえい》は最も長くなる。極とは、至ってそこから還る、という時点を示す言葉である」とある。

[三]（蔡邕の）『月令章句』に、「夏至が極であるということには、三つの意味がある、昼漏は最も長くなり、去極は最も近くなり、晷景は最も短くなる」とある。

[四]『易緯《えきい》』に言われている、晷景〔日影〕の長短が、応じない場合の状況を後に掲げ、至と不至とがそれぞれ予測するところを併せて異同を明らかにしておこう。「冬至は、晷《かげ》の長さは、一丈三尺〔約3ｍ〕である。至になるべき時に至にならなければ、旱《ひでり》となり、温病《おんびょう》が蔓延する。まだ至になるべき時ではないのに至になったならば、多く暴逆と心痛《しんつう》を病み、夏至のころと対応する。小寒《しょうかん》は、晷の長さは一丈二尺四分〔約2.78ｍ〕である。至になるべき時に至にならなければ、まず小さな旱があり、後に小さな水害があり、丈夫は多く喉痺《こうま》を病む。いまだ至になるべき時ではないのに至になったならば、多く身熱《しんねつ》を病み、来年の麻の収穫は難しい。大寒《だいかん》は、晷の長さは一丈一尺八分〔約2.73ｍ〕である。至になるべき時に至にならなければ、まず大きな旱があり、後に大きな水害があり、麦はみのらず、厥逆《けつぎゃく》を病む。いまだ至に

なるべき時ではないのに至になったならば、病は上気《じょうき》と嗌腫《えきしゅ》が多い。立春《りっしゅん》は、晷の長さは一丈一寸六分〔約2.35m〕である。至になるべき時に至にならなければ、戦争がおこり、麦はみのらず、民は疲弊する。いまだ至になるべき時ではないのに至になったならば、多く熛《ひょう》と疫病を病む。雨水《うすい》は、晷の長さは九尺一寸六分〔約2.12m〕である。至になるべき時に至にならなければ、早い麦はみのらず、多く心痛を病む。いまだ至になるべき時ではないのに至になったならば、病は杵《しょ》が多い。驚蟄《きょうちつ》は、晷の長さは八尺二寸〔約1.89m〕である。至になるべき時に至にならなければ、霧となり、幼い稲は生育せず、老人にくしゃみの病が多い。いまだ至になるべき時ではないのに至になったならば、病は桀疽《ようそ》と脛《すね》の腫瘍が多い。春分《しゅんぶん》は、晷の長さは七尺二寸四分〔約1.67m〕である。至になるべき時に至にならなければ、まず旱がおこり後に水害、不作となり、米はみのらず、多く耳痒《じよう》を病む。清明《せいめい》は、晷の長さは六尺二寸八分〔約1.45m〕である。至になるべき時に至にならなければ、菽豆《しゅくとう》は熟せず、多くくしゃみと振寒《しんかん》と洞泄《とうせつ》を病む。いまだ至になるべき時ではないのに至になったならば、温病と暴死が多い。穀雨《こくう》は、晷の長さは五尺三寸六分〔約1.24m〕である。至になるべき時に至にならなければ、水物や雑穀などはならず、多く疾瘧《しつぎゃく》や振寒や霍乱《かくらん》を病む。いまだ至になるべき時ではないのに至になったならば、老人は多く気腫《きしゅ》を病む。立夏《りっか》は、晷の長さは四尺三寸六分〔約

1ｍ〕である。至になるべき時に至にならなければ、旱となり、五穀は傷つき、牛畜は病気になる。いまだ至になるべき時ではないのに至になったならば、多く頭痛や嗌腫や喉痺《こうひ》を病む。小満《しょうまん》は、晷の長さは三尺四寸〔約0.79ｍ〕である。至になるべき時に至にならなければ、飛語流言がおこり、国家に大喪があり、先に水害がおこり後に旱となり、多く筋急《きんきゅう》や痺痛《ひびょう》を病む。いまだ至になるべき時ではないのに至になったならば、熛や嗌腫（の病が）多い。芒種《ぼうしゅ》は、晷の長さは二尺四寸四分〔約0.56ｍ〕である。至になるべき時に至にならなければ、飛語流言がおこり、国家に間違った命令が行われる。いまだ至になるべき時ではないのに至になったならば、多く厥眩《けつげん》や頭痛を病む。夏至《げし》は、晷の長さは一尺四寸八分〔約0.34ｍ〕である。至になるべき時に至にならなければ、国家に大きな災いがあり、旱がおこり、陰陽がともに傷つき、草木は夏枯れをし、大寒がある。いまだ至になるべき時ではないのに至になったならば、眉腫《びしゅ》を病む。小暑は、晷の長さは二尺四寸四分〔約0.56ｍ〕である。至になるべき時に至にならなければ、前に小さい水害があり、後に小さい旱があり、戦乱がおこり、多く泄注《せっちゅう》や腹痛を病む。いまだ至になるべき時ではないのに至になったならば、臚腫《ろしゅ》を病む。大暑《たいしょ》は、晷の長さは三尺四寸〔約0.79ｍ〕である。至になるべき時に至にならなければ、外敵との戦争がおこり、来年は飢餓となり、多く筋痺《きんひ》や胸痛を病む。いまだ至になるべき時ではないのに至になったならば、多く脛痛《けいつう》や悪気を病む。立秋《りっしゅう》は、晷の長さは四尺三寸六分〔約1m〕である。至になるべき時に至にならなければ、暴風が災害をなし、来年の黍《しょ》はみのらない。いまだ至になるべき時ではないのに至になったならば、多く咳上気や咽腫《いんしゅ》を病む。処暑《しょしょ》は、晷の長さは五尺三寸二分〔約1.23m〕である。至になるべき時に至にならなければ、国家に浮ついた命令が多く、戦乱がおき、来年の麦がみのらない。いまだ至になるべき時ではないのに至になったならば、脹《ちょう》を病み、耳の熱のため外出ができなくなる。白露《はくろ》は、晷の長さは六尺二寸八分〔約1.45m〕である。至になるべき時に至にならなければ、多く痤疽《ざしょ》・泄を病む。いまだ至になるべき時ではないのに至になったならば、多く水あたりや腹閉や疝瘕《せんか》を病む。秋分《しゅうぶん》は、晷の長さは七尺二寸四分〔約1.67m〕である。至になるべき時に至にならなければ、（秋なのに）草木がまた青々とし、多く温病を病み、悲しみで心が痛む。いまだ至になるべき時ではないのに至になったならば、多く胸鬲痛《きょうかくつう》を病む。寒露《かんろ》は、晷の長さは八尺二寸〔約1.89m〕である。至になるべき時に至にならなければ、来年の穀物はみのらず、六畜と鳥獣は災いをこうむり、多く疝瘕・腰痛を病む。いまだ至になるべき時ではないのに至になったならば、多く疢熱中《ちんねつちゅう》を病む。霜降《しもふり》は、晷の長さは九尺一寸六分〔約2.12m〕である。至になるべき時に至にならなければ、万物は大いに消耗し、年に大風が多く、人は腰痛を病む。いまだ至になるべき時ではないのに至になったならば、多く腰や支満《しまん》を病む。立冬《りっとう》は、晷の長さは一丈一寸二分〔約2.34ｍ〕である。至になるべき時に至にならなければ、地の気が（地中に）納まらず、来年の立夏はかえって寒くなり、早くは旱があり、晩くは水害があり、万物は生育しない。いまだ至になるべき時ではないのに至になったならば、多く臂掌痛《ひしょうつう》を病む。小雪《しょうせつ》は、晷の長さは一丈一尺八分〔約2.56ｍ〕である。至になるべき時に至にならなければ、来年の蚕と麦は生育せず、多く脚腕痛《きゃくわんつう》を病む。いまだ至になるべき時ではないのに至になったならば、また多く肘腋痛《ちゅうえきつう》となる。大雪《たいせつ》は、晷の長さは一丈二尺四分〔約2.78ｍ〕である。至になるべき時に至にならなければ、温気がもれ、夏に蝗《いなご》が発生し、大洪水があり、多く少気・五疸《ごたん》〔黄疸〕・水腫《すいしゅ》を病む。いまだ至になるべき時ではないのに至になったならば、多く桀《けつ》瘟痛《たんつう》を病むことは、芒種の際と対応している。

（蔡邕の）『月令章句』に、「周天は、三百六十五度と四分の一度であり、分けて十二次としており、（それが）太陽と月の位置する所である。地にも十二分があり、（それが）王侯の国を置く所である。次ごとに三十度と三十二分の十四度となり、太陽の至はその初を節気となし、その中を中気となす。危宿の十度より壁宿の九度に至る、これを豕韋《しい》の次といい、立春と驚蟄に太陽はここに位置する、（そこは地上で言えば）衛《えい》の分野となる。壁宿の九度より胃宿の一度に至る、これを降婁《こうろう》の次といい、雨水と春分に太陽はここに位置する、（そこは地上で言えば）魯《ろ》の分野となる。胃宿の一度より畢宿の六度に至る、これを大梁《たいりょう》の次といい、清明と穀雨に太陽はここに位置する、（そこは地上で言えば）趙《ちょう》の分野となる。畢宿の六度より井宿の十度に至る、これを實沈《じっちん》の次といい、立夏と小満に太陽はここに位置する、（そこは地上で言えば）晉《しん》の分野となる。井宿の十度より柳宿の三度に至る、これを鶉首《じゅんしゅ》の次といい、芒種と夏至に太陽はここに位置する、（そこは地上で言えば）秦《しん》の分野となる。柳宿の三度より張宿の十二度に至る、これを鶉火《じゅんか》の次といい、小暑と大暑に太陽はここに位置する、（そこは地上で言えば）周《しゅう》の分野となる。張宿の十二度より軫宿の六度に至る、これを鶉尾《じゅんび》の次といい、立秋と処暑に太陽はここに位置する、（そこは地上で言えば）楚《そ》の分野となる。軫宿の六度より亢宿の八度に至る、これを寿星《じゅせい》の次といい、白露と秋分に太陽はここに位置する、（そこは地上で言えば）鄭《てい》の分野となる。亢宿の八度より尾宿の四度に至る、これを大火《たいか》の次といい、寒露と霜降に太陽はここに位置する、（そこは地上で言えば）宋《そう》の分野となる。尾宿の四度より斗宿の六度に至る、これを析木《せきぼく》の次といい、立冬と小雪に太陽はここに位置する、（そこは地上で言えば）燕《えん》の分野となる。斗宿の六度より須女宿の二度に至る、これを星紀《せいき》の次といい、大雪と冬至に太陽はここに位置する、（そこは地上で言えば）越《えつ》の分野となる。須女宿の二度より危宿の十度に至る、これを玄枵《げんきょう》の次といい、小寒と大寒に太陽はここに位置する、（そこは地上で言えば）斉《せい》の分野となる」とある。蔡邕が星宿の次の度数を分ける方法は皇甫謐《こうほひつ》とは同じではないが、気節の所在を兼ねて明らかにしているので、ここに掲載した。皇甫謐が列したものは郡国志に掲げられている。

（昏明《こんめい》の）中星《ちゅうせい》（を推算するに）は、太陽の居る所を基準とするが、太陽の運行は四年間で同一の場所に戻ってくる。（そこで）求める年の二十四気の小余を置き、これに四を乗じ、その結果を中法《ちゅうほう》（である三十二で）除して少と大を定める。残りのあまりは、これに三を乗じ、その結果を中法（である三十二）で除して強と弱を定める。そののち（節気の時刻が夜半であると仮定して算出されている、前項の表の）節気の昏と明の中星（の宿度と度余）を減じて、それぞれ（節気を含む日の夜半から節気の時刻までの間の違いを修正した）位置を定める。（強と弱の絶対値はともに十二分の一であるが）強は正の数、弱は負の数である。その強弱を互いに減ずるには、同名であれば互いに相殺し、異名であればこれを加える。強より進むこと少であれば弱となり、弱より退くこと少であれば強となる。上元に太歳《たいさい》が庚辰《こうしん》にあった時から、熹平《きへい》三〔一七四〕年、すなわち歳が甲寅《こういん》にあった年まで、九千四百五十五年になる［一］。

［劉昭注］

［一］劉宋《りゅうそう》の時に治暦《ちれき》となった何承天《かしょうてん》は、「暦数の術は、もし心に納得しないところがあれば、よく暦に通じた人で前の暦を理解していたとしても、その弊害を救済することは難しい。このために多く歳月を費やしながらも、暦法はなおいまだ定めることができない。四分暦《しぶんれき》の天（の運行）との関係は、三百年を過ぎると（暦面が）一日余るものであったが、長い間それを悟らず、いたずらに暦法の根本は、必ずまず暦元を立てることにあるとのみ主張して、（暦元を）讖緯《しんい》思想に仮託し、混乱をまねいた。この弊害は、甚だしいものといえよう。劉歆《りゅうきん》の三統暦《さんとうれき》は、また最も粗雑な暦法で、四分暦と比べてみても、六千年余りで（暦面が）一日増えてしまう。（それなのに）楊雄《ようゆう》は心から劉歆の三統暦に惑って、それを採用して『太玄《たいげん》』を著し、班固《はんご》は最も精密な暦法であると言って、『漢書《かんじょ》』律暦志に書き記した。（『続漢書』を著した）司馬彪《しばひょう》は、「太初元《たいしょ》〔前一〇四〕年から始めて三統暦を用いて、施行すること百年余りである」などと言っている。どうして劉歆は（武帝の）太初《たいしょ》年間などに生まれていないことを考えられないのであろうか。二三の君子は暦をつくっても、本質を知らずに適当なことを

言っているのではないだろうか。元和《げんわ》年間〔八四〜八六年〕に、穀城門候《こくじょうもんこう》の劉洪《りゅうこう》は、始めて四分暦が天の運行に対して精密ではないと悟り、改めて五百八十九を紀法《きほう》とし、百四十五を斗分《とぶん》とする、乾象暦《けんしょうれき》をつくり、また遅疾暦《ちしつれき》を作って月の運行を推算した。（劉洪の乾象暦《けんしょうれき》は）太初暦や四分暦に比べると、よほど精密である」と述べている。

論に、「（『周易《しゅうえき》』繋辞上伝《けいじじょうでん》には）「易《えき》は（唯一絶対の最高原理である）太極《たいきょく》から始まり、太極は（陰と陽の）両儀を生じる」とある。両儀が分かれてから久しくして、三皇《さんこう》の伏《ふく》犧《ぎ》が現れた。伏犧が天下を保っている時には、いまだ文字も算術もなかった。多くの歳月の後に、黄帝《こうてい》の時代となり、文章を頒布され、（南正の）重《ちょう》と（火正の）黎《れい》の観測記録により、天象の運行は明らかとなり、天文の周期は検証され、天体の行度は暦元を遡らせ、ここに暦法が創設された。（しかし）天のあり方は難しく一定ではなく、このため五帝・三代より今に至るまで、それぞれ（暦法の）改変があり、（すべての時代を）通用する暦法は存在しない。ゆえに黄帝は暦を造る際に、暦元は辛卯《しんぼう》より始めたが、顓頊《せんぎょく》は乙卯《いつぼう》を用い、虞舜《ぐしゅん》は戊午《ぼご》を用い、夏《か》は丙寅《へいいん》を用い、殷《いん》は甲寅《こういん》を用い、周《しゅう》は丁巳《ていし》を用い、魯《ろ》は庚子《こうし》（の暦元）を用いたのである。漢は勃興すると秦の暦法を継承して、初めは乙卯（の暦元）を用いていたが、武帝《ぶてい》の元封《げんほう》年間〔前一一〇～一〇五年〕になると、天象と（暦面とが）合わなくなり、そこで暦術に詳しい者を集めて太初暦《たいしょれき》を作り、暦元は丁《てい》丑《ちゅう》とした。王莽《おうもう》のころに、劉歆《りゅうきん》は三統暦《さんとうれき》を作り、太初暦の暦元を三十一元（つまり十四万三千百二十七年）遡り、（太陽と月と）五惑星が会合する甲子の夜半を庚戌《こうじゅつ》の歳に求め、それを上元とした。太初暦（を改変した三統暦）は章帝《しょうてい》の元和《げんわ》年間〔八四～八六年〕に到り、また天象との齟齬《そご》が生じてきたので、暦術を得意とする者を徴召《ちょうしょう》して諸暦を検討させ、朔日を定めて暦元を考え、漢の建国より四十五〔前一六二〕年の庚辰《こうしん》の歳まで遡り、朔日を一日遅らせ、天象と（暦面を）一致させ、それを後漢四分暦の暦元とした。さらに六百五元と一紀（四千五百六十×六百五＋千五百二十＝二百七十六万三百二十年）を加えて、上元として庚申《こうしん》の歳を求めた。（この暦元は）緯書《いしょ》の説くところには近かったが、歳名が摂提格《せっていかく》ではなかったので、暦を論じる者は自らの説を開陳できたが、その暦元が緯書と同じものは少なく、同じであっても天象と合致しないものであった。そもそも暦の興廃は、天象と一致するか否かにより判断するもので、もとより暦元の是非を主とするものではなかった。光和《こうわ》元〔一七八〕年の間に、議郎の蔡邕《さいよう》と郎中の劉洪《りゅうこう》は律暦志を補続した。蔡邕は文章を著すことに優れ、鍾律《しょうりつ》の（高低である）清濁を定めた、劉洪は計算がたくみであり、（太陽・月・五惑星である）三光《さんこう》について叙述した。今その業績を考えれば、内容は広く普遍性があり、術数も略挙されている、そのため『続漢書』に収録して上下二篇とし、『漢書』律暦志の続編として、その部門を補完した」とある［一］。

賛に、「万象は万物の存在により生まれ、数量はわずかなものの累積により形成される。音楽の十二律管は前人の作り上げた十二律を整え、準（という弦楽器の一種）は後に発生した六十律を調成した。渾天儀により周天の星宿を観察することにより、太陽と月の運行を検証した」とある。

［劉昭注］

［一］蔡邕《さいよう》の戍辺上章《じゅへんじょうしょう》に、「朔方《さくほう》に流刑となっています髡鉗徒《こんかんと》である臣《わたくし》邕は、稽首《けいしゅ》再拝して皇帝陛下に上書いたします。臣邕は陛下の格別な大恩を被り、初めは郡太守よりしばしば郡府に至らせていただきましたが、叔父の故《もと》の衛尉《えいい》である蔡質《さいしつ》が時に尚書《しょうしょ》でしたので、徴召《ちょうしょう》されて郎中《ろうちゅう》に拝せられ、詔を受けて東観《とうかん》に至り著作をすることを得、ついには群儒と並んで議《ぎ》郎《ろう》に任命されました。陛下の恩沢に浴し、聖問にお答えいたしましたこと、前後六年にわた

ります。蔡質は（尚書として国家の）機密を奉じ、目下を趨走し、こうして（尚書省の長官である）端右《たんゆう》に至り、外に出でては良い国の長官となり、内に還りては（天子の居ます）輦轂《れんこく》の河南尹《かなんいん》となり、旬日の間に、（衛尉として）卿《けい》にまで上り詰めました。（このように）父子一門で兼ねて陛下の恩寵を受けながらも、心の限りを尽くし、少しの功績をもあげることもできず、ある日（罪を糾す）文章をうけ、棄市の刑に陥ることとなりました。（ところが）陛下の天地をも覆う広い徳が、刃上に臣の首を載せることを忍びなく思し召されたので、（臣は）死罪を許されるを得て、父子家属で辺境に流刑となり、身体を全うして、絶え絶えの命を繋ぐことができました。臣は言い訳のきかない罪人でありながら、あえて無罪を願うものではありませんし、臣は罪悪を犯しながら、恩赦を求めるものではありません。臣は文辞麗筆をよく振るって、陳情するものでもありません。

臣は初め罪を洛陽《らくよう》の詔獄《しょうごく》に定められ、生きて牢獄を出た際に、元初《げんしょ》年間（一一四〜一二〇）に故《もと》の尚書郎《しょうしょろう》である張俊《ちょうしゅん》が、秘密を漏洩した罪に坐し、重刑に伏するべく、すでに穀門《こくもん》から出たにも拘らず、また（裁判の際に判決理由を読むことである）読鞫《どくきく》を許され、詔書により馳せ救い、罪一等を減じて、左校《さこう》に輸作された故事を思い出しました。張俊は、上書をして天子の御恩を謝し、ついに（死罪を免れ）流刑となりました。邕は、郡県（の役人）に追い立てられ、吏の手に委ねられて、休息もできず、文辞を思い悲しみを懐いても、陛下に上達する術がございませんでした。すでに配所に至ってからは、塞に登り烽を守って、候望《こうぼう》の職につき、憂いや怖れは胸を焦がすばかりでしたから、心にまた筆を操《と》って草稿をつくり、文章をお役所に提出することはできませんでした。ところが聖なる漢朝が臣を責め立てず赦したことを知り、愚心を懐いて、未だ尽きぬ志を思い出したのです。

臣はまだ（官に就く前の）布衣のころから、いつも『漢書《かんじょ》』の十志が、王莽《おうもう》（の時代の記録）で終わってしまい、世祖《せいそ》（光武帝）より以降は、ただ本紀と列伝があるだけで、志を書き継ぐ者が無い、と考えておりました。臣が師事いたしました故の太傅《たいふ》である胡広《ここう》は、臣がたいへんその事柄に興味を持っていることを知り、ほぼ自らの持っていた旧事を授けてくださいました。いまだ知識の及ばぬところもありますが、その概略を見ることはでき、また自分でも調査研究すること、二十年以上に及びます。（しかし志の執筆は）然るべき地位になければ（なし得ないことで）、外吏や庶人が勝手に叙述することはできません。天がわたしの衷心を汲んでくださったのか、ついに著作郎《ちょさくろう》に就くことができ、十志をみな撰録すべきであることを建言しましたところ、ようやく議郎《ぎろう》の張華《ちょうか》たちとこのお仕事を分担して受けることができました。その中でも難しい部分はすべて臣に付託されました。まず律暦志を著すために、算木によって計算をすることを根本とし、天文の観測をその証明とすることにしました。太史令のもとに蓄えられておりました旧注を拝見して、検討いたしますこと連年、往往にして大きな誤りがあることに気づき、それを訂正しながら修復することによって、施行するべき、無窮の法をつくることができると考えました。その道はきわめて深く微妙なものでありましたので、あえて一人で取り組むことはしませんでした。郎中の劉洪《りゅうこう》は、算木を用いて計算することに巧みでありました。そのため臣は上表して劉洪を抜擢し、ともに記録を考察探求いたしました。繰り返して行いついに結論がでようとする時に、臣は罪を被り、辺境に放逐されました。臣がひそかに自ら痛みますのは、ただ一度の不善のために、史籍に欠けている所も、胡広が校勘した所も、二十年来の思いも、すべて中道で廃絶され、諦めねばならなくなったことでございます。綿々とした思いが、なおも心にとぐろを巻き、違う望みなど考えることもできない有り様であります。臣は初め刑が終わるのを待ち、そののち県より、状況をご報告しようと考えておりました。

（しかし）今年の七月九日に、匈奴《きょうど》は始め朔方郡《さくほうぐん》の塩池県《えんちけん》を攻め、その時に鮮卑《せんぴ》は雲中郡《うんちゅうぐん》と五原郡《ごげんぐん》を連続して侵犯し、ひと月中、烽火《ほうか》は絶えませんでした。思ってもおりませんでしたが西夷はともに共謀して、計画を遠大に練っており、それがついには変乱となり、救いがたい状況になることを恐れております。郡県はみな懼れ、朝も夕も守り難いほどです。臣の所在は孤独で危険であり、命は刀の先に懸かっているほど危うく、灰を被り泥にまみれたかのようで、呼吸もままなりません。誠にこの胸に懐く十志の構想がこの身と共に腐れおち、恨みとなって黄泉《よみ》まで抱き続けることになり、ついに明文とならないことを恐れ、謹んで（刑の終わる）先に申し上げることにいたしたのであります。諸志（の内容）を列挙いたしますに、臣が字句を刪定したいと考えるものが一つ、（『漢書』の志に）接続すべきものが四つ、『漢書』の志にはございませんが、臣が著したいと考えるものは五つです。経典《けいしょ》や群書より採集すべきところや、上奏文や詔書の依拠すべきところまで、首目《しゅもく》を分けて、章左《しょうさ》に連記いたしました。臣は罪を被ってより、妻子は逃散し、文書も亡失し、思いを託す者もございません。加えて恐慌状態にあって、思いは乱れ、十の思いのうち一を記すこともできません。また記したところにも誤謬があることを恐れております。死罪を覚悟のうえで、愚情を開陳させていただければ、なにとぞ臣を東観《とうかん》に下され、多くの上奏文を検討し、璽書を参観し、（漢制の）欠陥を補綴し、国体を昭明（するための史書を編纂）させて下さりますよう。これが聞き届けられましたならば、内蔵と脳漿《のうしょう》を垂れ流し、骨は山野に朽ち果てることになろうとも、恨むところはございません。ただ陛下には臣の志をお察しいただきたく存じます。謹んで臨戎長《りんじゅうちょう》の霍圄《かくぎょ》に託し、封したうえで上奏いたします。臣頓首《とんしゅ》死罪稽首《けいしゅ》再拝して申し上げます」とある。

なぜ志を論じたかという理由を、志の著者（である蔡邕・司馬彪）はいまだ書として残していない。（もしかすると彼らの本意とは）異なるのかもしれないが、いまは（『史記』や『漢書』に叙伝がある）慣例に従ってこれを本志に注としてつけておくものである。

礼儀志上 第四　合朔　立春　五供　上陵　冠　夕牲　耕　高禖　養老　先蚕　祓禊

そもそも威儀《いぎ》とは、君主と臣下の関係を調整し、六親《りくしん》〔父・子・兄・弟・夫・婦〕を秩序だてるための手段である。もし君主に君主として相応《ふさわ》しい威厳がなく、臣下が臣下として相応しい礼儀を遵守しなければ、上の力は衰え下がそれを凌駕する、これを大乱というのである。大乱が起これば、そのために民草は災厄《さいやく》を被ることになる。どうして（威儀を）疎《おろそ》かにできようか。それ故（いかに）威儀が執《と》り行われたかを記述し、礼儀志《れいぎし》をつくる［一］。

［劉昭注］

［一］謝沈《しゃしん》の『後漢書』には、「太傅《たいふ》の胡広《ここう》は、むかしの儀式に関する諸資料を集めて分類し、漢朝の制度をまとめあげた。蔡邕《さいよう》は（胡広の業績に）立脚して志をつくり、（それを）譙周《しょうしゅう》が後に改定して礼儀志を作った」と記している。

合朔《ごうさく》

（月と太陽が毎月の朔日《ついたち》に経度を合わせ、緯度も合って日食になった場合の）礼の威儀について。毎月一日の早朝、太史令《たいしれい》は、政事に関する記録書と日食の予測報告書を上呈し、有司《ゆうし》〔担当の役人〕である侍郎《じろう》と尚書《しょうしょ》は、（そこに記されている）指令を読み、慎んで政事を行う。一日の前後のそれぞれ二日間は、みな羊や酒を携《たずさ》えて社《しゃ》〔国社である大社《だいしゃ》稷《しょく》〕の前に詣《もう》でて太陽を祀《まつ》る。日食が起これば、（鼓を打ち鳴らし）羊を屠《ほふ》って社を祀り、（陰の気に覆われている）太陽の気を助ける。日食のときに、（この合朔の）儀礼を執行する者は、（祭祀・儀典に用いられる楚の冠である）長冠《ちょうかん》をかぶり、黒い単《ひとえ》の上着と、赤い襟《えり》と縁《ふち》かざりのついた下襲《したがさね》、赤い袴《はかま》と足袋を着用して、儀礼の進行次第は、（漢家の）故事《こじ》〔先例〕の通りとする［一］。

［劉昭注］

［一］『春秋公羊伝《しゅんじゅうくようでん》』（荘公《そうこう》二十五年六月の条）には、「（経文《けいぶん》の）「日食が起こった場合は、鼓をならし、犠牲を社に供える」とは、陰の気から救う方法である。朱色の糸で社のまわりを取り巻くことを脅之《きょうし》、あるいは為闇《いあん》と呼ぶ。ほかの者が社を侵犯することを警戒して、とくに社

を封鎖するのである」と記している。何休《かきゅう》（の『春秋公羊解詁《かいこ》』荘公二十五年六月の条に）は、「脅之は、責求《せききゅう》と同じ意味である。社は、土地を掌《つかさど》るものである。月は、土地の神霊《しんれい》である。（土地の持つ陰の気が）立ち上って天へ至り太陽を侵犯した場合、鼓をうち鳴らしてこれを抑制し、その根本を脅かすのである。朱色の糸を使って社を封鎖するのは、陽の気を助長して陰の気を抑制するためである。「あるいは為闇と呼ぶ」とは、社は土地を掌る尊貴なものではあるが、（社が陰の気を助長しすぎると）陽光は降り注がず、天は暗闇《くらやみ》に没してしまう。ほかの者が社を踏み荒らすことを警戒し、とくに封鎖するのである、と言われている。しかし、この説明は誤りである。まず始めに、「鼓をうつ」と述べ、そののちに、「犠牲を捧げる」と続ける真意は、明らかにまず（社という）尊貴なものの命令により日食を取り鎮めてもらい、そののち（感謝の意を表して）臣子の礼で（社を）おまつりすることであり、（そう理解してこそ）道理に適う」としている。『白虎《びゃくこ》通《つう》』（巻四 災変）に、「日食が起きたら必ず救うというのは、陰の気が陽の気を侵食しているからである。鼓を打ち鳴らして陰の気を抑制するのは、（鼓の音という）陽の気が陰の気を押し止めるためである。ゆえに『春秋』は、「日食が起こった場合は、鼓をならし、犠牲を社に供える」とある。必ず犠牲を供える理由は、社は土地が別の形で顕現したものなので、これを敬い、あえていたずらに責めたてたりしないためである。日食や洪水が起これば鼓をうち、犠牲を供え、旱害が起これば雨乞いの儀式を執り行い降水を願うというのは、虚言を慎むためである。陽の気を助長し下（方の地）を取り鎮めるというのは、陰の気を助けるためのやり方である」と記している。『決疑要注《けつぎようちゅう》』に、「およそ日食を押し止めようとする際は、みな（陽の気の象徴である）赤い頭巾を着け、陽の気を助長しようとする。日食がまさに起きるときには、天子は白い着物をきて正殿から遠ざかり、（宮殿の）内外は静粛を保つ。太陽に変化が現れたならば、鼓を打ち鳴らし、（その）音が聞こえるや否や侍臣は赤い頭巾を着け、剣を帯びて（天子の御座所に）入室して護衛し、三台《さんだい》令史《れいし》以上はみな剣を持って室の入り口の前に侍立し、衛尉卿《えいいけい》は駆け足で宮殿を巡り、警護の様子を見定め、一周しては復た同じことを繰り返す。太陽が常態に戻れば、（上記のような日食を鎮めるための配置は）解除する」とある。

立春

立春の日、夜の水時計（の水が）がまだ尽きない五刻に、京師《けいし》の百官はみな青い衣服を着て、郡国《ぐんこく》・県道《けんどう》の官は下は少禄の役人に至るまで、みな青い頭巾を被り、青い幡《はた》を立て、土で作った牛と農夫を象《かたど》った人形を門外に供え、天下の民草に示して、立夏（の日）に至る。ただ武官だけは例外で（赤い服を着るので）ある。立春の日、（皇帝は）寛大（な内容）の書を下すが、その文面は、「三公に制詔《せいしょう》す、「春の耕作を始めるに当たり、物事の始めを敬《つつし》んで小事を恕《ゆるが》せにせず、立ち居振る舞いは、これに則るようにせよ。犯罪（の裁判）は死刑に当たるような案件でなければ、しばらく審議を停止し、すべて秋にな（り陰の気が強くな）るのを待て。貪欲《どんよく》で残忍な者は排斥し、従順で善良な者を抜擢せよ。（これらの命令を）担当の官に下し、故事のようにせよ」と」というものであった［二］。

［劉昭注］

［二］（『礼記《らいき》』）月令《がつりょう》篇には、「三公《さんこう》に命じて恩徳を施し、禁令を緩めさせる」とある。蔡邕《さいよう》（の『月令章句《がつりょうしょうく》』に）は、「それはこの詔をいう」とある。『献帝起居注《けんていききょちゅう》』には、「建安《けんあん》二十二〔二一七〕年二月壬申《じんしん》、詔書は絶え（て下されず）、立春の（日に下されるべき）寛緩の詔書も二度と下されなかった」と記されている。

五供

正月の最初の丁《てい》の（付く日もしくは辛《しん》の）日に、南郊《なんこう》〔後漢では洛陽城の南方七里にある円形の壇《だん》〕で天を祀る[一]。礼が終わると、北郊《ほくこう》〔後漢では洛陽城の北方四里にある方形の壇で、地祇《ちぎ》・高后（薄太后《はくたいこう》）を祀る〕・明堂《めいどう》〔後漢では五帝（五方帝）を祀る〕・高廟《こうびょう》〔高祖（前漢高皇帝劉邦《りゅうほう》）の廟。洛陽の高廟では、高帝・文帝・武帝・宣帝・元帝の神主を合祀した〕・世祖廟《せいそびょう》〔世祖（後漢光武帝劉秀《りゅうしゅう》）の廟〕を順に巡って祭祀する。これを五供《ごきょう》という。五供が終わると、順に（先帝の陵墓をまつる）上陵《じょうりょう》をする。

〔劉昭注〕

[一]『白虎通《びゃくこつう》』に、「春秋伝に、「正月初めの辛《しん》の日に執り行う」とある。（『尚書《しょうしょ》』召誥篇《しょうこう》）に、「丁巳《ていし》（の日）になって、犠牲を郊外で殺し（捧げるが）、（それは）牛二頭であった」とある。「甲《こう》（の日）の三日前は、辛（の日）である。甲（の日）の三日後は、丁（の日）である。（これらは）すべて祭天の儀式を執り行うべき日である」と記されている。

上陵

（前漢の）西都（長安）には、古くから上陵《じょうりょう》（と呼ばれる儀礼）があった。（後漢の）東都（洛陽）の儀礼では、（明帝の時から陵・寝において）百官・四姓と称される外戚《がいせき》（である樊・郭・陰・馬氏）の婦女・公主《こうしゅ》・諸侯王の大夫[一]・（朝賀のため）外国から来朝した使者と侍子《じし》〔諸侯や属国の王の子が皇帝の側近となる名目で送られる人質〕・郡国の上《じょう》計吏《けいり》〔会計簿を朝廷に提出する吏〕が陵に集まる。昼の水時計に切り替わる刻〔明け方〕になると、大鴻臚《だいこうろ》は九賓《きゅうひん》を所定の位置につけ、（儀礼に則り）寝《しん》〔寝殿〕の前に立たせる[二]。鐘が鳴ると、謁者《えっしゃ》は礼に則り賓客を導き、臣下は儀礼通りに所定の位置につく。皇帝（の車駕）が東廂《とうしょう》から降りてくると、太常《たいじょう》は（皇帝を）誘導する。（皇帝は）西に向かって座り拝礼し、折旋《せっせん》（という行礼の曲行の動作を）して阼階《そかい》〔堂の前の東側の階段〕からのぼり、神坐に（向かって）拝礼する。退出すると（再び）東廂《とうしょう》〔主室の両側にある副室〕で西向きに坐る。侍中《じちゅう》・尚書《しょうしょ》・陛者《へいしゃ》〔きざはしの側で兵仗を執る者〕は、みな神坐の後ろに（控えて）いる。公卿・群臣は神坐に拝謁し、太官《たいかん》は食物を差し上げ、太常楽令《たいじょうがくれい》は食挙楽《しょくきょがく》〔食事の最中に奏でられる音楽〕を奏上し、文始《ぶんし》・五行《ごぎょう》の舞を舞わせる[三]。楽が終わると、群臣は神前から賜った食をいただく。終わると、郡国の上計吏は、順番に進み出て、神坐の軒下《のきした》で郡国の穀物の価格や、民草の悩み苦しみなどを報告し、神《しん》〔先帝の魂〕にその動静を知っていただこうと願う。親孝行な子供が親に仕えて礼を尽くすのは、敬愛の心（があってのこと）である。（だから神を敬愛し）欠くことなく礼に則って行う〔四〕。最後に（赴く）親陵《しんりょう》で（行礼したのち）、（郡国の）計吏を帰すが、（その際）帯と帯留めを下賜する。八月の飲酎《いんちゅう》（の大祭）も、上陵する。その礼も、同様である〔五〕。およそ斎《さい》〔物忌み。心身を清め整えて神霊と交わる準備をする〕は、天地は七日、宗廟《そうびょう》・山川は五日、小祠《しょうし》は三日である。斎の当日に穢《けが》れがあれば、斎を解き、副倅《ふくさい》が（代理として）礼を行う。斎の前日に穢れや天災があっても、斎は儀礼の通りに行う。大喪《たいそう》（の時）には、ただ天を郊祀する場合のみ、喪礼を差し置いて斎を行うが、（祭祀の対象が）地より以下の場合には、みな百日の後に斎を行い、故事に則（り再び祭祀す）る〔六〕。

〔劉昭注〕

〔一〕蔡邕《さいよう》の『独断《どくだん》』（巻下）は、「（上陵に参加する者は）およそ（先の皇帝や）先の皇后と姻戚関係にある者である」とする。

〔二〕薛綜《せっそう》は、「九賓は、王・侯・公・卿《けい》・二千石《にせんせき》・六百石、それより下（の地位）は郎・吏・匈奴《きょうど》の侍子に及ぶまで、おおよそ九等に分けられる」という。

〔三〕『漢書』の（巻二十二 礼楽）志に、「文始の舞は、もと韶舞《しょうぶ》といった。高祖の六（前二〇一）年、名前を文始と変更し、踏襲していないことを示した。五行の舞は、もと周舞《しゅうぶ》といった。秦《しん》の始皇帝《しこうてい》の二十六（前二二一）年に名前を五行の舞と変更した」とある。

〔四〕謝承《しゃしょう》の『後漢書』に、「建寧《けんねい》五（一七二）年の正月、（皇帝の乗った）車駕《しゃが》が原陵《げんりょう》（光武帝陵）にのぼった際、蔡邕《さいよう》は司徒掾《しとえん》であり、公《こう》（司徒の胡広《ここう》）につき従った。原陵に到着し、その儀礼を見て、嘆息して同坐の者に言った、「古《いにしえ》は墓祭をしなかったと聞いている。（これに対して漢の）朝廷では（墓に登って）上陵の礼を行うが、以前は（古礼と合致しないので）廃止すべきと思っていた。今その儀礼を目の当たりにして、（儀礼の）本意を推察すると、孝《こう》明《めい》皇帝の親を思う忍びない気持ちにより始められたと分かったので、（墓祭のない）昔に戻す必要はないと思った」と。ある人が「その本意とは、（具体的には）何か」と尋ねた。（蔡邕は）「むかし京《みやこ》が長安にあった（前漢の）ころの儀礼では、（先帝の神《しん》に）この世のことのすべてを伝える縁《よすが》もなかった。光武《こうぶ》帝が崩御すると、始めてここ（原陵《げんりょう》）に葬られた。明帝は、嗣位踰年《しいゆねん》（年が変わったあと、皇帝の地位を嗣いで即位）し、群臣が正月朝廷に参内《さんだい》（して元《げん》会儀《かいぎ》を）すると、先帝（光武帝）がもうこの礼を見聞できないことを悼《いた》み、そこで公卿・百官を率いて、（光武帝の）園陵で行うことを始めた。尚書は階《きざはし》の西側で神坐を祀り設け、天子が（先帝の）神に仕える様子が、生前と同じであることを示す。そして、少しでも先帝と関わりのあった者は、男も女もすべて参加し、王・侯・諸侯の大夫・郡国の計吏は、それぞれ神坐に向かって（おのおのの現状を）報告し、先帝の魂魄《こんぱく》が（その報告を）聞いてくださることを願う。いま（明帝の御世から）月日が遠く流れ、我々後代に生まれた者は、ただその礼（の形だけ）を目にするばかりで、哀悼（の気持ち）が分からない。明帝の孝の心が、親しく三年の喪に服し、長い期間園陵に止まるだけでなく、この（元会儀を上陵の礼として行う）儀礼を生み出したことを思うべきである。明帝は、祭台・祭具を仰ぎ見ては（父である光武帝に）思いを寄せ、降りては（光武帝を敬い祈る）群臣を見て、身を切るような悲しみの心のあまり、安らげなかったのであろう」と言った。蔡邕は太傅《たいふ》の胡広にお目にかかり、「国家の礼は煩瑣《はんさ》であっても省略できないのは、先帝がこれほど心を配り、意をくだいた結果として出来上がったものだからである、と知りました」と申しあげた。胡広は、「その通りである。君はこれを記録して、学者に示すべきである」と言った。蔡邕は（胡広の前から）退出すると、（この儀礼を）記録した」とある。（一方、『魏略』を著した）魚豢《ぎょかん》は、「明帝は正月の元旦に、百官および四方から来朝した者を引き連れ、原陵に登って朝会の儀礼をした。これは、古《いにしえ》は墓祭をしなかった、という礼に大きく反するものである」と非難している。（両者のうち）臣《わたくし》劉昭《りゅうしょう》は、蔡邕の言説が正しい、と考えます。

［五］丁孚《ていふ》の『漢儀《かんぎ》』に、「酎金律《ちゅうきんりつ》は、文帝《ぶんてい》が定めたものである。正月の元旦に酒を作り、八月に醸成された酒を酎酒という。諸侯を集め、（酎酒を宗廟に献ずる酎祭の礼を準備する費用を）助けるために黄金を貢納させる」とある。漢律《かんりつ》の「金布令《きんふれい》」には、「皇帝は物忌みをして一夜を過ごし、自ら群臣を率いて宗廟《そうびょう》を承け継いで祀り、群臣は身分に応じて黄金を貢納する。諸侯（王）・列侯は、それぞれ（統治する）民の口数により、約千人ごとに金四両〔約56ｇ〕を貢納し、千人未満五百人以上の場合も四両である。すべて酎祭の際に集められ、少府《しょうふ》が受けとる。また、大鴻臚《だいこうろ》は、九真《きゅうしん》郡〔タンホア一円〕・交阯《こうし》郡〔ハノイ一円〕・日南《にちなん》郡〔ユエ一円〕に領地を持つ者から、長さ九寸〔約21㎝〕以上の犀角《さいかく》もしくは瑇瑁《たいまい》の甲（羅）一つ、鬱《うつ》林《りん》郡〔広西省桂平一円〕では長さ三尺〔約70㎝〕以上の象牙《ぞうげ》または翡翠《ひすい》それぞれ二十個を金の代わりに納めさせた」とある。『漢旧儀《かんきゅうぎ》』には、「皇帝は八月だけに酎祭《ちゅうさい》を行い、（その際、皇帝の乗った）車駕《しゃが》は供揃《ともぞな》えをして夕牲《せきせい》〔祭祀に捧げる犠牲の準備〕を行い、（揃えた）牛に真紅の衣を着せる。皇帝は夕暮れに犠牲を調べ、鑑燧《かんすい》〔鏡〕で水を月から取り、火燧《かすい》で火を日

から取り、明水火《めいすいか》とする。左の肩肌を脱ぎ、水を牛の右肩にかけ、手ずから（犠牲をさばく）鸞刀《らんとう》をとり、牛毛を切ってこれを（神に）供えて祀り、侍中に上熟《じょうじゅく》させて、そののちこれを祀る」とある。

［六］魏《ぎ》の文帝《ぶんてい》が詔を下して、「漢は太陽を東郊《とうこう》で拝礼しなかった。そして朝夕いつも宮殿の東側で太陽を拝礼していた。その猥雑《わいざつ》なさまは、私家の祭祀のようであり、天に仕え神と交わる道に反している」と言った。そこで太陽を東門の外で祀り、祀る前には必ず夕牲《せきせい》をし、その儀礼は郊祭《こうさい》にしたがった。

冠

正月の甲子《こうし》もしくは丙子《へいし》の吉日に、元服を行うが、その儀礼は冠礼《かんれい》に従う。皇帝は最初に（文官が着用する）進賢冠《しんけんかん》をつけ、次は（天地・五郊・明堂を祀る際、雲翹の舞をする楽人が着用する）爵弁冠《しゃくべんかん》、次は（武官が着用する）武弁冠《ぶべんかん》、次は（皇帝が日常着用する）通天冠《つうてんかん》をつける。この冠礼はみな高祖《こうそ》（劉邦の）廟で行い、（その後光武帝を祀った）世祖《せいそ》廟において）礼に従って謁見《えっけん》する［一］。王・公以下は、初めに進賢冠をつけるだけである［二］。

〔劉昭注〕

〔一〕「冠礼」に、「成王《せいおう》が冠を被《かぶ》（り元服を行）った。周公《しゅうこう》は祝《はふり》の雍《よう》に（成王へ祝言《しゅうげん》を作らせようとして）、「意を尽くさねばならないが、多弁冗舌であってはならない」と言った。祝の雍は、「（王には）民に親しみ、寿命に富み、邪佞《ねいじゃ》に遠く、義に近く、時を大切にし、財を恵み、賢者を用いて能力のある者を使うようにしていただきましょう」と祝言を贈った」とある。『博物記《はくぶつき》』に、「孝昭帝《こうしょうてい》の冠辞に、「陛下は先帝の輝かしい徳を現し、天の降す幸いを受けて、仲春の吉日に慎み奉じ、大いなる道（を明らかにするため）の郊祀《こうし》を滞りなく行い、嘉福のよき善を取りあつめ、ここに晴れて元服の時を迎えられました。（これよりは）幼子の未熟な心を推し遠ざけ、文武の徳を積み重ね、高祖の清廟《せいびょう》に慎んでお仕えし、天下にその徳を蒙らない者とてなく、永遠に天のように極まりないものであられますように」とある」という。『献帝伝《けんていでん》』に、「興平《こうへい》元〔一九五〕年正月甲子、献帝は元服の儀を行い、司徒《しと》の淳于嘉《じゅんうか》を賓客として玄纁《げんくん》〔赤黒い色〕の四頭立ての馬車を賜り、貴人・公主・卿《けい》・司隷校尉《しれいこうい》・城門《じょうもん》校尉・五校尉《ごこうい》・侍中《じちゅう》・尚書《しょうしょ》・給事黄門侍郎《きゅうじこうもんじろう》（の家人）には、それぞれに一人を太子舎人《たいししゃじん》（に任命する恩恵）を賜った」とある。

〔二〕『献帝起居注《けんていききょちゅう》』に、「建安《けんあん》十八（二一三）年正月壬子《じんし》、済北王《せいほくおう》（の劉邈《りゅうばく》）が戸外で元服の儀を行い、父母に参見した。給事黄門侍郎の劉瞻《りゅうせん》は侍中を兼ね、貂蟬《ちょうせん》を済北王（の冠）につけた。（のちに済北王は劉瞻に）これを与えた」とある。

夕牲《せきせい》（を伴う儀礼について）

正月の天郊《てんこう》儀礼について、夕牲を行うには〔一〕、昼漏《ちゅうろう》の尽きる十八刻前に（皇天上帝《こうてんじょうてい》と高祖《こうそ》へ）告祀する。夜漏《やろう》の尽きる八刻前に犠牲を屠《ほふ》ることを告げる〔二〕。よく太らせた犠牲を供える。太祝《たいしゅく》が（神を）送迎する。（皇帝、太常、光禄勲《こうろくくん》が）曲行して礼の動作を（取って三献の礼を）行う。参列者が燎祭《りょうさい》の際の所定の位置に着く。宰祝《さいしゅく》（を務める太祝令と太宰令《たいさい》）が火を灯《とも》して柴を焼く。火が勢いよく燃えると、天子が再拝する（のに併せて群臣も再拝し、身を伏せる）。（治礼が号令し、群臣が）身を起こす。有司（である博士《はくし》）が祝詞を読み上げ（儀礼を）終える。明堂《めいどう》・五郊《ごこう》（東郊・南郊・中兆・西郊・北郊で四季及び黄帝の気を迎える祭祀）・宗廟《そうびょう》・大社稷《たいしゃしょく》（洛陽に造営された社稷）・六宗《りくそう》（日・月・雷公・風伯・山・沢）の儀礼について、夕牲を行うには、みな昼漏の尽きる十四刻前に（皇天上帝と高祖へ）告祀する。夜漏が尽きる七刻前に犠牲を屠ることを告げる。よく太らせた犠牲を供え、神を天に送り、神が帰れば、有司（である博士）が祝詞を読み上げ（儀礼を）終える。六宗を祀る際だけは、柴を燃やし（て燎祭《りょうさい》し）、火が大いに燃え上がったのち、有司（である博士）が祝詞を読み上げ儀礼を終える。

［劉昭注］

［一］『周礼《しゅらい》』の「展牲《てんせい》」について、干宝《かんぽう》は、「いまの夕牲と同じである」といっている。また（『宋書《そうじょ》』礼志《れいし》に記される漢の）郊儀《こうぎ》では、「郊祭に先立つ夜明け前五刻のうちに夕牲をする。公《こう》・卿《けい》・京兆尹《けいちょういん》・その他諸官は、すべて壇の東に集って所定の位置に着く。太祝吏が犠牲を牽いて入場し、（祭場を示す）立て札に到る。廩犠令《りんぎれい》が跪き、「どうぞ犠牲を御検分下さい」と言い、手をかざし、「よく太っております」と申し添える。太祝令が犠牲を引き回して点検し、「申し分ございません」と言う。太史令《たいしれい》（正しくは太祝令）が犠牲を牽引して厨《くりや》に下がり、（二つの素焼きの）高杯《たかつき》に毛と血を汲み、うち一つは皇天上帝の御前に供え、もう一つは太祖の御前に供える」としている。梁《りょう》の郊祀もこのように行う。

［二］干宝は『周礼』に注をつけて、「納亨《のうきょう》とは、犠牲をあらためこれから（神に）奉ることの宣告である。祀りに先立つ朝方にこれを行う」といっている。

耕

正月に始めて耕作（の儀礼である藉田《せきでん》儀礼）を行う〔一〕。昼漏《ちゅうろう》上水の刻限に儀式の準備を調え、事を執り行う者は先農《せんのう》〔炎帝《えんてい》神農氏〕に（祭祀の開始を）宣告し、引き続いて供え物をする〔二〕。耕作（の藉田儀礼）の当日、役人は式次第進行の許可を申し出て、（それが許されると、参加者は身分に応じて）所定の位置につき、天子・三公《さんこう》・九卿《きゅうけい》・諸侯・百官の順に「鍬《くわ》入れ」をする〔三〕。力田《りきでん》〔農事に励んだ民、徭役免除などの特典を与えられたが秩禄はない〕が、穀物を植えて土を被《かぶ》せ終えると、役人は式次第の完了を宣告する〔四〕。これについて（『礼記《らいき》』の）月令《がつりょう》篇には、「（地方の）郡太守や国相《こくしょう》もみな民草を主導して耕作（の儀礼である藉田儀礼）を行うが、その式次第は（朝廷と）同様とする。（儀礼中の）動作・進退の際にはみな鐘を鳴らし、音楽を演奏する。（もし）天災がおきるなどの支障が生じた場合、（具体的には、旱害がおきて）雨乞い（の儀式）があり、（逆に大水が出て）雨止め（の儀式）がある場合には、すべて鐘を鳴らさず、音楽も演奏しない」とある〔五〕。

［劉昭注］

［一］（『礼記』の）月令篇に、「天子は手ずから「鋤《すき》」を（天に向かって）おし戴き、それを参保《さんぽ》介《かい》（天子の車駕に陪乗する護衛の士）の間に置き、三公・九卿を引き連れて、自ら帝藉《ていせき》（帝王の藉田）に「鍬入れ」をする」とある。盧植《ろしょく》の注は、「帝とは、天（の意味）である。藉とは、耕作（の意味）である」とする。

［二］賀循《がじゅん》の『藉田儀《せきでんぎ》』に、「漢では耕作（の儀礼である藉田儀礼を）する日に、太牢《たいろう》を供えて先農を耕作地に祀る」とある。『春秋《しゅんじゅう》』の伝は、「藉田という（耕作の）儀礼をするにあたり、潔斎するのは三日間だけである」と記す。『春秋左氏伝《しゅんじゅうさしでん》』（昭公伝十八年の条）に、「鄅国《うこく》の人が稲を藉《う》えた」とある。（それに対する）杜預《どよ》の注に、「藉稲《せきとう》とは（稲を藉えることであり）、これを履行したことをいう」とある。薛綜《せっそう》は（張衡の）「二京賦《にけいふ》」に注をつけ、「天神に奉仕するために民草の力を借りて田地を耕作する。このために帝藉《ていせき》という（つまり、藉は借りるという意味である）。（祭場となる）田地は国の東南のしかるべき場所に設置される」とする。干宝《かんぽう》が『周礼《しゅらい》』につけた注に、「古《いにしえ》の王は、尊貴なこと天子となり、富裕なこと天下を保有するほどであったが、必ず私的に藉田を置いて（自ら耕して）いた。それは三つの理由によるのであろう。第一は、（藉田で取れた作物を）宗廟《そうびょう》に捧げ、（天子）自らが孝を実践しよう

としたのであろう。第二は、（天子自らが耕作労働に従事することで）人々に労働の尊さを諭し、勤勉に農事に励めれば飢餓に苦しまないと教えるためであろう。第三は、自ら田地を耕すことを子孫に伝え、（子孫が耕作により）自ら農作業の困難さを知り、安逸しないようにするためであろう」とある。

［三］鄭玄《じょうげん》は『周礼《しゅらい》』に注をつけて、「天子は三たび（田地に）鍬入れをし、公は五たび鍬入れをし、卿と諸侯は九たび鍬入れをし、（そして）庶人が（最終的に）千畝の田地を耕し終える。庶人とは、労役刑に処せられた三百人をいう」とする。（蔡邕《さいよう》の）『月令章句《がつりょうしょうく》』には、「身分の低い者はその分だけ（体を）労さなければならない。それゆえ三公は、五たび鍬入れを行うだけである。礼遇は、（身分の）高い者ほど厚く（身分が）下がるにつれて、（その数を）二つずつ減じてゆき、肉体を労することは（礼に）反比例して（身分が下がるにつれて、その数を）増やしてゆく。諸侯の上（の身分）には孤卿《こけい》〔少師・少傅・少保〕があって七たび鍬入れをし、大夫は十二たび鍬入れをし、士は一畝（の田地）を耕し終える。（身分の高い者ほど礼遇され、低い者ほど肉体を労することを）知ることができよう」と記している。盧植は『礼《らい》記《き》』に注をつけて、「天子が田地を藉《たがや》す場合は、一たび（土を）搔くごとに九たび耒《らい》〔すきの柄〕を持ち（天に向かって）おし戴く。『周礼』（冬官考工記 匠人）には、「二回耜《し》〔すきの先

端）で土を掻《か》くことを耦《ぐう》という、一たび耜を使って土を掻くたびに、（穿った穴の）幅を広め深さを増してゆく」と記している。（原文の）伐とは、発という意味である。天子と三公は、座ったままで天下の政道を論じ、（その議論は）五つの事柄に及ぶ、それに因《ちな》んで三公は（藉田儀礼に際して）五たび鍬入れするのである。卿と諸侯は天子のつとめを究めて（それを）実施する（責務を受け持つ）、（九と究とが音通であるため）九を（耒をおしいただく）定数としたのである。（土を）うつことが三度ずつであるのは、礼の条文が三行によって構成されていることに由来する」と述べている。

［四］『史記《しき》』（巻十 孝文本紀）には、「前漢の文帝《ぶんてい》は詔《みことのり》を下して、「農事は天下の根本である。藉田《せきでん》を開設し、朕《ちん》自ら（その田地を耕作し、そこから収穫された穀物で）宗廟に粢盛《しせい》（神前に供える穀物）をお供えしよう」と述べた」と記している。応劭《おうしょう》は、「古《いにしえ》は天子が千畝《ほ》の藉田を耕作し、率先して（農事奨励の）範を天下に示した。藉とは、天子が耕作儀礼を掌るに際しての決まり事、という意である」とする。しかし（一方で、同じく）応劭が著した『風俗《ふうぞく》通《つう》』にはまた、「古は民草を（いたわり、あたかも）借りてくるように動員して、その労働力を使った。そのため（この耕作儀礼を）藉田という」とある。（『風俗通』と同じ見解のものとして）鄭玄は、「藉という言葉の意味は、借である。王が一たび田を耕し、民草の力を借り

て（田地の）草を刈り、整備させる」と述べている。（他方、藉は借であるという見解に反対する）盧植《ろしょく》は、「藉とは、耕すという意味である。『春秋左氏伝《しゅんじゅうさしでん》』（昭公《しょうこう》伝十八年）に、「鄅《う》国の人々は、稲を藉《う》えた」とある。この言葉から藉とは耕《う》えるという意味であることが分かる」と述べている。韋昭《いしょう》は、「民の力を借りて藉田儀礼をするのは、宗廟に奉仕し、天下に率先垂範《そっせんすいはん》することで、農事を奨励しようという意図からである」とする。杜預《どよ》の注は、「鄅国の人々が稲を藉《う》える時に、君主も自ら田地に出て稲を藉えたとあり、恐らくそれを（漢代には儀礼として）履行したのであろう」とする。（また）臣である瓚《さん》は、「藉とは、藉《う》えることの実践である。元来（王や君主）自らが（耕作に）従事することこそ本義であり、民の力を借りることを名称とすべきではない」とする。『漢旧儀《かんきゅうぎ》』に、「春に始めて東の方角に藉田を設けて（これを）耕作し、官吏は先農《せんのう》をお祀りする。先農とは神農炎帝《じんのうえんてい》である。（この農神を）お祀りするには太牢《たいろう》一組を供物《くもつ》とし、百官はみな（その祭礼に）参列する。（その際）三輔《さんぽ》（長安の首都圏。京兆尹《けいちょういん》・左馮翊《さひょうよく》・右扶風《ゆうふふう》）の二百里四方に住む孝悌《こうてい》・力田《りきでん》・三老《さんろう》に絹を下賜する。あらゆる種類の穀物を大量に植え、（そこからの収穫物をおさめるために）藉田《せきでん》倉《そう》を建設し、藉田令と藉田丞《じょう》という管理官を置く。収穫した穀物は、すべて天地・宗廟・群神をお祀りするために用い、（それらの御前に）粢盛《しせい》を進める。皇帝は手ずから耒耜《らいし》を持って耕作する。古は甸師官《でんしかん》が設置されていた」とある。賀循《がじゅん》は、「種付けをする穀物の種類は、黍《しょ》・稷《しょく》・穜《とう》・稑《りく》（の四種）である。穜は早稲《わせ》種の穀物、稑は晩生《おくて》種の穀物である」とする。（また）干宝《かんぽう》は『周礼』に注をつけて、「穜とは、晩生種の穀物であり、餅米《もちごめ》の一種である。稑とは、早稲種の穀物であり、黍稷《しょしょく》の一種である」とする。

［五］『春秋釈痾《しゅんじゅうしゃくあ》』に、「漢の郡太守は大夫の礼にあたり、（食物を）調理し（それらを）食器に盛りつけ、楽人に県《けん》〔打楽器の一種〕を演奏させる」とある。何休《かきゅう》は、「漢の定法では、閲兵式の際に、郡では太守が王国では国相が総裁職を務め、（耕作儀礼で奏されるものと同じ）音楽を演奏させた」と述べている。

高禖

仲春《ちゅうしゅん》の（陰暦二）月には、高禖祠《こうばいし》を都城の南に設置し、特牲《とくせい》〔特別な犠牲。大牢〕を供えて祀る［一］。

［劉昭注］

［一］（『礼記《らいき》』）月令《がつりょう》篇に、「玄鳥《げんちょう》〔つばめ〕が飛来した日に、太牢《たいろう》を供えて（高禖を）祀る」と

ある。『詩経《しきょう》』（大雅 生民之什）に、「（高禖の祭祀では）煙を焚いて上帝を祀り（また）神霊を祀り、子宝に恵まれるように願う」とある。毛萇《もうちょう》の伝《でん》〔『詩経』への注釈〕は、「（高禖の祭祀は）不妊の憂いを追い払って子宝に恵まれるように求める。古《いにしえ》は必ず郊禖《こうばい》〔都城の南の郊外に設ける高禖〕を設置していた。玄鳥が飛来した（その）日に、太牢をお供えして郊禖を祀り、天子は自ら（そこへ）赴き、后妃も（また）九嬪《きゅうひん》を引き連れて（郊禖に）臨御する。（后妃たちは）天子の御成りになる場所を整え、弓を納める袋を持ち、（天子より）弓と矢を授かる。（以上の礼は）郊禖の前で執り行う」と記している。鄭玄《じょうげん》の注は、「（『詩経』の原文の）弗《ふつ》とは、祓《ふつ》という意味である。郊禖で煙を焚いて上帝を祀り、（その儀式によって）子に恵まれないという疾を祓《はら》って子宝に恵まれようとする」と言っている。（蔡邕《さいよう》の）『月令《がつりょう》章句《しょうく》』には、「高とは、尊ぶという意味である。禖とは、祀るという意味である。（玄鳥は妊娠という）吉事が未来に現れる予兆である。（それが玄鳥の飛来を機に）人間が（高禖に）子孫の繁栄を祈願する理由である。玄鳥は陽気を感じて飛来し、飛来した玄鳥は卵を産み多くの雛《ひな》をかえすので、玄鳥の飛来した日をとくに選んで祭祀をする（殷《いん》の始祖となった）契《せつ》の母親である簡狄《かんてき》は、玄鳥が飛来した日に高禖を祀ったことで契を生んだのであろう。そのため『詩経』（商頌《しょうしょう》玄鳥）は、「天は玄鳥に命じて、（下界に）降って商〔殷〕を誕生させた」と記すのである。（『詩経』毛伝の原文の）韣《とく》とは、弓を入れる袋のことである。（相応しい時日に）高禖を祀り、その時に甘酒を飲み、弓を入れる袋を持つのは、男子を望むためである」と記している。（屈原《くつげん》の）「離騒《りそう》」（正しくは天問）は、「簡狄は台《うてな》の中に大切に養われていたのに、（帝）嚳《こく》はどのようにそれを妃《き》としたのか。玄鳥が飛来して贈りもの（として卵）を持ってきたが、簡狄はどうしてそれを喜ん（で飲み込ん）だのか」と記している。王逸《おういつ》は、「簡狄は帝嚳の（かたわらに）侍って台の上にいたが、（その時）燕が飛来して卵を落とした。（簡狄は）それを瑞兆《ずいちょう》として（その卵を）飲み、それが機縁となって契を生んだことをいう」としている。鄭玄《じょうげん》は『礼記《らいき》』（月令篇）に注をつけて、「後代の王たちは高禖官が嘉祥《かしょう》を掌《つかさど》ると考え、その祠《ほこら》を立てた」とする。盧植《ろしょく》の注は、「玄鳥が飛来する季節は、陰陽の気がちょうど拮抗《きっこう》しており、万物が生長する（頃合いである）。そのためこの時期に太牢の犠牲を捧げて高禖の神に、子宝に恵まれるよう請願するのである。（陽光の降り注ぐ）明るい場所にいることを「高」といい、その場所で子宝を望むことを「禖」という。古《いにしえ》は氏族間の婚姻・媒酌を取りまとめる官職があり、（後世）それが転化して神になったのであろう」とする。西晋《せいしん》の元康《げんこう》年間（二九一～二九九年）に、高禖の壇上に安置された石が破損したので、（恵帝《けいてい》は）詔を下して（高禖の神とは何で）どの経典に記載されているのか、と尋ねたが、朝廷の臣下で知る者はなかった。博士の束皙《そくせき》がお答えして、「漢の武帝《ぶてい》は年齢を重ねてから太子を儲《もう》け、（そのとき）始めて高禖の祠を立てたと申します。高禖は、人を導くものです。そのため（道標に石を置くように）石を安置してご神体とし、お祀りするのに太牢をお供えするのです」と申し上げた。

養老

明帝《めいてい》の永平《えいへい》二〔五九〕年三月、明帝は初めて群臣を率いて自ら国三老《くにさんろう》（の李躬）・五《ご》更《こう》（の桓栄）を（天子の学校である）辟雍《へきよう》で労《いたわ》り養った〔一〕。（養老儀礼で迎えた三老・五更を賓客として）大射《たいしゃ》の儀礼を行った〔二〕。郡県では（賢能の年長者をもてなす）郷飲酒《きょういんしゅ》（の儀礼）を学校で行った。みな聖師である周公《しゅうこう》と孔子を祀り、犠牲には犬を用いた〔三〕。こうして（五帝および天・地を祀る）七郊《しちこう》の礼楽・（明堂《めいどう》・辟雍・霊台《れいだい》の）三雍《さんよう》の義が整備された。三老・五更をもてなす養老儀礼は、（祭祀を行う）吉日の前に、司徒《しと》が太傅《たいふ》またはもと三公《さんこう》であった講師の名前を上奏し、（その中の）徳行がある年輩者一人を老とし、次の一人を更とする〔四〕。二人とも服は共に麻布で織られた裏のない長い上着、黒縁《くろぶち》・黒襟《くろえり》・黒袖《くろそで》の下着、進賢冠《しんけんかん》を被《かぶ》り、王杖《おうじょう》〔先端に鳩の飾りがついた杖〕をつく。

五更もまた同じ衣装であるが、王杖はつかない。二名とも太学《たいがく》の講堂で斎《ものいみ》をする［五］。儀礼の当日、天子が最初に辟雍の礼殿に到着すると、東廂《とうしょう》で侍坐し、使者を派遣して、（坐って乗る屋根の低い車である）安車《あんしゃ》により三老・五更を迎えさせる。天子は門屏で出迎え、礼を交わし、（堂の前の東側の階段である）阼階《そかい》から導くと、三老は（西側の階段である）賓階《ひんかい》から（礼殿に）升る。階下に到着したとき、天子が揖《ゆう》（手を胸のところで合わせて挨拶）するのは礼のとおりである。三老は礼殿に升（り礼堂に入）ると、東を向いて座り、三公が肘掛けを準備し、九卿が履《くつ》を揃える。天子は自ら上半身を露《あらわ》にして犠牲を割き、醬《しょう》を取って贈ると、（三老は）爵を取って少し飲む。祝鯁《しゅくこう》は前に控え、祝饐《しゅくい》は後に控え（三老を介助す）る［六］。五更は南を向いて座り、三公が進み出て膳の準備をするさまは、礼の通りとする［七］。翌日は（三老・五更の）二人そろって宮殿に参内し（天子の）恩寵に感謝する。礼遇されていることを（世間に）示して大いに（天子の徳を）あらわすためである［八］。

［劉昭注］

［一］『孝経援神契《こうきょうえんしんけい》』に、「（天子が）三老《さんろう》を尊重するのは、父（への尊重）に準《なぞら》えている。（その

儀礼では）謁者《えつしや》は（三老に）肘掛けを勧める。（三老が乗る）安車《あんしや》には（車輪を蒲で包み、揺れにくくする）輭輪《なんりん》をし、（天子は、車中や乗降の時につかまる垂れ紐《ひも》の）綏《すい》を取り手ずから授ける。（また）五更《ごこう》には兄に仕えるようにする。その寵遇は（父や兄に対する）規範に従い、礼にあわせた立ち居ふるまいをし、遜《へりくだ》り恭《うやうや》しい態度は道理にかなう」とある。宋均《そうきん》は、「三老は、老人で天・地・人の事を知る者である。肘掛けを勧めるのは、（天子にではなく）三老に勧めるのである。安車は、坐って乗るように造った車である。輭輪は、蒲で車輪を包み（揺れないようにした）車輪である。綏《すい》を取るとは、三老が車に乗るときに、天子が直接綏《すい》を取り授けるのである。五更は、老人で五行の循環を知る者である。（原文の）度は、規範である。規範に則り三老と五更を寵遇する」といっている。鄭玄《じようげん》は『礼記《らいき》』に注をつけて、「みな年老いて世事を経験し官職を辞した者である。三・五と名付けているのは、その言葉で（日・月・星の）三辰《さんしん》と（木星・火星・土星・金星・水星の）五星《ごせい》という天が天下を照らすことに準えるためである」とする。鄭玄はまた別の注では、「みな老人で（正直・剛克・柔克の）三徳と（貌・言・視・聴・思の）五事を知る者である」ともいっている。応劭《おうしよう》は『漢官儀《かんかんぎ》』に、「三老・五更は、（夏《か》・殷《いん》・周《しゆう》の）三代が尊重した。安車は輭輪をし、送迎してその家に行き、天子は門屏で拝礼する。三は、天・地・人を導き成すことである。老は、久しい（という意味）であり、旧い（という意味）でもある。五は、（父義・母慈・兄友・弟恭・子孝の）五品に通ずる者である。更は、五世代にわたり長子が、代々（家を）継ぐことで、善道により己をかえられることをいう。三老・五更は、みな初めに娶った妻が存命している者を選ぶが、（それは）男女が欠けず備わっているからである」とする。臣《わたくし》劉昭が考えますに、桓栄《かんえい》は五更ですが、後に兄の子二人を四百石の官職に付けたとありますので、長子ではありません。蔡《さい》邕《よう》は、「五更は、長老の呼び名である」といっています。

［二］袁山松《えんさんしょう》の『後漢書』に、「（大射の儀礼では）天子は皮弁《ひべん》〔鹿皮の冠〕をかぶり（赤い衣にあわせて）白い裳《もすそ》を着て、自ら的《まと》を射る」とある。

［三］鄭玄は『儀礼《ぎらい》』に注をつけて、「狗《いぬ》（を犠牲とするの）は（狗が立派な）人を選ぶ（習性を持つ）ことを理由とする」という。孟冬（十月の養老の儀礼）も同じである。戴聖《たいせい》の『石渠礼《せききょれい》論《ろん》』に、「郷射では音楽を合わせるが、大射では合わせない。韋玄成《いげんせい》は、「郷人はもともと音楽（の意義）を知らなかった。そのため四季折々に音楽を合奏し、郷人の意識を統一する。諸侯はもともと音楽（の意義）を知っていた。そのため音楽を合奏することはない」と言った」とある。鄭玄は『郷飲酒礼《きょういんしゅれい》』に注をつけて、「いま郡国では十月に郷飲酒礼をし、党正は毎年郡国ごとに鬼神を求めて祭祀する。そこでは礼に従い民を席次により並べ、酒を長幼

の順に飲み、歯位《しい》〔年齢順〕の礼を正す。すべて郷の飲酒は、必ず民の集まれる時にし、郷人が教化され賢人や年長者への尊敬を知るように願う。黒い皮の冠を被るのは、礼とは異なる」とする。服虔《ふくけん》と応劭は、「漢代に郡県でする饗射《きょうしゃ》の祭祀は、みな士礼に則り祭祀する。音楽は笙磬《しょうけい》を堂の東方につり下げ（祭祀に使う高坏の）籩《へん》と（犠牲を載せる）俎《そ》は、共に士礼の制度に従って用いる」とする。

［四］盧植《ろしょく》は『礼記《らいき》』に注をつけて、「三公の中で年長者を選び三老とし、卿《けい》・大夫《たいふ》の中で年長者を五更とする。かれらを三と五の組み合わせと（意義づけを）した」とする。

［五］（蔡邕《さいよう》の）『月令章句《がつりょうしょうく》』に、「三公は、国の老である。五更は、庶の老である」とある。

［六］『礼記』（文王世子《ぶんおうせいし》篇）に、「天子は堂の奥に退き、醴酒《じょうしゅ》を勧めて孝養する。三老たちが退いて席に戻ると、（楽人たちが堂に）昇り（『詩経《しきょう》』の）清廟《せいびょう》〔周公が文王の徳を称えて作った〕の詩を歌《うた》う」とある。孝養の詩である。

［七］譙周《しょうしゅう》の『五経然否《ごきょうぜんぴ》』に、「漢の初めは、三老は天子の拝礼に答えたが、王莽《おうもう》の乱で規範は損なわれ不完全になったという。漢が中興して、礼儀を定める際に、群臣は三老に答拝させようとした。しかし城門校尉《じょうもんこうい》の董鈞《とうきん》が駁議《ばくぎ》して、「三老を持て成すことは、父に仕える道を（天下に）教える手段です。もし（三老が）答拝すると、これは天下に子供の拝礼に（親

が）答拝することになります」と申し上げた。そこで董鈞の建議に従って詔が下されたという。周《わたし》は、「礼に（遺体は）上等な服を着るとあるのは、親ではないのに子の拝礼に答拝しているようです。士が異国の君主に謁見する際にも答拝しますが、これらは共に父子の関係ではありません（ので答拝は常に父にする礼ではない）」と考えます」とある。虞喜《ぐき》は、「『漢官儀《かんかんぎ》』には、「門屛で交礼《こうれい》する」とある。交礼は答拝である。（漢が）中興（した後漢で）は誤って董鈞の建議に従ったが、後に改革して、深く儀礼の義の通りにした」といっている。

［八］『漢書《かんじょ》』（巻二十二）礼楽志《れいがくし》に、「明帝《めいてい》は光武帝《こうぶてい》を明堂に祀り、三老・五更を辟雍にもてなし、その威儀は盛んであった。（しかし）徳化がまだ深く浸透しなかったのは、礼楽がまだ具備せず、民が（経書を）読誦せず、学校が設けられていなかったためである。孔子は（『論語』子罕篇に）、「たとえば山を造るようなものである。完成まであと一簣《き》であっても、そこで止めれば、それは自分で止めたのである」と言っている」とある。

先蚕

この（三）月には、皇后は公卿《こうけい》・諸侯の夫人を引き連れ桑を採り養蚕をする［一］。（菀《えん》窳《ゆ》婦人《ふじん》・寓氏公主《ぐうしこうしゅ》という二神である）先蚕《せんさん》を祀り、その儀礼には（羊と豕を犠牲に捧げる）少牢《しょうろう》を用いる［二］。

〔劉昭注〕

［一］丁孚《ていふ》の『漢儀《かんぎ》』に、「皇后の出御には、鳳凰《ほうおう》の飾りと青い羽根の覆いのある車に乗り、四頭立ての馬を御し龍の縫い取りをした旗を九本靡《なび》かせ、大将軍の妻は車に同乗し、太僕《たいぼく》の妻は馬を御す。（車は羽飾りを編み鳳凰の一種である鸞《らん》の旗をつける）前鸞旂車《ぜんらんきしゃ》、（虎の皮で作った軒《けん》と四方に戟《げき》を取り付けた）皮軒闟戟《ひけんきゅうげき》である。洛陽令《らくようれい》が先導し、また千乗万騎（が従う行列）であった。車府令《しゃふれい》が行列の儀仗を準備し、公卿・（長水《ちょうすい》・歩兵《ほへい》・射声《せきせい》・屯騎《とんき》・越騎《えつき》の）五営の校尉・司隷校尉《しれいこうい》・河南尹《かなんいん》の妻は、皆それぞれの官車に乗り、夫の本官の綬《じゅ》をつけ、その属官を従えて皇后に付き従う。虎賁騎《こほんき》・羽林騎《うりんき》・戎頭《じゅうとう》・黄門鼓吹《こうもんこすい》・五帝車《ごていしゃ》・女騎《じょき》は（皇后の乗った）乗輿《じょうよ》を挟んで配備され、行列を乱した者を取り締まる御史《ぎょし》が前後に控える。また金鉦《きんしょう》と黄鉞《こうえつ》を持つ者がおり、（虎賁《こほん》・羽林《うりん》・左・右・五官の）五中郎将《ちゅうろうしょう》が導く。養蚕宮で桑の葉を採り、蚕室《さんしつ》内で繭《まゆ》を盆の中に置き、手で三度糸を繰って（養蚕の儀礼が）終わると、（洛陽の）宮に戻る」とある。『礼記《らいき》』月令《がつりょう》篇（季春の条）には、「（養蚕を助ける）婦人は容姿を飾ってはならない」とある。（臣《わたくし》劉昭が）考えますに、谷永《こくえい》は、「四月壬子《じんし》は、皇后が桑を採

り養蚕をする日である」と答えていますので、漢の採養蚕桑もまた四月に行ったのでしょう。

［二］（衛宏の）『漢旧儀《かんきゅうぎ》』に、「春に桑が育つと、皇后は自ら桑苑《そうえん》で桑の葉を採る。蚕室の蚕床は千以上ある。中牢《ちゅうろう》の羊と豕を用いて先蚕《せんさん》儀礼をするが、祀る蚕神は菀窳婦人《えんゆふじん》・寓氏公主《ぐうしこうしゅ》といい、あわせて二神である。群臣の側室が桑を採り戻ると、繭観《けんかん》に献上し、桑採りに付き従ったすべての者に絹糸を与える。（それは）皇后自らが賜与する。ほぼ養蚕をして糸を繰り紡ぎ終わると、織室で祭服を作る。祭服とは、（貴人の礼服の）冕服《べんふく》である。天地・宗廟・群神・五時の（祭祀の）服である。皇帝は（絹糸を）手にして細長い糸を作って衣を縫い、皇后は（絹糸を）手にして荒布を作る。蚕官令《さんかんれい》と蚕官丞《じょう》を置き、多くの天下の官はみな蚕室に至り、婦人と一緒に（養蚕に）従事する。このため昔は東西に（男女別々の）織室が造られていた」とある。晉の皇后は先蚕を祭祀していた。先蚕の壇は高さ一丈（約2.3ｍ）、四方の一辺は二丈（約4.6ｍ）、四方に階段を造り、階段の横幅は五尺（約1.2ｍ）で、采桑壇《さいそうだん》の東南にあった。

祓禊《ふっけい》

この（三）月の上（旬の）巳《し》（の日）に、百官と庶民はみな東流する（伊水《いすい》・洛水《らくすい》などの）河のほとりで禊《みそぎ》〔不祥を祓い除くこと〕をする。これを洗濯祓除《せんたくふつじょ》といい、久しく溜まった垢や熱病を取り除き、大がかりな禊をする。禊とは、陽気が淀《よど》みなく広がり、万物が蠢《うごめ》き出るころ、心身を祓禊《ふっけい》〔みそぎ〕することをいう〔一〕。

［劉昭注］

［一］これを禊《みそぎ》という。（応劭《おうしょう》の）『風俗通《ふうぞくつう》』（祀典篇《してんへん》）は、「『周礼《しゅらい》』に、「女巫《じょふ》の官は四季折々の祭祀を職掌とし、疾病を祓《はら》い除く」とある。禊とは、禊《みそぎ》という意味である。春とは、蠢《うごめく》という意味であり、（原文の）蠢蠢《しゅんしゅん》とは、揺れ動くことである。『尚書《しょうしょ》』（尭典篇《ぎょうてんへん》）には、「春分（の日）を正した。その民は（家から農耕に出るために）分かれていく」とある。（春分の分とは）人が分かれることを言っている」とある。蔡邕《さいよう》は、「『論語』（先進篇）に、「暮春《ぼしゅん》には、春服への衣替えを済ませ、成人した者五六人、童子六七人とともに、沂水《きすい》（のほとりで）で水浴びして、舞雩《ぶう》で涼《すず》み、詩《うた》を歌いながら帰ろう」とある。身分が高い者から下々の者まで、昔はこの儀礼をしていた。いま三月上巳《じょうし》に、河のほとりで祓禊《ふっけい》をするのは、思うにここから出たのであろう」といっている。杜篤《ととく》の「祓禊の賦」に、「巫《ふ》たちは、火を取り福を祈る」とあり、巫祝（が祓禊をしたの）であろう。一説に、後漢に郭虞《かくぐ》という者がいて、三月上巳

に二人の娘を産んだが、二人とも育たず二日間で死んだ。世間はそれを大忌《たいい》として、この月日になると家に留まるのを恐れ、みな東流する河のほとりで祈って災いを祓い自分で身を洗い清めたという。これを禊祠と呼んだ。河の流れを引いて觴《さかずき》をめぐらし、曲水で宴をすることにもなった。『韓詩《かんし》』に、「鄭《てい》国の風俗では、三月上巳に、溱《しん》水・洧《い》水の二河のほとりに行き、魂《こん》を招き魄《はく》に伝え、蘭草《らんそう》をとり、不祥を祓除する」とある。『漢書』（巻二十七 五行志中之上）に、「八月に灞《は》水で祓う」とあるのも、同義である。後世の優れた史書も、（これを）拠り所として正しいとする。臣《わたくし》劉昭は、次のように考えます。郭虞の説は、でたらめです。たとえ庶民に十日で二人の娘が夭折する者がいても、それに驚いて世間の大忌とする必要がありましょうか。杜篤は、「王侯・公主から富商まで、伊《い》水・洛《らく》水で禊《みそぎ》し、垂れ幕は黒と黄である」といっております。大将軍《だいしょうぐん》の梁商《りょうしょう》も本伝で、洛水で禊して歌って泣いたとあります。曹魏からは、三日の水宴も無くなっております。

礼儀志中　第五

立夏　請雨　拝皇太子　拝王公　桃印　黄郊　立秋　貙劉
案戸　祠星　立冬　冬至　臘　大儺　土牛　遣衛士　朝会

立夏

立夏の日、夜の水時計（の水）がまだ尽きない五刻《ごこく》に、京師《けいし》の百官はみな赤い衣服を着て、（また）晩夏の時節には黄色の衣服を着て、郊外で祭祀をする。その儀礼には、特牲《とくせい》を供え、（五行で夏に相当する火の）竈神《そうしん》を祀る。

請雨

立春から立夏を過ぎて立秋が終わるまで、郡国《ぐんこく》では雨が多いことを尊ぶ。もし（雨量が）少ないようであれば、三公府《さんこうふ》と郡県では（それぞれに祀られている）社稷《しゃしょく》を掃き清める。旱魃《かんばつ》が起きた際には、公卿《こうけい》と地方長官は順序に従い雨乞いの儀礼をして、雨が降るのを請い願う[一]。諸々《もろもろ》の陽《よう》の気《き》（のもと）を閉ざし、黒い衣服を着て、土で龍の像を造り[二]、（また同じく）土で童子の舞い姿の像を二列に並べ、七日たてば新しくするのは、故事のとおりである[三]。朱色の縄で社《しゃ》を幾重にも取り囲み、朱色の鼓《つつみ》を打ち鳴らす[四]。祭祀の供物に少牢《しょうろう》を用いるのは、礼のとおりである[五]。

［劉昭注］

［一］『春秋公羊伝《しゅんじゅうくようでん》』（桓公《かんこう》五年の条）に、「大雩《たいう》とは、旱魃《かんばつ》の際の（雨乞いの）祭りである」という。何休《かきゅう》は（これに）注をつけて、「君主は自ら（天を祀る）南郊《なんこう》におもむき、六つの事について過失を（天に）謝罪し自責して次のように言葉を捧げる、「（旱魃が下されたのは）政治がうまくいってないからでしょうか。民が職を失っているからでしょうか。宮室が崇られているからでしょうか。女性が政治に介入しているからでしょうか。賄賂が横行しているからでしょうか。讒言《ざんげん》をなすものがいるからでしょうか」と。（そして）少年・少女それぞれ八人に舞を舞わせ、雨を祈る。このため雩《う》（祭）と呼ぶのである」といっている。（董仲舒《とうちゅうじょ》が著したという）『春秋繁露《しゅんじゅうばんろ》』に、「大旱魃があれば雨乞いをして雨を降らせようとし、大水があれば鼓を鳴らして社を責める。（旱魃も大水も）天地が造り出すものであり、陰気と陽気（の不調和）が引き起こすものである。（同じく天災を鎮めるのに）一方では（天や神に）願い、他方では（社を）責める。（この対応の違いは）何に起因するのか。大旱魃は、陽気が陰気を滅ぼそうとする現象である。陽気が陰気を滅ぼすということは、（言い換えれば）尊いものが

卑しいものを嫌がる、ということで、本来それは道義に叶《かな》っている。（それゆえ）その程度が甚だしいからといって（責められず）ただ拝み祈るだけである。他に付け加えることがあろうか。大水は、陰気が陽気を滅ぼそうとする現象である。（言い換えれば）卑しいものが尊いものに勝る、ということで、賤しいものが貴いものを凌駕することは、節度に背く。このため鼓を鳴らして（その非違を）責め、朱色の糸で（社を）脅し、その不義を正そうとする。こうした行為はまた『春秋』（公羊伝の荘公十二年の条など）にある「強いものを畏れない」という一文に合致する。（逆転している）天と地の位を変え、陰気と陽気を整え、速やかに手を施して困難を忘れない。まことに正しい行為である」とある。また董仲舒は（仕えていた）江都《こうと》王（劉非《りゅうひ》）に上奏して、「雨を降らせる方法は、（一言でいえば）陽気を減殺して陰気を増大させることです。どうか王は広陵《こうりょう》の女性で神職の素養のある者の一ヵ月分の租税を免除し、諸々《もろもろ》の巫女に物を与えられますように。数多《あまた》の巫女は順位に関係なく郭門《かくもん》に集まり、小壇を設営し、酒と干し肉を供物として祭祀をいたします。女性は広く便利な所を選んで市中に移らせ、市内には男性を留めず、集まって飲み食いすることも禁じます。官吏の妻たちを夫のもとに寄り添わせます。（これらが）すべて施行されれば、きっと雨は降ることでしょう」と述べている。服虔《ふくけん》は『春秋左氏伝《しゅんじゅうさしでん》』に注をつけて、「大雩《たいう》とは、夏に天を祀る祭祀の名である。雩とは、遠いという意味である。遠いとは、種々の穀物のために、（遠くまで）恵みの雨が降り注ぐ、という意味である。龍は雩に現れる。龍とは、（天体における辰の方角である）角《かく》（宿）・亢《こう》（宿）を指している。考えるに、四月の夕刻、龍星が現れるころは、自然界が活気づき、大いに降雨が期待される時節である。そのため雩祭して雨が降るのを願うのである」と述べている。一説では、「大雩は、帝を祀り雨を祈願することである」という。また一説では、「郊は天を祀り農事を祈願し、雩は山川を祀り雨を祈願することである」という。（衛宏《えいこう》の）『漢旧儀《かんきゅうぎ》』に、「雨を祈願するには、太常《たいじょう》は天地・宗廟・山川に願《がん》をかけて祀り、それぞれ日常の祭祀と変わりなく牢《ろう》（犠牲）を供える。これが礼に則った処置である。四月の立夏（のころ）に旱魃が起これば、（その対処法は）雨を請い願い、降雨を祈願する。そののちに旱魃が起これば、繰り返し（降雨を）祈願する。（時節が）立秋に至れば、旱魃が起こっても（収穫を終えているので）願をかけ雨乞いの儀礼をすることはない」とある。

［一二］『山海経《せんがいきょう》』（巻十四）に、「（日月の出入りする）大荒《たいこう》の東北に山がある。名付けて凶犂《きょうれい》土《ど》丘《きゅう》という。（かつて黄帝《こうてい》と蚩尤《しゆう》が戦った際、黄帝に味方した）応龍《おうりゅう》は（この山の）南に陣どって、蚩尤と夸父《こほ》を倒したが、（神通力を使い果たし）天上に戻れなくなった。そのため下界で、しばしば旱魃《かんばつ》が起こる。旱魃が起きた際には応龍を象《かたど》った像をつく（り、これを祀）れば、大

雨を得られる」とある。郭璞《かくはく》は（注をつけて）、「いま（雨乞いで用いられる土龍の像は、元来（応龍の発する）気に感応し、自然に霊力を帯びる。人間の成し得ることではない」とする。董仲舒《とうちゅうじょ》は、「春に旱魃が起これば雨乞いをするため、県や郷に命じて、（水に配当される壬《じん》や癸《き》などの）水日を期して民を社稷にお参りさせ、婦人には戸を祀らせる。名木を斬ってはならない。山林を伐採してはならない。とり急ぎ巫女に祈禱をさせ、八日の間、蛇を集めさせる。郷の東の門の外側に、東西南北に通じる祭壇を造る。（祭壇の大きさは）四方が八尺（約1.84m）で、（周りに）蒼《あお》い絹布を八つ飾り付ける。祭神は共工《きょうこう》である。（この神を）祀るには生魚を八匹と玄酒《げんしゅ》（清水）を用い、（さらに）清酒・干し肉を供える。巫女のうち身持ちが固く、弁舌・口説に巧みな者を選んで神職とする。神職は三日潔斎《けっさい》して、蒼い衣服を身につける。二度拝礼し、次に跪《ひざまず》いて（祝詞を）陳《の》べ、ふたたび二度拝礼し、その後に起立する。神職の陳べる祝詞は、「昊天《こうてん》は五穀を生成し、我々の食料とされました。いま五穀は、旱魃の害を受け、（我々は）収穫が得られないと危惧しております。（ここに）謹んで清酒・干し肉をお供えし、再拝して雨乞いをいたします。（もし）雨が充分に降りましたならば、犠牲を捧げてお参りいたします」という内容である。甲《こう》・乙《おつ》の日を期して、大きな青い龍の像一体をつくる。（その）長さは八丈（約18.4m）で、（これを）中央に据える。（また）小さな龍の像七体をつくる。（その）長さは四丈（約9.21ｍ）で、（祭場の）東方に据え、すべて東向きに安置し、それぞれの間隔は八尺とする。童子の八人は、三日潔斎して、青い衣服を着て龍の像に舞を舞わせる。（舞い終わると）田嗇夫《でんしょくふ》もまた、三日潔斎して、青い衣服を着て龍の像を（もとどおりに）立てかける。諸々の里の社に（水路をひいて）郷の入り口にある溝に通じさせる。五匹の蝦蟇《がま》を捕らえ、社に不揃いに置く。周囲七尺（約1.61ｍ）、深さ一尺（約23㎝）の池（をつくり）、蝦蟇を放つ。清酒と干し肉を供える。神職は三日潔斎して、蒼い衣服を着て、跪《き》拝《はい》して、祝詞を陳べるが（その挙措・動作は）初めと同じである。三歳の雄鶏と三歳の豭《いのこ》を捕らえ、これらをみな東西南北に通じる神宇《しんう》で焼く（ことで神への供物とする）。民に（命じて）郷の南門を閉ざし、水を門の外側に置き、郷の北門は開けさせておく。年を経た豕一頭を供え物とし、郷の北門の外に置く。郷内の市にもまた豕を置く。鼓の音を合図に、門外・市内双方の豕の尾を焼き、死人の骨で豕を覆い、入会地を開いて薪を集めて豕を焼く。道や橋の障害物を取り除き、（水が）流れない水路は修繕する。幸いにも雨が降れば、感謝の気持ちを表して豕一匹・酒・塩・黍《きび》を供えれば、最低限のことは足りる。茅《ちがや》を材料に敷物を作るが、裁断してはならない。夏季に雨乞いをしようとすれば、県や郷に命じ、水日を期して家人に竈《かまど》を祀らせ、土木工事をさせないようにする。さらに大いに井戸を浚《さら》う。釜を（祭）

壇の上に放置し、路上で臼つきを七日する。東西南北に通じる祭壇を郷の南門の外側に作る。周囲は七尺で、（周りに）七つの赤い絹布を飾り付ける。その祭神は蚩尤《しゆう》である。（この神を）祀るには赤い雄鶏七匹と玄酒を用い、清酒と干し肉を供える。神職は三日潔斎して、赤い衣服を身につけ、跪拝して、祝詞を陳べるが（その挙措・動作は）春と同じである。丙《へい》・丁《てい》の日を期して大きな赤い龍の像一体をつくる。（その）長さは七丈（約16.1ｍ）で、（これを）中央に据える。また小さな龍の像六体をつくる。（各々の）長さは三丈五尺（約8.1ｍ）で、（祭場の）南方に据え、すべて南向きに安置し、各々の間隔は七尺（とする）。青年七人は、みな三日潔斎して、赤い衣服を身につけて龍の像に舞を舞わせる。（舞を終えると）司空《しくう》の嗇夫《しょくふ》もまた三日潔斎して、赤い衣服を身につけて龍の像を（もとどおりに）立てかける。社に穴を穿《うが》ち（水路をひいて）郷の入り口にある溝へと通じさせる。五匹の蝦蟇《がま》を捕らえ、社に不揃いに置く。（また）池を（つくるが）、（その池は）周囲の長さ七尺、深さは一尺（とする）。酒と干し肉を供えて祀る。（神職は）潔斎し赤い衣服を身につけ、跪拝して、祝詞を陳べるが（その挙措・動作は）初め（に記述したもの）と同じである。三歳の雄鶏と豕を捕らえ、これらを東西南北に通じる神宇で焼く。陰（の気）を開き陽（の気）を閉ざすという行為は春と同じである。夏の終わり、山陵に祈りを捧げて（雨乞いの）一助とする。県や郷に命じて一度、市を郷の南門の外に移させ、五日（の後）、男性を（郷内に）留めて市への通行を禁止する。婦人は（室内の中央部である）中霤《ちゅうりゅう》を祀る。土木工事を起こしてはいけない。巫女を市のかたわらに集め、巫女達のために屋根（付きの詰め所）を設置する。東西南北に通じる（場所に）祭壇をつくり、（周りに）黄色の絹布を五つ飾り付ける。祭神は后稷《こうしょく》である。（この神を）祀るには、大きな汁かけ飯五椀と玄酒を用い、清酒と干し肉を供える。各々（の巫女）を神職として三日潔斎させてから、黄色の衣服を身につけ、（その式次第は）すべて春の祭祀と同じとする。戊《ぼ》・己《き》の日を期して、大きい黄色の龍の像一体をつくる。（その）長さは五丈（約11.5m）で、（これを）中央に据える。また小さな龍の像四体をつくる。各々の長さは二丈五尺（約5.8m）で、（祭場の）中央に据え、すべて南向きに安置し、各々の間隔は五尺（約1.15m）とする。壮年（の者）五人は、みな三日潔斎してから、黄色の衣服を身につけ、龍の像に舞を舞わせる。（舞を終えると）老人もまた三日潔斎してから、黄色の衣服を身につけ、龍の像を（もとどおりに）立てかける。また社中より（水路をひき）郷の外の溝に通じさせる。蝦蟇を放つ池は周囲の長さは五尺、深さは一尺とする。それ以外（の式次第）はすべて以前と同じである。秋、急ぎ巫女に祈禱をさせ、（首を下に曲げられない）尫《せむし》を九日間招致する。火事を出すことなく、（また）金属製の器を火にかけない。婦人は門を祀る。東西南北に通じる祭壇を郷の西門の外につくる。（その祭壇の大きさは）四方は九尺（約2.07ｍ）で、（周りに）白い絹布九つを飾り付ける。祭神は少昊《しょうこう》である。（この神を）祀るには、桐でできた木魚九つと玄酒を用い、清酒と干し肉を供える。白い衣服を身につける。その他は春（の時節の雨乞い）と同じである。庚《こう》・辛《しん》の日を期して大きな白い龍の像一体をつくる。（その）長さは九丈（約20.7ｍ）で、（これを）中央に据える。（また）小さな龍の像八体をつくる。各々の長さは四丈五尺（約10.4ｍ）で、（祭場の）西方に据え、すべて西向きに安置し、各々の間隔は九尺とする。未婚の成年男子九人は、みな三日潔斎してから、白い衣服を身につけ、龍の像に舞を舞わせる。（舞を終えると）司馬もまた三日潔斎してから、白い衣服を身につけ、龍の像を（もとどおりに）立てかける。蝦蟇を放つ池は、周囲の長さ九尺、深さは一尺とする。それ以外（の式次第）は、すべて以前と同じである。冬、龍を象った張りぼてに六日間舞をまわせ、名山に祈りを捧げて（雨乞いの）一助とする。婦人は井戸を祀る。水を滞《とどこお》らせてはならない。東西南北に通じる祭壇を（郷の）北門の外につくる。（その祭壇の大きさは）四方は六尺（約1.38ｍ）で、（周りに）黒い絹布を六つ飾り付ける。祭神は玄冥《げんめい》である。（この神を）祀るには、黒い犬の子六匹と玄酒を用い、清酒と干し肉を供える。神職は三日潔斎してから、黒い衣服を身につける。神職の執り行う祭祀は、春（に催される雨乞い）と同じである。

壬《じん》・癸《き》の日を期して、大きな黒い龍の像一体をつくる。（その）長さは六丈（約13.8ｍ）で、（これを）中央に据える。また小さな龍の像五体をつくる。各々の長さは三丈（約6.9ｍ）で、（祭場の）北方に据え、すべて北向きに（安置）し、各々の間隔六尺（約1.38ｍ）とする。老人六人は、みな三日潔斎してから、黒い衣服を身につけ、龍の像に舞を舞わせる。（舞を終えると）尉《い》もまた三日潔斎してから、黒い衣服を身につけ、龍の像を（もとどおりに）立てかける。蝦蟇を放つ池は、春（の場合）と同じである。春夏秋冬の季節に拘《こだわ》りなく庚子《こうし》の日を期して、官吏と民の夫婦を（それぞれ）同居させる。およそ雨を降らせようとするならば、要点は、男性は身を隠し（一所に）留まらせ、女性は和やかに楽しませるものである」と述べている。応龍とは、翼を持つ（龍のことである）。（揚雄《ようゆう》の）『法言《ほうげん》』（巻九）に、「龍の姿を象《かたど》って雨を招き寄せようとする。（なんと）困難なことであろうか、龍よ、龍よ」とある。（桓譚《かんたん》の）『新《しん》論《ろん》』には、「劉歆《りゅうきん》は雨を招こうとして、精緻な龍の像を土で造形し、律を奏《かな》で、諸々の方術に関して、（あらゆる）手を尽くした。（桓）譚は（劉歆）に、「（これから）雨を降らせようとする際に、なぜ土で龍の像を象るのでしょうか」と尋ねた。劉歆は、「（一たび）龍が出現すれば、（激しい）風雨が巻き起こるが、（術者は）単に雨を降らせるだけでなく、（この風雨を）鎮めねばならない。それため（水に剋つ土で、応龍と）同族の龍の姿を象った像を作り（風雨を鎮めようとするのである）」と答えた」とある。

［三］『周礼《しゅらい》』（舞師篇《ぶし》）に、「翌舞《こうぶ》とは、（人々が）集まって雨乞いの舞を舞うことである」という。鄭玄《じょうげん》は、「翌は、赤黒い羽根を用いて作られる頭飾りである」とする。（原文の）旱暵《かんかん》は注に、「熱気のことである。（翌の色が原色ではなく）中間色を用いるのは、その時節ごとに（各々を象徴する色があり）それを排斥しようとするからである」とある。

［四］（衛宏《えいこう》の）『漢旧儀《かんきゅうぎ》』に、「（前漢の）成帝《せいてい》三（前三〇）年六月、（この時）始めてもろもろの官僚に命じて雨を止めることを企図し、朱色の縄を用いて幾重にも社を封鎖し、鼓を打ち鳴らし（社を）責めた。この後、（陰陽の気は乱れ）しばしば水害と旱魃が起きた」とある。干宝《かんぽう》は、「朱色の糸を用いて社を取り巻く。社とは陰（気）の源である。朱色とは火を表す色である。糸は（八卦の一つ）離《り》に属するものである。天子は鼓を社（前）で打ち鳴らし、群がる陰（気）を責めたてる。諸侯は幣《へい》を社に奉り、上公に願い出て、鼓を朝廷で打ち鳴らし、（その後、朝廷を）退出して自ら（社を）責める。これこそ聖人の用いる呪《まじな》いの法である」と述べている。

［五］『漢旧儀』に、「（前漢の）武帝《ぶてい》の元封《げんぽう》（年間、前一一〇～前一〇五年）ごろは時節が七月になると旱魃に対する祭祀を終え、秋・冬・春の季節には雨乞いしなかった」とある。『古今《ここん》

注《ちゅう》』に、「武帝の元封六〔前一〇五〕年五月に旱魃がおこり、女性と巫女は男性により市に入れなかった」とある。

拝皇太子〔皇太子の拝位〕

皇太子を拝する儀礼。百官が（一同に）会し、席次に従って所定の位置につくと、謁《えっ》者《しゃ》は皇太子を先導して御座の階段の下へいたり、北面（して皇帝に対）させる。司空《しくう》は皇太子から見て西北に位置し、東面して立つ。策書《さくしょ》を読み終わると、中常侍《ちゅうじょうじ》は皇太子の璽《じ》と綬《じゅ》を（捧げ）持ち、東を向いて皇太子に授ける。皇太子は再拝し、三たび稽首《けいしゅ》（の礼）をする。謁者が「皇太子臣某」（が任命されます）と告げると、中謁者《ちゅうえつしゃ》は「これを認可する」と（皇帝の制書《せいしょ》を）読みあげる。三公は階上の殿にのぼり、「万歳」を称《とな》えて寿《ことほ》ぐ。（皇太子の認定は慶事であるので、それに）因んで天下に大赦《たいしゃ》をする。（各自）引き出ものを賜り、儀礼が終われば、（式次第は）完了する。

拝王公〔王侯の拝位〕

諸侯王《しょこうおう》と公《こう》を拝する儀礼。百官が会し、所定の位置につくと、謁者《えっしゃ》は光禄勳《こうろくくん》を先導して御前に進む[一]。謁者は（これから王・公を）拝するものを先導して御前に進み、所定の位置に至ると階段の下に伏せさせる。光禄勳は進み出て一拝し、手を挙げて、「（皇帝陛下は）制詔《せいしょう》を下され、ここに某を某（の位）に叙任される」と宣言する[二]。（叙任の）策書《さくしょ》を読み終わると、謁者は、「臣たる某が再拝いたします」と称《とな》える。尚書郎《しょうしょろう》は（叙任者に賜る）璽《じ》と印綬《いんじゅ》を侍御史《じぎょし》に託す。侍御史は進み、東を向いて立ち、璽と印綬を授ける。王・公は再拝して頓首《とんしゅ》（の礼を）三度する。賛謁者《さんえつしゃ》は、「某王たる臣某が（このたび）新たに封ぜられ、某公たる某が（このたび）初めて叙任されました。拝謝いたします」と言上する。（また）中謁者《ちゅうえつしゃ》も（王・公に代わり、皇帝に）謹んで感謝の意を表する。賛（謁）者は立ち上がり、「拝謝されますように。皇帝陛下は（新任の王・）公に礼を尽くされて御起立なさります」と宣言する。（王・公は着座を憚り、策書を授与された者は）みな冠を正して（拝礼して）感謝の意を表し、（それぞれの）位に応じた場所で起立する。（各自）引き出ものを賜り、儀礼が終われば、（式次第は）完了する[三]。

［劉昭注］

［一］丁孚《ていふ》の『漢儀《かんぎ》』に、「太常《たいじょう》は傘の下に留まり、東を向いて文を読む」とある。本文とは異

なっている。

〔二〕丁孚の『漢儀』に、夏勤《かきん》への策書《さくしょ》が掲載される。「元初《げんしょ》六〔一一九〕年三月甲子《こうし》、制詔《せいしょう》を下して、大鴻臚《だいこうろ》の夏勤《かきん》を司徒《しと》に任ずる。（その制詔には）「朕《ちん》は天の秩序を継承し、ただ古事に鑑《かんがみ》て、（ここに）爾《なんじ》を（司徒の）位につけ漢朝の輔政とする。かつての旧職（の大鴻臚での仕事ぶりに）に倣い、（『尚書』尭典篇に記すように）慎んで五教《ごきょう》を広め、五教は寛《ゆる》やかであれ。朕の側近くにあり、よく外交に尽力し、皇家を安《やす》んぜよ。ああ、まことに国の均衡を保ち、広くその（破綻の）兆しに留意し、時節ごとに（天の与えた）職責を全うせよ。慎まずにはおられようか。勤よ、この朕の言葉を戒めとせよ」とある」と記している。

〔三〕臣《わたくし》劉昭は（次のように）言上いたします。「漢朝では皇后を冊立することは、国家の礼制の大事でしたが、（『後漢書』の）志には儀礼が記載されず、不備と申せます。（そこで）蔡質《さいしつ》の書きとめた（霊帝《れいてい》の）宋皇后《そうこうごう》の立后儀礼を検討し、今それを記録して補足いたします。（そこには）「尚書令《しょうしょれい》の臣劉囂《りゅうごう》・尚書僕射《しょうしょぼくや》の臣曹鼎《そうてい》・尚書の臣魯旭《ろきょく》・臣乗《じょう》・臣滂《ぼう》・臣謨《ぼ》・臣詣《けい》は稽首《けいしゅ》して申しあげます。「願わくは陛下には、天の道を踏み地の法に則り、常に陰陽《いんよう》の働きに（陛下の行動を）合致し賜らんことを。臣下の者どもは（位階の）高低に関わりなく皇后の位がまだ定まっておりませんので、旧来の故事に従い、著録された儀典に依拠して、文書を献呈して上聞に達し、時を経て（のち、皇后位を）定めたく存じます。（今）月の吉日を選び、宋貴人《そうきじん》を皇后として、位を正し、すべての民草が（皇后冊立を寿いで）舞い踊るようにいたしたく思います。『周易《しゅうえき》』（晉卦）には、「この大きな幸福を受ける」とあり、『詩経《しきょう》』（大雅 仮楽）には、「俸禄を求めるのは百福、子孫は千億」とございます。（皇后位を正すことは）万事たいへん幸福なことです。いまは吉日ですので皇后位を定めましょう。どうか太《たい》傅《ふ》・太尉《たいい》・司徒《しと》・司空《しくう》・太常《たいじょう》を儀礼の正位に列し、（他の）官僚・女官たちは祝賀を言上しないことは、故事の通りにいたしますように。臣囂・臣鼎・臣旭・臣乗・臣滂・臣謨・臣詣らは愚かで物事に疎く、大義に達しませんが、恐れ慎み、頓首死罪（をも辞さず）、稽首再拝して、言上いたします」と述べた。（これを受け、皇帝は）制を下し「許可する」とした。ここに建寧《けんねい》四（一七二）年七月乙未《いつび》、（皇后冊立の）制詔《せいしょう》が下った。（その内容は）「皇后の尊さは、皇帝と一体となり、天地に仕え、慎んで宗廟《そうびょう》を継承し、母として天下に臨む。そのために（湯王の妃）有莘《ゆうしん》は殷《いん》を興し、（文王の母）姜任《きょうじん》は周《しゅう》の母となった。（殷・周）二代が隆盛したのは、（二人の）婦徳があったことによる。（現在、皇后が住むべき）長秋宮《ちょうしゅうきゅう》に住む者はなく、中宮《ちゅうぐう》は空位である。宋貴人は淑やかな美徳をもち、河や山のような（寛やかな）容儀を身につけ、（その）威容は照り輝き、（その）婦徳は後宮に冠絶している。多くの臣僚に（皇后位に進めることを）諮問したが、みな「よろしゅうございます」と返答した。（また）著亀《ちょき》を用いて占ったが、（皇后を示す）承乾《しょうけん》の卦《け》を得た。担当の役人も、「（宋貴人は皇后の印綬である）紱組《ふつそ》に相応しく、すべての民に母たるお人です」と奏議した。いま太尉《たいい》の聞人襲《ぶんじんしゅう》を使《し》持節《じせつ》とし、璽綬《じじゅ》を抱き奉らせ、宗正《そうせい》の劉祖《りゅうそ》を介添に、宋貴人を冊立して皇后とする。皇后よ、爾《なんじ》に授けられた位につき、宗廟を敬い典範を重んじ、慎んで皇后の責務を果たし、朕の命に違わず、永久《とこしえ》に天禄《てんろく》を全うせよ」というものであった。（こうして宋）皇后は章徳殿《しょうとくでん》で即位したが、（その式次第は）太尉は使持節として璽綬を抱き、天子は臨軒《りんけん》して、百官はみな位階に応じて所定の位置についた。皇后は北面し、太尉は傘の下に留まり、東を向き、宗正・大《だい》長秋《ちょうしゅう》は西を向く。宗正が（皇后冊立の）策文を読み終わると、皇后は拝礼して、（皇帝に）「臣妾」と称し、（それを）終えると、所定の位置に留まる。太尉の聞人襲は璽綬を渡し、中《ちゅう》常侍《じょうじ》・長秋太僕《ちょうしゅうたいぼく》である高郷《こうきょう》侯の侯覧《こうらん》は長跪《ちょうき》して（その）璽綬を受け、階段の前で奏上する。女史《じょし》は（璽綬を）婕妤《しょうじょ》に渡し、婕妤は長跪して（これを）受け、昭儀《しょうぎ》に渡し、昭儀は（これを）受け取り、長跪して皇后に璽綬を帯びさせる。皇后は平伏し、起きあがって拝礼し、（皇帝に対して、再度）「臣妾」と称する。（以上のように儀礼を）終えると、黄門《こうもん》鼓吹《こすい》が曲を奏《かな》でること三度、鼓を鳴らし、（奏楽が）終わると、（儀礼に出席した）官僚は順次退出する。皇后が即位すると、〔慶事であるので〕天下に大赦《たいしゃ》した。皇后の官秩は諸侯王に準じ、即位の威儀は赤色の紱《ふつ》、玉璽《ぎょくじ》により示される」と記載されております。

桃印

仲夏《ちゅうか》〔陰暦の五月〕、万物は生命力に満ち溢《あふ》れる。（しかし）夏至になると、陰気が生じ始め、穀物が不作となることを恐れる。（そこで凶作を避ける）儀礼は、朱色の縄で匂いの強い野菜を束ね、細い布で害虫を打ち落として集める。（また）長さ六寸〔約14㎝〕、四方が三寸〔約7㎝の大きさ〕の桃印《とういん》〔桃の木で作ったお札〕を用い、（それに）五色で〔呪《まじな》いの〕文章を定式通りに書き、門戸に貼り付ける。歴代の国家はそれぞれ尊ぶものを〔呪いの〕飾りとした。夏后氏《かこうし》は金行《きんこう》なので、葦茭《いこう》〔葦《あし》を束ねて作った綱〕を作り、気の交わりを示した[一]。殷《いん》の人々は水徳なので、螺首《らしゅ》〔螺旋状の殻をもつ貝類の頭部〕を用い、気が閉塞しないよう心がけ、〔悪い気が循環するよう、その〕螺旋状の形態を保つようにした。周《しゅう》の人々は木徳なので、桃を用いて更《こう》をつくり、〔これを使用することで、悪い〕気が更《あらた》まることを示した。漢はこれらを兼ね用い、五月五日に、朱色の縄と五色の守り札を門戸の飾りとし、〔その呪いの力で〕悪い気を押し止めた[二]。夏至になると、大きな火を起こすことを禁じ、炭を用いる鋳造を止め、硝石を用いる冶金も固く禁止した。立秋に至ると、故事に則り、立秋の日に井戸を浚い水を汲み替え、冬至になると、火打ち石を切って火を取り替えた。

［劉昭注］

［一］『風俗通《ふうぞくつう》』（祀典篇）に、「『春秋左氏伝《しゅんじゅうさしでん》』には、「萑葦《かんい》は群生する」とある。『呂氏春秋《りょししゅんじゅう》』には、「（殷の）湯《とう》王は、伊尹《いいん》を配下に加えると、宗廟で浄める際に、萑葦を爇して（その匂いを）炊き込めた」とある。『周礼《しゅらい》』に、「卿《けい》・大夫《たいふ》の子を名づけて門子という」とある。『論語《ろんご》』（雍也篇）に、「誰が戸を通ることなく出入りができようか」とある。そのため葦を用いるのは、人の子孫が増えて繁栄し、同族を失わず、（そのありさまが）萑葦のようであろうとする願いが込められている。茭《こう》は、交易であり、陰気と陽気が交代して興ることである」と記されている。

［二］桃印は、もともと漢の制度であり、卯金《ぼうきん》（すなわち劉氏）を助けるという意味を持つ。（曹氏が建国した）魏《ぎ》は、これを廃止した。

黄郊

立秋の十八日前、黄帝《こうてい》を祀る。この日には夜の水時計の（水が）まだ尽きない五刻に、京師《けいし》の百官はみな黄色の衣服を着る。立秋に至ると、（秋の）気を黄郊《こうこう》に迎える。黄鍾《こうしょう》の宮《きゅう》（の音律）を奏《かな》で、帝臨《ていりん》を歌い、冕冠《べんかん》を被《かぶ》り、楯《たて》と鉞《えつ》を（手に）執り、雲翹《うんぎょう》・育命《いくめい》の舞を舞うのは、時節に応じた教訓を養う理由からである。

立秋

立秋の日、夜の水時計の（水が）まだ尽きない五刻に、京師《けいし》の百官は、みな白い衣服を身につけ、黒い襟と縁飾りのついた下襲《したがさね》を着て、（秋の）気を白郊《はくこう》に迎える。儀礼が終わると、みな赤い衣服を着て、立冬（の時節）に至る。

貙劉

立秋の日、白郊《はくこう》の儀礼が終わると、始めて（軍事演習を行い）武威を発揚し、犠牲を郊外の東門で屠《ほふ》り、陵廟《りょうびょう》にお供えする。その儀式（の次第）は、天子は（専用の）兵車に乗るが、（それを牽《ひ》く馬は）白い馬体で朱色のたて髪を持つ。（天子は）自ら弩《ど》を手に取り犠牲を射るが、犠牲には鹿か鹿の子を用いる［一］。太宰令《たいさいれい》・謁者《えっしゃ》は、それぞれ一人ずつ獲物を載せる車に乗り、陵廟に急行する。こののち天子は、宮殿へ戻り、使者を派遣して束帛《そくはく》を届けさせ（それらを）武官に与える［二］。武官は武器の扱い方を習い、戦陣での作法、犠牲を屠る儀礼を習う。（これを）名づけて貙劉《ちゅりゅう》という。兵士と官僚は、みな孫子《そんし》と呉子《ごし》の兵法の八陣《はちじん》を習う。（これを）名づけて乗之《じょうし》という［三］。（また）立春には、使者を派遣して束帛を届けさせ、文官に与える［四］。貙劉の儀礼では、（まず）先虞《せんぐ》を祀り、儀礼の執行者が（主旨・式次第などを）先虞に報告し、（それが）終われば、生肉を煮（て神前に供え）る。ここで役人が合図をすると、後ずさりをして犠牲を射る。獲車《かくしゃ》が終わると、役人は儀式の終了を宣告する［五］。

［劉昭注］

［一］（『礼記《らいき》』）月令《がつりょう》篇には、「天子は軍服を着て、弓を手に取り矢を身につけて狩りをする」とある。（蔡邕《さいよう》の）『月令章句《がつりょうしょうく》』に、「（天子）自らが弓を手に取り鳥獣を射るのは、民に戦いを教えるためである。春夏秋冬（武事を）習うのは、罪の無い者を救い、罪の有る者を懲らしめ、兵を屈強にし民の安全を保障し、平和な時にあっても危難を忘れないためである」と

いっている。

〔二〕『漢官名秩《かんかんめいちつ》』に、「太尉《たいい》・将軍にそれぞれ絹六十匹を賜り、執金吾《しつきんご》・諸校尉《こうい》にはそれぞれ三十匹、（そのほかの）武官にも文官の倍（の絹）を賜った」とある。

〔三〕（『礼記』）月令篇に、「初冬に天子は軍事演習をするが、（その際、武官・兵士たちは）弓術・馬術・角力《かくりょく》を習う」とある。盧植《ろしょく》の注に、「角力は、漢の乗之《じょうし》のようなもので、弓術・蹴鞠の類である」と記す。いま（『礼記』）月令をみると、「晩秋に天子は（犠牲の獣を狩る）田獵《でんりょう》（により軍事）を教えるが、（その際、武官・兵士らに弓矢・殳・矛・戈・戟という）五種類の武器の扱い方を学ばせる」とある。（蔡邕の）『月令章句』に、「軍事の教えを狩りに事寄せて行う。軍事は絵空事ではなく、必ず（演習をして）学ぶべきことがある。そのため（軍事の）教えを狩りに事寄せ、五種類の武器の扱い方を練習させるのである。天子や諸侯が平穏無事であるにも拘《かかわ》らず（天に供える犠牲の）狩りをしなければ（天に対して）不敬《ふけい》となり、狩りをしても進退が礼に叶《かな》わなければ天物〔鳥獣草木〕を損なう」とある。『周礼《しゅらい》』（夏官 大司馬）に、「司馬は（旌）旗を立て（兵士である）民を招集する。隊形の編成は実戦さながらである。王は路鼓《ろこ》を手にし、諸侯は賁鼓《ふんこ》を手にする。軍将は晋鼓《しんこ》を手にし、師帥は提鼓《ていこ》を手にする。旅帥は鼙《へい》〔攻めつづみ〕を手にし、卒長は鐃《どう》を手にする。両司馬は鐸《たく》を手にし、公司馬は鐲《しょく》を手にする。（それにより兵士の）進退・緩急と密集・散開の節目を教える」とある。士卒は音を聞き旗を見て、指示に従い前進し（あるいは）後退する。そのため、「軍隊の耳と目は、この旗と鼓にある」といわれる。春には凱旋《がいせん》の調練のため蒐田《しゅうでん》が催され、夏には兵站《へいたん》野営の調練のため苗田《びょうでん》が催され、秋には閲兵式調練のため獮田《せんでん》が催され、冬には（三年に一度の）大観兵式の調練のため狩田《しゅでん》が催される。春・夏の儀式の式次第は、鳥獣を捕らえ行事に使用するのみに止める。秋は（鳥獣などの）獲物を仕留める季節で、狩りに適した時節でもあるので、儀式は盛大に行われる。『独断《どくだん》』に、「（天子が）巡狩校獵《じゅんしゅこうりょう》して（洛陽《らくよう》にある宮殿に）帰る際、公卿以下（の官僚達）は洛陽の官庁前に並び街頭で待機する。天子の行列が到着すると、公卿以下（の官僚達）は拝礼をして、天子は（それに応えて）下車する。公卿は自身で天子のお顔の色を拝見し、それが終わって後、（天子は）宮殿に帰る。古語に、「（天子は）車上にいたが（出迎えの者達の）ために下車される」とあるが、この場合にだけ行われる」とある。（王《おう》沈《しん》の）『魏書《ぎしょ》』に、「建安《けんあん》二十一〔二一六〕年三月、曹操《そうそう》は自ら藉田《せきでん》を耕作した。（その際）役人は、「（古は）春夏秋冬の四時（それぞれ）の農閑期に軍事演習をしていました。漢は秦の制度を継承し、（春・夏・秋の）三時には演習をせず、ただ（冬の）十月だけ天子が長安の水南門〔長水の南門の誤り〕に行き、五営の士卒と会同し、八陣の調練をして、これを乗之《じょうし》と名付けていました。いま戦争は続いており、士卒も民も平素より調練をしていますので、春夏秋冬の四時の軍事演習は省くべきです。ただ立秋の後の吉日を選び、盛大に車騎を集めて（演習・調練を行い、これを）治兵《ちへい》と呼びたいと存じます。（そのようになされば）理念上は礼の名分に合致し、制度上は漢の制度の継承になります」と上奏した」とある。

［四］『漢官名秩《かんかんめいちつ》』に、「司徒《しと》・司空《しくう》に絹四十匹、九卿《きゅうけい》に十匹を賜与する」とある。『古今注《ここんちゅう》』に、「建武《けんむ》八〔三二〕年春、（三）公に（絹を）十五匹、（九）卿に十匹を賜与する」とある。

［五］『古今注』に、「永平《えいへい》元〔五八〕年六月乙卯、初めて百官に貙膢《ちゅうろう》させたところ、（あたり一面に）白い幕が張りめぐらされ、（まるで）一面に霜が降りたようであった」とある。『風俗通《ふうぞくつう》義《ぎ》』（祀典《してん》篇）は、「『韓非子《かんぴし》』（五蠹《ごと》篇）は、「山に住み谷に（水を）汲む者たちは、膢臘《ろうろう》〔膢は飲食の神の祭り、あるいは貙劉。臘は冬至から三番目の戌の日にする祖先・百神の祭祀〕して水を貯め置くものである。（南方）楚《そ》の習俗では常に十二月に飲料と食物を祀っている」とする。また、「新たに穫《と》れた穀物を食べ、初めて捕らえた獲物を屠殺する。新たに捕らえた鳥獣（の肉）を食べることを貙膢という」とある」と記している。

案戸

仲秋（陰暦の八月）、県と道《どう》〔蛮夷の居住する地域に置かれた県の呼び名〕は、戸数を調査して人口を比定する。（その調査で）始めて年齢が七十歳に達した者には、王杖《おうじょう》を授与し、これに粥を振るまう。年齢が八十・九十歳に達した者には、（さらに）礼遇を加え（新たに）賜り物が下される。王杖とは、（その）長さ九尺（約2.07m）で、先端には鳩の意匠を用いて飾りがつけられている。鳩は、噎《む》せることの無い鳥である。老人が（食物を喉《のど》につまらせて）噎せないように願い、鳩を王杖の意匠とする。同じ月に、老人星《ろうじんせい》〔南極星。人の寿命を掌る〕を国都の南郊にある老人廟で祀る。

祠星

季秋（陰暦の九月）、心星《しんせい》〔大火・大辰とも呼ぶ〕を城の南壇《なんだん》にある心星廟で祀る。

立冬

立冬の日、夜の水時計（の水）がまだ尽きない五刻に、京師《けいし》の百官はみな黒い衣服を着て、（冬の）気を黒郊《こくこう》に迎える。儀礼が終わると、みな赤い衣服を着て、冬至に至ると（一切の）行事を取り止める。

冬至

冬至の前後、君子は身体を休め清め、百官は職務を停止して、政事をしない。吉日を選んだ後に、政事を取りやめる。政事を停める日は、夜の水時計〈の水〉がまだ尽きない五刻に、京師の百官は、みな赤い衣服を着用し、〈その衣服で〉立春に至る。〈春・夏・秋・冬・土用という〉五つの時節には、〈その時々に合わせて〉衣服を更めるが、〈時節ごとの〉儀式を執り行う者は、その日時〈ちょうどではなく、衣服を改める時期〉が一日前後する。冬至・夏至には、陰陽の〈気が〉作り出す日影は、〈冬至には〉長く〈夏至には〉短く〈その〉極大に達するが、〈一方で、夏には陰気が、冬には陽気が〉微弱ながら発生する[一]。そのため八能《はちのう》の士《し》〈八種の楽調〈黄鍾・六律・五音・五声・五行・律暦・陰陽・正徳所行〉のいずれか一つを調え奏でられる八人の楽士〉の八名に、ある者には黄《こう》鍾律《しょうりつ》を間竿《かんかん》で吹かせ、ある者には黄鍾律を鍾《しょう》で撞《つ》かせ、〈また〉ある者には日影〈の長さ〉を測らせ、水の重さを量らせる。水一升〈約0.2リットルの重量は〉、冬には十三両〈約70グラム〉である。またある者には黄鍾律を磬《けい》で打たせ、ある者には黄鍾律を瑟《しつ》で爪弾かせる。その琴柱《ことじ》の長さは九尺〈約2.07m〉、弦の数は二十五本、〈瑟の〉中ほどでは宮《きゅう》の音、左右では（それぞれ）商《しょう》・徴《ち》・角《かく》・羽《う》の音を奏でる。またある者には黄鍾律を鼓で打たせる。この日に先立つこと三日前、太史令《たいしれい》はこれら（八能の士）に会う。至日《しじつ》とは、夏季ならば（陰暦の）四月（を指し）、冬季ならば（陰暦の）八月を指すが、（四月には陽、八月には陰の）気が極まる。（冬至の）気の到来に先立つ五刻に、太史令は、八能《はちのう》の士と宮殿正門内の西堂に待機する。大予楽令《たいよがくれい》は、楽器を準備するが、（それらの色は）夏（至）には赤、冬（至）には黒とし、前殿の前、（全体から見て）西北にあたる場所に（それらを）並べ、（その際）鍾を端《はし》に配置する。守宮令《しゅきゅうれい》は、座席を（楽）器の南に設け、（全体から見て）東北にあたる位置で、（玉座に対して）北面する。正徳《せいとく》（八能の士を指揮して音階を奏でさせる指揮者）は、鼓の南西にあたる場所に席をしめるが、（それは）日時計を東北に見る場所である。三刻になると、中黄門《ちゅうこうもん》は、兵を引き連れ、太史令と八能の士を先導し、（宮殿の）正門から入場して、所定の位置に就かせる。二刻になると、侍《じ》中《ちゅう》・尚書《しょうしょ》・御史《ぎょし》・謁者《えつしゃ》は、階上に位置する。一刻になると、天子がお出ましになり臨軒して、玉体を休め静かに居り（事の）次第を見守る。太史令は、軒下の所定の場所まで進み、（天子に対し）北面して跪《ひざまず》く。（太史令は）挙手して、「八能の士の準備が整いましたので、事を執り行います」と申し上げる。（天子は）制詔を下して、「許可する」と答える。太史令は稽首して、「承りました」と答える。（太史令は）起立して少し後ろにさがり、振り返って正徳に、「事を執り行え」と命ずる。正徳は、「承りました」と答える。（その後）各人は元の位置へと戻る。正徳は起立して、八能の士に、「順次事を行い、交える音には竽《う》を用いよ」と命じる。八能の士は、「承りました」と答える。五つの音階で一つの旋律を作り、三十の旋律で一曲を構成する。正徳は、「五音階を合わせて、旋律を奏でよ」と号令する。先に（口頭で）唱え、（調子を整えてから）五音階を合わせ、二十五曲を奏でるが、すべて竽を用いて音を出す［二］。（それが）終わると、正徳は、「八能の士は、それぞれ事を言上します」と宣言する。八能の士は、言上する事柄を板に書き付ける。（その）文面には、「臣下である某は（以下のように）申しあげます。今月某日某時刻、冬至となりましたが、黄鍾の律は調い、君道は（その宜しきを）得、孝道も（また）広まりました」と書かれている。商臣《しょうしん》・角民《かくみん》・徴事《ちじ》・羽物《うぶつ》を担当する者達も、それぞれ一板ずつ文章を認《したた》める。そうでない場合は、太史令がそれぞれの書き付けを召し寄せ、（それらの）書き付けを黒い袋の中に封じ、階段の西側に送り、跪いて尚書《しょうしょ》に手渡し、（尚書は天子のいる）軒の下に至って北面して稽首《けいしゅ》を行い、拝礼して書き付けを収めた袋を献上する。尚書は（それを）侍中《じちゅう》に授け、（最後に）中常侍《ちゅうじょうじ》が受け取り、

（天子の）お耳に入れる。（それらの式次第の合図には）小黄門《しょうこうもん》を用い、旗を使って宰領させる。太史令は進み出て、「儀礼は終了しました」と言上する。（天子は、それに対して）制詔を下して、「許可する」と答える。（それを受けて）太史令は、進み出て稽首して、「承りました」と答える。太史令は八能の士に、太官《たいかん》のもとへ赴かせて賜り物を頂戴させる。階上にいる者達は、順次退出する。夏至の場合の儀礼も（冬至と）同じである〔三〕。

〔劉昭注〕

〔一〕『白虎通《びゃくこつう》』（誅伐篇）に、「冬至の日には兵士を休息させ、事業を興さず、関所を閉鎖し、商業をさせないのはなぜか。この日は陰陽の気が微弱であり、王者は天の運行に留意して（万）物を治める。このため天下を静粛に保ち、戦役を起こさず、労役を課せず、それにより微弱な気を助け、万物の生成を成そうとするからである」とある。夏至には陰の気が始めて立ち上り、冬至には陽の気が萌芽する。『周易《しゅうえき》』（復卦）には、「古《いにしえ》の天子は至日を期して関所を閉鎖し、商旅を禁止した」とある。夏至には陰の気が始めて立ち上るのに、逆に暑熱が烈しくなるのはなぜか。陰の気が始めて立ち上ると、陽の気は（その陰の気に）押し上げられる。それ故に（上昇した陽の気によって）暑熱が烈しくなる。（同様に）冬至には陽の気が始めて立ち上り、陰の気は押し上げられる。それ故に（上昇した陰の気によって）寒気が烈しくなるのである。

［二］『楽叶図徴《がくきょうとちょう》』に、「聖人が奏楽《そうがく》を行い、（演奏自体を）自らの楽しみとしないのは、（奏楽により、世の）利害得失の効果を観察しようとするからである。そのため聖人は独奏せず、常に八能の士を従える。したがって（八能の士のうちで）鍾《しょう》を撞《つ》く者は当然鍾について知るべきであり、管《かん》を吹く者は当然管について知るべきであり、竽《う》を吹く者は当然竽について知るべきであり、磬《けい》を打つ者は当然磬について知悉しているべきであり、琴《きん》を爪弾く者は当然琴について知らなければならない。そのため八（能の）士は、あるいは陰陽を調え、あるいは律暦《りつれき》を調え、あるいは五音を調える。したがって鍾を撞く者はその事により法度に通じ、琴を爪弾く者はその事により四海を知り、磬を打つ者はその事により民事に通じる。鍾の音が調えば、君道は（その宜しきを）得、君道が（宜しきを）得れば、黄鍾《こうしょう》・蕤賓《ずいひん》の旋律《せんりつ》が呼応する。君道が（宜しきを）得られない場合には、鍾の音は調わず、鍾の音が調わないと、黄鍾・蕤賓の旋律は呼応しない。鼓の音が調うと、臣道は（その宜しきを）得、臣道が（宜しきを）得れば、太簇《たいそう》の旋律が呼応する。管の音が調えば、律暦は正され、律暦が正しければ、

夷則《いそく》の旋律が呼応する。磬の音が調えば、民道は（その宜しきを）得、民道が（宜しきを）得れば、林鍾《りんしょう》の律が呼応する。竽の音が調えば、法度は（その宜しきを）得、法度が（宜しきを）得れば、無射《むしゃ》の旋律が呼応する。琴の音が調えば、四海は歳気を合わせ、数多の川は徳を一つに合わせる。死者の供養が行われ、祭祀が（懈怠なく）執り行われる。このようであれば、姑洗《こせん》の旋律が呼応する。五つの楽がすべて（その宜しきを）得れば、応鍾《おうしょう》の旋律が呼応する。天地に和気が満ちていれば、（奏楽の音色もまた、自然と）和気に満ちたものになるが、（奏楽の音色が）和気に満ちていなければ、天地に存する和気も呼応しない。臣下の者達は故事に則って君主を祝う。鼓の音が調えば、君主は故事に則って臣下の者達を祝う。磬の音が調えば、君主は（その）徳を民に施す。琴の音が調えば、君主は（その）徳を四海に及ぼす。八能の士は常に冬至の日を期して天文を調整し、夏至の日を期して地理を調整する。（また）陰楽を奏することで天文を調整し、陽楽を奏して地理を調整する」とある。

［三］蔡邕《さいよう》の『独断《どくだん》』（巻下）に、「冬至には陽気が始めて起こり、夏至には陰気が始めて起こると、麋鹿《びろく》の角が抜けかわる。そのため軍事を差し控える。（また）身体が安らかであることを願い、心が平静であることを願う。そのため政事には携《たずさ》わらず、（陰陽の気を）送迎する（期間は五日である）。田猟《でんりょう》とは、歳の終わりの大祭のことである。（この大祭では）吏と民に

心ゆくまで宴を催し（酒を）飲むことを許す。気を迎えるための祭祀ではない。したがって（気を）送るだけで迎えない。正月歳首に当たっても、また臘《ろう》の祭儀と同じである。冬至には陽気が起こり、君道が盛んとなる。そのため祝うのである。夏至には陰気が起こり、君道が衰える。そのため祝わない。鼓をうち（それを合図に）人々を動かし、（同じく）鍾をつき人々を止まらせる。そのため夜の水時計が尽き、（朝に）鼓の音がすると（人々は）起き、昼の水時計が尽きて、（夜に）鍾の音がすると休息する」とある。

臘

季冬〔冬の終わりの月〕、星は巡り一年の終わりに当たり、陰陽の気は交錯する。（この時節に）農事（および農事に従事する人々）を労《ねぎら》って大いに臘《ろう》の祀りをする［一］。

〔劉昭注〕

［一］高堂隆《こうどうりゅう》は、「帝王は、それぞれが奉ずる五行の一つが盛んな時に祖祭《そさい》をし、その終わりに臘祭《ろうさい》をする。火徳は寅の時に発生し、午の時に盛んになり、戌の時に終わる。そのため火徳を奉ずる（漢）家は、午の時に祖祭をし、戌の時に臘祭をする」と述べている。秦静《しんせい》は、「古

来の礼では、（当事者が奉ずる五徳のうちの一つが）発生する時に祖祭をし、一年の終わりに蜡臘《そろう》の祭祀をする。正月に必ずしも祖祭をするとは定まっていなかった。漢では午の時に祖祭をし、戌の時に臘祭をした。午は（方角に配当すると）南方に当たる。そのため祖祭をする。冬は物ができあがる季節である。そのため戌の時に臘祭をするのである。それなのに少数の学者は、（漢の）儀礼を正統化しようと持説を展開しているが、（確たる）典拠を踏まえたものではない」と述べている。

大儺

臘《ろう》（祭）の一日前に、大儺《たいだ》〔大規模な鬼やらい〕をする〔一〕。これを逐疫《ちくえき》と呼ぶ〔二〕。その儀式の次第は、（まず）中黄門《ちゅうこうもん》の子弟の内から、十歳以上十二歳以下の少年百二十人を選び、侲子《しんし》とする。（かれらは）みな赤い幘《さく》〔頭巾〕黒い衣服という出で立ちで、大型の振り鼓《たいこ》を手にする〔三〕。方相氏《ほうそう》〔四つ目の容貌怪偉な神に扮して、厄禍を除く官〕は、黄金色の目が四つ付いた面をつけ、熊の毛皮を羽織り、黒い衣服に朱色の裳《うわぎ》を着て、（右手に）戈《ほこ》をとり（左手に）盾《たて》をとって（それを頭上に）振りかざす。（方相氏の相手役となる）十二体の神獣は、体毛に覆《おお》われ、角が生えている。中黄門は儀式を進行させ、宂従僕射《じょうじゅうぼくや》は方相氏や十二獣を指揮して、宮中の悪鬼を追い立てる。夜の水時計が上水に達する刻限、朝臣たちが集まる。侍中《じちゅう》・尚書《しょうしょ》・御史《ぎょし》・謁者《えっしゃ》・虎賁《こほん》・羽林郎《うりんろう》で、（儀式の上で）役目を負う者は、みな赤い幘を被り天子の御座所に続く階段を護衛する。（以上のように準備が整うと）天子が、前殿にお出ましになる。黄門令は、「侲子の準備ができましたので、逐疫の儀式を執り行います」と上奏する。これを合図に中黄門が（祝詞を）唱え、侲子はこれに、「甲作《こうさく》は災い（の鬼）を食らい、胇胃《ふつい》は虎を食らい、雄伯《ゆうはく》は魅を食らい、騰簡《とうかん》は不吉（の鬼）を食らい、攬諸《らんしょ》は咎（の鬼）を食らい、伯奇《はくき》は迷い（の鬼）を食らい、強梁《きょうりょう》と祖明《そめい》は共に磔（の鬼）と（人に）寄生（する鬼）を食らい、委隨《いずい》は墓場（の鬼）を食らい、錯断《さくだん》は巨（大な鬼）を食らい、窮奇《きゅうき》・騰根《とうこん》は共に呪い（の鬼）を食らう。およそ十二（匹）の神獣を駆使して、悪事・凶事（をなす鬼）を追い立て、お前達の体を炙《あぶ》り、背骨を砕き、肉を切り刻み、肺と腸を抉《えぐ》りだすぞ。鬼どもよ、急いで（ここから）立ち去らず、遅れれば（神獣の）餌となると知れ」と唱和する[四]。（この唱和を）受けて方相氏と十二（体）の神獣（に扮した人々）は（共同して）舞を踊る。雄叫びをあげ、前後を隈なく歩き、三度行き来するが、（その度ごとに）後ろを振り返りながら、松明《たいまつ》をかざして、疫（鬼）を追い立てながら正門の外に出る[五]。門の外で待機している騎士は、松明を（方相氏らから）受け取って宮殿を出て、司馬闕門《しばけつもん》の外側に待機する五営の騎士は、その火を受け取り、洛水《らくすい》に赴いて水中に投棄する〔六〕。諸々の官庁では、幾人かの者が木の面をつけて獣に扮装し、人師《じんし》に鬼やらいされる。（それが）終わると、桃梗《とうこう》〔桃の木を削って造った人形〕・鬱儡《うつらい》〔悪鬼を捕らえる善神〕（の画や像）・葦で編まれた縄を設置する。（それが）終わると、役目として（御座所へと続く）階段を護衛していた者達は（階上から）降りる〔七〕。葦で作られた戟《げき》と桃の木の杖は、公卿・将軍・特進侯《とくしんこう》・諸侯にのみ賜与される〔八〕。

［劉昭注］

〔一〕譙周《しょうしゅう》の『論語《ろんご》』の注に、「儺《だ》は、鬼を退けるという意味である」という。

〔二〕（衛宏《えいこう》の）『漢旧儀《かんきゅうぎ》』に、「顓頊《せんぎょく》氏には三子があったが、生まれて（すぐ）亡くなり疫鬼《えきき》と化した。一匹は江水《こうすい》に棲《す》み、これを虐鬼《ぎゃくき》と呼ぶ。一匹は若水《じゃくすい》に棲み、これを罔両蜮鬼《もうりょうよくき》と呼ぶ。一匹は人の住む宮室の隅に棲息《せいそく》し、しばしば人間の子供を驚かせる」とある。（蔡邕《さいよう》の）『月令章句《がつりょうしょうく》』に、「太陽が北方の宿へと運行すると、北方は大陰となり、（陽気が）抑圧される恐れが生ずる。そこで官僚に命じて、大いに鬼やらいをする。陽（気）を扶助し、陰（気）

を抑圧するためである」という。盧植《ろしょく》の『礼記《らいき》』の注に、「衰亡するものを放逐し、新しいものを迎えるという意図である」という。

[三]『漢旧儀』に、「方相氏は、百隷《ひゃくれい》と童子を率い、桃弧《とうこ》・棘矢《きょくし》・土鼓《どこ》を準備し、鼓を鳴らし、かつ（人に害をなす）鬼を弓矢で射抜き、（さらに）赤丸《せきがん》・五穀《ごこく》を浴びせかける」とある。譙周の『論語』の注に、「葦《あし》で作った矢を使用して鬼を射抜く」とある。薛綜《せっそう》は、「侲は、善と同じ意味であり、（侲子とは）善童幼児を指す」と述べている。

[四]（張衡《ちょうこう》の）「東京賦《とうけいのふ》」に、「魑魅《ちみ》を殺し、獝狂《きつきょう》を撃つ。委蛇《いだ》を斬り、方良《ほうりょう》を砕く。耕父《こうふ》を清冷《せいれい》に捕らえ、女魃《じょばつ》を神潢《しんこう》に溺れさせる。夔魖《ききょ》と罔象《もうしょう》を皆殺し、壄仲《やちゅう》を倒し、游光《ゆうこう》を滅ぼす」とある。（その）注には、「魑魅とは、山沢の神怪である。獝狂とは、悪鬼のことである。委蛇とは、車輪のように大きい蛇である。方良とは、草沢の神怪である。耕父・女魃は、共に日照りの鬼で、水を忌み嫌う。そこで水中に捕らえて溺れさせ、（人に）危害を及ぼさないようにする。夔魖・罔象は、木石の妖怪である。壄仲・游光は、八人兄弟で常に人の間に潜み、怪事をおこす妖怪である」とある。（『国語』魯語に）孔子は、「木石の妖怪とは、夔《き》である。罔両《もうりょう》とは、水に棲む怪龍であり、罔象を指す」と述べている。韋昭《いしょう》は、「木石とは、山を指す語である。夔は、一本足の妖怪で、越の人々は（これを）山繅《さんそう》と呼ぶ。罔両は、山の

精で、人の声まねを好み、人を迷い惑わす。龍は、神獣である。常に人の目に映るものではない。そのため怪と呼ぶ。罔象は、人を食らい、一名を沐筍《もくり》という妖怪である」といっている。『埤蒼《ひそう》』に、「獝狂は、頭の無い鬼のことである」とある。

[五]（張衡《ちょうこう》の）「東京賦《とうけいのふ》」には、「輝く火は駆け抜けて星は流れ、赤疫《せきえき》を四海の果てに追い立てる」とある。（また、その）注に、「（原文の）煌とは、火の光のことであり、（原文の）逐とは、驚いて逃げ去ることである。煌々と輝く火の光が（流）星のように駆け抜けていく様子である。赤疫とは、疫鬼のうち（とくに）悪辣なものである」とある。侲子は、三度唱和する。東序《とうじょ》から入場し、西序《せいじょ》から退出する。

[六]「東京賦」の注には、「衛士《えいし》の千人は正門の外で待機し、五営の千騎は（さらにその）外側で待機する。三つの部隊を編成し、（松明を）中継して洛水《らくすい》に到着する。およそ三度の中継の後、鬼を追い立てて洛水の中へ（松明を）投げ捨てる。その際に天池を重んじ、（そこに架かる）橋を途絶して、（鬼どもが）再び戻ってこられぬ処置する」と記されている。

[七]『山海経《せんがいきょう》』に、「東海に度朔山《とさくさん》という山がある。山の上には大きな桃の木が生え、曲がりくねって生い茂ること三千里に及ぶ。その低い枝にある門を東北鬼門と呼ぶが、（この門こそ）よろずの鬼どもが出入りする所である。（その門の）上には二人の神人がおり、一人の名を神《しん》

荼《と》、もう一人の名を鬱儡《うつらい》という。（両名は）主に数多いる鬼どもの中で、人に害悪をなす鬼達を管理・統制し、葦で編まれた縄を使って鬼を捕らえ、（その捕らえた鬼を）虎に食らわせる」とある。この伝説に基づき、黄帝《こうてい》は（鬼やらいの）方法を模倣して定めた。（そのため鬼たちを）駆除し終わると、桃梗《とうこう》を門戸の上に立て、葦で編まれた縄を手にした鬱儡の像を描いて、凶悪な鬼を防ぎ、門に虎の絵を描いて、鬼を食らうことに当たらせる。『史記《しき》』（巻一五帝本紀）に、「東は（東海の度朔山の）曲がりくねった木に至った」とある。『風俗通義』（祀典篇）に、「黄帝の遥か昔に、神荼と鬱儡という二兄弟がおり、生まれながらにして鬼を捕らえる能力を持っていた。桃梗の梗とは更という意味である。年の終わりに（物事を）新しく改め、大きな幸福を受け継ぐ寓意である。（また、かつて）蘇秦《そしん》は孟嘗君《もうしょうくん》（を秦に入らないよう説得するため）に、「土偶人は桃梗に（次のように）語りました。いま貴方は東の国の桃の木であり、（私は）貴方を削って人を造ろうと思います」と言った」と記される。虎は（陰陽の）陽に属する生物であり、百獣の頂点に位置する猛獣でもあり、獲物を撃ち捕らえ、魑魅を食らう能力を持つ。

〔八〕『漢官名秩《かんかんめいちつ》』には、「大将軍《だいしょうぐん》・三公《さんこう》には、臘《ろう》（祭）に当たり、それぞれに銭三十万・牛肉二百斤・もち米二百斛《こく》を賜与する。特進侯《とくしんこう》には（銭）十五万、卿《けい》には十万、校尉《こうい》には五万、

尚　書丞《しょうしょじょう》・尚書郎にはそれぞれ五千、千石・六百石（の官に就いている者）にはそれぞれ七千を賜与する。（さらに）侍御史・謁者・議郎・尚書令にはそれぞれ（銭）五千、郎官・蘭台令史には三千、中黄門・羽林・虎賁の士二名には合わせて三千を賜与する。祠・門・戸の宿直に当たる者達には、それぞれ官位の高低・役目の大小に準じて賜り物がある」と記されている。

土牛

（一年の終わりにあたる）この月には、土で作った牛の像六体を国都・郡県（それぞれ）の城外の丑《ちゅう》の方角に当たる場所に設置し、大寒の時候（が過ぎゆくこと）を見送る［一］。

［劉昭注］

［一］（蔡邕《さいよう》の）『月令　章句《がつりょうしょうく》』に、「この月の黄昏《たそがれ》時に（北斗星の斗綱《とこう》は）丑をさす。丑は牛である。寒（気）がちょうど極限に達する、その時候であるために（寒気・陰気を）象徴する動物の形をかたどり（その）像を設置して、（寒気・陰気）を送り出し、かつ陽（気）を助けようとするのである」という。

遣衛士

（一年間の任務を終えた）古参の衛士《えいし》を饗応する儀礼。百官が所定の位置につくと、謁《えっ》者《しゃ》は節を帯び、古参の衛士を引率して（宮殿の）正門より入場する。衛司馬《えいしば》は、幡《はた》と鉦《かね》を手に取り、隊列を護《まも》りながら同行する。一行が所定の位置につくと、侍御史《じぎょし》は節を帯びて（衛士達を）慰労し、詔《みことのり》により労苦を懇《ねんご》ろに尋ね、要望が認《したた》められた章表を受け取る。饗宴が終わると、（衛士達のために）音楽が奏でられ、角力《かくりょく》を観覧する。演奏が終わると任務を辞め、（衛士を農村に戻し）農事・養蚕を奨励する［一］。

［劉昭注］

［一］『周礼《しゅらい》』（天官 宰）に、「府史《ふし》以下の役職には、胥《しょ》があり徒《と》がある」とある。鄭玄《じょうげん》は注をつけて、「これは民が徭役として負担する。今の衛士と同じである」といっている。蔡邕《さいよう》は、「客に平楽観《へいらくかん》を見せ、衛士を饗応する。雄大で壮観である」といっている。

朝会

（毎年）歳首《さいしゅ》の正月には、大朝会《だいちょうかい》を開いて（天子は参列者から）祝賀を受ける。その儀式の次第は、夜の水時計（の水）がまだ尽きない七刻に、鍾（の音）を合図に、祝賀を受けることから始まる。（参列する臣下は）進物を用意するが、三公《さんこう》・諸侯《しょこう》は璧《へき》、（九卿などの）中二千石《ちゅうにせんせき》・（郡太守などの）二千石は羔《こひつじ》、千石・六百石は鴈《かり》、四百石以下は雉《きじ》と定められている[一]。（また）百官は（参集して）正月を祝う[二]。二千石以上は殿上に登って万歳を唱える[三]。（ついで、天子の）御坐の前で杯を挙げて乾杯する。司空《しくう》は羹《あつもの》を（天子に）奉り、大司農《だいしのう》は飯を奉り、食挙《しょくきょ》の音楽が演奏される。百官は宴席で饗応を受け、（その際に）盛んに音楽が演奏される[四]。（かつて、この儀式は）毎月の朔《ついたち》ごとに催されていた（がのちに廃止された）。ただ十月はじめのみ古式通りとされたのは、（この月が、かつて）高祖《こうそ》劉邦《りゅうほう》が秦《しん》を打倒した月であり、（高祖劉邦の）元年の歳首にあたるためである[五]。

[劉昭注]

[一]『献帝起居注《けんていききょちゅう》』には、「旧典によれば、「市長は鴈を携《たずさ》える」とされていた。建安《けんあん》八〔二〇三〕年始めて雉を携えさせた」と記している。

［二］『決疑要注《けつぎようちゅう》』に、「古《いにしえ》には、朝会を開くたび（参列者は）みな進物を携えた。侯《こう》（爵）・伯《はく》（爵）は圭《けい》を携え、子《し》（爵）・男《だん》（爵）は璧を携え、孤《こ》（卿）は皮と絹を携え、卿は羊を携え、大夫は鴈を携え、士は雉を携えた。漢・魏の始祖は、ほぼこの制度により、正月はじめの大朝会で、諸侯は玉璧を携え、鹿皮を献呈し、公卿以下が携えるものは古礼どおりとした。往古は皮（の衣服）を着用した。そのため皮と絹とを礼物とする。玉は徳を象徴する（進）物であり、璧は大朝会への称賛を象徴する（進）物である。財貨を用いて礼を失することをせず、（供される）料理は犠牲を越えるほど（賛美なもの）ではなく、宴席で着用する衣服は礼服を越えるほど（華美なもの）ではない。物事の軽重を弁《わきま》えた態度である」とある。

［三］蔡邕《さいよう》の『独断《どくだん》』には、「三公は璧を奉じて殿上に登り、（天子の）御坐に向かって北面する。太常は、「皇帝は諸君のために起立される」と明らかに言う。（それを合図に）三公は平伏し、皇帝は着席して、（持参した）璧を進呈する。古語に、「（天子が）お座りになれば起立する」とある。この一文は、以上のような一連の動作を意味する」とある。

［四］蔡質《さいしつ》の『漢儀《かんぎ》』に、「正月の初め、天子は徳陽殿《とくようでん》に行幸して臨軒する。公卿・将軍・大夫・その他の諸官僚はそれぞれの位階に応じて参集して朝賀《ちょうが》する。蛮《ばん》・貊《はく》・胡《こ》・羌《きょう》の諸蛮族は朝貢《ちょうこう》する。（それが）終わると、郡に属する計吏《けいり》を引見するが、（計吏達は）みな列をつくり

（天子に）お目どおりし、庭火が焚かれる。天子の宗族《そうぞく》である劉姓の者達は一万人以上参集し、（みな徳陽殿の）西側に立つ。（天子との親疎などに応ずる立ち）位置が定まれば、（天子に）お祝いを申し上げる。諸計吏は中庭において北面して立ち、太官《たいかん》はお食事を奉り、臣下にも酒食が与えられるが、それら一連の所作は（宮殿の）西側から始まり東側に終わる。御史《ぎょし》の四名は、階段の下で規定どおりに式次第が進行するかを監視し、虎賁《こほん》・羽林《うりん》の衛士達は、弓を張り矢を携え、戟《げき》を左右に林立させ、兜《かぶと》・脚絆《きゃはん》を着用して（宮殿正面に）背を向けて順次直立する。左中郎将《さちゅうろうしょう》と右中郎将《ゆうちゅうろうしょう》は東南に位置し、羽林中郎将・虎賁中郎将は東北に位置し、五官中郎将《ごかんちゅうろうしょう》は中央に位置し、みな着席して（天子から）賜る宴を迎える。（催し物としては）九賓《きゅうひん》の散楽《さんがく》が奏でられる。（また、同じく催し物として幻術が行われるが、その内容はまず）舎《しゃ》利獣《りじゅう》が（宮殿の）西側より現れ、庭で遊び戯《たわむ》れ、ひとしきり戯れた後、すべて宮殿の前の激しく流れる水の中に飛び込む。（そこで）変化して比目魚《ひもくぎょ》となって現れ、跳ねあがり水に入り（含んだ水で）霧をつくり日光を遮る。終わると、（比目魚は）変化して黄龍《こうりゅう》となる。（その龍の）長さは八丈（約18.4m）、水を吐き出し、庭に遊び戯れ、日光を輝かせる。（さらに）二本の大縄を用いて二つの柱の間を差し渡し、（その柱と柱の）間隔は数丈とする。二名の倡女《しょうじょ》が対になって舞を踊り、（その）縄の上を綱渡りし、（縄の）途中で（お互いに）対面し、肩が触れ合うほどに近づきあうが（均衡を）崩すことはなく、また体を折り曲げ（あるいは）伸ばして、桝《ます》の中に姿を隠す（といった曲芸をする）。鍾と磬の音が同時に鳴り、歌曲が終わると、「魚龍曼延《ぎょりゅうまんえん》」という。小黄門《しょうこうもん》は（合図の楽器を）吹くこと三度、（それを機に）謁者《えつしゃ》は公《こう》卿《けい》・諸官僚を先導して順次（天子に）拝礼をして、静粛を保ち退出すれば、宴会は終わる。（その際）位階の低い官僚は前に位置し、高位の官僚は後ろに位置する。徳陽殿《とくようでん》は（その）付属施設も含めて一万人を収容できる。階段の高さは二丈（約4.6ｍ）、すべて文様のある石を用いて壇が作られており、（汲み上げた）沼の水を階下に流している。屋根を設け、朱色の梁《はり》を差し渡し、玉の階段や金の柱（などを備え）、飾り付けは宮廷の好みを反映し、厠は青の翡翠《ひすい》を用いて作られ、一柱ごとに三つの布が巻き付けられているが、それには赤色の絹が使用されている。天子は、正月はじめの祝日にあたり、諸官僚をここに参集させる。偃師《えんし》県は、宮殿から離れること四十三里（約17.8㎞）の地にあるが、（そこからでも）朱雀五闕《すざくごけつ》・徳陽（殿）を望見でき、（その）上（空）には雲が立ちこめ（まるで）天と連なっているかのようである」とある。『洛陽宮閣簿《らくようきゅうかくぼ》』に、「徳陽宮の大広間は南北の奥行き七丈（約16.1ｍ）、東西の幅三十七丈四尺（約86.2ｍ）である」という。

［五］蔡邕《さいよう》は、「臣下を朝見する儀式について、十月朔《ついたち》に晩朝をしない理由を調べ、それを（師

である）胡広《ここう》に質問した。胡広は、「旧儀によれば、公卿以下の諸官僚は、毎月常に朝会に集うのが習わしであった。先帝はその煩雑さに思いを致して省略した。（そして）六月と十月の朔のみは、従来通りに朝会をするとした。後にまた六月の朔（の朝会）も暑気盛んな折であることを理由に廃止した」と答えた」と述べている。蔡邕の『礼楽志《れいがくし》』には、「漢の楽には（おおよそ）四種がある。第一に大予楽《たいよがく》・典郊廟《てんこうびょう》・上陵《じょうりょう》・殿諸食挙《でんしょしょくきょ》を挙げられる。郊楽《こうがく》とは、所謂『周易《しゅうえき》』（豫卦）に、「先王が一代の楽を作るのは、祖考の徳を崇めてこれを尊敬するためであり、盛んに音楽を奏して、上帝を祀られた」とあるもので、『周礼《しゅらい》』（春官宗伯大司楽）にも、「奏楽が六度変化したならば、天神が地上に降りる。（その降臨を）得て儀礼を執り行うべきである」とある。宗廟楽《そうびょうがく》とは、所謂（『尚書』）虞書《ぐしょ》（益稷篇）に、「琴と瑟の音がかき鳴らされ、祖先（の霊）が出られ（その音に）耳を傾けた」とあるものを指し、『詩経《しきょう》』（周頌有瞽）に、「（奏楽の音が）謹み深く（また）調和すれば、先祖（の霊）は（楽の音に）耳を傾ける」とあるものに相当する。食挙楽《しょくきょがく》とは、（『礼記』）王制篇に、「天子が食事をされる場合には、（必ず）音楽が奏される」とあるものを指し、『周礼』（春官 大司楽）に、「王が大食されるには、鍾と鼓を演奏する」とあるものに相当する。第二に周頌《しゅうしょう》雅楽《ががく》・典辟雍《てんへきよう》・饗《きょう》射《しゃ》・六宗《りくそう》・社稷《しゃしょく》（の楽）を挙げられる。辟雍・饗射（の楽）とは、所謂『孝経《こうきょう》』（広要道章）

に、「風紀を（善き方向に）変え習俗を改めるには、音楽に勝る手段はない」とあるものを指し、『礼記』（楽記篇）に、「温容を保って天下を治めることは、礼楽の本分である」とあるものに相当する。社稷（の楽）とは、所謂『詩経』（小雅 甫田）に、「琴と瑟をかき鳴らし鼓をうち、田の収穫を費えに当て祖祭をする」とあるものに相当する。『礼記』（楽記篇）に、「楽は金属や石にさえ影響を与え、（単なる）声や音といった上辺だけのものに優り、宗廟・社稷を祀る際に用いられ、山川・鬼神を祀る場合にも奏でられる」とあるが、（楽の本質を）言い当てている。第三に「黄門《こうもん》鼓吹《こすい》」（の楽）を挙げられる。（これは）天子が臣下と宴を開く際に奏されるもので、所謂『詩経』（小雅 伐木）に、「力強く響く音が私を勇気づけ、舞踊の様が私に舞を舞わせる」とあるものに相当する。（第四は）短簫《たんしょう》・鐃歌《どうか》（であるが、これら）は軍楽である。その伝によれば、「黄帝《こうてい》と岐伯《きはく》が作成したというが、（それは）威武を増し徳を称揚して、士（卒）を督励しようとする意図からである」としている。恐らく所謂『周礼』（春官 大司楽・鎛師）に、「王の軍隊が戦勝を祖廟に告げるには、凱楽を演奏させ、軍隊が戦勝を報告する場合には、凱歌を挙げさせる」とあるものと考えられる。（また、かつて）孝《こう》章《しょう》皇帝は、自ら歌詩四章をつくり、（それらは）食挙楽の中に編入されている。また雲台十《うんだいじゅう》二門《にもん》の詩をつくり、それぞれ月ごとの祭祀に演奏された。（さらに）熹平《きへい》四〔一七五〕年正月中に、（やはり）雲台十二門に関する新たな詩をつくり、大予の楽官に練習させ（実際に）歌わせ、従来の詩と同列に扱えるものは、すべて撰んで記録し、楽志を作られた」と記している。

礼儀志下　第六　大喪　諸侯王列侯始封貴人公主薨

大喪

天子が病《やまい》にかかると、太医令《たいいれい》と太医丞《たいいじょう》は、医者をつれて（天子の居室に）入り、病状に応じて適切な薬を進める。嘗薬監《しょうやくかん》と近臣の中常侍《ちゅうじょうじ》・小黄門《しょうこうもん》は、みな（天子の服用に）先んじて薬の毒味をするが、（その際には）量を二割増しにして飲む。公卿や朝臣は、絶え間なく天子の具合を尋ねる。太尉《たいい》は洛陽《らくよう》の南郊《なんこう》で天に請い、司徒《しと》と司空《しくう》は宗廟で請い、（泰山・衡山・華山・恒山《こうざん》・嵩山《すうざん》の）五岳・（江水・黄河・淮水《わいすい》・済水の）四瀆《しとく》をはじめ諸々の神に請願して、天子の病状が好転することを祈る。いよいよ危篤となっても、公卿がまた（祈ることは）礼の通りとする。天子が崩御すると、皇后は（太尉・司徒・司空の）三公に詔を下して、葬儀を取り仕切るよう命じる。百官はみな（喪服である）白い単衣《ひとえ》を着、白い幘《さく》（頭巾）を被り冠を外す。（洛陽城の）城門と宮城の門を閉鎖する。近臣の中黄門は武器を携え、虎賁郎《こほんろう》・羽林郎《うりんろう》・郎中は部署につき、みな宿直して怠《おこた》らない。宮殿の役所は厳戒体制をしき、北軍の（長水・歩兵・射声《せきせい》・屯騎・越騎の）五校尉は宮殿を巡って兵を配置し、黄門令《こうもんれい》・尚書《しょうしょ》・御史《ぎょし》・謁者《えっしゃ》は昼夜（かれらが警戒している様子を）視察する。三公が（『論語』泰伯篇に基づき亡き天子の）手足を開き（身体に傷がないかを確かめ）死に化粧を施すことは礼の通りとする。皇后・皇太子・皇子が泣き声を挙げ踊る所作をとることは礼の通りとする。沐浴《もくよく》させることは礼の通りとする。守《しゅ》宮令《きゅうれい》は東園匠《とうえんしょう》を兼任し、女官を従えて作業の指揮をとる。（なきがらの耳に黄色の綿である）黄緜《こうべん》をつめ（赤色の絹である）緹繪《ていかい》で身体を覆い（その上に）金縷玉衣《きんるぎょくい》を着用させる（襲の儀礼の）ことは故事の通りとする[一]。口に玉を含ませることは、礼の通りとする[二]。（腐敗を防ぐため）盤に氷を入れて（寝台の下に）置くことは礼の通りとする[三]。百官は、正殿の下で泣き声をあげる。（天子が崩じた）その日の夜、竹使符《ちくしふ》を下して、郡太守と国相および諸侯王に（天子の崩御を）知らせる[四]。竹使符が到着すると、みな伏して泣き声をあげ、悲しみを尽くす[五]。（屍を堂中に移し、衣衾を改める）小斂《しょうれん》（の儀礼）は礼の通りとする。東園匠・考工令《こうこうれい》は、（大斂に使用する）東園《とうえん》の秘器《ひき》をたてまつる。（東園の秘器は）表裏ともに朱色で彩り、（そこに鹿頭龍身の神獣である）虡《きょ》の姿を描き、さらに日・月・鳥・亀・龍・虎・連璧・偃月の模様を配する。檜（製のくぎ）で棺《ひつぎ》に仮止めを施すことは故事の通りである。正殿内の二本の大柱の間で（死者を柩に納める）大斂《だいれん》（の儀礼）をする。五官中郎将《ごかんちゅうろうしょう》・左中郎将・右中郎将・虎賁《こほん》中郎将・羽林《うりん》中郎将は、それぞれ自分の配下を率い、虎賁の戟《げき》を持って、宮殿の正門に駐屯し、また（正殿の）左右の廂《ひさし》の下に居並ぶ。中黄門は武器を持ち、正殿の上に居並ぶ。夜漏《やろう》（の深夜）、群臣は（正殿の前に）入る。昼漏上水（の早朝）、大鴻臚《だいこうろ》は（王・侯・公・卿・二千石・六百石・郎・吏・匈奴の侍子という）九賓《きゅうひん》の（席次を）設けて正殿の下に並ばせる。謁者は諸侯王を導き、正殿の下に立ち並ばせるが、（かれらは）西を向き北を上位とする。宗室の諸侯と（樊《はん》・郭《かく》・陰《いん》・馬《ば》の）外戚四姓の小侯は、その後ろに席をしめ、西を向き北を上位とする。治礼《ちれい》は三公を導き、所定の席につかせ、（三公は）正殿の下で北を向く。特進《とくしん》は中二千石《ちゅうにせんせき》の次に、列侯は二千石の次に、六百石と博士はその後ろに位置する。これら群臣の席につく者は、みな何列にもなって並び西を上位とする。（すべての者が）席に就き終わると、大鴻臚はその旨を告げ、謁者はそれを奏上する。（正殿内の配置は、正殿の西側で）皇后は東を向き、貴人《きじん》・公主《こうしゅ》・宗室の婦女は、順序よくその後ろに立ち並ぶ。皇太子・皇子は（正殿の）東側におり、西を向く。皇子は（皇太子よりも）少し後ろに退き、（皇太子の）南側にいて、北を向く。みな伏して泣き声をあげる。（その時）大鴻臚は泣くように、と伝え、外に居並んだ群臣は、みな泣き声をあげる。三公は（東側の階段である）阼階《そかい》から殿上にのぼり、棺《ひつぎ》を安んじ（その中に）玉や身の回りの品を入れる。近臣が（三公を）補佐することは、故事の通りである。皇太子が泣き声を挙げ踊る所作をとることは、礼の通りとする［六］。東園匠は武士に釘とくさびをうちつけて（ひつぎを固定させ）、仮止めを外させる［七］。太常《たいじょう》は（牛と羊と豚を犠牲とする）太牢《たいろう》を奉って祀る。太官《かん》・食監《しょくかん》・中黄門・尚食《しょうしょく》も続いて祀る。儀礼の進行係は、礼の通りにする。太常・大鴻臚が泣くように、と伝えることは礼の通りとする。

［劉昭注］

［一］（衛宏《えいこう》の）『漢旧儀《かんきゅうぎ》』に、「皇帝が崩御すると、（口の中に）珠を含ませ、緹《あか》い縑《きぬ》の十二揃いの襲衣《しゅうい》を纏《まと》わせる。玉により襦《したぎ》を作るが、それは（玉の小さい札を繋ぎ合わせるさまが）鎧のようである。（玉の小さい札）を連ねて縫い合わせるが、黄金により縷《いと》をつくる。腰から下は玉により札を作（り玉衣とす）る。（札の）長さは一尺（約23㎝）、広さは二寸半（約5.8㎝）で、玉衣《ぎょくい》を作り下は足まで至らせる。これもまた黄金の鏤《いと》により縫い合わせる。（そのほか）諸々の衣衿《いしょう》を縫って（棺に）納める。皇帝の衣服のうち、すでに用いたものは保存しておき、皇帝が崩御すると（棺に）納めるのである」とある。

［二］『礼稽命徴《れいけいめいちょう》』に、「（崩御したのち）天子の（死後、口の中に含ませる）飯《はん》は珠とし、唅《がん》は玉

とする。諸侯の飯は珠とし、唅は璧とする。卿・大夫・士の飯は珠とし、唅は貝とする」とある。

〔三〕『周礼《しゅらい》』凌人《りょうじん》に、「天子の喪では夷槃《いばん》〔腐敗を防ぐため遺体の下に置く盤〕に氷を捧げる」とある。鄭玄《じょうげん》は、「夷という言葉は、尸《しかばね》のことである。氷を槃の中に満たし、これを尸の牀の下に置く。それにより尸を（腐敗から防ぐために）冷やすのである」といっている。『漢礼器《かんれいき》制度《せいど》』に、「大槃は広さ八尺（約1.84m）、長さ一丈二尺（約2.76m）、深さ三尺（約69cmの大きさで）、漆により中を赤く染めている」とある。

〔四〕応劭《おうしょう》は、「およそ郡国《ぐんこく》の守相《しゅしょう》に竹使符を与えるには、みな竹箭五枚による。長さ五寸（約11.5cm）で篆書《てんしょ》を刻み、第一から第五まである」といっている。張晏《ちょうあん》は、「（竹使）符は古《いにしえ》の珪《けい》や璋《しょう》の代用である。簡略化したのである。ここで大喪に竹使符を下すのは、これと同じ理由である」といっている。

〔五〕漢の旧制では、兵を徴発する際に銅虎符《どうこふ》を用いていた。それ以外の徴発は、竹使符を用いる。竹使符の符節が合えば信用できるとする。（『後漢書』列伝二十一）杜詩《とし》伝に見える。

〔六〕『周礼《しゅらい》』（春官 典瑞）に、「珪《けい》・璋《しょう》・璧《へき》・琮《そう》・琥《こ》・璜《こう》の渠の飾りを糸うち紐で連ね、（両端の）璧・琮を貫き通して、（これらの玉を連結させて）尸を斂《おさ》める」とある。鄭司農《ていしのう》は、「（原文の）䶫《そ》は（玉の）外側に（鋸歯がついたような）捷盧《しょうろ》があることをいう。珪・璋・璧・琮・琥・璜は、みな溝を刻んで、眉状の隆起紋と飾りを付ける。そこに尸を斂《おさ》めると、（溝から）汁を流れさせることができる」といっている。鄭玄は、「（玉に）よって尸を斂めるとは、大《だい》斂《れん》に際して、玉を加えることである。（原文の）渠《きょ》眉《び》とは、玉の飾りの溝状の隆起紋である。組紐により六つの玉の溝状の隆起紋の中を穴を開けて連ねて、尸を斂める。珪は（尸の）左側にあり、璋は首にあり、琥は右側にあり、璜は足にあり、璧は背にあり、琮は腹にある。（玉の配置により、祭祀の時にご神体が宿る四角い箱である）方明《ほうめい》を象徴させ、尸を神に準えているのであろう。璧と琮を貫くのは、天地を象徴している」といっている。

［七］（『礼記《らいき》』）喪大記《そうたいき》に、「君主の棺の蓋《ふた》は（継ぎ目を）漆で塗り、三個の衽《ちぎり》と三本の束を用いる」とある。鄭玄の注に、「（釘の代わりに用い、板と板を接合するもので、中央が狭く両端が広く、鼓の形をしている継ぎ具は、その形が深衣の衽に似ているので）衽《じん》（と呼ぶが、これ）は（漢代では）小腰という」とある。

三公《さんこう》は（周《しゅう》の康王《こうおう》の即位を述べる）『尚書《しょうしょ》』顧命《こめい》篇を奏上し、皇太子は（先帝の崩御した）その日に、天子の位に（先帝の）棺《ひつぎ》の前で即位する。（続いて三公は）皇太子に皇帝の位に即位し、皇后が皇太后となる（儀礼を挙行する）ことを請う。裁可がおりると、群臣はみな一度退席し、吉服に着替えて（正殿の内外）に整列し直すことは、儀注の通りである。太尉《たいい》は阼階《そかい》（東の階段）から（正殿に）升り、（先帝の）棺の前に至り、（棺の安置された）北を向いて稽首をし、策命《さくめい》を奉読する。それが終わると、伝国《でんこく》の玉璽《ぎょくじ》と綬《じゅ》を持ち、東を向き跪いて皇太子に授ける。（これにより皇太子は）皇帝に即位する。中《ちゅう》黄門《こうもん》は、一斉に武器を取（り、皇帝の即位に敬意を捧げ）る。（皇帝は漢の正統性を示す宝物である）玉具・隨侯《ずいこう》の珠・斬蛇《ざんしゃ》の宝剣を太尉に授け（臣下への信任を明らかにす）る。（皇帝即位の式次第の終了を太常《たいじょう》・大鴻臚《だいこうろ》が）群臣に告げ知らせ、（それを聞いた）群臣はみな平伏して万歳を唱える。また天下に大赦を布告する。使者を派遣して詔を下して（洛陽の）城門と宮殿の門を開き、警備していた兵を解除する。群臣と百官は正殿から退出し、（つぎに正殿に）入る時に喪服を付けることは礼の通りにする。（正殿を守る）兵官は守備を続ける〔一〕。三公・太常は礼の通りにする。

［劉昭注］

〔一〕（前漢の）文帝《ぶんてい》の遺詔には、「戦車と兵士は整列してはならない」とある。応劭《おうしょう》は、「軽車と介士を使わないことである」といっている。

（漢朝の）故事では、百官は五日に一たび（正殿の前に）会集し（棺の前で哭泣する）臨《りん》の儀礼をする。もとの郡太守《ぐんたいしゅ》と刺史《しし》、京師（の洛陽）に上っていた郡国《ぐんこく》の上計《じょうけい》の掾史《えんし》も、みな五日に一たび会集（して臨の儀礼を）する。天下の吏と民が喪に服し、臨の儀礼をする期間は三日である［一］。（ただし）葬儀の二日前は（特別に）、みな朝と夕方に臨の儀礼をする。埋葬が終われば、（天下の吏と民は）喪服を解き、婚姻や祭祀の禁令も解除される［二］。（臨の儀礼での服装は）佐史《さし》以下（の小吏）は、（粗末な）布の服を着て幘《さく》を被り、（首と腰に巻く帯の）絰帯《てつたい》は三寸（約7㎝）を超えず、正殿前の広場で臨の儀礼をする［三］。武吏は（粗末な）布の幘を被り、（武官用の）大きな冠を付ける。大司農《だいしのう》は（百官に）現金と穀物を支給し、六丈（約13.8ｍ）の布の代金に充てさせる。埋葬が終われば、大功《たいこう》の服を十五日、小功《しょうこう》の服を十四日、繊《せん》服を七日つけ（計三十六日間だけ喪に服せば）喪服を解く［四］。刺史《しし》・郡太守《ぐんたいしゅ》と国相《こくしょう》・列侯《れっこう》の任国にいる者および関内侯《かんだいこう》と（劉氏の一族である）宗室《そうしつ》の（中で県の令・長などの）長吏（となり京師に不在な者）は、（地方の統治を疎《おろそ》かにして臨の儀礼に参加できないため）早馬により（弔意を）上奏をする。また諸侯王《しょこうおう》は、大夫《たいふ》一人を派遣して（弔意を表す）上奏をする。（その書式は）「弔臣（であるわたしは弔意を奏するため）、駅馬と掲示用の札を使用します」と書き始める。この上奏は裁可される。

［劉昭注］

［一］（『漢書《かんじょ》』巻四 文帝紀《ぶんていき》に記される前漢の）文帝の遺詔《いしょう》には、「それ天下の吏と民に、（喪を伝える）令が到れば、出て臨の儀礼を三日するだけで喪を解け」とある。

［二］（『漢書』巻四 文帝紀の）文帝遺詔の文に、「（喪の最中ではあるが）酒を飲み肉を食べ（てもよく）、喪服に従事して臨の儀礼に服する者をはじめ、みな践《はだし》にならずともよい」とある。践とは、裸足のことである。

［三］（『漢書』巻四 文帝紀の）文帝の遺詔には、「宮殿の中で臨の儀礼に参加する者は、朝と夕に十五回ずつ泣き声をあげ、礼が終われば宮中から退出せよ。朝夕の臨の儀礼の時以外は、臨の儀礼で哭くことを許さないようにせよ」とある。

［四］応劭《おうしょう》は、「（原文の）紅とは、小祥《しょうしょう》・大祥《だいしょう》に、縁が紅色の襟を用いることをいう。纖《せん》は、（死去より二十七ヵ月目にあたる）禫《たん》のことである。およそ三十六日で喪服を解く」といって

いる。

木を用いて〔仮のたまよせである〕重《ちょう》を作る。高さは九尺（約2.07m）、横幅は八つの釜《ふ》鬲《れき》〔瓦器〕を掛けられる広さとする。〔重を〕葦の蓆《むしろ》により覆《おお》う。仮の門と帳《とばり》はみな竹で編んだ筵《むしろ》で作る。〔皇帝が日常に使用する〕車は添え木と覆いを取り除き、荒布を幌として粗末な車輪を付ける。〔車に従う〕走卒は、粗末な布を着て幘《さく》を被る。太僕《たいぼく》は四輪の小さな車を操り、先導役を務める。〔皇帝の車全体に〕厚絹で覆いをかける。中黄門《ちゅうこうもん》と虎賁郎《こほんろう》が、二十人ずつで厚絹を持つ。〔一方、棺を斂めた後に羨道《せんどう》を封印するため〕司《し》空《くう》は土を選び〔埋葬に備えて皇帝の生前から造営していた寿陵《じゅりょう》の羨道を〕開く。太史令《たいしれい》は〔葬送の儀礼に良き〕日を占う。謁者《えつしゃ》二人・中謁者僕射《ちゅうえつしゃぼくや》・中謁者は、将作大匠《しょうさくたいしょう》を助け、赤い布に油を塗り〔防水処置を施し〕羨道に敷きつめる。四角な石で黄腸題湊《こうちょうだいそう》〔棺の外周に黄心を持つ松柏の角材を木口を内に向けて積み重ねるものだが、石で代用した〕と便房《べんぼう》〔地上の住居における便坐、寝室の側にある居間で客を持てなす場〕を作ることは、礼の通りとする〔二〕。

〔劉昭注〕

〔一〕（衛宏《えいこう》の）『漢旧儀《かんきゅうぎ》』に前漢の諸帝の寿陵《じゅりょう》〔皇帝が即位して一年後から造営し始める墓陵〕を簡単に記載して、「天子が即位した明年、将作大匠《しょうさくたいじょう》は寿陵の造営を始める。（寿陵の）土地は七頃《けい》（約32.2㌶）とし、（柩《ひつぎ》を蔵める墓陵の中心である）方中《ほうちゅう》は土地一頃（約4.59㌶）を使い、深さ十三丈（約30m）とし、堂壇《どうだん》は高さ三丈（約6.91m）とし、墳丘《ふんきゅう》は高さ十二丈（約27.7m）とする。武帝の墳丘は高さ二十丈（約46.1m）で、明中《めいちゅう》〔墓室〕は高さ一丈七尺（約3.92m）、四周二丈（約4.6m）であった。梓棺《しかん》〔天子の遺骸が安置する梓宮〕と柏《ひのき》の黄腸題湊《こうちょうだいそう》を内に造り、その外側に百官の蔵《ぞう》〔服装品の収蔵部〕を造り終われば、外部との出入りのために四通の羨門《せんもん》を設け、大車と六馬を納めるが、みなこれを（羨道の）内方《ないほう》に蔵する。陟車石《しょうしゃせき》をはずし、外方《がいほう》を立てるが、まず劔戸《けんと》を閉じる。劔戸には夜龍《やりょう》・莫邪《ばくや》の劔・伏弩《ふくど》を（盗掘の防止用に）設け、（さらに）伏火《ふくび》を設ける。寿陵を造営し終われば、余った土地は西園の后妃たちの墓陵とする。余った土地の分配は婕妤《しょうよ》以下（后妃の身分）の順に行い、そののち親族や功臣にも賜与する」としている。『漢書音義《かんじょおんぎ》』に、「（黄腸題湊の）題とは、（木の）頭の意味である。湊とは、（木の）頭を内に向ける意味である。（積み方を）堅固にするためである。便房《べんぼう》とは、宮殿の中の便坐と同じである」とある。『皇覧《こうらん》』に、「漢の埋葬は、方中が百歩（約138.6m）で、まず掘り進めて（地下構造を作りその後）方城《ほうじょう》を造る。その中には四つの門があり、四方に通じていて、（その広さは）六頭の馬を放すに足りる。その後に、雑物・（漆細工である）扞漆《かんしつ》・（彩り鮮やかな絹である）繒綺《そうき》・金宝・米穀を合わせ入れ、さらに車馬・虎豹《こひょう》・禽獣《きんじゅう》を埋めた。（墓陵の近くには）近郡の卒徒を徴発し、将軍と尉候《いこう》を置き、後宮の中で（先帝にとくに）寵愛された者を（住まわせ）、園陵を守らせた。（ただ）元帝《げんてい》の埋葬では、車馬・禽獣《きんじゅう》などを用いることはなかった」とある。

（大喪《たいそう》の儀礼は）大駕《たいが》（という鹵簿の形式で行うが、それ）では、太僕《たいぼく》が御者となる。（邪気を祓う）方相氏《ほうそうし》は、黄金色の四つの目（を持つ仮面をつけ）、熊の皮を被り、（その下は）黒い衣に朱色の裳《もすそ》を着け、戈《ほこ》を持ち楯《たて》を揚げて、四頭の馬（が引く馬車）に立ち乗りして、（行列の）先駆けとなる［一］。（先頭の方相氏に続く旗である）旂《き》は、長さ三仞《じん》（約4.73m）、（旗の身幅に垂れる）はたあしは十二本で、（旗の先は）地につき、日月・升龍《しょうりゅう》を描く。（柩の前に掲げる旗である）旐《ちょう》には「天子の柩《ひつぎ》」と書く。謁者《えつしゃ》の二人は、六頭の馬（が引く馬車）に立ち乗りして、これに続く。大駕は（郊祀の吉礼である）甘泉鹵簿《かんせんろぼ》の儀注により構成して（金根車のように黄金で飾りつけた衣服を載せる容車である）金根《きんこん》容車《ようしゃ》を中心に据える。蘭台《らんだい》（令史《れいし》が車騎を督護する）法駕《ほうが》は（凶礼である）喪服として、（先帝の遺体を安置する）大行載車《たいこうさいしゃ》も（容車と同様）金根車のように飾りつける。皇帝が葬送の儀礼に（吉凶鹵簿の後に）続くことは、礼の通りとする。太常《たいじょう》は（出棺に先立ち、殯《もがり》を開き柩を現す儀礼の）啓奠《けいてん》をすることを上奏する。夜漏《やろう》の二十刻、太尉《たいい》は長冠《ちょうかん》を被り、喪服を着て、（立ったまま乗る車である）高車《こうしゃ》に乗って正殿に詣《いた》り、車を（正殿の）門外に止める。（皇帝が派遣した）使者が到り、南を向いて立つと、太尉は進み伏して詔《みことのり》を拝受する。（詔を受けた）太尉は南郊《なんこう》（の祭天の場所）に至る。（夜漏の）まだ尽きない九刻、大鴻臚《だいこうろ》は（南郊に王・侯・公・卿・二千石・六百石・郎・吏・匈奴の侍子よりなる）九賓《きゅうひん》の席次を設け、群臣は定められた位置に就き、太尉は（礼に定められた儀礼を行う。執事はみな長冠を被り、喪服を着る。太祝令《たいしゅくれい》は跪《ひざまず》き（先帝の諡《おくりな》とその経緯が記された）謚策《しさく》を読みあげ、太尉は再拝して稽首《けいしゅ》する。治礼《ちれい》は、儀礼の終了をみなに知らせる。太尉は謚策を持ち、（南郊より）帰って宮殿の正門に至る。太常は（出棺に先立ち奠物《てんぶつ》をする儀礼の）祖奠《そてん》をすることを上奏し、中黄門《ちゅうこうもん》・尚衣《しょうい》は（先帝の）衣服を携えて金容根車に乗る。東園の武士は（柩を載せた）大行載車に乗り、司徒《しと》は後ずさりしながら（皇帝を）導き、（大行載）車の前に立たせる。治礼は太尉（の手）を引いて（儀礼の場に）入り、（定められた）位置に就かせるが、（それは）大行載車の西側の（車から）やや南である。（太尉は）東側を向いて諡策を持ち、太史令《たいしれい》は（先帝の生前における治績を讃える文言を書いた札である）哀策《あいさく》を持ち、（太尉の）後ろに立つ。太常は跪いて「進まれますように」と言い、（これを聞いた）皇帝は前に進む。太尉は諡策を読み、（これを策書などの秘書を納める金属製の箱である）金匱《きんき》に収める。（諡策・哀策の副本である）皇帝次科《こうていじか》は廟に収める。太史令は哀策と（それを入れる葦で作った箱である）葦篋《いきょう》を携えて陵墓に赴く。太尉は右回りに三公の就くべき位置に戻り、再拝してから身を起こす。太常は跪いて、「泣かれますように」と言い、大鴻臚は（参列者にも）泣くように伝え、十五たび泣き声を挙げたのち、泣くことを止める。太常が（出棺の際に、奠物をする儀礼の）遣奠《けんてん》をすることは礼の通りとする。「泣かれますように」と命じて（また）「（泣くことを）お止めください」と命じることも、礼の通りとする。

［劉昭注］

［一］『周礼《しゅらい》』（夏官 方相氏）に、「方相氏は、大喪（の儀礼の際）には柩より先にいき、行列の先頭となる。墓陵に至ると塚の穴に入って、戈《ほこ》を振るい四隅を撃ち、魍魎《もうりょう》などの（邪気を）駆

り立てる」とある。鄭玄《じょうげん》（『周礼』夏官 方相氏の注で）は、「方相とは、放想という意味であり、畏れ怖がられる容貌をしていなければならない。（原文の）壙《こう》は、地面の中に穴を開けたところである。方良《ほうりょう》は、魍魎のことである。天子の椁《かく》は、柏で出来ており、黄腸題湊《こうちょうだいそう》を裏に、表は石により作られている。『国語《こくご》』に、「木石の怪とは夔《き》と魍魎のことである」とある」といっている。

（朝一番である）昼漏上水《ちゅうろうじょうすい》（の時刻に）、（送喪の車駕行列を）発進させることをお願いする。司徒《しと》と河南尹《かなんいん》は、まず（大行載《たいこうさい》）車《しゃ》を引いて（車の方向を）転じ、太常《たいじょう》は跪《ひざまず》いて、「（先帝を）見送られんことを」と申し上げる。大行載車は、白糸を互いにないあわせた紼《ひきづな》をつけるが、（その）長さは三十丈（約69.1ｍ）で、太さは七寸（約16.1㎝）であった。綱を引く列は六列あり、列ごとに五十人ずつである。高官の子供たちおよそ三百人は、みな赤い幘を被り委貌冠《いぼうかん》〔前が高く広く、後方が低く狭まった冠〕を付け、白い裳《もすそ》を着（て、ひきづなを引く役をす）る。校尉《こうい》の三人は、みな赤い幘を被り冠を付けない。赤い縁取りの単衣《ひとえ》を着て、（棒に房を付けた旗である）幢幡《とうはん》を持つ。候司馬《こうしば》の丞《じょう》は、先頭とな（ってひきづなを引く役をす）るが、みな枚《ばい》を含む。羽林軍に入った戦没者の孤児と巴兪《はゆ》地方から抜擢された歌手の六十人は、六列となる。鐸司馬《たくしば》の八人は、鐸《おおすず》を持って先頭を行く。大鴻臚《だいこうろ》は九賓《きゅうひん》の席次を設け、陵墓の南側にある羨門《せんもん》への道の東側に（席を）設けるが、（その席次は）北側を向いている。諸侯王《しょこうおう》・三公《さんこう》・特進《とくしん》は道の西側に位置して、北側を向き東を上座とする。中二千石《ちゅうにせんせき》・二千石《にせんせき》・列侯《れっこう》は、九賓に向かって東側に位置して、北側を向き西を上座とする。皇帝には表も裏も白い布で作られた幕を巡らし、羨道《せんどう》を挟んで東側に位置し、西側を向くことは礼の通りとする。（先帝の衣服を収めた）金根容車《きんこんようしゃ》と（垂れ絹で囲まれた座席の）幄坐《あくざ》は、羨道の西側に位置して、南側を向く。大行載車は、幄坐の設置場所まで来ると、南側を向いて停車する。中黄門《ちゅうこうもん》と尚衣《しょうい》は、先帝の衣服を携えて幄坐に安置する。大行載車は、（大行載車に遮られて金根容車と幄坐の姿が隠れないよう）少し前進する。太祝《たいしゅく》が供え物のお酒を進めることは、礼の通りとする。司徒《しと》は跪いて、「（陵墓に到着しましたので）大駕の車馬行列を解かせてください」と（先帝に）お願いする。太史令《たいしれい》は、大行載車の南側から北（にある先帝の柩の方角）を向き、哀策《あいさく》を読む。掌故《しょうこ》〔太常の属官で、礼楽の故実を掌る〕は、その後ろで、悲しみの泣き声をあげる。太常は跪いて、「泣かれますように」と（皇帝に）申し上げる。司徒は跪いて、大鴻臚が（参列者全員に）泣くようにと伝えることは礼の通りとする。

「（大行載車の下に設けた）定位に就かれますように」と（先帝に）お願いする。東園《とうえん》の武士は、（先帝の柩を）担いで大行載車より降りる。司徒は跪いて、「（陵墓の中に設けた）玄室に就かれますように」と（先帝に）お願いする。東園の武士に導かれ、大行載車を奉じて玄室に入る。司徒と太史令は、謚哀策《しあいさく》を携えてこれに同行する［一］。

［劉昭注］

［一］西晉《せいしん》の時、ある人が嵩高《すうこう》山の下で一枚の竹簡《ちくかん》を手に入れた。竹簡の上には二行の文が書かれていたが、（その文は）科斗《かと》文字〔難解な古代文字〕により書かれていた。役所の内外に伝えて示したが、知る者がなかった。そこで司空《しくう》の張華《ちょうか》は、これを博士の束晳《そくせき》に聞いた。束晳は、「これは後漢の明帝《めいてい》の顕節陵《けんせつりょう》の中から発掘された策でしょう」と答えた。調べてみると、果たしてそうであった。この話から、策が科斗文字で書かれていたことが分かる。

東園《とうえん》の武士と執事は、（陵墓内に死者に供える器である）明器《めいき》を降ろす［二］。（糧を盛る容器である）筲《しょう》は、八籠あり、容量は三升（約0.6《リットル》）である［三］。（その内訳は）黍《きび》一・稷《あわ》一・麦《むぎ》一・粱《おおあわ》一・稲《いね》一・麻《あさ》一・菽《だいず》一・小豆《あずき》一（の合わせて八盛）である。（瓦できた）甕《かめ》は三つあり、容量は三升である。（その内訳は）醯《すざけ》一・醢《しおから》一・（しょうがや肉桂の）屑《くず》一（の合わせて三つ）である[三]。黍飴《きびあめ》もある。（これらのものは木製の机である）木桁《きげた》の上に載せ、疏布《あらぬの》で覆う。（酒を入れる小さい瓶である）甒《ぶ》は二つあり、容量は三升である。（その内訳は）醴《あまざけ》一・酒一（の二つ）である。（これらのものは木製の机である）木桁《ぼくこう》の上に載せ、（送喪の時に、先頭にたてる布である）功布《こうふ》で覆う。（素焼きの）瓦の鐙《あぶみ》は一揃い、（赤く塗った）彤矢《とうし》は四本で、その前後の軽重は同じであり、また矢柄を短くしてある[四]。（さらに別の）彤矢も四本で、骨の鏃《やじり》をつけて矢柄を短くする。（赤く塗った）彤弓《とうきゅう》は一張である。（大きな杯である）卮《し》は八つであり、（黍・稷を盛る器である）牟《ぼう》は八つであり[五]、（木製の高坏《たかつき》である）豆《とう》は八つであり、（竹を編んで作った高坏である）籩《へん》は八つであり、四角い酒壺は八つである。（手を洗う盥《たらい》である）槃匜《はんい》は一揃い[六]。杖と几はそれぞれ一つずつ。蓋《かさ》は一本。鍾《しょう》は十六個あるが、（それらを懸ける縦のつり木である）虡《きょ》はない。（平底の鐘である）鎛《はく》は四個あるが、虡はない[七]。磬《けい》は十六個あるが、虡はない[八]。壎《つちぶえ》は一つであり、（小さな管を横に並べた笛である）簫《しょう》は四つであり、（長短の管を瓢箪にはめた笛である）笙《しょう》は一つであり、篪《よこぶえ》は一つであり、（木箱に棒を入れ、それを動かして音を出す楽器である）柷《しゅく》は一つであり、（木製の虎のぎざぎざにした背をこすって音を出す楽器である）敔《ぎょ》は一つであり、瑟《おおごと》は六つであり、琴《こと》は一つであり、竽《う》は一つであり、（右手で竹尺を持って撃つ琴に似た弦楽器である）筑《ちく》は一つであり、坎侯《くだらごと》は一つである[九]。干《たて》と戈《ほこ》はそれぞれ一つずつであり、笮《えびら》は一つであり、甲《よろい》は一つであり、冑《かぶと》は一つである[一〇]。輓車《ひきぐるま》は九台あり、（それを引く草で作った人と馬である）芻霊《すうれい》は三十六体である[一一]。素焼きの竈《かまど》は二つであり、素焼きの釜《かま》は二つであり、素焼きの甑《こしき》は一つである。素焼きの鼎《かなえ》は十二個であり、容量は五升（約1リットル）である。（瓠《ひさご》で作った酒を酌む器である）匏勺《ほうしゃく》は一個であり、容量は一升（約0.2リットル）である。素焼きの案《ぜん》は九卓である。素焼きの大杯は十六個であり、容量は三升である。素焼きの小杯は二十個であり、容量は二升（約0.4リットル）である。素焼きの飯槃《めしわん》は十個である。素焼きの酒樽は二個であり、容量は五升である。匏勺は二個であり、容量は一升である。

［劉昭注］

［一］『礼記《らいき》』（檀弓下）に、「明器（と名付けるのは）、死者を神明と（して生者と区別）するためである。孔子は、「明器を作った者は喪の道理を理解している。器物は完全に備えたが（死者なので）用いられない（悲しいことだ）」と言った」とある。鄭玄《じょうげん》は『儀礼《ぎらい》』既夕礼《きせきれい》に注を

つけて、「明器を並べる際には、西よりに並べた（明器）の南の端を上にする」といっている。

［二］鄭玄は『儀礼』既夕礼に注をつけて、「筲《しょう》は、（竹籠に縄をつけた）畚《ほん》のようなものである。その容量は簋《き》と同じであろう」といっている。

［三］鄭玄は『儀礼』既夕礼に注をつけて、「屑《しょう》は、薑《しょうが》と桂《かつら》の屑である」といっている。

［四］（『儀礼』）既夕礼に、「（矢は物を狙って射る）矢が一乗（四本）で、（その）鏃《やじり》は（通常の金属製とは異なり）骨を用い、（矢を）衛るため（の羽の長さは）短くする」とある。鄭玄は（注をつけて）、「鍭《こう》とは候《うかが》うことである。物を候って射るのが矢である。四本の矢のことを乗という。（通常の金属製とは異なり）骨の鏃をつけて衛るため（羽の長さは）短くする。用いないことを示すのである。生時の鍭矢《こうし》は金属の鏃で、矢をつくる時には、笴《やがら》の長さを五分してその一（の部分）を羽とする」といっている。（服虔の）『通俗文《つうぞくぶん》』に、「細毛とは、鍭のことである」といっている。

［五］鄭玄は『儀礼』既夕礼に注をつけて、「牟《ほう》とは、湯や漿《しるもの》を盛る容器である」といっている。

［六］鄭玄は『儀礼』既夕礼に注をつけて、「槃匜《はんい》とは、（手を洗う）盥《たらい》である」といっている。

［七］『爾雅《じが》』（釋楽）に、「大きな鍾《しょう》、これを鏞《よう》という」とある。郭璞《かくはく》は注をつけて、「『尚書』（皐陶謨篇）に、「笙《ふえ》と鏞《おおがね》を間に入れて（演奏すれば、鳥獣までも舞い動いた）」とある。また鎛《はく》

とも呼ばれる」といっている。

［八］『礼記』（檀弓篇上）に、「鍾磬《しょうけい》はあっても（それをつるす）簨《しゅん》や虡《きょ》はない」とある。鄭玄は、「（祭器で実用性を求めないから）これを懸けないのである」といっている。

［九］『礼記』（檀弓篇上）に、「琴瑟《きんしつ》は（弦を）張っているけれども調子が合わず、竽笙《うしょう》は揃ってはいるけれども音階が整わない」とある。

［一〇］（『儀礼』）既夕礼では、（甲《こう》・冑《ちゅう》・干《かん》・笮《さく》）を役器《えきき》と呼んでいる。鄭玄は、「笮とは、（矢を盛る道具で）矢箙《えびら》である」といっている。

［一一］鄭玄は『礼記』（檀弓）に注をつけて、「芻霊《すうれい》とは、草を束ねて人や馬を作った物で、これを芻霊というのは、そこに神性を見るからである」といっている。

（先帝が）祭祀の際に着用していた衣服を墓室内に運び込む儀礼〔である祭服衣送《さいふくいそう》は礼儀志では省略されている〕がすべて終了すると、東園匠《とうえんしょう》は、「泣くように」と言う。便《べん》房《ぼう》の中にいた者は、みな泣き声をあげる。太常《たいじょう》と大鴻臚《だいこうろ》が、泣き声を止めるようにいうことは礼の通りとする。司徒《しと》は、「（明器などの副葬品を運び込むなど）百官の仕事は終わりました。臣《わたくし》は退出することを（お許しいただきますよう先帝に）お願いいたします」と言う。（司徒に）従って便房に入っていた者もみな再拝して退出し、所定の位置に就く。太常は皇帝を先導して（先帝に手向《たむ》けの品を贈る儀礼をする場所である）贈位《ぞうい》に就かせる。司徒は跪いて、「（先帝に手向けの品である）贈を進呈させていただくようお願いいたします」、と言う。侍中は（贈を墓室である）鴻洞《こうどう》に奉げ持つ。玉珪《ぎょくけい》の長さ尺四寸（約32.3cm）であるものを贈るが、お供えをするには紫色の布を添え、（その布は）長さと広さは、それぞれ三寸（約6.9cm）で、赤い絹で裏うちされた赤い縁取りがある。（また）幣《へい》を贈るが、（これは）黒のものが三枚、うす赤色のものが二枚で、それぞれ長さ尺二寸（約27.6cm）、広さは幅（二尺二寸、約50.7cm）である。皇帝は進んで跪き、羨道《せんどう》の房《ぼう》戸《こ》に臨んで、西を向き、手ずから贈を手向けるが、鴻洞の中に（贈を）納める所作を三回する。東園匠は（副葬品のリストを）封緘《ふうかん》した文書を携え、入って便房の中に蔵める。太常は跪いて、「皇帝は慎んで再拝され、泣かれますように」と言う。大鴻臚が（参列者全員にお供で）泣くように、と伝えることは礼の通りとする。太常は跪いて、「贈の儀礼は終わりました。皇帝は速やかに元の位置に戻られますように」と言う[二]。（陵墓内での儀礼が終わると）金根容車《きんこんようしゃ》は（再び先帝の衣服である）容衣《ようい》を載せる。司徒は便殿《べんでん》に至り、（金根容車に就き従う騎兵である）輦騎《ちき》は、みな金根容車の玉で作った帳《とばり》の下に従う。司徒は跪いて、「（先帝には帳の中の坐である）幄坐に就かれますように」と言う。（司徒は、先帝の神《しん》が乗られた金根容車を）導き（墓陵の上にある便殿まで）登る。尚衣《しょうい》は（先帝の憑《よ》られた）衣服を携え、そのほか順に（先帝の）日常生活品や衣物を奉じ、便殿に蔵める。太祝は醴《あまざけ》を便殿の几《だい》に献ずる。水時計が十の目盛りを刻む（およそ二時間半の）間に、これらの儀礼を終わる。司空《しくう》は、配下を率い土を被せて羨道を封鎖する。

［劉昭注］

［一］『続漢書《しょくかんじょ》』に、「明帝《めいてい》が崩御すると、司徒《しと》の鮑昱《ほういく》は（明帝の）送喪の儀礼を掌った。埋葬の日、三公が（玄室に）入って棺を安置し終わり、（地上に）戻ろうとして羨道《せんどう》の半ばに至ると、章帝《しょうてい》と出会い、帝は（明帝の遺骸に直接告別するため羨道を）下ろうとした。鮑昱は前《すす》み出て叩頭して、「礼では、天子は鴻洞《こうどう》において（告別のための）贈の儀礼をすることになっております、（それはこののち先帝を祀る）郊廟《こうびょう》（での祭祀）を重視するためでございます。陛下はなぜ危険を犯し（羨道を下られ）、（礼の）義に基づき悲しみを分けないのでしょうか」と言った。章帝は（鮑昱の言に従い）戻られた」とある。

皇帝・皇后より以下（送喪儀礼に参加した者は）みな（先帝の柩を陵墓に埋葬するまで着ていた粗末な衣服である）麤服《そふく》を脱ぎ、（小祥まで着ける喪服である）大紅《たいこう》に着替えて、洛陽宮に帰る。帰ってから（死者を安んじるため供食を主とする）虞祭《ぐさい》をするが、（先帝の位牌である）木主《ぼくしゅ》を立てることは、礼の通りとする。桑の木で作られた木主は、一尺二寸（約27.6㎝）であり、（虞祭の場合は虞主であるため）諡《おくりな》を書かない。虞祭が終わると、宗廟で（虞祭の翌日に死者の昭穆の順序に合わせて、宗廟に虞主を祀る儀礼である）祔祭《ふさい》を行うことは、礼の通りとする［一］。

［劉昭注］

［一］（衛宏《えいこう》の）『漢旧儀《かんきゅうぎ》』に、「前漢の高祖《こうそ》劉邦《りゅうほう》が崩じると三日目に、室内の窓の下で（衣衾を改め加える儀礼である）小斂《しょうれん》を行った。（その際）栗の木で木主を作ったが、長さは八寸（約18.4㎝）で、（形状は）前方後円、（円部の）周囲は一尺（約23㎝）で、窓の内側に置き、（正面を）外側に向けた。内には真綿を張ることにより外と隔て、白木の太さが指ぐらいのもので、長さが三尺（約69.1㎝）のもの四枚を用い、白木の皮の四角い物をまとわせ、窓の内側に置き、木主はその中央においた。七日目に（死者を）棺に（納める儀礼である）大斂《だいれん》をし、黍《きび》の飯と

羊の舌を供えてこれを窓の中に祀った。埋葬が終わると、木主を収めるために木の函《はこ》を作り、宗廟の太室《たいしつ》中の西壁の穴の中に納め、内を望ませ、外に出す時も室堂《しつどう》の上から出さないようにする。その坐には、五時の衣冠《いかん》・履《くつ》・几《つくえ》・杖《つえ》・竹籠《たけかご》を作る。（さらに）人形の頭の無いものを作るが、（その人形が）座ったり起きたりすることは生きている時のようにする。皇后の木主は、長さが七寸（約16.1㎝）、周囲は九寸（約20.7㎝）であり、皇帝の木主の右脇に置く。高祖劉邦の木主は、長さが九寸である。上林苑《じょうりんえん》で取れた栗の木を支給し、長安の祠廟《しびょう》は神主《しんしゅ》を作り、東園《とうえん》の秘器は梓棺《しかん》を作る。（梓棺は）素木を用い長さは丈三尺（約3ｍ）で、高さと横幅はそれぞれ四尺（約92.2㎝）であった」とある。

これよりさき、大駕《たいが》の日に（先帝の着用していた）衣冠は、（憑り移った先帝の神と共に）多くの宮殿を巡行する。群臣は、みな吉服を着て（この遊衣冠の儀礼）に集まることは、故事の通りとする。皇帝の近臣が喪服を着ることは、礼の通りとする。（小祥《しょうしょう》まで十五日間着る喪服である）大紅《だいこう》を解くと、（大祥《だいしょう》まで十四日間着る喪服である）小紅《しょうこう》を着るが、十一升《しょう》（の布を用い）、麻の単衣を着て、（練絹の冠である）練冠《れんかん》をつける。小紅を解くと、（七日間着る）纖《せん》を着る。纖を解くと、（緑に近い黄色に染めた）留黄《りゅうおう》を着るが、冠は通常の冠を被る。近臣と二千石以下の者は、みな留黄色の冠を被る。百官の衣裳は黒である。喪服を変えるごとに、（先帝を追憶して）泣き声をあげるため、墓陵を訪れて集まることは礼の通りとする。（その際、先帝を）祀るには特牲を捧げ、毛血と首は進献しない。司徒《しと》と光禄勲《こうろくくん》が、三爵を供えることは礼の通りとする［一］。

［劉昭注］

［一］（伏完《ふくかん》の）『古今注』は詳しく（後漢の）皇帝陵の高さと広さを記載する。そこで今これを後に附しておく。光武帝《こうぶてい》の原陵《げんりょう》は、墳丘は周囲三百二十三歩（約447ｍ）の大きさがあり、高さは六丈六尺（約15.2ｍ）である。（墓域を示すための垣根である）垣《えん》は（外門である）司馬門《しばもん》より四方に出られる。（墓陵に作られた）寝殿《しんでん》と（大鐘を懸ける建物の）鍾虡《しょうきょ》は、みな周垣の内側にある。（土を積んで封境を明らかにした陵墓のための田である）隄封田《ていほうでん》（の広さ）は十二頃五十七畝八十五歩（約57.7ヘクタール）である。（皇甫謐《こうほひつ》の）『帝王世記《ていおうせいき》』に、「（光武帝の原陵は）臨平亭《りんへいてい》の南にあり、西方に平陰《へいいん》県を望み、東南に行き洛陽《らくよう》から離れること十五里（約6.22㎞）である」という。明帝の顕節陵《けんせつ》は、墳丘は周囲三百歩（約414ｍ）の大きさがあり、高さは八丈（約18.4ｍ）である。周垣はなく、（その代わりに墓域を示すための駒よけである）行馬《こうば》を作り、司馬

門より四方に出られる。石殿《せきでん》と鍾虡は行馬の内にある。寝殿と園省《えんしょう》は（墓域の）東側にある。園寺《えんじ》の吏舎《りしゃ》は寝殿の北側にある。隄封田は七十四頃五畝（約342ヘクタール）である。『帝王世記』に、「（明帝の顕節陵は）もとの富寿亭であり、西北に行き洛陽から三十七里（約15.3km）のところにある」という。章帝の敬《けい》陵は、墳丘は周囲三百歩（約414m）の大きさがあり、高さは六丈二尺（約14.3m）である。周垣はなく、行馬を作り、司馬門より四方に出られる。石殿と鍾虡は行馬の内にある。寝殿と園省は東側にある。園寺の吏舎は寝殿の北側にある。隄封田は二十五頃五十五畝（約117ヘクタール）である。『帝王世記』に、「（章帝の敬陵は）洛陽の東南にあり、洛陽から離れること三十九里（約16.1km）である」という。和帝の慎《しん》陵は、墳丘は周囲三百八十歩（約524m）の大きさがあり、高さは十丈（約23m）である。周垣はなく、行馬を作り、司馬門より四方に出られる。石殿と鍾虡は行馬の内にある。寝殿と園省は東側にある。園寺の吏舎は寝殿の北側にある。隄封田は三十一頃二十畝二百歩（約143ヘクタール）である。『帝王世記』に、「（和帝の慎陵は）洛陽の東南にあり、洛陽を離れること四十一里（約17km）である」という。殤《しょう》帝の康《こう》陵は、墳丘は周囲二百八歩（約287m）の大きさがあり、高さは五丈五尺（約12.7m）である。行馬があり、司馬門より四方に出られる。寝殿と鍾虡は行馬の内にある。寝殿により廟を造る。園吏の寺舎は寝殿の北側にある。隄封田は十三頃十九畝二百五十歩（約60.6ヘクタール）

である。『帝王世記』に、「（殤帝の康陵は）高さは五丈四尺（約12.4ｍ）である。洛陽から離れること四十八里（約19.9㎞）のところにある」という。安《あん》帝の恭《きょう》陵は、墳丘は周囲二百六十歩（約359ｍ）の大きさがあり、高さは十五丈（約34.6ｍ）である。周垣はなく、行馬を作り、司馬門より四方に出られる。石殿と鍾虡は行馬の内にある。寝殿があり、園吏の舎は寝殿の北側にある。隄封田は十四頃五十六畝（約66.8ヘクタール）である。『帝王世記』に、「（安帝の恭陵は）高さは十一丈（約25.3ｍ）である。洛陽の西北にあり、洛陽から離れること十五里（約6.22㎞）である」という。順《じゅん》帝の憲《けん》陵は、墳丘は周囲三百歩（約414ｍ）の大きさがあり、高さは八丈四尺（約19.4ｍ）である。周垣はなく、行馬を作り、司馬門より四方に出られる。石殿と鍾虡は司馬門にある。寝殿があり、園省寺の吏舎は寝殿の東側にある。隄封田は十八頃十九畝三十歩（約83.5ヘクタール）である。『帝王世記』に、「（順帝の憲陵は）洛陽の西北にあり、洛陽から離れること十五里（約6.22㎞）である」とある。沖《ちゅう》帝の懐《かい》陵は、墳丘は周囲百八十三歩（約252ｍ）の大きさがあり、高さは四丈六尺（約10.6ｍ）である。寝殿と行馬を作り、門より四方に出られる。園寺の吏舎は寝殿の東側にある。隄封田は五頃八十畝（約26.6ヘクタール）である。『帝王世記』に、「（沖帝の懐陵は）洛陽の西北にあり、洛陽から離れること十五里（約6.22㎞）である」とある。質《しっ》帝の静《せい》陵は、墳丘は周囲百三十六歩（約188ｍ）の大きさがあり、高さは五丈五尺（約12.7ｍ）

である。行馬を作り、司馬門より四方に出られる。寝殿と鍾虡は行馬の内にあり、園寺の吏舎は寝殿の北にある。隄封田は十二頃五十四畝（約57.6ヘクタール）である。寝殿によって廟を造る。『帝王世記』に、「（質帝の静陵は）洛陽の東にあり、洛陽から離れること三十二里（約13.2km）である」という。桓《かん》帝の宣《せん》陵は、『帝王世記』に、「墳丘は周囲三百歩（約414m）の大きさがあり、高さは十二丈（約27.6m）である。洛陽の東南にあり、洛陽を去ること三十里（約12.4km）である」という。霊《れい》帝の文《ぶん》陵は、『帝王世記』に、「墳丘は周囲三百歩（約414m）の大きさがあり、高さは十二丈（約27.6m）である。洛陽の西北にあり、洛陽から離れること二十里（約8.29km）である」という。献《けん》帝の禅《ぜん》陵は、『帝王世記』に、「墳丘を作らず、（墓室の）深さは五丈（約11.5m）である、前堂《ぜんどう》は周囲一丈八尺（約4.15m）の大きさがあり、後堂《こうどう》は周囲一丈五尺（約3.46m）、周囲の大きさは六尺（約1.38m）である。河内《かだい》郡山陽《さんよう》県の濁城の西北にあり、濁城から離れること直線距離で十一里（約4.56km）、斜行して七里（約2.9km）であり、懐陵から離れること百十里（約46km）であり、山陽県から離れること五十里（約20.7km）であり、南方の洛陽から離れること三百一十里（約129km）である」という。

蔡質《さいしつ》の『漢儀《かんぎ》』に、「（漢の）十二陵は、河南尹《かなんいん》に祭祀（を代行）させるが、（皇帝と血縁関係のない河南尹が）敬することはない」とある。曹魏《そうぎ》の文帝曹丕《ぶんていそうひ》の終制《しゅうせい》には、おおよそ、「前漢文帝の覇陵《はりょう》が盗掘されなかったのは、（覇陵に盗賊の）求めるものがないからである。光武帝の原陵が盗掘されたのは、（原陵が宝を隠そうと）土盛りと植樹をしたからである。覇陵が全うされたのは、（薄葬を主張した）張釈之《ちょうせきし》の功績である。原陵が盗掘を受けた罪は、（原陵に厚葬した）明帝にある。これは張釈之の忠が主君に利を与え、明帝の愛が親に害を与えたと言えよう。忠臣・孝子は、よろしく張釈之の（薄葬を尊重した）言葉を思い、明帝の（失敗を）戒めとして賢察し、君を安んじ親を落ち着かせ、（君や親の）魂霊が万年の後まで危険に晒されないようにすべきである。それこそが賢人聖者の忠孝である。古より今に至るまで、滅亡しなかった国家はなく、盗掘されなかった墓はない。（黄巾の）騒乱以来、漢の諸陵で盗掘されないものはなく、（遺骸にまとう）玉柙《ぎょくこう》と金縷《きんる》を焼き取るため、遺骸も一緒に燃やされるに至った。こうして焚かれるのは、まるで火あぶりの刑罰と同じである。どうして哀痛せずにはおられようか。（これらの）禍（の原因）は、厚葬と土盛り植樹にある。「桑弘羊《そうこうよう》と霍禹《かくう》（の奢侈）は、わたしの戒めである」という（張臨《ちょうりん》の言葉は）、なんという明察であろう」といっている。

臣《わたくし》劉昭が考察しますに、董卓《とうたく》伝に、「董卓は呂布《りょふ》を使って諸々の皇帝陵と公卿以下の官僚の陵墓を盗掘させ、その珍宝を手に入れた」とあります。また『卓別伝《たくべつでん》』に、「成帝《せい》の陵墓を盗掘し、（遺骸の）金縷玉衣《きんるぎょくい》を剝がし、（遺骸が口に）含んでいた玉を探した」とあります。『呂氏春秋《りょししゅんじゅう》』（巻十 節喪《せっそう》・安死《あんし》）には、「明確に生を知ることは、聖人が肝要としたものである。明確に死を知ることは、聖人の至極としたものである。生を知るとは、他の物により生を害されないことである。死を知るとは、他の物により死を害されないことである。そもそも天地の間に生まれた者には、必ず死が訪れる。親孝行な子でその親を重んじる者、（あるいは）親でその子を愛する者は、（親や子を亡くした時に、その遺体を）道端の溝に棄てることができようはずもない。それゆえにこそ葬送の義がある。葬とは、蔵《おさ》めることである。生者の心情により、死者のことを考えれば、（その遺体を盗掘などにより）動かされないのが一番であり、動かされないためには（その墓を盗掘しても）利益がないのが一番である。埋葬が浅ければ狐や狸がこれを掘り出し、深ければ地下水にまで及ぶ。それゆえ（埋葬は）必ず高陵の上にして、（狐狸と地下水という）二つの害を避ける。それなのに（盗掘という）悪党からの災難を忘れているのは、思慮の浅いことではなかろうか。民が利に対する時には、（命がけで）白刃をものともせず、危険や困難を乗り越えて利を求め、（あるいは）親戚（に対する恥や裏切り）を忍び、朋友を欺いてまで、利を求めるものである。今（盗掘という）命の危険もなく、親戚・朋友に醜態も演じずに、しかも利益が甚だ厚い方法があれば、当然（盗掘を）禁止できるはずもない。国はいよいよ大きくなるほど、家はいよいよ富むほど、葬り方はますます厚くなり、珠玉・金銅（などの高価な副葬品）は、計り知れない額になる。悪人が豪華な埋葬を聞けば、次々と仲間に伝え、厳しい刑や重い罪があるからといって、止めることはできない。くわえて死者は時が経てば経つほど（地下で暮らすことが）永くなり、生者は時が経てば経つほど（死者への思いが）薄くなり、思いが薄くなれば死者の陵墓を守ることを怠らせる。（それにも拘らず、豪華な）埋蔵品は元のままであるから（それを）守ることを怠れば、必ず盗掘を受ける。君主が陵墓を造る場合、高いことは山陵のようであり、植えた木は林のようである。あるいは立派な庭園や都市を設ける。これにより（生者が）富を誇示するのであればよいが、これにより死者を弔うつもりならば勘違いも甚だしい。死者は（永遠の存在であるため）、万年という時をみることも一瞬のようなものである。（それに対して）人の寿命は、長い者でも百を越えず、普通の者は六十歳である。（たかだか）百や六十の者の立場で、無窮な者のことを考えても、その思いは分かるはずもない。常に無窮（な存在である死者）の立場にたって考えてこそ、適切な対応を取ることができる。いま銘文がその墓に刻まれ、「この中には金や宝が山ほどありますが、掘ってはいけません」と書いてあれば、必ず世の笑いものとなろう。それなのに（厚葬がなされていることを、立派な）庭園を造ることにより自ら表していては、どこがかの銘文と異なるのだろうか。古より今に至るまで、滅びなかった国はない。滅びなかった国がなければ、盗掘されていない墓も無いはずである。見聞したところだけでも、斉《せい》・楚《そ》・燕《えん》は以前に滅び、宋《そう》・中山《ちゅうざん》はとうに滅び、趙《ちょう》・韓《かん》・魏《ぎ》は共に元の（晉）国を消滅させた。これらの国より前となれば、滅んだ国は数えきれない。したがって、大きな墓で盗掘されていないものはないのである。それなのになお、争って厚葬をするのは、悲しいことではないか。いま君主に従わない民、父に親不孝をする息子、兄に従わない弟（といった）、みな郷里がやっかいものとする者達は、農耕の労をも嫌う者達である。進んで農耕に従事しないくせに、美しい着物や贅沢な食事の楽しみは求める。悪知恵をめぐらし、徒党を組んで仲間を集め、そして名だたる陵墓や大墓を（盗掘しようと）謀りごとを巡らすのである。おかみがこれを禁ぜられないのは、厚葬が自ら招いたものだからである。むかし堯《ぎょう》は穀林《こくりん》に葬られたが、（そこには前と）同じように樹木を植えた。舜《しゅん》は紀市《きし》に葬られたが、（そこにある）店を他へ移さなかった。禹《う》は会稽《かいけい》に葬られたが、住民を徙民させなかった。（かれら三天子が質素に埋葬されたのは）その費用を惜しんだのではなく、（葬る者たちが）死者の立場から配慮したためである。先王が憎んだのは、死者が辱めを受けることである。質素（な墓）であれば盗掘されない。盗掘されなければ辱められない。だから必ず質素にして山や原に（墓を）同化させる。宋は滅んでいないうちに（文公を葬った）東冢《とうちょう》を盗掘され、斉は滅んでいないうちに荘公《そうこう》の冢を盗掘された。国が安泰でありながらもこのような有様なのに、まして国が滅びればなおさらである。そもそも（死者への）愛が厚葬の理由であった。（しかし厚葬は盗掘を招くので）愛情を表現しようと思い、かえって死者を害している。（死者を）安んじようと思い、かえって死者を危うくしている。忠臣や孝子は、これをよく考えて、厚葬してはいけない。むかし季孫子《きそんし》が（宝玉である）璵璠《よはん》を柩に納めると、孔子は階段を駆け登るという非礼を犯してまで、これを止めた。（埋葬される死者が）無窮であることを慮ったからである」と。

太皇太后・皇太后

太皇太后《たいこうたいこう》〔先帝の母〕か皇太后《こうたいごう》が崩御すると、司空《しくう》は特牲《とくせい》を捧げて、諡《おくりな》を祖廟《そびょう》に報告するのは、故事の通りとする。長楽太僕《ちょうらくたいぼく》と長楽少府《ちょうらくしょうふ》と大長秋《だいちょうしゅう》は、送喪儀礼を典《つかさど》り、三公《さんこう》は定まった礼法を奉じて、その他はみな礼の通りとする〔一〕。

〔劉昭注〕

〔一〕丁孚《ていふ》の『漢儀《かんぎ》』に、「永平《えいへい》七〔六四〕年、陰《いん》皇太后が崩御し、（その送喪の次第を指示する）晏駕《あんが》の詔《みことのり》に、「（陰皇太后の）棺が宮殿を出ようとした時、群臣・百官は（棺を見送るために定められた）位置に就き、黄門鼓吹《こうもんこすい》が三たび演奏する。（合図の）鐘と鼓を鳴らすと、天子は哀しみの泣き声を挙げる。宮中の女官三百人は、みな無地の布を着、白色の衣を重ね着る。棺を引きながら挽歌《ばんか》をうたい、宮殿より下って車に就くと、（そこからは）黄門の宦官が率いて、宮殿の役所を出る。太后《たいこう》の（棺を載せる）魂車《こんしゃ》には（天子の車である）鸞路《らんろ》を使用し、青い羽の屋根を付け、馬は四頭だてにし、龍の旗を九本靡《なび》かせる。（送喪行列の）先頭には（邪気を払う）方相氏《ほうそうし》がいる。鳳皇車《ほうおうしゃ》には、大将軍《だいしょうぐん》の妻が同乗し、太僕《たいぼく》の妻が御者となる。女騎は轂《くるま》を挟んで奉引する。公卿・百官は、天子が郊祭を行う時の鹵簿《ろぼ》の儀注と同じにせよ」といっている。後に和帝の鄧太后《とうたいこう》の葬喪に際して、検討してそれを儀注としたが、これ以降、陰太后の葬儀よりは質素なものとなった」とある。

（太皇太后《たいこうたいこう》か皇太后《こうたいごう》の崩御に伴い先帝と）合葬するには、羨道《せんどう》は（土を除いて）開き通じさせ、皇帝は（羨道を通り抜けた突き当たりの）便房《べんぼう》で（先帝に）拝謁する。太常《たいじょう》は（皇帝を）導いて羨道に至り、（皇帝はここで）杖を渡し、中常侍《ちゅうじょうじ》が（杖を）受けとる。（皇帝は先帝、及び合葬された太皇太后・皇太后の）棺の前に至り、拝謁し、伏して泣き声をあげ（またそれを）止めること礼の通りとする。（皇帝が棺の前から）辞去するに際しては、太常は（皇帝を）先導し、中常侍は（羨道で皇帝に）杖を渡し、（皇帝は）車輿に乗り宮殿に帰る。車から降り、（宮殿に）戻れば（死者を安んじる供食を主とする）虞祭《ぐさい》をするが、（その際、太皇太后・皇太后の位牌である）木主《もくしゅ》を立てることは礼の通りとする。諸々の郊廟《こうびょう》で（かつて太皇太后・皇太后が）着用した祭服《さいふく》は、みな便房に納める。（立春・立夏・大暑・立秋・立冬の）五時《ごじ》の朝服《ちょうふく》は、各々一揃いを陵寝《りょうしん》に置き、それ以外の朝服及び宴服《えんふく》は、みな篋笥《きょうし》にしまい、宮殿の後ろの（門の脇の小さい部屋である）閤室《こうしつ》に納める。

諸侯王列侯始封貴人公主薨〔諸侯王・列侯・始めて封ぜられし貴人・公主の薨〕

諸侯王《しょこうおう》・列侯《れっこう》・始めて封建された貴人《きじん》・公主《こうしゅ》が薨じると、みな命を下して印璽《いんじ》と銀縷《ぎんる》玉衣《ぎょくい》を贈る。大貴人・長公主（が薨じた際に）は、銅縷《どうる》玉衣《ぎょくい》である。諸侯王・貴人・公主・三公《さんこう》・将軍《しょうぐん》・特進《とくしん》（が薨じた際）には、みな器を下賜する。それらは（国家が製作した葬送品の）官中の二十四物である。（皇帝が大官を勅使として派遣し、葬儀を主宰させる）使者治喪《ししゃちそう》・（羨道を穿ち墓室を作る）穿作《せんさく》・（柏樹を使い外槨を作る）柏椁《はくかく》・百官会送《ひゃくかんかいそう》（という恩恵を下賜すること）は、故事の通りとする。諸侯王・公主・貴人にはみな（樟《くすのき》を使い棺を作る）樟棺《しょうかん》・（朱漆《しゅしつ》を使い樟棺を装飾する）洞朱《どうしゅ》・（棺の上に雲の絵を描く）雲気画《うんきが》（という恩恵）を下賜する。三公と特進には、樟棺・（黒漆《こくしつ》を使い樟棺を装飾する）黒漆（という恩恵）を下賜する。中二千石（である九卿）以下には、（棺の上に漆で楽器を描く）坎侯漆《かんこうしつ》（という恩恵）を下賜する[二]。朝臣《ちょうしん》の中二千石《ちゅうにせんせき》（である九卿）・将軍には、（皇帝が弔意を表す勅使を派遣する）使者弔祭《ししゃちょうさい》（という恩恵）を下賜する。郡国の二千石（である太守・国相）・六百石（さらには比二百石の）黄綬《こうじゅ》に至るまでには、みな（常用の車である）常車《じょうしゃ》・（駅伝用の牛である）駅牛《えきぎゅう》・（祭祀を助ける）贈祭《ぞうさい》を下賜する。（死去した場合には）必ず佐史《さし》以上の官吏は、上に報告しなければならず、（死者を棺に納める儀礼である）大斂《だいれん》は、みな朝服により行う。君主が弔意を示し、あるいは使者を派遣した際には、（葬儀の）主人は（喪に帯びる麻の帯である）経《てつ》を脱ぎ杖をおいて馬首を望むことは、礼の通りとする。経を脱ぎ杖をおくことは、親戚であり凶服を尊重すべき者に強制することはない[三]。王・公主・貴人より下は佐史に至るまで、（葬儀に際して）

車騎と葬送に導従する吏卒を送ることとは、それぞれの官府の慣例に従う。〈柩車の屋根の〉装飾は龍の首と魚の尾をつけ、〈柩車の両側を〉華麗な布で被い、〈両側の上端は〉浅紅色の絹で飾り、縄を交互に〈柩車の〉前後に巻き付け、〈柩車の両側の下の方に〉雲の絵を書いた布を飾りつける。中二千石〈である九卿〉以上は〈四面を帳で飾った〉輜《し》があり、〈その柩車は〉左に龍、右に虎、前に朱鳥、後ろに玄武が描かれる。三公・列侯以上は、立っている鹿と伏せている熊〈の画像〉を装飾に加える。千石以下〈の官〉は、黒い布で周りを被い、龍の首と魚の尾をつけるだけである。二百石の黄綬《こうじゅ》〈の官〉より下は処士に至るまでは、みな竹で編んだ蓆《むしろ》により車の覆いとする。諸侯王の正妃、公卿・将軍の夫人、その他の官吏の妻も、みな夫と同じようにする。諸侯王・王の傅《ふ》・王の相《しょう》・中尉《ちゅうい》は、内史《だいし》が送喪を担当し、大鴻臚《だいこうろ》は諡《おくりな》を奏上して、天子の使者は璧帛《へきはく》を下賜して、翌日勅命により諡を下すことについては、礼の通りとする。陵墓より下りてくると、群臣が麤服《そふく》〔粗末な服〕を脱ぐことも礼の通りにし、主人も礼の通りとする。

〔劉昭注〕

〔一〕丁孚《ていふ》の『漢儀《かんぎ》』に、「孝霊《こうれい》皇帝が馬《ば》貴人を葬る時には、〈髪飾りである〉歩揺《ほよう》・〈赤い喪服である）赤紱葬《せきふつそう》・（青い羽の屋根飾りである）青羽蓋《せいうがい》・（四頭立ての馬車である）駟馬《しば》を下賜した。（馬貴人の）柩が宮殿を下る際には、女侍史《じょじし》二百人が、白い喪服を着て挽歌《ばんか》を歌い、柩を引いて（宮殿を）下り、（棺桶を載せる柩）車まで就いていった。黄門宦者《こうもんかんじゃ》は（そこから柩車を）引いて宮殿の門を出た」とある。

［二］『漢書《かんじょ》』（巻五十一　賈山伝）の賈山《かざん》の上書に、「古《いにしえ》の賢君は臣下に対して、爵位や俸禄を高くして、これに親しみました。（臣下が）病気であれば、臣下を自ら見舞うことは数えきれず、（臣下が）死去すれば、自ら往ってこれを弔い、泣き声をあげ、臣下の（屍を堂中に移し、衣衾を改め加える儀礼である）小斂《しょうれん》・大斂《だいれん》に臨みます。すでに納棺して殯宮《ひんきゅう》の四壁を塗った後、死者のために錫衰《せきさい》・絰《てつ》を身につけ、三たびその喪に臨みます。まだ納棺が終わらないうちは、酒を飲むことも肉を食うこともせず、まだ葬儀が終わらないうちは、音楽を演奏しません。まさしく（君主が臣下に対する）礼を尽くしている、と言うべきでしょう。正服を着け、容貌を正し、顔色を正したうえで、そののちに臣下を引見します。それゆえ臣下も、あえて力を尽くし一命を賭《と》して君主に報じようとしない者はなく、（こうして君主の）功徳は世に現れ、その令名が忘れられなくなるのです」とある。晉の起居注《ききょちゅう》に、「太尉《たいい》の賈充《かじゅう》が薨じた。（賈充は）皇太子妃の父であり、太保《たいほ》でもあった。（そこで）有司は、「漢の元帝・明帝が親《みずか》ら（自

分の）師保《しほ》（に当たる臣下の葬儀）に臨んだという故事により、皇太子は喪服を着て（賈充の）ために哀悼の意を示され、また賈充の喪に自ら臨まれますように」と上奏した」とある。

賛《さん》にいう、「大いなる礼は簡略であっても、（その）広やかな儀は大きな包容力を持つ。（礼儀により）天が尊く地が卑しいように、君主は荘厳であり臣下は恭順である（様子が明らかになる）。（礼儀により）実質と形式が通じ合い変化していき、哀しみと敬いが矛盾なく表現される。立派な秩序がここに立ち、家も国家もこれにより盛んになった」と。

祭祀志上　第七　光武即位告天　郊　封禅

祭祀の道は、人間の誕生より連綿と存在する。豺《やまいぬ》や獺《かわうそ》でさえ祭祀を知る。まして人が知らぬはずがあろうか。だから人が祭祀を知り、（その方法を）あれこれと思案するようになったのは、豺や獺が自然とそうしたのと同じである。考えてみると、古《いにしえ》（の祭祀）は質素であったが、後には文飾《ぶんしょく》するようになった。古の王公の様々な祭祀から、王莽《おうもう》（の祭祀）に至るまでは、『漢書《かんじょ》』（巻二十五）の郊祀志《こうしし》に著述されている。そこでここでは、（後漢の光武帝の）中興以降に定められた祭祀を列記して、それにより祭祀志《さいし》を作る［一］。

［劉昭注］

［一］謝沈《しゃしん》の『後漢書《ごかんじょ》』に、「蔡邕《さいよう》は、中興以降に定められた祭祀をまとめて祭祀志をつくった」とある。（ここで司馬彪が参照した史料は）蔡邕の「祭祀意《さいしい》」である。

光武即位告天

建武《けんむ》元〔二五〕年、光武帝《こうぶてい》は鄗県《こうけん》〔河北省柏郷県の北〕で即位し、壇営《だんえい》を鄗〔の県城〕の陽《みなみ》に造った[一]。天地を祀って〔即位を〕告げるにあたっては、元始《げんし》年間〔一～五年〕の郊祭の故事〔前漢平帝《へいてい》期に王莽《おうもう》を中心として制定された郊祀《こうし》に関する規定〕を採用した。〔日・月・雷公・風伯・山・沢の〕六宗《りくそう》と群神はみな従祀したが、高祖《こうそ》〔劉邦〕を配侑《はいゆう》として祀ることはなかった。天と地〔の祭祀〕は〔犠牲の〕犢《こうし》を供え、他の犠牲は節約の精神を尊重〔して省略〕した[二]。その祝文は、「皇天上帝《こうてんじょうてい》〔昊天上帝〕と后土神祇《こうどしんぎ》〔皇地祇〕は、とくに目を掛けて天命を下され、劉秀《りゅうしゅう》に人々を委ね、民の父母とされましたが、劉秀はお受けするつもりはありませんでした。〔しかし劉秀の〕配下のすべての官僚たちは、期せずして言葉を同じくし、みな、「王莽《おうもう》が簒奪して天子の位を盗むと、劉秀は発憤して義兵を起こし、〔王莽の大司空《だいしくう》である〕王邑《おうゆう》の率いる百万の軍勢を昆陽県《こんようけん》〔河南省葉県〕に破り、王郎《おうろう》・銅馬《どうば》・赤眉《せきび》・青犢《せいとく》の賊を誅殺して、天下を平定し、海内すべてが恩恵を蒙りました。上は天心に適《かな》い、下は民草に帰服されています」と申しております。讖記《しんき》〔の赤伏符《せきふくふ》〕にも、「劉秀は兵を挙げて不道の者を捕らえ、劉氏は徳を修めて天子となる」とありました。劉秀はなお固辞しましたが、〔即位せよとの要望は〕再三に及んでおります。配下は、「皇天上帝の大命は、留め置くことができません」と言い募ります。（やむを得ず、天子の位を）慎みながら承け継がせていただきます」というものであった。

〔劉昭注〕

〔一〕『春秋保乾図《しゅんじゅうほけんと》』に、「天子（の壇）を鄗《こう》（の県城）の陽《みなみ》に建てる。名付けて行皇《こうこう》という」とある。

〔二〕『三輔黄図《さんぽこうず》』に載せる「元始《げんし》の儀」が（元始中の故事について）最も詳細である。それには、「元始四〔四〕年に、宰衡《さいこう》〔摂政〕の王莽《おうもう》が奏上し、「帝王の正統性は、天より（帝位を）受けるより大きなことはなく、天より受ける序《いとぐち》は、郊祀《こうし》より重いものはありません。天を南に祀って陽の位に就き、地を北に祀って陰の義を主《つかさど》ります。（天を祀る）円丘《えんきゅう》は天（の形）を象《かたど》り、（地を祀る）方沢《ほうたく》は地（の形）に則《のっと》ります。円方《えんぽう》は（天地の）形状により、南北は（天地の）位置によります。柴を焼いて気を昇らせ（て天を祀り）、犠牲を埋めて類祭《るいさい》し（地を祀り）ます。犠牲の子牛は（角が）繭栗《けんりつ》であるとよく、味は清玄なことをよしとします。器は（瓠《ひさご》で作った酒を酌《く》む器である）匏勺《ほうしゃく》を備え、汚れのない純心を貴び質素にいたします。天地は神が統べますので、上帝を類祭し、六宗を禋祭《いんさい》し、山川を望祭《ぼうさい》し、（その他の）多くの神々を遍《あまね》く祀ります。（こうすれば）皇天《こうてん》・后土《こうど》は、王の居るところに随って祐《たす》けてくれます。（しかし、現在天の祭祀をしている）甘泉《かんせん》〔陝西省淳化の北西〕は太陰《たいいん》、（地の祭祀をしている）河《か》東《とう》〔山西省夏県の北西〕は少陽《しょうよう》の地なので、共にその位を失しており、礼制《れいせい》に合《かな》いません。

聖王の制度とは、必ず上は天心に当たり、下は地意に叶い、中は人事を勘案するものです。このため（『詩経』大雅 旱麓では）、「愷悌《がいてい》の君子は、福を求めて邪《よこしま》なことをしない」というのです。邪なことをして福を求めても、その道は通じません。『周易《しゅうえき》』（正月の卦である）泰卦《たいか》〔䷊〕では、乾《けん》〔☰〕と坤《こん》〔☷〕が合体し、天地が交通し、万物が皆生まれ出で、その律は太《たい》蔟《そう》となります。（そこで正月には）天子は親祭により天地を郊祀《こうし》し、先祖を天に配侑し、先妣《せんぴ》を地に配するのは、陰陽の区別を付けるためです。太陽が運行して冬至となれば天を祀り、夏至には后土を祀ります。（この祭りの日には）君主は政務をしないので、有司摂事《ゆうしせつじ》で祭祀させます。六宗《りくそう》とは、日・月・星・山・川・海であり、（その中の）星とは北辰《ほくしん》（北斗）、川とは黄河《こうが》、山とは泰山《たいざん》です。（そのほか、房《ぼう》・心《しん》・尾《び》の三星である）三光《さんこう》・多くの星・山や岡・多くの川・多くの流れ・小さな溜まり水・沼地などは、同類ごとに互いに属させ、たびたび秩望《ちつぼう》して序列をつけます」と申しあげた。こうして郊祀を定め、長安の南北郊で祀り、（太《たい》一神《いつしん》を祭祀していた）甘泉宮《かんせんきゅう》と（后土神を祭祀していた）河東の（汾陰《ふんいん》）祭祀を廃止した。

上帝《じょうてい》の壇は円形で八方にかどがあり、直径は五丈（約11.5m）、高さは九尺（約2.07m）である。茅営《ぼうえい》は（上帝の）壇より十歩（約13.8m）、竹宮《ちくきゅう》は直径三百歩（約415m）、土営《どえい》は直径五百歩（約619m）である。神霊《しんれい》の壇は、それぞれの神の方向につくられ、直径は三丈（約6.9m）、茅営より二十歩（約27.6m）で、広さは三十五歩（約48.3m）である。神霊を合祀するには壁琮《へきそう》を用いる。それにより神道を明らかにして八方に通じさせ、その広さはそれぞれ三十歩（約41.5m）とする。竹宮の内道は広さ三丈（約6.9m）で、闕門《けつもん》があり、それぞれ（の間は）九十一歩（約126m）である。壇は方形で三丈（約6.9m）、拝位《はいい》の壇もこれと同じである。周道《しゅうどう》を郊営《こうえい》の外に造り、広さは九歩（約12.4m）とする。北辰《ほくしん》は南門の外に、日・月・海は東門の外に、黄河は北門の外に、泰山《たいざん》は西門の外に営を置く。周道を前望《ぜんぼう》の外に造り、広さは九歩（約12.4m）とする。列望道《れつぼうどう》は前望道《ぜんぼうどう》の外に近く、直径は六十二歩（約85.7m）である。壇は方形で二丈五尺（約5.76m）、高さは三尺五寸（約80.6㎝）である。周道を列望《れつぼう》の外に造り、直径は九歩（約12.4m）とする。卿望《けいぼう》は列望の外につぎ、直径は四十歩（約55.2m）である。壇は広さ三丈（約6.9m）、高さは二尺（約46㎝）である。周道を卿望の外に造り、直径は九歩（約12.4m）とする。大夫《たいふ》望《ぼう》は卿望道の外につぎ、直径は二十歩（約27.6m）である。壇は広さ一丈五尺（約3.46m）、高さは一尺五寸（約34.6㎝）である。周道を大夫望の外に造り、直径は九歩（約12.4m）とする。士《し》望《ぼう》は大夫望道の外につぎ、直径は十五歩（約20.7m）である。壇は広さ一丈（約2.3m）、高さは一尺（約23㎝）である。周道を士望の外に造り、直径は九歩（約12.4m）とする。庶望《しょぼう》は士望道の外につぎ、直径は九歩（約12.4m）である。壇は広さ五尺（約1.15m）、高さは五寸（約11.5㎝）である。周道を庶望の外に造り、直径は九歩（約12.4m）とする。すべて天宗上帝宮《てんそうじょうていきゅう》の壇営は、直径三里（約1.24㎞）、周囲は九里（約3.73㎞）である。営は三重で、（道は）八方に通じている。

后土《こうど》の壇は、方形で（一辺が）五丈（約11.5m）（高さは）六尺（約1.38m）である。茅営《ぼうえい》は（后土の）壇より十歩（約13.8m）の外にあり、土営《どえい》は二百歩（約276m）四方でこれを区切っている。五零《ごれい》の壇の茅営から離す距離は、上帝から五神の営を離す歩数と同じ（二十歩、約27.6m）で、神道は四方に通じ、その広さはそれぞれ十歩（約13.8m）である。宮の内道の広さはそれぞれ二丈（約4.6m）で、闕門がある。周道《しゅうどう》を后土宮の外に造り、直径は九歩（約12.4m）とする。泰山は西門の外に、黄河は北門の外に、海は東門の外に営を置き、直径はそれぞれ六十歩（約82.9m）とする。壇は方形で（一辺は）二丈（約4.6m）、高さは二尺（約46㎝）とする。周道を前望《ぜんぼう》の外に造り、直径は六歩（約8.29m）とする。列望《れつぼう》は、前望道の外につぎ、直径は三十六歩（約49.8m）である。壇は広さ一丈五尺（約3.47m）、高さは一尺五寸（約34.7㎝）である。周道を列望の外に造り、直径は六歩（約8.29m）とする。卿望《けいぼう》は、列望道の外につぎ、直径は三十五歩（約48.4m）である。壇は広さ一丈（約2.3m）、高さは一尺（約23cm）である。周道を卿望の外に造り、直径は六歩（約8.29m）とする。大夫望《たいふぼう》は、卿望道の外につぎ、直径は十九歩（約26.3m）である。壇は広さ八尺（約1.84m）、高さは八寸（約18.4cm）である。周道を大夫望の外につぎ、直径は六歩（約8.29m）とする。士望《しぼう》は、大夫望道の外につぎ、直径は十二歩（約16.6m）とする。壇は広さ六尺（約1.38m）、高さは六寸（約13.8cm）である。周道を士望の外につぎ、直径は六歩（約8.29m）とする。すべて地宗后土宮《ちそうこうどきゅう》の壇営は、（方形で）一辺は二里（約829m）、周囲は八里（約3.32km）である。営は二重で、道は四方に通じている。

常祭は、歳の孟春《もうしゅん》正月の上辛《じょうしん》もしくは上丁《じょうてい》の日に、（天子が）親しく天を南郊《なんこう》に郊祀し、地を配祀し、山川を望秩《ぼうちつ》し、群神を遍《あまね》く祀る。（壇上の）天と地の神座は、共に南面させて席を同じくし、地は（天の）やや東に置き、牢を供えて祀る。太祖高皇帝《たいそこうこうてい》（の劉邦）と高后《こうこう》（の呂后）を壇上に配し、西面させ、高后は（高祖の）北に置き、また席を同じくし、牢を供えて祀る。日の運行が冬至になると、有司摂事により天神《てんしん》を南郊に奉祭させ、高皇帝を配して群陽を望祭する。夏至になると、有司摂事により地祇《ちぎ》を北郊に奉祭させ、高皇后を配して群陰を望祭する。天地には犠牲二頭を用い、（天のために犠牲を燃やす）燔燎《はんりょう》と（地のために犠牲を埋める）瘞埋《えいまい》には犠牲一頭を用い、先祖先妣《せんひ》には犠牲一頭を用いる。天は犠牲を左側に置き、地は犠牲を右側に置き、みな黍稷《しょしょく》を供えて楽《がく》を演奏する」と言っている。

郊

建武《けんむ》二〔二六〕年正月、初めて郊兆《こうちょう》〔郊のための祭壇が置かれる地域〕を洛陽城《らくようじょう》の南七里（約2.9㎞）の地に制定し、鄗《こう》（で即位した際）に倣《なら》い、元始《げんし》中の故事を採用した。円壇《えんだん》に八つの階段を造り、その上にまた二重の壇を造り、天地はその上に位置して、みな南に向かって面し、西を尊位とする。その外壇に五帝《ごてい》の位を造る。青帝《せいてい》の位は甲寅《こういん》の地に、赤帝《せきてい》は丙巳《へいし》の地に、黄帝《こうてい》は丁未《ていび》の地に、白帝《はくてい》は庚申《こうしん》の地に、黒帝《こくてい》は壬亥《じんがい》の地に置いた。その外には壝《い》を作り、重営《じゅうえい》はみな紫色に塗って、紫微宮《しびきゅう》に準《なぞら》えた。四方に通ずる道がありそれに沿って門を作る。太陽と月は中営《ちゅうえい》の内の南道に置かれ、太陽は東に月は西に、北斗は北道の西に置き、みな位を別にして、群神の列の中には置かない。八陛は、陛ごとに五十八醊《てつ》で、合計して四百六十四醊である。五帝の陛郭《へいかく》は、帝ごとに七十二醊で、合計して三百六十醊である。中営は四つの門があり、門ごとに五十四神で、合計して二百十六神である。外営は四つの門があり、門ごとに百八神で、合計して四百三十二神である。みな営を背にして内側に向く。中営の四つの門は、門ごとに四神を封じ、外営の四門は、門ごとに四神を封じ、合わせて三十二神である。全部で千五百十四神である。営は、すなわち壝《い》のことである。封は、土を盛って築くことである。中営に背を向ける神は、五星《ごせい》および中官の宿の五官神《ごかんしん》および五嶽《ごがく》の類である。外営に背を向ける神は、二十八宿の外官の星と、雷公《らいこう》・先農《せんのう》・風伯《ふうはく》・雨師《うし》・四海《しかい》・四瀆《しとく》・名山・大川の類である。

建武七〔三一〕年五月に至り、（光武帝は）三公《さんこう》に詔を下し、「漢は尭《ぎょう》を郊祀（で配侑と）すべきである。九卿《きゅうけい》や諸大夫《たいふ》・博士と議せよ」と言った。このとき侍御史《じぎょし》の杜林《とりん》が上疏して、「考えますに、漢の勃興は尭に因縁はありません。殷周《いんしゅう》とは意義を異にし、しかも漢の旧制では高帝（劉邦）を配侑としておりました。現在は軍旅がなお外にあれば、元年の郊祀の故事のようにすべきと存じます」と申しあげた。光武帝はこれに従った。（杜林の上奏文の）言辞は（『後漢書』列伝十七）杜林伝に載せる〔一〕。

〔劉昭注〕

〔一〕『東観漢記《とうかんかんき》』には、杜林の上奏文を掲載しており、（その内容は『後漢書』列伝十七）杜林伝よりも詳細である。（そこには）「臣《わたくし》の聞くところでは、黄河流域や洛陽《らくよう》に都を置いて（その四方の者を）民とし、身体や皮膚に傷をつけて肉刑《にくけい》を行い、境を封じ界を画して諸侯を建て、井田制《せいでんせい》〔古代の聖人の治世に行われた理想的土地制度〕を布き、十分の一税を設けて国用に供することは、（夏・殷・周の）三代とも同じであったと申します。漢が興るに及び、時宜《じぎ》によ り、世情に基づき、繁雑なものを省き、実事を取り、高邁《こうまい》なだけの論議を貪《むさぼ》るのを止めました。このため国土の中心（である洛陽）の都を去り、函谷関《かんこくかん》の内にある遠い都（の長安）に行き、肉刑という重い律を除き、髡鉗《こんかん》〔髪切りや首輪〕といった軽い刑罰の法を用いました。郡県には（封建されて）代々の禄を食《は》む諸侯を置かず、農民からは（十分の一ではなく）三十分の一を（税として）取りました。政は分かり易ければ行われ易く、礼は簡単であれば従い易いものです。（このため）民は愚も智もなく、漢の恩徳を思い仰ぎ、漢の祭祀を楽しみ受け入れています。（高祖劉邦の）創業が特に成功したのは、尭《ぎょう》のお陰ではありません。尭は、漢よりも遥かに遠く、民草は（漢と尭との関係を）明らかには信じません。その耳に言って聞かせたところで、結局は喜び諭せないでしょう。（これに対して、周の祖として配侑される）后稷《こうしょく》は、周の創業に（時代が）近く、民草も戸ごとにそれを知っておりました。（周の）世は（后稷に）依拠して興り、（周の）礎は后稷の祚《さいわい》によりますので（これを祀ることは当然で）、根本から漢（が尭を祀ろうとしていること）とは異なるのです。郊祀に高帝（劉邦）を（配侑として）祀《まつ》ることは、誠に民草の望に叶《かな》い、万国の歓心を得ることですので、天下の幸福もこれに優るものはありません。民草が様々な祭祀を信奉するさまは、なお君主に対するようで、昔の習俗を失っていません。群臣はみな（禹の父の）鯀《こん》を（尭に）推挙しましたが、業績が挙がらないので、九年間の後に誅殺されました。宗廟《そうびょう》は至って重要なもので、民草の心は変えにくいものですから、（漢の旧制を）俄《にわ》かに改められません。『詩経《しきょう》』（大雅 仮楽）には、「（文王・武王の定めた法制を）誤らず忘れずに、旧の法制に依拠する」とあります。（これは）祖宗《そそう》（が定めた制度を）を尊ぶべき理由を明らかにした文章です。どうか（漢家の）旧制に従い、天下の困惑を解き、『周易《しゅうえき》』（乾卦）の「天（の時が至らないうち）に先立って（事を行うが、その行いは）天の心に適合し、天（の時がすでに至れば、これ）に従って（事を行うが、その行いは）天の時に適合する」という義に適《かな》うべきです。いま軍隊は外に在りますので、祭祀は元年（にした）郊祭の故事の通りにすべきです」とある。

（光武帝は）隴《ろう》（の隗囂《かいごう》）と蜀《しょく》（の公孫述《こうそんじゅつ》）を平定した後に、郊祀を増やし広げ、高帝《こうてい》（劉邦）を配侑として祀り、位は中壇の上に置き、西面し北側を上座とした［二］。天・地・高帝・黄帝《こうてい》は、それぞれ（犠牲の子牛である）犢《とく》一頭を用い、青帝《せいてい》・赤帝《せきてい》は、合わせて犢一頭を用い、白帝《はくてい》・黒帝《こくてい》は、合わせて犢一頭を用いるので、すべてで六頭の犢を用いる[二]。太陽・月・北斗は、合わせて牛一頭を用い、四営《しえい》に祀られる多くの神は、合わせて牛四頭を用いるので、すべてで五頭の牛を用いる。すべて楽奏には、青陽《せいよう》・朱《しゅ》明《めい》・西皓《せいこう》・玄冥《げんめい》（の楽曲）が用いられ、さらに雲翹《うんぎょう》・育命《いくめい》の舞を舞う。中営《ちゅうえい》の四門には、門ごとに席十八枚を用い、外営《がいえい》の四門には、門ごとに席三十六枚を用いるので、あわせて二百十六枚の席を用いる。みな（井草の蓆と竹の蓆である）莞簟《かんてん》を用い、一席につき三神とする。太陽・月・北斗に、陛と郭と餟《てつ》はない。すでに（祭祀を終え）神を送れば、供え物を壇の南の巳《し》（の方角）の地で炊《た》きあげる[三]。

［劉昭注］

［一］『漢旧儀《かんきゅうぎ》』に、「天を祀るときは、（天子は）紫壇の幄帷《おくい》の中にいる。高皇帝（劉邦）を天に配侑として祀り、堂下で西向きにし、紺の帷帳《いちょう》と、紺の席を用いる」とある。『孝経鉤命《こうきょうこうめい》決《けつ》』に、「外より来る者は、主が無ければ止まれない。内より出る者は、匹が無ければ行けない」とある。

［二］『漢旧儀』に、「天を祀る（犠牲）には、牛を飼育して五年、体重三千斤《きん》に及ぶ（ものを用

いる)」とある。(劉昭が)考えますに、『礼記《らいき》』(王制篇)に、「天地の(祭祀に用いる)牛は角が(生えかけで)繭栗《けんりつ》(のように見える、年若いものを用いる)」とあります。しかし『漢旧儀』には、五年間飼育した牛とあります(が誤っています)。祭祀志の「犢《こうし》を用いる」(という記述)が正しいものです。

[三]『周礼《しゅらい》』(春官 家宗人)に、「およそ神に仕える者は、(日月星の宿次により、群神の祭位の方向を推算する)三辰《さんしん》の法を把握して、人鬼《じんき》・天神《てんしん》・地祇《ちぎ》の位次を図示し、その名号・物色を弁別する」とある。鄭玄《じょうげん》は、「(原文の)猶は、図るという意味である。(原文の)居とは、(神の位次である)坐をいう。天は、群神のうち最も尊いものであり、日・月・星辰は、その際立った位にある。これによれば、天神・人鬼・地祇の位次を図示するとは、祭を行う回数の多寡と、その坐を(定めることを)いう。『孝経援神契《こうきょうえんしんけい》』に、郊祀の礼を説いて、「燔燎《はんりょう》して地を掃《はら》い、祭祀の犠牲には繭栗(を用い)、また天の酒旗《しゅき》の坐星、廚倉《ちゅうそう》が黍稷《しょしょく》を備えることに象《かたど》り、席を用意する。(それは)敬う心を尽くすためである」という。(これは)郊祭の席次を定めるには、五帝の坐に象ることを言っている。礼に則り宗廟《そうびょう》を祀り、昭穆《しょうぼく》を順序づけることも、また虚宿《きょしゅく》と危宿《きしゅく》に似ている。つまり天を円丘《えんきゅう》に祀ることは、北極(が円形であること)に象ったものであり、地を方沢《ほうたく》に祀ることは、后妃《こうき》(が方形であること)に象っ

たものである。そして社稷《しゃしょく》の席には、みな明らかな規定がある」と言っている。

封禅

建武《けんむ》三十〔五四〕年二月、群臣は、「（陛下は皇帝の）位に即かれて三十年（となりますので）、どうか泰山《たいざん》に封禅《ほうぜん》されますように」と上言した[一]。（それに対する返答の）詔書には、「（朕が皇帝の）位に即いてより三十年となるが（善政を行き渡らせていないので）、人々の怨気《えんき》は満ちている。朕《ちん》は誰を欺《あざむ》こうというのか、天を欺こうというのか。（むかし孔子が『論語』八佾篇に述べたように）泰山（の神）が林放《りんぽう》よりも礼を知らないとでも言うのか。どうして（封禅をしたとされる古《いにしえ》の帝王の）七十二代の記録を汚《けが》せようか[二]。桓公《かんこう》は封禅をしようとしたが、管仲《かんちゅう》はそれを誤りとした。もし郡県（の守令）で、遠くから属吏を派遣して寿《ことほぎ》を述べ、盛んに虚美を称えるものがあれば、必ず髡刑《こんけい》とし、併せて（辺境で）屯田させよ」とした。これより群臣はあえて（封禅を）上言しなくなった。（建武三十年）三月、光武帝は魯国《ろこく》（山東省の曲阜市一円）に行幸し、泰山郡《たいざんぐん》（山東省泰安市の北東一円）を過《よぎ》った[三]。泰山太守に皇帝の通過を伝え、詔を承けて、泰山と梁《りょう》父《ほ》を祀らせた。このとき虎賁中郎将《こほんちゅうろうしょう》の梁松《りょうしょう》たちは上議して、「『礼記《らいき》』（礼器篇）には、

「斉公《せいこう》が泰山で祭祀をするときには、まず配林《はいりん》で祭祀をする（それは礼には漸進の手続きが重要だからである）」とあります。（しかし）おそらくこれは諸侯の礼でしょう。河や獄は公や侯に準えて、王者がこれを祀ります。どうぞ漸進の手続きには従わず、配林では祀らぬようにすべきです」と申しあげた〔四〕。

〔劉昭注〕

〔一〕服虔《ふくけん》は『漢書《かんじょ》』（巻六 武帝紀）に注をつけて、「封《ほう》は、天の高きことを増し、功（の成ったこと）を天に帰するものである」といっている。（『漢書』巻六 武帝紀の）張晏《ちょうあん》の注に、「天は高くて至れない。（そのため）泰山《たいざん》の頂上で封じ、（さらに）禅して祀るのは、神霊に近づくのを冀《こいねが》うためである」といっている。項威《こうい》の注に、「泰山に封じ、太平を告げ、中和《ちゅうわ》の気を天に昇らせる。土を祀ることを封というのは、土を泰山に盛って壇を作り祀るためである」といっている。『礼記《らいき》』（礼器篇）に、「名山で中（和の気）を天に昇らせる」とある。盧植《ろしょく》の注に、「泰山に封じ、太平を告げ、中和の気を天に昇らせることである」といっている。『東《とう》観漢記《かんかんき》』に、太尉《たいい》の趙憙《ちょうき》の上言を載せ、「古《いにしえ》の帝王より、世の中が盛んになるたびに、かつて封禅をしなかったことはありません。陛下は聖徳が溢れ満ち、天に従って（悪を）誅し、乱を治めて（漢を）中興し、民草の父母となり、宗廟《そうびょう》を修復し、万民の命を救いました。下々は福を頼り、海内《かいだい》は清平になりました。功は成り治は定まっておりますので、多くの役人も礼の担当官もみな、どうか（泰山に）登って封禅をして（功業が）成ったことを（天に）お告げになり、民のために徳を報ぜられることを期待しております。百王が等しくしてきたことですから、仁を理由に辞退されるべきではありません。どうか泰山に登って封禅をして、（辟雍《へきよう》・明堂《めいどう》・霊台《れいだい》の）三雍《さんよう》の礼を正して、（天の）霊なる導きを明らかにし、神々を望秩《ぼうちつ》して、天の心を承けるべきであります」とある。

［二］『荘子《そうじ》』に、「易姓革命により王となり、泰山《たいざん》に封じ、梁父《りょうほ》に禅した者は、七十二人である。封禅の儀式のすがたや境界や刻石はおよそ千八百ヵ所残っている」とある。許慎《きょしん》は『説文解字《せつもんかいじ》』（巻十五上）の序に、「蒼頡《そうけつ》が初めて書を作った時には、（物と）同じように似せて形を象った。これを「文」（もよう）という。（その後）その形や声が同じものを益《ま》すと、これを「字」といった。字は、生まれ増え益々多いという意味である。竹帛に著したもの、これを「書」という。書は、同じようにするという意味である。五帝《ごてい》・三王《さんおう》の世に至るまで、易姓革命により形を変えながら、泰山に封禅した者は七十二人であり、同じであった例はない」と言っている。

［三］　漢の祀令《しれい》に、「天子の行幸先で河に出た場合、沈祭《ちんさい》のため白馬と珪《けい》と璧《へき》をそれぞれ一つずつ用いる。衣服は赤い絹の五尺のものとし、祭るには脯《ほじし》二束・酒六升・塩一升《しょう》を用いる。渭水《いすい》・灞水《はすい》・涇水《けいすい》・洛水《らくすい》、その他の名水でこれらに匹敵するものを渡る際には、珪と璧をそれぞれ一つずつで沈祭する。律により担当箇所には祠具《しぐ》を賜る。行幸が進み、他の河川に沈祭するには、先駆の者が石を投じ入れ、少府《しょうふ》が珪と璧を給す。百里に満たぬ河川では沈祭しない」とある。

［四］　盧植《ろしょく》の注に、「配林《はいりん》は、小さい山の林の麓で、泰山に配侑《はいゆう》される。考えるに、諸侯は天を祀らないが、泰山は（天子の）巡行には（諸侯を使いとする礼である）省《しょう》をさせる。（泰山・霍《かく》山《ざん》・衡山《こうざん》・華山《かざん》・嵩山《すうざん》という）五獄《ごがく》の宗だからである。このため祭事で（諸侯が）祀る際には、先に（配林を祀って）漸《ぜん》をする。天子は（それを）しない」とある。泰山の廟は、博県《はくけん》（山東省泰安市の南東）にある。『風俗通義《ふうぞくつうぎ》』に、「博県で十月に泰山を祀ることは、名づけて合凍《ごうとう》という。十二月は涸凍《ことう》、正月は解凍《かいとう》という。泰山太守は斎戒《さいかい》して、親しく自ら祭祀し、脯を作ること広さ一尺（約23㎝）、長さ五寸（約11.5㎝）とする。祭祀が終われば、泰山君と夫人の坐前より脯三十朐《く》を取り、太守が章を拝して、県では駅馬を乗り継いで、洛陽《らくよう》に伝送する」とある。

建武《けんむ》三十二〔五六〕年正月、光武帝は斎戒し、夜に『河図会昌符《かとかいしょうふ》』を読むと、「赤（に象徴される火徳の）劉（氏）の九（世代目である光武帝）は、天命と泰山で会う。慎んでよく用いなければ、（天命の）子孫への継承に利がない。誠によくこれを用いれば、姦偽の兆しも起こらない」とあった。（光武帝は）この文に感じ、詔を下して梁松《りょうしょう》たちに、河図《かと》・洛書《らくしょ》の予言のうち、（劉氏の）九世が封禅をすると述べる文を探し集めさせた。梁松たちが列記して上奏すると、ようやく（封禅を）許可した〔一〕。

〔劉昭注〕

〔一〕『東観漢記《とうかんかんき》』に、「群臣は上奏して、「（泰山に）登り封禅して成功を（天に）告げ、民のために徳を報ずるのは、（古《いにしえ》の）百王が等しくしてきたことです。陛下はそれを拒絶し許可されませんので、臣下もあえて功を言祝《ことほ》ぎ徳業を述べておりません。（しかし）河図・洛書の予言には、「赤（に象徴される火徳の）漢の九世（である光武帝）は、巡狩して泰山で封禅すべき」とあります。（同内容の予言は）合わせて三十六例におよび、左の布に陳《つら》ね奏しております。陛下は仲月の令辰《れいしん》（の日）に、泰山の正礼に従って、河図・洛書の明文を奉り、霊瑞《れいたん》を天下万民のために調和させますように」と申しあげた。光武帝は、「泰山に登り封禅する話は、また議論せよ。国家《わたし》は徳が薄く、災異もなお現れている。（それにも拘《かかわ》らず）予言書はそう述べているのか」と答えた」とある。

これよりさき、（前漢の）武帝《ぶてい》は神仙（に出会い、自らも不老長寿）を求めようと思い、方士《ほうし》が、「黄帝《こうてい》は封禅をした後に、仙人となりました」と言うのを取りあげ、そうして封禅をしようと思った。（しかし）封禅は常にはされないので、当時の人々に（封禅の詳細を）知る者はなかった。元封《げんほう》元〔前一一〇〕年、武帝は方士の言葉に基づき、封禅の祭器を作り、儒者たちに示したが、多くが「古制に合わない」と言ったため、儒者を罷免して用いなかった。（元封元年）三月、武帝は東方に巡狩して泰山《たいざん》に登り〔一〕、石を担ぎ上げて泰山の山頂に立てた〔二〕。そうして東に巡狩し海のほとりをめぐり、仙人を求めさせたが、見ることができずに戻った。（元封元年）四月、泰山で封禅をした〔三〕。使った祭器や手順が（古《いにしえ》の封禅と）合致していないことを恐れ、その詳細を秘密にした。この話は『漢書《かんじょ》』（巻二十五）郊祀志《こうしし》に見える〔四〕。

［劉昭注］

［一］郭璞《かくはく》は『山海経《せんがいきょう》』に注をつけて、「泰山は、麓より山頂にまで四十八里二百歩（約19.9㎞）である」といっている。

［二］『風俗通義《ふうぞくつうぎ》』（正失篇）に、「石の高さは二丈一尺（約4.8ｍ）で、これに、「天を祀るには礼により、身を立てるには義により、父に仕えるには孝により、民を化すには仁による。四海の内に（漢の）郡県でない地はなく、四方八方の異民族は、みな来朝して貢ぎ物を捧げる。（漢は）天と共に極まりなく、民は繁栄し、天の恵みを永遠に得られよう」と刻んだ」とある。

［三］『風俗通義』（正失篇）に、「封石は広さ一丈二尺（約2.76ｍ）、高さ九尺（約2.1ｍ）で、その下に玉牒書《ぎょくちょうしょ》が収められている」とある。

［四］『東観漢記《とうかんかんき》』に、「光武帝《こうぶてい》が泰山《たいざん》に至ると、担当の役人は、また河図《かと》・洛書《らくしょ》の予言で、赤漢九世（の光武帝の封禅）を記すもののうち、とくに明確な三十六事を前後合わせて上奏した。（そのうえで担当の役人は）博士《はくし》の曹充《そうじゅう》たちと議論を行い、「殷《いん》の王統がいまだ絶えず、人々も（殷の）天命を支持していたので、高宗《こうそう》は長い苦労の末、ようやく中興を果たし得ました。（周の）武王《ぶおう》は父（文王《ぶんおう》の遺業）に則り、受命して同列に並び、（古公亶父《ここうたんぽ》・王季《おうき》・文王の）三代の成果により天を郊祭するに至りました。このため孔子はたいへんその功を称賛し、後世

の者は聖王と呼んでおります。漢の血統は中頃に絶え、王莽《おうもう》が帝位を盗み、一人の民すら王莽の臣でない者はなく、寸土すら王莽の所有でない土地はなくなり、漢の宗廟《そうびょう》は十八年も祀られませんでした。陛下は僅《わず》かな資《もとで》もなく、匹夫の身より奮い立ち、残虐な者どもを除き賊を取り、祖宗《そそう》を復興して天下（の信望）を集め、海内を平定し、夷狄も義を慕って訪れるほどになりました。その功績は（殷を中興した）高宗や（周を中興した）宣王《せんおう》よりも偉大と申せましょう。どうか封禅して万民のために招福をご祈禱ください。臣らが願いますに自ら石に刻む文を定め、太常《たいじょう》に式次第を奏上させますように」と申し上げた。（光武帝は）詔を下して、「（上奏を）許す。むかし（斉《せい》の桓公《かんこう》）小白《しょうはく》は、封禅をしたかったが、（管仲《かんちゅう》）夷吾《いご》はこれを止めた。季氏《きし》は、（泰山を祭る）旅《りょ》の祭祀をしたかったが、孔子はこれを止めた。思うに斉は諸侯、季氏は（魯の）大夫であり、ともに泰山を祀る資格がなかったためであろう。いま（天子に即位したとはいえ）朕のような若輩者が、巡狩をして封禅することは、徳が薄く責務が重いので、一方では光栄であるが、一方では畏れ多く、（ただ祖先の）鴻業《いさおし》を受け継げたお蔭と喜ぶ。（このように）帝尭《ていぎょう》の徳は、子孫にまで余福《よふく》を及ぼした。思うに予言書に従えば、今後もこのような霊験を得られるであろう。過ちがあり、徳を守ることも広くなく、道を信ずることも篤実とは言えぬ（朕）が、議者の勧めを受け入れ、後世に（封禅をする）わが罪の深さを知られることを恐れる」と述べた」とある。

光武帝《こうぶてい》は梁松《りょうしょう》たちの上奏を許可して、そこで（前漢武帝の）元封《げんほう》年間（前一一〇〜前一〇五年）における封禅の故事を求め、（祭器など）封禅に用いられるものを議させた。担当の役人が上奏して、「方石《ほうせき》を重ねて壇中に置く際には、（方石は）みな一辺を五尺（約115cm）、厚さを一尺（約23cm）とします。玉牒書《ぎょくちょうしょ》を方石に収蔵する際には、玉牒書は厚さ五寸（約11.5cm）、長さは一尺三寸（約30.0cm）、広さは五寸とします。（これを覆う玉製の板である）玉検《ぎょくけん》があります。また（方石が崩れないように、石の板である）石検《せきけん》十枚を用い、石の側面に（はめ込み）並べますこと、東西にそれぞれ三枚、南北にそれぞれ二枚とし、みな長さ三尺（約69.1cm）、広さ一尺、厚さ七寸（約16.1cm）とします。玉検には三ヵ所に刻みを入れ、深さ四寸（約9.2cm）、方五寸とし、（別に）蓋があります。玉検には金の縄を五周巻きつけ、水銀により金を溶かして封泥とします。（封泥におす）玉璽《ぎょくじ》は、一方は一寸二分（約2.8cm）、一枚は方五寸のものを用います。方石の四方の角には（衝立としての）距石《きょせき》があり、みな重ねて用います。一枚あたり長さは一丈（約2.3m）、厚さ一尺、広さ二尺（約46cm）とし、みな円壇の上に置きます。円壇の下には（立石としての）距石を十八枚用い、（距石は）みな高さ三尺、厚さ一尺、広さ二尺とします。小さな碑のようなもので、壇を囲むように設置し、壇からは三歩（約4.15ｍ）ほど離します。距石の下には（台である）石跗《せきふ》があり、地に入ること深さ四尺（約92.2㎝）とします。また石碑《せきひ》を用いますが、（これは）高さ九尺（約2.07ｍ）、広さ三尺五寸（約80.6㎝）、厚さ一尺二寸（約27.6㎝）とし、壇の丙地（南側）に立て、壇から三丈（約6.91ｍ）以上離して、文章を刻みます」と申しあげた。光武帝は、石に加工を施すのは困難であるし、また（『尚書』の記述に合わせて）二月に封禅したいと思っていたので、詔を梁松に下し、（武帝の用いた）もとの封石と空検を流用し、もう一度封を加え直して済ますように言い渡した［二］。梁松は上疏して諫め、「考えますに、泰山に登り封禅をする礼は、（天子の）成功を皇天上帝《こうてんじょうてい》に告げ、（その勲功を）後世に無窮に示す、万民のために行うものです。天より命を受けたことに敬意を表すには、何よりも明確であるべきです。また（天の示された）予言書を奉ずることの瑞祥も、何よりも明確であるべきです。いま（前漢武帝の使った）古い封禅の遺物に頼り、玉牒を古い方石を使い回した物の下に置くことは、天命を重んずるという義に沿わぬと存じます。天命を受け中興を果たされたのは、とりわけ奇跡的ですから、（新たに祭具を整えて）天意を明らかにすべきです」と申しあげた。

そこで泰山郡《たいざんぐん》（の太守）及び魯国《ろこく》（の国相）に石工を派遣させ、完青石《かんせいせき》を集めさせたが、必ずしも（各方位に合わせた）五色の石には拘《こだわ》らなかった。その時には（朝廷の抱える）印工に（熟練者がおらず）、玉牒へ刻める者がなかったので、丹漆で玉に書いてすませようとした。たまたま玉に刻める者を求められたので、ようやく（玉牒に）書くことができた。書（の内容）は秘密とされ、方石の中に刻んで納められ、形を玉牒書に合わせた。

〔劉昭注〕

〔一〕二月に封禅しようと考えたのは、（『尚書』）虞書《ぐしょ》（尭典篇）に、「歳の二月に、東方に巡狩《じゅんしゅ》して、岱宗《たいそう》〔泰山〕に至り、柴を焼いて天を祀る」とあるからである。范甯《はんねい》は、「巡狩は、諸侯の封地を巡行することである。二月は、（東の）卯《ぼう》の方角にあたるため、東方へ巡狩する。山を祀ることを燔柴《はんさい》という。柴を積んで、犠牲をその上に載せて焼くのである」と述べている。

（建武三十二〈五六〉年）二月、光武帝《こうぶてい》は、奉高県《ほうこうけん》〔山東省泰安市の東〕に至り〔二〕、侍《じ》御史《ぎょし》と蘭台令史《らんだいれいし》を派遣して、石工を率いて先に泰山《たいざん》に登って石に刻ませた。その文面は、「これ建武《けんむ》三十二〔五六〕年二月、皇帝は東方に巡狩し、岱宗《たいそう》に到り、柴祭《しさい》して〔二〕、山川に望秩《ぼうちつ》をし〔三〕、群神に班祭《はんさい》し〔四〕、東方諸侯を謁見した。従う臣下は、太尉《たいい》の趙憙《ちょうき》、行司徒事《こうしとじ》・特進《とくしん》・高密侯《こうみつこう》の鄧禹《とうう》たちである。漢の賓客（待遇を受ける殷王と周王の子孫）である「二王《におう》の後《あと》」（の宋公《そうこう》の孔安《こうあん》と衛公《えいこう》の姫常《きじょう》）は位につき、孔子の後裔である褒成侯《ほうせいこう》（の孔志《こうし》）は、続いて東方諸侯の位置についた。異民族の王たち十二名も、みなやって来て祭祀を助けた。『河図赤伏符《かとせきふくふ》』に、「劉秀《りゅうしゅう》が兵を起こして不道の者を捕らえ、四夷《しい》〔東夷《とうい》・南蛮《なんばん》・西戎《せいじゅう》・北狄《ほくてき》という異民族〕は雲のように集まり、龍が野に戦い、（漢の高祖劉邦から二百と二十八年後である）四七〔四×七＝二十八〕の際、火（徳の漢朝）がまた天下の主となろう」とある。『河図会昌符《かとかいしょうふ》』に、「赤（に象徴される火徳の漢）の皇帝の九世（代目である光武帝）は、巡狩して中庸を得て、治政が平穏になれば封禅をする。誠に皇帝の道が孔子の規範に合致するならば、天文は霊を現し、地祇は瑞祥を興そう。皇帝の劉氏の九（世代目である光武帝）は、天命と泰山で出会う。誠にこれを用いられたら、姦偽は兆さないであろう。赤漢の徳が興り、九世（の光武帝）でまた盛んとなり、泰山に巡狩してみな実現しよう。天地が九を助けるのは、尊き経《けい》の常である。漢はこれにより大いに興り、道は九世の主（の光武帝）と共にあるだろう。泰山に封じて、石に刻み誓いを著し、梁父に禅して、（都に）帰ってからは巡狩して封を五年に一度改める」とある。『河図合古篇《かとごうこへん》』に、「皇帝の劉秀、九世代目の世に、皇帝は徳を行い、封禅して政を刻む」とある。『河図提劉予《かとていりゅうよ》』に、「九世の皇帝（である光武帝）は、誠に明聖であり、宰相は国を守り、九州は平定され、天下は一つとなる」とある。『洛書甄曜度《らくしょけんようど》』に、「赤（を象徴とする火徳の漢朝の）三（代目の文帝）には徳があり、九世（の光武帝の時）に盛んとなり、修（秀、光武帝）は符命を集め、帝の事業と合致させ、（功績を石に）刻んで封禅に務める」とある。『孝経鉤命決《こうきょうこうめいけつ》』に、「誰と共に行おうか。赤（を象徴とする）劉（漢）の皇帝は、三（代目の文帝）に孝を建て、九（世代目に）修（秀、光武帝）に会し、専らここに力を尽くし、巡行して泰山に封禅する」とある。河図と洛書は、天命のあとであり、経書と緯書《いしょ》の伝えるところである。むかし帝尭《ぎょう》は、聡明で機微を知り、（帝位を）譲って庶民である舜《しゅん》に与え、後裔は枢機を握ることができた。王《おう》莽《もう》は外戚の家で、三公を独占し、宰相の権勢を利用して、周公《しゅうこう》・霍光《かくこう》が幼帝を補佐して後に政権を返上した義に仮託しながら、それを利用して簒奪し、（新と）僭号して自立した。（漢の）宗廟《そうびょう》は崩れ壊れ、社稷《しゃしょく》は失われ滅び、十八年に及び祭祀されなかった。

（こうした王莽の悪行に対して）揚州《ようしゅう》と徐州《じょしゅう》と青州《せいしゅう》の三州が乱の発端となり、兵士は横行して、（劉秀の住む）荊州《けいしゅう》にまで（乱は）及び、豪傑は合わせ併《あつ》まり、百里に駐屯し、往々にして帝号を僭称《せんしょう》した。北方の異民族は侵寇し、千里に（煮炊きによる）煙は立たず、雞の鳴き声や犬の吠え声すらなかった。皇天上帝《こうてんじょうてい》は、皇帝（となる劉秀）に目を留められ、民草の間に天命を授け、（漢を）中興させようとした。（そこで劉秀は）二十八歳で兵を興し、順番に討伐をして、十数年で罪人どもは成敗された。民草は、自らの田に居り、自らの家に安《くつ》ろげるようになった。文書は文字を同じくし、車は轍の跡を同じくし、人は倫理観を同じくした。舟や輿の通るところ、人跡が至るところでは、（漢に臣従して）貢物を捧げない者はなくなった。明堂《めいどう》を建設し、辟雍《へきよう》を建立し、霊台《れいだい》を起工して、庠序《しょうじょ》〔学校〕を設けた。法律と度量衡を同じくした〔五〕。五《ご》礼《れい》〔吉《きつ》礼・凶《きょう》礼・賓《ひん》礼・軍《ぐん》礼・嘉《か》礼〕を修め〔六〕、五《ご》玉《ぎょく》〔珪璧〕〔七〕・三《さん》帛《はく》〔纁《くん》・玄《げん》・玄《げん》〕〔八〕・二《に》牲《せい》〔羔《こう》・鴈《がん》〕〔九〕・一《いち》死《し》〔雉《ち》〕〔一〇〕を贄《し》〔一一〕として用意した。吏は、それぞれの職分に努め、（漢の）旧典を取り戻した。三十二年皇帝の位にあり、年は六十二歳である。努力して勤める日々、あえて怠ることをせず、危険を冒して、親しく民草を見て回り、神祇には恭しく仕え、老人には恵みを与え、庶民を統治して古《いにしえ》を遵び、聡明で寛恕である。皇帝は、ただ河図《かと》・洛書《らくしょ》の（封禅せよとの）正文を慎み（受け入れ）、この月の辛卯《しんぼう》に、柴祭《しさい》をし、泰山に登り封《ほう》じた。甲午《こうご》、梁陰《りょういん》に禅《ぜん》した。これにより天の霊験を受け、それにより万民の（安楽の）ためとし、永久《とわ》にこの漢が保たれ、後世に伝わろう。中央の百官・侍従の近臣、地方の郡守・将軍も、みな天の祝福を受け、永遠無窮となろう。秦《しん》の丞相《じょうしょう》の李斯《りし》が詩書を焚き、礼楽《れいがく》は崩壊した。建武《けんむ》元〔二五〕年以前に文書は散佚し、旧典も備わらず、（封禅を正統化する）経文を明らかにできない。（そこで文字の）細かい解釈の違いなどを比べること八十一巻、明らかな者を記して、また十巻を得たが、それでもすべてが明らかであるとは言えない。（『論語』八佾篇に）子貢《しこう》が（意義が不明瞭なので）告《こく》朔《さい》の際に羊の犧牲を捧げるのを止めるよう願うと、孔子は、「賜《し》よ、おまえは羊を惜しむが、わたしは（不明瞭という理由で、伝統ある）礼（が廃れてしまうこと）を惜しむ」と答えたという。（そのためあえて不完全なまま封禅したが）後世に聖人が現れたならば、（朕の）失誤を正し、石に刻んで記したまえ」というものであった〔三〕。

［劉昭注］

〔一〕応劭《おうしょう》の『漢官《かんかん》』に引く、馬第伯《ばていはく》の『封禅儀記《ほうぜんぎき》』に、「光武帝《こうぶてい》は（建武三十二〈五六〉年）正月二十八日に洛陽宮《らくようきゅう》を出発し、二月九日に魯国《ろこく》に到った。守謁者《しゅえっしゃ》の郭堅伯《かくけんはく》を派遣し、五百人を率いて泰山の道を整備させた。十日、魯国に宗室の劉氏たち及び（孔子の子孫の）孔氏《こうし》と瑕丘県《かきゅうけん》の丁氏《ていし》を集《つど》わせ、言祝《ことほ》ぎを奉り、恩賜を授け、みな孔氏の宅に至り、酒肉を賜った。十一日に（魯国を）出立し、十二日に奉高県《ほうこうけん》に宿営した。この日、虎賁中郎将《こほんちゅうろうしょう》（の梁松）を派遣して先に山に登らせ、三日にわたり（山頂への道を）点検させた。（梁松が）帰還すると、（その報告を受けて）道路を整備する者を千人増やした。十五日、はじめて斎戒沐浴《さいかいもくよく》をした。光武帝は泰山太守《たいざんたいしゅ》の庁舎で、諸王は泰山郡府の中で、諸侯は奉高県の役所の中で斎戒した。九卿・校尉・将軍・大夫・黄門郎《こうもんろう》・百官および宋公《そうこう》（の孔安）・衛公《えいこう》（の姫常）・褒成侯（の孔志）・東方の諸侯・洛陽内の小侯《しょうこう》たちは、城外の汶水《ぶんすい》のほとりで斎戒した。太尉《たいい》（の趙憙《ちょうき》）と太常《たいじょう》（の桓栄《かんえい》）は（山守である）山虞《さんぐ》の位置で斎戒した。馬第伯《ばていはく》が自ら言うには、「わたくしども七十人は、先に（泰山の）山虞（の位置）に行き、山を祀った祭壇およびもとの明堂宮、郎官たちが郊祭の際に並んだ場所を観ました。その幕府に入り、治石《ちせき》を発見しました。石は二枚あり、形状は平べったく、直径は九尺（約2.07m）、これは壇上の石です。そのうち一石は、武帝の時の石でした。このとき五台の車を用いても運べなかったため、山の下に置いて屋根を作り、五車石と呼ぶことにしました。四隅には（衝立である）距石《きょせき》があり、長さ一丈三尺

（約3ｍ）、広さ三尺（約69㎝）、厚さ一尺半（約34.6㎝）ばかりで、（全部で）四枚です。検石《けんせき》は、長さ三尺（約69.1㎝）、広さ六寸（約13.8㎝）で、形状は固く閉じた函のようでした。長検が十枚ありました。紀号石《きごうせき》が一つあり、高さ一丈二尺、広さ三尺（約69.1㎝）、厚さ一尺二寸（約27.6㎝）で、立石《りっせき》と名づけ、一枚で、文字を刻んで、功徳を記したものでした。この朝、山を登るのに騎馬して進みましたが、往けば往くほど道が険しくなるので、馬を下り、歩いて馬を引き、半ば歩き半ば乗り、ちょうど（道程の）半ばに差しかかったころ、中観《ちゅうかん》に至って馬を留めました。地表からは二十里（約8.29㎞）で、南を向き遠望すれば、視界に映らぬものはありません。天関《てんかん》を仰ぎ見れば、谷底から高峰を仰ぎ見るようでした。その高いことは浮雲を見るよう、その峻険なことは、石壁が深く遠く続き、道など無いかのようでした。遥かに人を望むと、腐った崖を行くように（危うく）、あるいは（小さく）白い石や雪にも見え、しばらく白いものが進んで樹を過ぎると、ようやくそれが人であると分かるほどでした。とくに登りはたいへんで、大の字になり石の上に寝そべり、しばらくしてまた動けるようになりました。また酒と食事を持ち、所々に泉水があることに頼り、目がそのたびに明らかになりました。また気力を振り絞って進むと、天関に至り、自分ではもう到着したと考えて、道中の人に聞くと、まだ十数里もあると言います。その道は山の狭間に近く、広い所でも広さ八・

九尺、狭い所は五・六尺でした。仰いで切り立った岩や松の樹を見ると、鬱蒼として雲の中にいるようです。覗《のぞ》いて谿谷を見ると、石が綿々と続き、その深さを計ることはできません。ついに天門《てんもん》に到達しました。仰いで天門を見ると、深く広く穴の中から天を見るようでした。そのまま上に登ること七里（約2.9㎞）、その（道が）羊の腸がぐねぐねとしているようなことから、環道《かんどう》と呼ばれる道があり、所々に持ち手が打ち込まれ、摑《つか》んで登れるようになっています。両隣の従者は助け上げ、前の人は牽引し、後の人は前の人の靴底を見、前の人は後の人の項《うなじ》を見るように登るさまは、重なっている人を描くようでした。いわゆる胸を磨き石を抱くというのは、天を摑むことの困難を言っていたのでしょう。はじめてこの道を登るには、十数歩行っては一旦休み、さらに疲労して喉と唇が枯れると、五・六歩で一休みするようになります。綿々と頭を下げ、道は日陰を避けず、前方に日の照っている場所があると、目にするものの両足は止まりました。日の出と共に食事を取り、夕方の遅くに天門に到達しました。郭使者《かくししゃ》（守謁者の郭堅伯）が銅物を入手しました。銅物の形状は鍾《しょう》のようで、また四角い柄に穴があり、誰も知る者が無く、封禅の祭具であるかすら疑わしいものでした。これを発見した者は汝南郡召陵県《じょなんぐんしょうりょうけん》〔河南省郾城の東〕の者で、姓は楊といい、名は通といいます。東へ登ること一里（約415m）あまりで、木甲《もくこう》を入手しました。木甲は、武帝の時の神です。

東北に百数歩行くと、封禅の儀の祭場を発見しました。始皇帝の立石および闕《けつ》は南方にあり、武帝のものはその北にありました。二十数歩行くと北垂の円台《えんだい》を発見しました。高さは九尺（約2.07ｍ）で、辺は円形で直径は三丈（約6.9ｍ）ばかり、東西の二ヵ所に階段があります。余人は従うことができず、皇帝のみが東の階段より登られます。台の上には壇があり、四角形で一辺は一丈二尺（約2.76ｍ）で、上に方石《ほうせき》があり、四隅に距石《きょせき》があり、四面に闕がありました。壇に向かい再拝して謁したところ、先人がたくさんの供え物を壇上に置いて行ったらしく、掃除されていませんでした。光武帝は、登頂後にこれを見ると、詔書を下し、「いわゆる酢梨《そり》と酸棗《さんそう》の狼藉《ろうぜき》というものか。銭が所々に数百も散らばり、進物が具えられる。武帝陛下が封禅をしようと泰山の麓に至り、まだ登らないうちに、百官が先んじて登って跪拝《きはい》し、梨と棗と銭を道に置き福を求めたと聞くが、これのことか」と嘆かれました。山頂の東側は名を日観《にちかん》といいます。日観というのは、一番鶏が鳴くころに、日の登ってくるのが見えるからです。長さは三丈ばかり、（ここで）秦の観測者は長安《ちょうあん》を遠望し、呉の観測者は会稽《かいけい》を遠望し、周の観測者は嵩山《すうざん》を遠望したのでしょう。北には石室《せきしつ》があります。壇の南には玉盤《ぎょくばん》があり、中には玉亀《ぎょくき》があります。山の南の脅神泉《きょうしんせん》は、これを飲むととても清美な味がして、体に良いものです。日が落ち始めてから下山を始め、行くことしばらくして、日暮時になると、しきりと雨が降り、道すら見えません。誰かがその前にいるはずなので、先に靴の跡で人のいることを確かめてから、足をあげてこれに続きました。一列になって天門の下に至ると、夜になったので休みました」といった」とある。

［二］『風俗通義《ふうぞくつうぎ》』（山沢篇）に、「岱《たい》は、胎《たい》（物のおこり）という意味である。宗は、長という意味である。万物の始まり、陰陽《いんよう》の交差する場所で、雲が石に触れて現れ、切れ切れに集まり、日の出のわずかな間にあまねく天下に雨を降らすのは、ただ泰山だけであろう。ゆえに五嶽の長とされる」とある。

［三］孔安国《こうあんこく》は『古文尚書《こぶんしょうしょ》』（尭典篇）に注をつけて、「九州の名山、大川、（泰山《たいざん》・衡山《こうざん》・華山《かざん》・恒山《こうざん》・嵩山《すうざん》の）五嶽《ごがく》、（江水《こうすい》・黄河《こうが》・淮水《わいすい》・済水《せいすい》の）四瀆《しとく》の類は、みな一時にこれを望祭する」といっている。孔安国はまた、「尊卑の別により、これを祀ることに譬える。五嶽は三公に準《なぞら》え、四瀆は諸侯に準え、その他の小さいものは九卿《きゅうけい》・大夫《たいふ》・伯《はく》・子《し》・男《だん》に準える」といっている。

［四］孔安国（『古文尚書』尭典の注に）は、「群神とは、丘陵となっている墳墓をいい、むかしの聖賢はみなこれを祀る」といっている。

［五］孔安国は『古文尚書』（尭典篇）に注をつけて、「（同律とは）音律を等しくすることであ

る」といっている。度は、丈・尺（といった長さ）、量は、斗《と》・斛《こく》（といった容積）、衡は、斤《きん》・両《りょう》（といった重さ）のことである。

[六] 孔安国は（『古文尚書』皐陶謨《こうようぼ》の注に）、「（五礼とは）公《こう》・侯《こう》・伯《はく》・子《し》・男《だん》（の礼）である。朝聘の際の礼である」といっている。范甯《はんねい》は（『春秋穀梁伝注疏《しゅんじゅうこくりょうでんちゅうそ》』巻四 桓公十四年に）、「吉《きつ》・凶《きょう》・賓《ひん》・軍《ぐん》・嘉《か》である」といっている。

[七] 范甯は、「（五玉とは）五等諸侯の玉で、珪璧《けいへき》のことである」といっている。

[八] 孔安国は、「諸侯の世子は（薄い赤の絹である）纁《くん》、公の子は（黒に赤みを帯びた絹である）玄《げん》、附庸の君は（黄色の絹である）黄《こう》を取る」といっている。范甯は、「玄・纁・黄は、（少師・少傅・少保の）三孤《さんこ》の取るところである」といっている。

[九] 范甯は、「（二牲とは、小羊である）羔《こう》と鴈《がん》である。卿は羔を取り、大夫は鴈を取る」といっている。

[一〇]（一死とは）雉《ち》である。士が取るものである。

[一一]（贄《し》とは）范甯は、「すべて皇帝が捕らえて贄とするものをいう」といっている。

[一二]『封禅儀記』に、「光武帝は、十九日に山虞《さんぐ》まで進み、帝は亭に留まり、百官は野営しました。この日、山上に雲気が立ち上って宮闕《きゅうけつ》（の形）をつくり、百官はみなこれを見ました。

二十一日の夕牲《せきせい》の時には、白気があり、広さ一丈（約2.3m）ほど、東南を遠望するにつけ濃厚となりました。このとき天は青々として雲一つありませんでした。（『礼記』の）瑞命篇《ずいめいへん》に、「泰山での瑞祥は、太陽の変化を徴とする」とあります」という。

二十二日辛卯《しんぼう》の日の明け方に、天を泰山《たいざん》の麓の南方で燎祭《りょうさい》し、群神もみな従祀して、楽奏は南郊《なんこう》の礼のようにした〔一〕。諸王と「二王の後」（である宋公・衛公）の二公と孔子の子孫である褒成君《ほうせいくん》は、みな祭祀を助ける位置についた〔二〕。祭事が終わり、（光武帝は泰山に）登り封じようとした。（すると）ある者が、「泰山は、すでに柴祭《しさい》に従食《じゅうしょく》（という形で祭祀が）されていますが、いま自ら泰山に登り功を告げられるのであれば、別に礼祭《れいさい》をすべきでしょう」と申しあげた。そこで謁者《えっしゃ》に命じて、一特牲を供え、いつも泰山を祀っている場所で、泰山に告祠させることにし、（その方法は）親耕《しんこう》・貙劉《ちゅうりゅう》・先《せん》祠《し》・先農《せんのう》・先虞《せんぐ》（を祀る際）の故事に従った。朝食時になり、御輦は山を登り〔三〕、正午を過ぎてから山上に到り衣服を着替え（て休息し）〔四〕、夕方の早い時間に位に就き壇について、北面した。群臣は席次に従って（光武帝の）後ろに連なり、西を尊位として、位に就き終わると壇に登った〔五〕。尚書令《しょうしょれい》が玉牒書《ぎょくちょうしょ》と石検《せきけん》を捧げ持ち、皇帝は一寸二分の璽《じ》を用いて親しくこれを封じた。終わると、太常《たいじょう》は人に命じて壇上の方石（のふた）を開けさせ［六］、尚書令は玉牒書を中に入れる。そののち、石蓋《せきがい》を戻して（玉牒書を）覆った。終わると、尚書令は五寸の印を用いて石検を封じた［七］。祭事が終わると、皇帝は再拝し、群臣が万歳を唱えた［八］。人に命じて刻んでおいた石碑を立てさせ、また道から（泰山を）下った［九］。

［劉昭注］

［一］『封禅儀記《ほうぜんぎき》』に、「晨《あけがた》の祭である。日の高さが三丈（約6.9ｍ）あまりに達したところで、（犠牲と共に柴を焼く儀礼である）燔燎《はんりょう》をした。燔燎の煙は、（泰山山頂を目指し）真っ直ぐ北に向かった」とある。

［二］『封禅儀記』に、「百官は、それぞれ位階の順に登る。（泰山）郡は、輦《れん》を三百用意したが、（それは）貴臣・諸公・王侯のためである。卿・大夫・百官は、みな歩いて登り、輦に乗る者はわずかであった」とある。輦というものは、干宝《かんぽう》の『周礼《しゅらい》』の注に、「両手で摑み運ぶ手《て》輿《こし》を輦という」とある。

［三］『封禅儀記』に、「光武帝は最初の輦に乗り、人が引いて泰山に登り、途中で休憩し、しば

らくしてまた登った」とある。

［四］『封禅儀記』に、「しばらくして、群臣は席次につき終えた」とある。

［五］『封禅儀記』に、「光武帝は台の上で北面し、虎賁《こほん》の兵が台の下で戟を交差して構えた」とある。

［六］『封禅儀記』に、「騶騎《すうき》は、総員二千人あまり、（これらに）壇上の方石（の上蓋）を開かせた」とある。

［七］『封禅儀記』に、「金を縒《よ》り合わせて縄を作り、石によって検を作る。（方石の）東方・西方のそれぞれ三ヵ所を検で封じた。検中の石泥《せきでい》および壇に用いる土は、色は赤白黒で、それぞれその方角の色に従った」とある。

［八］『封禅儀記』に、「万歳を唱えると、（その）音声は山谷中に轟《ひび》いた。（瑞祥である）気《き》が立ち上り天に至り、遠望しても山頂が見えなくなった。（しかし）山頂の人々は気のただ中にいたから、（万歳と同時に気が立ち上ったことを、その時は）知ることができなかった」とある。

［九］『封禅儀記』に、「封を終えて、しばらくしてから、百官に詔を下して順番に下山させ、皇帝はその後から下山した。数百人が繋がるようにして進み、たがいに押し合いへし合い、二十数里も百官が居並んだ。道は狭まり細くなり、深い谷や高い崖は高さ数百丈で、徒歩の従

者は腹ばうように道を行き、道沿いに松明を立て、止まっては進み、進んでは止まった。従者が大石を打ちつけると、石の音はまことに喧《かまびすし》く、しかし喧しい石の音だけでそれに応じて声をあげる者もなかった。（恐怖と疲労で）腸《はらわた》は治まらず、口はガチガチと震え閉じていられなかった。（下山は）夜中の後に及び、百官（が下山したの）は翌日の明け方に至った。百官のうち年のいった者は気力が衰え進むことができず、巖石の下に横たわった。翌日、太医《たいい》令《れい》は（光武帝のもとに）行ってお加減を伺った。光武帝は、「昨夜からの下山では、行こうとすれば先行者に遮られ、休もうとすれば後人に踏まれて、道は峻険で危なく、通行できないかと恐れた。国家《わたし》は苦労はなかったが、百官以下には夜露に濡れて宿営し（食事の代わりに）水を飲んだだけの者も多かったが、一人の落伍者もなく、一人の発病者もなかったのは、まさに天（の思し召しに封禅が叶ったことによるもの）である」と言った。泰山では激しい雨が多いが、今上のように（泰山に）柴祭してから登れば、（天気は）晴れ晴れとして温暖な気候になるのだろう。翌日（百官は）言《こと》祝《ほ》ぎを奉り、（光武帝は）百官に休息を賜った。祭事は終わって（泰山を）出発し、暮には奉高県《ほうこうけん》より三十里の地点で宿営を設けた。翌日に出発し、梁《りょう》甫《ほ》より九十里の地点で（梁甫での禅に向けて）夕牲《せきせい》した」とある。

二十五日甲午《こうご》、禅《ぜん》して地を梁陰《りょういん》に祀り、高后《こうこう》の呂氏《りょし》を配侑《はいゆう》し、山川の群神を従祭することは、元始《げんし》年間（一〜五年）の北郊《ほくこう》の故事のようにした〔一〕。四月己卯《きぼう》、天下に大赦して、建武《けんむ》三十二年を建武中元《けんむちゅうげん》元年と改元し、博県《はくけん》と奉高県《ほうこうけん》と嬴県《えいけん》（山東省莱蕪市の北西）の労役を免除し、建武中元元年の租《そ》と芻藁《まぐさ》とを供出させないことにした。吉日を選んで玉牒書《ぎょくちょうしょ》に刻み、（金属製の箱である）金匱《きんき》に収め、璽印《じいん》により封じた。乙酉《いつゆう》、太尉《たいい》に代行させ、特牲を捧げて高廟《こうびょう》に（封禅を行ったと）報告した〔二〕。太尉が金匱を奉じて高廟に告げ、廟室の西壁側にある石室のうち高主室《こうしゅしつ》の下に納めた〔三〕。

〔劉昭注〕

〔一〕服虔《ふくけん》は、「禅《ぜん》は、土地を広げることである」といっている。項威《こうい》は、「地を祓い清めることを墠《せん》という。後に墠を改めて禅といい、これを神祇とした」といっている。『封禅儀記《ほうぜんぎき》』に、「功績はこのよう、天の感応もこのようであったのに、群臣が言祝《ことほ》ぎを奉っても、光武帝は許さなかった」とある。

〔二〕『尚書《しょうしょ》』虞書《ぐしょ》（堯典篇）に、「（巡狩から）帰って、父祖の廟に（父祖を）祀って、特牲（である牛）を犠牲とした」とある。

［三］袁宏《えんこう》は、「そもそも天地というものは、万物のための官府であり、山川というものは、雲雨を齎《もたら》す丘陵である。万物が生育するには、官府の功が大きく、雲雨が潤いを恵むには、丘陵の徳が厚い。そのため天下を感化すれば、功績は天地と共にし、一国に潤いが及べば、恩徳は山川と一致する。このため王者が天下を治めるには、必ず天地を大本とし、諸侯が天子に報告する内容は、必ず山川を主体とする。（天子はその）体を天地に準《なぞら》え、その養育するさまを取り、（諸侯はその）礼として山川に告げ、その大本に帰すのである。『尚書《しょうしょ》』（堯典篇）に、「（天子である舜は）東へ巡狩して、泰山《たいざん》に至り、柴を焼いて天を祀った」とある。『春《しゅん》秋《じゅう》左《さ》氏《し》伝《でん》』（襄公《じょうこう》伝七年）に、「（孟献定子《もうけんていし》は諸侯である襄公が）后稷《こうしょく》を郊祀して、豊作を祈る（意味を知った）」とある。そもそも（天子が行う）巡狩は、徳化のほどを見るために常にすることで、（諸侯が行う）豊作の祈願は、民を慰撫するために定まってすることだが、なお誠実かつ盛んに薦めて、皇天上帝《こうてんじょうてい》に告げるようにする。ましてや制度を創設し物を改め、人と神とが聴くことを変える（封禅の）ようなものであれば、尚更である。そもそも禅譲されて天子の座を受ける者は、必ず至徳を天下に保ち、放伐して革命した者は、大功を天下万物に知らしめる。このため王者が始めて国家の基礎を築く際には、封禅の儀式をする。それ

は成功を神明に報告するためのものである。そもそも東方は万物の生まれる所で、山岳は霊気の集まる所である。そのため物の本質を求めるには、必ず万物の最初に生まれる所（である東方）で行い、その通ずる所を取るには、必ず集まる所（である山岳）で行う。その壇場を貴んで、これを封といい、その国家の交替を明らかにして、これを禅という。そうであれば封禅というものは、王者が政事を開くための大礼である。徳があまねく行き渡っていなければ、封禅の事を議論できず、功が行き渡っていなければ、封禅の礼を整えられない。長い時代ごとに一度する封禅の道は至高な行為である。このため黄帝《こうてい》・尭《ぎょう》・舜《しゅん》より（夏・殷・周の）三代に至るまで、それぞれ一度だけ封禅でき、まだ中間で封禅の礼を修めた者はない。（光武帝のような）前朝を継いで復興した君主は、その時代には功徳があっても、それはほぼ旧業を復活し、その前朝の政治を増修したに過ぎないであろう。（天命と）等しいことを自覚し国家を創造し、符と名を同じくして国家を革命したものではない（ゆえに光武帝が封禅を行うことは誤っている）。そもそも神道は貞一であり、その用は繁雑ではなく、天地は簡易であり、その礼は質素を尊ぶ。だから白茅《はくぼう》を敷物に用いるのは、それが誠に素朴なことを貴ぶためで、陶匏《とうほう》を器に用いるのは、それが容易に用いられるためである。そうであれば封禅の礼は、簡易であることがよい。（光武帝が封禅で使用した）石函《せきかん》や玉牒書《ぎょくちょうしょ》といったようなものは、天地の性にはそぐわないのである」と述べている。

祭祀志中 第八 北郊 明堂 辟雍 霊台 迎気 増祀 六宗 老子

北郊 明堂 辟雍 霊台

この年（中元元〈五六〉年）初めて（地を祀る）北郊《ほくこう》を造営したが、明堂《めいどう》〔一〕・辟雍《へきよう》〔二〕・霊台《れいだい》は、まだ行事には用いなかった〔三〕。（祖廟の中の）呂太后《りょたいこう》（の木主）を園陵に遷し、薄太后《はくたいこう》〔文帝劉恒の母〕を格上げし尊号を奉って高皇后《こうこうごう》と呼び、地（の北郊外）と高廟《こうびょう》に配侑《はいゆう》した。（この件に関しての）記述は（『続漢書』）光武帝紀《こうぶていき》にある〔四〕。

〔劉昭注〕

〔一〕『周礼《しゅらい》』考工記（匠人）に、「周《しゅう》の人は明堂《めいどう》といい、九尺〔約207㎝〕の筵《えん》により計った。（明堂の）東西は九筵〔八十一尺〕、南北は七筵〔六十三尺〕、堂の高さは一筵〔九尺〕、五室は、室ごと（の広さと長さはとも）に二筵〔十八尺〕である」という。鄭玄《じょうげん》は（注をつけて）、「明堂というものは、政教を明らかにするための堂である。周は（明堂の大きさを）計るときに、筵（という単位）を用いたが、王者は（殷が尋《じん》〈八尺〉という単位を使ったように）それぞれ改める。周は明堂の高さは九尺、殷は三尺、夏は一尺であった。それぞれ三倍である」と言っている。『孝経援神契《こうきょうえんしんけい》』に、「明堂は上が丸く下が四角で、八つの窓が四方に達し、政令を布告する宮であり、国の陽《みなみ》にある」という。『晏子春秋《あんししゅんじゅう》』（巻二 内篇諫下）に、「明堂のつくりは、下からは湿った暖気が立ちのぼらない（ようになっている）。上からは寒暖が入ってこない（ようになっている）。木で造って（金属で）飾らず、民に示して節度を知らせる」とある。『呂氏春秋《りょししゅんじゅう》』（恃君覧 召類）に、「周の明堂は、茅《ちがや》と茨《いばら》で（屋根を葺き）蒿《よもぎ》を柱とし、（入り口の）土の階段が三段しかない（簡素な）もので、それにより節倹を示した」とある。『漢《かん》書《じょ》』（巻二十五）郊祀志《こうしし》に、「武帝《ぶてい》は、明堂を奉高県《ほうこうけん》の傍らに営もうと考えたが、その構造が明らかでなかった。（そうした折）済南国《せいなんこく》（山東省章丘の一円）の人である公玉帯《こうぎょくたい》が、黄帝《こうてい》の時の明堂図《めいどうず》を献上した。明堂図の中には一つの宮殿が描かれ、四面ともに壁がなく、茅で屋根を葺《ふ》き、水を引いていた。水は宮殿の周囲を巡り、（そこに）復道（二階建ての廊下）を造り、その上に楼閣があって西南から入る。（これを）名付けて崑崙《こんろん》と呼び、（皇帝が中に入って）そこで上帝《じょうてい》を拝礼するものであった。こうして（武帝は）明堂を汶水《ぶんすい》のほとりに造り、公玉帯の明堂図のようにした」とある。『新論《しんろん》』に、「天は明るいことを称えられる、そのため（五帝を祀る場所を）名付けて明堂という。（明堂の）上が円形なのは天に則り、下が四角なのは地に則り、八つの窓があるのは八風に則り、四方に達するのは四時に則り、九つの室があるのは九州に則り、十二の坐があるのは十二月に則り、三十六の戸があるのは三十六雨に則り、七十二の牖《まど》があるのは七十二風に則る」とある。（張衡《ちょうこう》の著した）『東京賦《とうけいのふ》』に、「（明堂は前と後ろがつくりを異にする）復廟《ふくびょう》で（軒をつらねる）重屋《じゅうおく》であり、八つの窓があり九つの室がある」とある。薛綜《せつそう》の注に、「八達とは、室に八つの窓があることをいう。堂の後ろに九つの室があることは、周制の（明堂と）異なる部分である」という。王隆《おうりゅう》の『漢官《かんかん》篇《へん》』に、「そもそも古《いにしえ》の清廟《せいびょう》は茅葺きの屋根であった」とある。胡広《ここう》は、「古の清廟は、茅葺きで屋根を覆った。（それは）節倹を示すためである。今の明堂が、茅葺きで屋根を覆った後に、瓦をその上に乗せているのは、（茅葺きであった）古制を忘れないためである」といっている。

［二］『白虎通《びゃくこつう》』（辟雍篇）に、「辟雍《へきよう》は、礼楽をして、徳化を広げるためのものである。辟というものは、壁が円形であることに象《かたど》ることで天に則る。雍というものは、これを覆うのに水を用いることで、教化が（天下を覆い）わたることに象る。辟という言葉は積であり、天下の道徳を積むことを意味する。雍という言葉は壅《おお》うであり、天下の儀則を覆い集めることを意味する。このために辟雍という。（『礼記《らいき》』）王制《おうせい》に、「天子（の学校）は辟雍といい、諸侯（の学校）は泮宮《はんきゅう》という」とある。外が円形であるのは、見る者が等しく見えるようにと考

えたからである。また外が円形で内が方形（四角）なのは、徳は円であるべきことと、行いは方正であるべきことを明らかにしようと考えたからである」とある。

［三］『礼含文嘉《れいがんぶんか》』に、「礼によれば、天子の霊台《れいだい》は、天人の際と、陰陽《いんよう》の会を観るためのものである。（天の）星に現れる徴候《ちょうこう》を測り、六つの気の端緒を求め、神明の変化に応じ、日気に現れるところを見て、万物のために福を形のない彼方より取り、太極の清らかな泉を招いて、それにより農業の根本条件を整える。（『管子』巻一 牧民に、農業の収穫が多く）「倉庫が充実すると、（人々は）礼節を知るようになり、衣服と食料が足りると、栄誉と恥辱を知るようになる」（とある）。天子が霊台の礼を得れば、五車三柱《ごしゃさんちゅう》（という星宿）は、行うべき制度を明らかにして、その常態を失わせない。水泉や川流には、寒すぎたり暑すぎたりする災異はなく、陸沢や山陵には、穀物がすべて豊穣に実ろう」とある。このため（張衡の）『東京賦《とうけいのふ》』に、「（徳陽殿の）左には辟雍をつくり、右には霊台を立てる」という。薛綜《せっそう》の注に、「上から教えを広めるものは明堂といい、大いに楽に合わせ射饗《しゃきょう》をするものは辟雍といい、暦を司り節気を伺った結果を記すものは霊台という」とある。蔡邕《さいよう》の『明堂《めいどう》（月令《がつりょう》）論《ろん》』に、「明堂というものは、天子の太廟《たいびょう》であり、天子の祖先を尊び礼を尽くして、上帝に配侑するためのものである。（これを）夏王朝は世室《せしつ》といい、殷の人々は重屋《じゅうおく》といい、周の人々は明堂といった。

（これの）東は青陽《せいよう》といい、南は明堂といい、西は揔章《そうしょう》といい、北は玄堂《げんどう》といい、中央は太《たい》室《しつ》という。『周易《しゅうえき》』（説卦伝）に、「離《り》（という卦）の象は、（火と日できわめて）明らかなものであり、南方の卦である。聖人は南面して天下（の政務）を聞き、明るい方を向いて天下を治める」とある。人君の位で、南より正しいものはない、そこで五つの名がありながらも総称する際には（南をいう）明堂を用いる。その正中はみな太廟《たいびょう》という。天を受け時に従う命令を謹み、高徳の宗祀の礼を昭らかにし、先に功績のあった百辟《ひゃくへき》（諸侯）の労を明らかにし、老を尊び長を敬う義を起こし、幼なきに教え稚児に諭す学を顕らかにする。諸侯と朝礼をして造士《ぞうし》をその中より選び、それにより制度を明らかにする。生者はその能力に応じて至り、死者はその功績を論じて祀られる。このため（明堂を）大教の宮として、四学は備わり、官吏は備わるのである。（明堂は、『論語』為政篇にいう）たとえば北極星のように、その場所を動かないのに多くの星がこれを廻《めぐ》り、すべての現象がこれを戴くようなものである。（明堂は）政教が生ずるところであり、変化が起こるところであり、統一されていることを明らかにするものである。このため明堂の大義は深いというのである。その宗祀の清らかな貌を取れば、清廟《せいびょう》という。その正室の貌を取れば、太廟《たいびょう》という。その尊崇することを取れば、太《たい》室《しつ》という。その明に向かうことを取れば、明堂という。その四門の学を取れば、太学《たいがく》という。

その四面をめぐる水が丸いことと璧のようであることを取れば、辟雍《へきよう》という。名を異にしても事は同じであり、その実態は一つである。『春秋《しゅんじゅう》』は、魯《ろ》が宋《そう》の賄賂を受け取り、これを太《たい》廟《びょう》に顕示したことによって、聖王が清廟《せいびょう》・明堂を建てた義を明らかにしている。（『春秋左氏伝』桓公）経《けい》（二年）に、「郜《こう》の大鼎《たいてい》を宋より受け取り、太廟に納めた」とある。（『春秋左氏伝』桓公）伝《でん》（二年）に、「（これは）礼に背いている。人の君主たる者は、徳をみがき道に外れないよう防ぐものである。そこで（先王は）善徳を（物に）表現して子孫に示した。こうして（周の文・武二王の）清廟《せいびょう》は茅で葺き、その節倹を明らかにしたのである。そもそも（君主の）徳は、倹約で（尊卑の）別をわきまえ、上下の順に従い、文物と装飾によって世の秩序を正し、よい聞こえと明知とによって（君主の）徳を輝かせ、そうして百官のうえに臨み照らす。百官はこうして（君主を）恐れて身を慎み、あえて規律を乱さない」とある。大教を明らかにする理由である。周の清廟（の故事）によりこれを論じるのは、魯の太廟はみな明堂だからである。魯が周公《しゅうこう》を太廟・明堂に禘祀《ていし》することは、周が文王《ぶんおう》を清廟・明堂に宗祀《そうし》したようなものである。『礼記《らいき》』の檀弓《だんぐう》篇に、「王は清廟・明堂に斎禘《さいてい》する」とある。『孝《こう》経《きょう》』（聖治章篇）に、「文王を明堂に宗祀する」とある。『礼記《らいき》』の明堂位篇に、「太廟は、天子（の場合）は明堂という」とある。また（『礼記』明堂位篇）に、「成王《せいおう》は幼弱であったので、周公は天子の位に即き、それにより天下を治めた。諸侯を明堂に集め、礼を定め楽を作り、度量衡を頒布して、天下は大いに信服した。成王は周公を天下に勲功があるとして、魯公に命じて代々周公を太廟に禘祀する際に、天子の礼楽により祭祀を行わせた。（堂上で）清廟の詩を歌い、堂下では竹管を吹いて（大舞を）舞わせた」とある。魯が天下（の他の国々）と異なる理由である。（魯は）周の清廟の詩を採り、魯の太廟で歌い、魯の太廟が周の清廟のようであることを明らかにする。これはみな文王・周公の徳を明らかにし、それを子孫に示すためのことである。『易伝《えきでん》』の太初篇《たいしょへん》に、「天子は、朝には東学に入り、昼には南学に入り、夕方には西学に入る。中央ではこれを太学といい、天子が自ら学ぶ場所である」という。『大戴礼記《だたいらいき》』の保傅篇《ほふへん》に、「帝は東学に入り、親（なる父母）を尊び仁者を貴び、西学に入り、賢者を尊び有徳者を貴び、南学に入り、年長者を尊び信を貴び、北学に入り、貴人を尊び爵位を持つ人を貴び、太学に入り、師の訓えを受けて道を問う」とある。『易伝』と同じである。魏の文侯《ぶんこう》の『孝経伝《こうきょうでん》』に、「太学というのは、中学明堂の位である」という。『礼記』の古大明堂の礼に、「膳夫《ぜんふ》は（人を助けて礼を行わせる）相礼《しょうれい》である。日中には南闈《なんい》を出て、九侯の門子《もんし》を見る。夕方には西闈《せいい》を出て、五国の事を視る。夜には北闈《ほくい》を出て、帝の節猶《せつゆう》を視る」とある。『爾雅《じが》』（釈宮）に、「宮中の門は、これを闈《い》という」とある。（これは）王が明堂に居るときの礼である。また別に陰陽門《いんようもん》がある。東南は門と称し、西北は闈と称する。そのため『周礼《しゅらい》』（地官）に門闈の学がある。師氏は教えるのに三徳により王門を守り、保氏は教えるのに六藝《りくげい》により王闈を守る。それであれば師氏は東門・南門におり、保氏は西門・北門に居ることになる。国子に教えることを掌り、易伝と保傅《ほふ》の王が明堂に居るの礼と相俟って、四学を成していることが分かる。『礼記』文王世子《ぶんおうせいし》篇に、「およそ大合楽をするときは、その後に老を養う。天子が到着すると、そこで有司に命じて事を行い、恒例の儀式を挙行し、先師《せんし》・先聖《せんせい》を祀らせる。始めて（学校を立てた場合には）養老の儀礼をする場所に行くときに、（天子自ら）東序《とうじょ》に行って、先老に釈奠《せきてん》し、続いて三老《さんろう》・五叟《ごそう》（五更《ごこう》）の座席を設ける。教学の始まりに養老（の儀礼の場所）に行くのは、東方で歳が始まることに由るという」とある。また（『礼記』文王世子篇に）、「春と夏には干戈《かんか》（の武の舞）を教え、秋と冬には羽籥《うやく》（の文の舞）を教える。（舞の教育は）みな東序でする。およそ祭祀と（老人の賢者を招待して訓話をお願いする）養老乞言《ようろうきつげん》・（先王の法について討論する）合語《ごうご》の礼は、みな小楽正《しょうがくせい》が東序で行う」とある。また（『礼記』文王世子篇に）、「大司成《だいしせい》が論説する場所も東序である」という。そうであれば、教えることはみな東序でする。東序は、東の堂である。学者はここで教える。だから（東序を）太学と称するのである。仲夏の月（五月）、百辟《ひゃくへき》（多くの諸侯の君主）の卿士《けいし》

（臣下）で民に徳を施した者を祀らせる。『礼記』太学志篇に、「礼に、士大夫の聖人や善人に学んだものは、明堂に祀る。その地位の無い者は、太学に祀る」とある。『礼記』昭穆《しょうぼく》篇（祭儀篇）に、「先賢を西学に祀るのは、諸侯の徳を教えるためである」という。このように明らかに（太学は）国の礼をするための場所である。太学は、明堂の東序である。みな明堂と辟雍の中にある。『月令記《がつりょうき》』に、「明堂というものは、天の気を明らかにして、万物を統べるためのものである」という。明堂は、上は天に通じ、日月・星辰を象徴する。このため下に十二宮があり、日月・星辰を象《かたど》るのである。（明堂が）周囲に水を巡らせるのは、王者の動作は天地に則り、徳の広いのは四海に及ぶことを水に準えるためである。『大戴礼記《だたいらいき》』盛《せい》徳《とく》篇に、「明堂《めいどう》は九室で、茅を用いて屋根を蓋《おお》い、上は円形で下は方形である。水を外に巡らせており（これを）辟雍《へきよう》という」とある。『礼記』王制篇に、「天子が出征して、有罪の者を捕らえて帰った時は、太学において釈奠《せきてん》をして、捕虜の数を報告する」とある。『礼記』楽記篇に、「武王は殷を伐つと、捕虜を鎬京《こうけい》の太室《たいしつ》に薦めた」とある。『詩経』魯頌泮水《ろしょうはんすい》に、「勇武なる虎臣《こしん》は、泮宮におり馘《きりみみ》を献ずる」とある。（原文の）京は、鎬京《こうけい》である。太室は、辟雍の中の明堂の太室である。（太室は）諸侯の泮宮と同様に馘を献ずる。それは『礼記』王制篇に「捕虜の数を報告する」というものである。『礼記』（祭義篇）に、「明堂に祀るのは、諸侯が孝を教えるためである」という。『孝経』（応感章篇）に、「孝悌の至りは、神明に通じ、四海に満ち溢れて、行き渡らない所はない」とある。『詩経』（大雅 文王有声）に、「西から東から、南から北から、（有徳の人君を）思い慕わないものはない」とある。孝を行う者は明堂といい、悌を行う者は太学という。『孝経』はあわせて一義となし、鎬京の詩を称《たた》えてこれを明らかにした。およそこれらは皆、明堂と太室と辟雍と太学が、事跡は共通し文辞は合致することの証明である。その制度の数は、それぞれ法《のっと》るところがある。堂は（四角で）一方は百四十四尺、坤《こん》の策である。屋根は円形で、屋根の径は二百十六尺、乾《けん》の策である。太廟と明堂は（四角で）一方は三十六丈、通天屋《つうてんおく》は径は九丈、陰陽九十六の変である。円い屋根が四角に載るのは、九十六の道である。八つの窓は八卦を象《かたど》り、九室は九州を象り、十二宮は星辰に応じている。三十六の戸に七十二の牖《まど》、（すなわち）四戸ごとに八つの牖があるのは、九室の数を掛けるからである。戸はみな外に設けて閉じないのは、天下に（不当な資材を）蔵していないことを示すためである。通天屋が高さ八十一尺なのは、黄鍾《こうしょう》九九の実《じつ》である。二十八の柱は四方に列し、また七宿を象る。堂は高さ三丈で、三統に応じる。四郷五色は、その行を象る。外の広さが二十四丈なのは、一年二十四気に応じ、四方を水で囲むのは、四海を象る。王者の大礼である」と。

［四］袁宏《えんこう》『後漢紀《ごかんき》』に、「そもそも越人《えつひと》〔疎遠な人〕で批判する者は、かれを憎むからではない。親戚で褒める者は、これを優遇するからではない。（疎遠な人と親戚では評価する者の）情を置く地が異なるためである。このように公私の心は異なる。聖人はこうしたことを知り、彼此の理を明らかにし、公私の道を開いた。その結果として隠し諱むことの義が現れ、親を尊ぶ道も成長した。古《いにしえ》の人は先君の体が、なお今君の体であるかのように、近いところから推して遠いものを考えるので、先後の義が等しい。それならば、ましてその大悪を明らかにし、貶黜《へんちゅつ》をなすことは言うまでもない」とある。

北郊《ほくこう》は洛陽《らくよう》城の北四里にあり、方形の壇で四層重ねである［一］。建武《けんむ》三十三〔中元二〈五七〉〕年正月辛未《しんび》〔八日〕、北郊を祭祀して、別に地祇《ちぎ》を祀った。（地祇は）南面して（方壇の）西の上位に置き、高皇后《こうこうごう》（の木主）を配侑《はいゆう》し、西面して北の上位に置き、みな方壇の上に置く。（山川など）土地の群神を従食させ、これらをみな壇の下に置くことは、「元始《げんし》中の故事」のようにする。中嶽《ちゅうがく》（の嵩山《すうざん》）は未《み》の方角にあり、四嶽《しがく》（の東嶽泰《とうがくたい》山《ざん》・南嶽衡山《なんがくこうざん》・西嶽華山《せいがくかざん》・北嶽恒山《ほくがくこうざん》）はそれぞれの方角にあり、孟辰《もうしん》の地、中営《ちゅうえい》の内に置く。海は東にある。四瀆《しとく》は黄河を西、済水《せいすい》を北、淮水《わいすい》を東、長江を南とする。そのほかの山川は、それぞれの方角にあり、みな外営の内に置く。四層の壇に醊《てつ》し、および中外の営門に封神《ほうしん》することは、南郊のようにする。地祇と高皇后は、犢《こうし》を（犠牲に）それぞれ一頭用い、五嶽には牛一頭を供え、海と四瀆には牛一頭を供え、群神には牛二頭を供える。奏楽もまた南郊のようにする。そして神《しん》を送ったのちに、供物を壇の北側に埋める。

〔劉昭注〕

〔一〕張播《ちょうはん》の『後漢記《ごかんき》』に、「（北郊は）洛陽城の北六里（にある）」という。袁山松《えんさんしょう》の『後漢書』に、「行夏《こうか》の時と、殷祭《いんさい》の日とは、犠牲は黒毛を尊ぶ」とある。

明帝《めいてい》が即位し、永平《えいへい》二〔五九〕年正月辛未《しんび》〔十三日〕、初めて五帝《ごてい》を明堂《めいどう》に祀るにあたり、光武帝を配侑とした〔二〕。五帝の坐は堂の上に位置し、それぞれその方角による。黄帝《こうてい》が未《み》の方角に置かれること、みな南郊での配置のようにした。光武帝（の木主）の位置は青帝《せいてい》の南にあってやや下がり、西面させた。犠牲は（帝ごとに）それぞれ犢《こうし》一頭（を用い）、奏楽は南郊のようにした。事を終えると、霊台《れいだい》に登り、気の様子を観察した

［二］。

［劉昭注］

［一］『孝経』（聖治章篇）に、「（周公は父の）文王を明堂に宗祀《そうし》して、上帝に配食《はいしょく》した」とある。そのため鄭玄は、「上帝というものは、天の別名である。神《しん》に二つの木主《もくしゅ》（を配すること）はないので、文王の木主を（后稷《こうしょく》の木主が置かれる宗廟とは、別に明堂に置いて場所を）異にし、后稷（と文王の木主を二重に配してしまう事態）を避けたのである」といっている。

［二］杜預《どよ》は（『春秋左氏伝』僖公《きこう》）伝五年に注をつけて、「（原文の）雲物は、気のうちの災異《さいい》を現している。（雲物を観察することで）事前に妖祥《ようしょう》を察し、予《あらかじ》め備える」といっている。

迎気

四時《しいじ》の気を五郊《ごこう》（に祀る五帝）の兆域《ちょういき》に迎え（風雨が時節ごとに潤し、寒暑が四時ごとに順調であることを祈念す）る。（明帝の）永平《えいへい》年間（五八～七五年）より、『礼緯含文嘉《れいいがんぶんか》』および『礼記《らいき》』月令《がつりょう》篇に、五郊で迎気《げいき》のための服色の記述があることから、「元始《げんし》中の故事」を採用して、五郊（の祭壇）を洛陽《らくよう》の四方に建造した。中兆《ちゅうちょう》は未《み》の方角にあり、壇はみな三尺で、階には等がない。

立春の日は、春を東郊に迎え、青帝句芒《せいていこうぼう》を祀る〔一〕。車旗と服飾はみな青とし、青陽《せいよう》を歌い、八佾《はちいつ》により雲翹《うんぎょう》の舞を舞う。これにより文官の太傅《たいふ》・司徒《しと》以下に、縑《けん》を賜うことそれぞれ差がある。

立夏の日は、夏を南郊に迎え、赤帝祝融《せきていしゅくゆう》を祀る〔二〕。車旗と服飾はみな赤とし、朱明《しゅめい》を歌い、八佾により雲翹の舞を舞う。

立秋より十八日前には、黄霊《こうれい》を中兆に迎え、黄帝后土《こうていこうど》を祀る〔三〕。車旗と服飾はみな黄とし、朱明を歌い、八佾により雲翹の舞と育命《いくめい》の舞を舞う〔四〕。

立秋の日は、秋を西郊に迎え、白帝蓐収《はくていじょくしゅう》を祀る〔五〕。車旗と服飾はみな白とし、西皓《せいこう》を歌い、八佾により育命の舞を舞う。謁者《えつしゃ》に命じて一特牲を供えて先虞《せんぐ》を壇に祀らせる。（国家に大）事があれば、天子が苑囿《えんゆう》に入って犠牲を射て、（その犠牲により）宗廟を祀る。（この祭祀を）名づけて貙劉《ちゅりゅう》という。その記録は（『後漢書』志五）礼儀志中にある。

立冬の日は、冬を北郊に迎え、黒帝玄冥《こくていげんめい》を祀る〔六〕。車旗と服飾はみな黒とし、玄冥を歌い、八佾により育命の舞を舞う〔七〕。

〔劉昭注〕

〔一〕（蔡邕の）『月令章句《がつりょうしょうく》』に、「（東郊が）邑から八里離れるのは、（五行の）木の数に基づいている」とある。

〔二〕『月令章句』に、「南郊が（邑から離れること）七里なのは、火の数に基づいている」とある。

〔三〕『月令章句』に、「（中兆が）邑から五里離れるのは、土の数に基づいている」とある。

〔四〕魏の繆襲《ぼくしゅう》が議して、「漢には雲翹の舞と育命の舞がありましたが、その起源を知ることはできません。古くは（雲翹の舞と育命の舞で）天を祀りましたが、今は雲翹の舞により円丘《えんきゅう》を祀ることを兼ね、育命の舞により方沢《ほうたく》を祀ることを兼ねるべきでしょう」と言った。

〔五〕『月令章句』に、「西郊が（邑から離れること）九里なのは、金の数に基づいている」とある。

〔六〕『月令章句』に、「北郊が（邑から離れること）六里なのは、水の数に基づいている」とある。

〔七〕『献帝起居注《けんていききょちゅう》』に、「建安《けんあん》八（二〇三）年、公卿に気を北郊に迎えさせ、改めてまた八佾の舞を用いた」とある。『皇覧《こうらん》』に、「迎礼《げいれい》、春・夏・秋・冬の楽は、また天道に順う。このため冬至を過ぎること四十六日、天子は春を東堂《とうどう》に迎える。都から八里離れている。堂の高さは八尺、堂の陛《へい》は八等である。青（い馬）を八乗停め、旗旄《きぼう》は青を尊ぶ。田車には矛を載せて、助天生《じょてんせい》と号する。楽を歌うには角《かく》を基調とし、舞うには羽翟《うてき》を用いる。これが迎春の楽である。春分を過ぎること四十六日、天子は夏を南堂《なんどう》に迎える。都から七里離れる。堂の高さは七尺、堂の陛は七等である。赤（い馬を）七乗停め、旗旄は赤を尊ぶ。田車には戟を載せて、助天養《じょてんよう》と号する。楽を歌うには徴《ち》を基調とし、舞うには鼓鞉《ことう》を用いる。これが迎夏の楽である。夏至を過ぎること四十六日、天子は秋を西堂《せいどう》に迎える。都から九里離れる。堂の高さは九尺、堂の階は九等である。白（い馬）を停めること九乗、旗旄は白を尊ぶ。田車には兵を載せて、助天収《じょてんしゅう》と号する。楽を歌うには商《しょう》を基調とし、舞うには干戚《かんせき》を用いる。これが迎秋の楽である。秋分を過ぎること四十六日、天子は冬を北堂《ほくどう》に迎える。都から六里離れる。堂の高さは六尺、堂の階は六等である。黒（い馬）を停めること六乗、旗旄は黒を尊ぶ。田車には甲鉄鍪《こうてつぼう》を載せて、助天誅《じょてんちゅう》と号する。楽を歌うには羽《う》を基調とし、舞うには干戈を用いる。これが迎冬の楽である」とある。

増祀

章帝《しょうてい》は即位すると、元和《げんわ》二〔八五〕年正月、詔して、「山や川の多くの神で祭祀すべきものは、まだ尽きてはいない。その多く祀の中から祭祀を受けるべきものを増し（祀典を）修めることを議せよ」とした[一]。

（元和二〈八五〉年）二月、章帝は東方に巡狩して、泰山《たいざん》に至ろうとしたが、その道中で使者に一太牢《たいろう》を捧げて、帝尭《ていぎょう》を済陰郡成陽県《せいいんぐんせいようけん》の霊台《れいだい》で祀らせた。章帝は泰山に至ると、光武帝が山の南に造った祭壇と兆域を修復した。辛未《しんび》〔十五日〕、柴を焚いて天地と群神を祀り、（その祭祀は漢家の）故事のようにした。壬申《じんしん》〔十六日〕、五帝を孝武皇帝が作った汶水《ぶんすい》のほとりの明堂に宗祀し、光武帝を配侑すること、洛陽《らくよう》の明堂の礼のようにした。癸酉《きゆう》（十七日）、さらに高祖〔劉邦〕・太宗《たいそう》〔文帝〕・世宗《せそう》〔武帝〕・中宗《ちゅうそう》〔宣帝〕・世祖《せいそ》〔光武帝〕・顕宗《けんそう》〔明帝〕を明堂に告祀し、それぞれ一太牢を用いた。祭事を終え、そこで東方の諸侯を謁見した。王侯と群臣に饗宴を賜与した。こののち郡国を巡行し、魯《ろ》に行幸して、東海恭王《とうかいきょうおう》（の劉彊）、および孔子とその七十二弟子を祀った〔二〕。四月、京都《けいと》（洛陽）に帰還した。庚申《こうしん》（五日）、告祭（の日）が至り、高廟と世祖廟を祀り、それぞれ一特牛を用いた。また霊台十二門のために詩を作り、それぞれの月に祀る際に演奏させた。和帝《わてい》は（祭祀を）増改しなかった。

〔劉昭注〕

〔二〕『東観漢記《とうかんかんき》』に、「（章帝は）詔して、「経《けい》（『尚書』洛誥篇）に、「大いなる祭祀を挙げ正して、

（祭礼の）すべてが秩序正しく乱れないようにせよ」とある。（『礼記』）祭法《さいほう》に、「功を民に施した時はこれを祀り、命を捧げて国事に勤めた時はこれを祀り、功労があり国を定めた時はこれを祀り、よく大きな災害を防いだ時はこれを祀る。太陽・月・星は、民の仰ぎみるところであり、山林・川谷・丘陵は、民の（必要な）財物を取るところである。この類でないものは、祭祀の典礼には入れられない」とある。『春秋左氏伝《しゅんじゅうさしでん》』（桓公伝六年）に、「聖王は、まず民を十分にしてから、その後に神々に力を尽くす」とある。また、『春秋左氏伝』（昭公伝元年）に、「山川の神は、水害・旱害・流行病などの災いがあれば、それらの神を祀り加護を祈る。太陽・月・星辰の神は、雪霜・風雨が時候に応ぜず（災害となれば）、それらの神を祀り加護を祈る」とある。孝文皇帝《こうぶんこうてい》の十二年の令に、「このごろ五穀が実らないので、諸神の祭祀を増やそうと思う」とある。（『礼記』）王制篇に、「山川の神々に対して、（その祭祀を）怠っている者は、不敬とする」とある。いま恐れるに、山川の多くの神で祀典を修め祭祀すべきものが、なおまだ尽《ことごと》くは祀られていない。その多くの祀《まつり》の中から祭祀を受けるべきものを増し、（祀典を）修めることを議して、豊年を祈って良き福を致し、万民を憩わせよう。『詩経《しきょう》』（周頌 時邁《じまい》）に、「（武王の文徳は天地・山川の）百神を（祀って）懐《なつ》け柔らげ、黄河の神や泰山の神にも及んだ」とある。豊作の年には功を報告し、（朕が）私的に幸いを望むものではない。どうして言葉を同じくし、義が一つになることを厭《いと》おうか」とした」とある。

〔二〕『漢晉春秋《かんしんしゅんじゅう》』に、「闕里《けつり》というものは、仲尼《ちゅうじ》（孔子）の故宅である。魯城の中にある。皇帝は廟に登って西面し、群臣は中庭に北面し、みなで再拝する。皇帝は爵を進めた後に座る」とある。『東観漢記《とうかんかんき》』に、「祠礼《しれい》が終わると、（皇帝は）儒者に命じて（互いに経義を）議論させた」とある。

六宗

安帝《あんてい》は即位すると、元初《げんしょ》六〔一一九〕年、尚書歐陽《しょうしょおうよう》家の説が、六宗《りくそう》は天地と四方の中にある、とすることに基づき、（六宗を）上下と四方の宗であるとした。（そして）「元始《げんし》中の故事」に、六宗を易《えき》の六子の気、すなわち日・月・雷公《らいこう》・風伯《ふうはく》・山・沢とすることを正しくないとした。三月庚辰《こうしん》（十二日）、初めて六宗を立て、洛陽《らくよう》の西北の戌《いぬ》亥《い》の地に祀り、祭礼は社稷《しゃしょく》に準えるものとした〔一〕。

〔劉昭注〕

〔一〕（『礼記』）月令《がつりょう》篇に、「孟冬（の十月、天子は）天宗《てんそう》に祈る」とある。盧植《ろしょく》の注に、「天宗は、六宗の神である」という。『李氏家書《りしかしょ》』に、「司空の李部《りこう》が南郊《なんこう》に侍祠《じし》したとき、六宗の祭祠を見なかった。（そこで李部は）上奏して、「『尚書』（尭典篇）を調べてみますと、「そして上帝を類祭《るいさい》して、六宗を禋祭《いんさい》した」とあります。六宗というものは、上は天に及ばず、下は地に及ばず、傍は四方に及ばず、六合《りくごう》の中にあり、陰陽を助けて、化して万物を成すものです。前漢の初め甘泉《かんせん》と汾陰《ふんいん》で天地を祀った時にも、また六宗を禋祭しました。孝成皇帝《こうせいこうてい》の時、匡《きょう》衡《こう》が上奏して南北郊祀《こうし》を立てた時にも、また六宗を祀っています。王莽《おうもう》に及び、六宗を「易の六子」としました。（光武帝は）建武《けんむ》年間（二五～五六年）に洛陽《らくよう》を都とされ、祭祀を制する時に六宗を祀ると言いませんでした。このため（六宗の祭祀は）廃止されて犠牲を捧げ祀らなくなりました。今どうか（漢家の）旧制を復活すべきです」と申しあげた。（安帝は）制して、「三公《さんこう》・九卿《きゅうけい》に下して（六宗の祭祀の復活を）議せよ」とした。五官中郎将《ごかんちゅうろうしょう》の行弘《こうこう》たち三十一人の議は、（六宗を）祀るべきであるとし、大鴻臚《だいこうろ》の龐雄《ほうゆう》たち二十四人の議は、（六宗を）祀るべきではないとした。安帝は、（六宗を祀るべしとする）李部の議に従った。これにより（後漢は安帝期より）六宗を祀ることになった」とある。

六宗の解釈は、伏生《ふくせい》より後代に及ぶまで同じではない。いま並びに抜き書きして集め、その論を明らかにしよう。虞書《ぐしょ》（『尚書』尭典篇）に、「上帝を類祭《るいさい》し、六宗を禋祭《いんさい》して、山川を望祭《ぼうさい》した」とある。伏生と（その説を継承する）馬融《ばゆう》は、「万物は天でなければ覆えず、地でなければ載せられず、春でなければ発生せず、夏でなければ成長せず、秋でなければ収穫できず、冬でなければ貯蔵できない。六宗を禋祭するとは、これらを祀ることをいう」といっている。歐陽和伯《おうようかはく》と夏侯建《かこうけん》は、「六宗とは、上は天といわず、下は地といわず、傍は四方といわず、六者の間にあり、陰陽を助けて変化するものである」といっている。孔安国《こうあんこく》は、「意を専らにして祭祀する、これを禋という。宗は、尊という意味である。尊んで祀るもの、その祭祀には六種がある。（羊と豕の犠牲である）少牢《しょうろう》を（四時を祀る）太昭壇《たいしょうだん》（泰昭壇）に埋めるのは、四時を祀る。（祀るために地にうがった穴である）坎《かん》に祓い（地に築いた）壇に祈るのは、寒暑を祀る。（日を祀る壇である）王宮では、日を祀る。（月を祭る壇である）夜明《やめい》では、月を祀る。（星を祀る壇である）幽禜《ゆうえい》では、星を祀る。（雨乞いの祀りを行う壇である）雩《う》禜《えい》では、洪水と旱魃を祀る。六宗に禋祭するとは、これらを祀ることをいう」とする。『孔《く》叢子《ぞうし》』（論書篇）に、「（孔子の弟子の）宰我《さいが》が、六宗（とは何か）を孔子に尋ねた。孔子の答えは孔安国説のようであった」とある。

臣《わたくし》劉昭が考えますに、（『孔叢子』に載せる）この解答がもし本当に孔子の説であれば、後の儒者が（多くの説を立てて）紛然とすることはありません。文を挙げて考えみますと、劉《りゅう》歆《きん》は、「六宗とは、水・火・雷・風・山・沢をいう」と述べ、賈逵《かき》は、「六宗とは、日宗・月宗・星宗・岱宗・海宗・河宗をいう」と述べ、鄭玄《じょうげん》は、「六宗は、星・辰・司中・司命・風伯・雨師である。星は、五緯である。辰とは日月の出会う所の十二次をいう。司中と司命は、文昌宮《ぶんしょうきゅう》の第五星と第四星である。風伯は、箕宿《きしゅく》である。雨師は、畢宿《ひつしゅく》である」と述べています。西晉の武帝《ぶてい》の初めに、司馬彪《しばひょう》は上表して、六宗の祭祀に駁議《ばくぎ》して、「臣《わたくし》が考えますに、天帝は類祭するものであり、（六宗のように）禋祭するものは天ではありません。山川は望祭するもので、海と岱は六宗ではありません。六宗はなお包山《ほうざん》のようなもので、望祭すれば秩することはできません。伏生と劉歆・賈逵（の説）は、その正しさを失っています。六合の間は、制典の及ぶところではなく、六宗の数は、一つの名ではありません。陰陽の説も、正しくありません。五緯を合わせて一として、文昌宮を分けて二となし、箕宿と畢宿を辰に属させ、風伯と雨師をまた特別に位としているのは、鄭玄の誤りです。孔安国は『礼記《らいき》』祭法篇に基づき六宗を考えましたが、天地を上に除き、その四方を下に残し、その中を取って六宗としています。四時・寒暑・日月・衆星を水旱と合わせれば、宗は八となり、六宗にはなりません。『春秋《しゅんじゅう》左《さ》氏《し》伝《でん》』（昭公 伝元年）に、「山川の神は、水害・旱害・流行病などの災いがあれば、それらの神を祀って加護を祈る。日月・星辰の神は、雪霜・風雨が時候に応ぜず、

（災害となれば）それらの神を祀って加護を祈る」とあります。また、『春秋左氏伝』（桓公伝五年）に、「龍が現れれば雩祭《うさい》をする」とあります。このようであれば、（禜《えい》も雩も、孔安国が言うような六宗の祭祀方法ではなく）禜というものは、日月・星辰・山川の祭祀の名称であり、雩というものは、周人が四月に天を祀り雨を求める（祭祀の）名称です。雪霜の災害は、そもそも禜の祓う所ではなく、雩祭の礼は、正月に祈る所ではありません。周人は後から『尚書』堯典篇を説いたので、このため学者はそのすべてを理解できないのです。かつ上帝を類祭するのは、天を礼《れい》するためです。山川を望祭するのは、禜が及ぶ所だからです。『周礼《しゅらい》』（春官 大宗伯）を調べてみますと、「（禋祀《いんし》により）昊天上帝《こうてんじょうてい》（を祀り）、（実柴《じっさい》により）日月・星辰（を祀り）、（槱燎《ゆうりょう》により）司中・司命・風伯・雨師（を祀り）、（血祭《けっさい》により）社稷・五祀・五嶽（を祀り）、（貍沈《ばいちん》により）山林・川沢（を祀り）、（疈辜《ひょくこ》により）四方百物（を祀る）」とあります。また（『周礼』春官 小宗伯に）、「四郊に五帝の兆域を造（って祀）り、四望・四類も同じようにする」とあります。六宗の兆域は、ないのです。（『礼記』）祭法《さいほう》篇に、「天を祀り、地を祀り、時を祀り、寒暑と日月星を祀り、洪水と旱魃を祀り、四方の神を祀り、山林・川谷・丘陵が雲を出し、風雨を起こし、怪異を表すものは、みなこれを神とする。天下を統治する者は、百神を（ことごとく）祀る」とあります。（六宗は）これらの類ではないのです。祀典にはなく、また六宗の文もありません。明らかに六宗を禋祭《いんさい》することは、『礼記』祭法篇のともにする所であり、『周礼』の祀る所は、虞書《ぐしょ》（『尚書』堯典篇）の宗とする所です。どうか取り立てて六宗の祭祀を立てるべきではありません。（『周礼』の）春官大宗伯の職は、玉により六器を作り、それにより天地四方を礼することを掌ります。蒼璧《そうへき》により天を礼し、黄琮《こうそう》により地を礼し、青圭《せいけい》により東方を礼し、赤璋《せきしょう》により南方を礼し、白琥《はくこ》により西方を礼し、玄璜《げんこう》により北方を礼します。天宗は、日月・星辰・寒暑の属です。地宗は、社稷《しゃしょく》・五祀の属です。四方の宗というものは、四時・五帝の属です。このようであれば、群神はみな秩して廃止すること無く、百礼はあまねく修めて乱れず、理で通ずることでしょう」と申し上げました。幽州の秀才である張髦《ちょうぼう》は、また上疏して、「六宗を煙祭し、祖先を祭祀する際に、尊ぶものは六つです。何によって、こう考えられるでしょうか。『周礼』および『礼記』王制篇に、「天子が征伐に出かけようとする時には、上帝を類祭《るいさい》し、社を宜祭《ぎさい》し、禰《でい》（廟の霊）を造祭《ぞうさい》する。四方に巡狩《じゅんしゅ》し、諸侯を接見し、帰還して祖禰《そでい》（の廟）に至り、特牛を供えて報告する」とあります。（『尚書』）堯典篇もまた、「そこで上帝を類祭し、六宗を禋祭し、山川を望祭し、群神をあまねく祀った。（諸侯の印章として渡して、その後一度集めた）瑞《ずい》を（過ちが無ければ）諸侯に返し、それから東方の諸侯を引見した。四時・十二月を合わせて日を定め、律や度量衡を等しくした。巡狩すること一年でまわり、爾《なんじ》はそこで帰って父祖（の廟）に至り、特牛を供えて報告する」とあります。臣《わたくし》が考えますに、『尚書』と『礼記』王制篇（の記述）は、事を同じく義を一つにして、符節が互いに合致しています。六宗に禋祭するとは、まさしく祖先を宗廟に祀ることをいうのです。文祖《ぶんそ》の廟の六宗は、三昭《さんしょう》と三穆《さんぼく》です。もし（六宗を解釈する他の）十家の説のようであれば、すでにそれぞれ義を異にし、上下は違い背き、かつ祖先への礼を失わせます。これらを礼に考え、これらを祀典に考えると、尊卑の序が失われます。もしただ上帝に類祭し、祖禰《そでい》に禋祭せずに行けば、行くときに告げずに、帰るときに至れましょうか。これにより六宗を考えれば、（六宗が三昭と三穆を宗廟に祀る、ということが）明らかであると知られます。『礼記』礼運篇に、「あの政治は必ず天に基づき、（天に）倣って命令を下す。命令が社から下る、これを地に倣うという。祖廟から下る、これを仁義という。山川から下る、これを興作《こうさく》という。五祀から下る、これを制度という」とあります。また（『礼記』礼運篇）に、「（王が）上帝を南郊に祀るのは、天（を尊んで最高の）位を定めるためである。社を国（中）に祀るのは、地の財利（の功）を並べ数えるためである。祖を宗廟《そうびょう》に祀るのは、（先祖の）仁に報いるためである。山川（を祀るの）は、鬼神《きしん》を尊敬するためである。五祀《ごし》（を祀るの）は、制度（を作った功績）に報いるためである」とあります。

また（『礼記』礼運篇）に、「礼を尽くして郊祭され、多くの（星宿の）神もその職を受ける。礼を尽くして社祭され、多くの五穀や金玉をすべて利用できる。礼を尽くして祖廟を祀れば、（天下の人々が）孝慈になる。礼を尽くして五祀を祀れば、（制度をつくる）法則を正しくできる。それゆえ郊・社・祖廟・五祀の祀りは、義の飾りであり礼の蔵である」とあります。およそこれはみな孔子が、尭《ぎょう》・舜《しゅん》（の事跡）を祖述し、（夏・殷・周の）三代の教えを記したものです。（このため孔子が）著して祀典にあるものは、首尾が一貫しています。（祭祀は）みな天地を先とし、祖宗を次とし、山川の群神を後にします。このゆえに『礼記』祭法篇に、「（黄帝《こうてい》・顓頊《せんぎょく》・嚳《こく》・尭《ぎょう》・舜《しゅん》・禹《う》・湯王《とうおう》の）七代の間に変わったものは、禘・郊・宗・祖（の祭りの時に配享する先祖の名）である」というのです。（『尚書』尭典篇に）明らかなように、舜は（尭の帝位の）終わりを文祖《ぶんそ》の廟〔尭の太廟〕で受け、渾天儀《こんてんぎ》で観察して、（日・星・五星の運行の法則である）七政《しちせい》を考え、天命の定まったことを審《つまび》らかにした後、郊廟に（自らの即位を）報告しました。まさに義として（『尚書』）尭典篇にかなう者は、周公その人です。（周公は）郊祀をして（天を祀り、周の祖先の）后稷《こうしょく》を天に配し、文王を明堂《めいどう》に宗祀《そうし》して上帝に配しました。このために四海の内から、それぞれの職によって祭りを手伝う者がやって来たのです。その位に居り、その事を行い、天地を郊祀して、群神に礼を供し、天下を巡狩しながらも、それなのにその祖宗（への祭祀）を残すことは、恐らくは有虞《ゆうぐ》（舜）の志ではありません。五嶽《ごがく》を三公《さんこう》に準え、四瀆《しとく》を諸侯に準えるのは、みな先儒の説を案じたものですが、水旱と風雨より五嶽と四瀆を先とし、祖先を後にして上帝を次にするのは、まことに種類を錯《さく》綜《そう》して祀典を乱すものです。臣が考えますに、十一家（の六宗の説）はみな非であります」と申し上げた。太学博士《たいがくはくし》の呉商《ごしょう》は、「禋《いん》という言葉の意味は煙《えん》です。三つの祭は、みな柴を積んで犠牲を用います。（六宗のように）煙を登らして陽に報告する祭祀は、（張髦《ちょうほう》が言うような）宗廟を祀る祭祀の名ではありません。鄭玄《じょうげん》が諸々の儒者の説に従わない理由は、『周礼』に依拠しようとすると、禋祀はみな（対象が）天神となるためです。日・月・星・辰・司中・司命・風伯・雨師はすべてで八つ、そのうち日・月はともに郊祭をします。そのため日・月以外の余りを六宗とするのです。『尚書』は六宗に禋祀《いんし》するとし、『周礼』の記述と符合するため、『周礼』に依拠して六宗の説を成しているのです。かつ文昌《ぶんしょう》は大きな括りがあるとはいえ、星の名は（それぞれ）異なり、その日は同じではなく、このため事情に従ってこれを祀るのです。そして文昌の七星は、すべてを祀れず、その第四星（の司命《しめい》）・第五星（の司中《しちゅう》）を祀るのは、これも『周礼』（を典拠とするの）です。（それなのに鄭玄説を批判する者は）また文昌の体裁を知らないのに、また（鄭玄が）妄りに引いて司中・司命とした、としています。箕宿《きしゅく》と畢宿《ひっしゅく》の二星は、すでに辰とは関係なく、かつ（文昌と）同じく事情に従ってこれを祀る例です。関係することを嫌っているわけではありません」とした。范甯《はんねい》は、虞書（『尚書』尭典）に注をつけて、「衆議を考え観察すると、それぞれの説に難がある。（その中で）鄭玄の証拠は最も詳細で、このためにこれを附す。六宗の衆議を調べると、どれが正しいのか知ることができない」と言っている。虞喜《ぐき》の『別論』に、「地には五色があり、太社《たいしゃ》はこれを象《かたど》る。五をまとめて一とすれば（あわせて）六となり、六は地の数である。経典の字句を調べてみても、欠けていて地祭の記述は無いので、（六宗は）地を祀る（祭祀な）のである」とある。臣昭《わたくし》は、「六宗（の説）は紛々として、多くの解釈が相互に起こり、ついにすべてを通ずることは無く、またひとえに否定もし難いものです。歴代弁じてきた碩儒《せきじゅ》も、結局まだ正しく定められていません。鄭玄は（儒者の）宗と見られており、ここに多くの支持が寄せられています。どうしてそれぞれ自分の志を（言わないか）とは、孔子の許す所であり、（臣が）自らの一説を明らかにしても、またどうして傷むことがありましょうか。秘かに考えますに、祭祀の敬うべきは、天と地より大きいものはありません。『尚書』尭典篇のはじめに（天地の祭祀を）載せ、いよいよ久しくいよいよ盛んとなりました。これは学者がそれぞれ求めた所を尽くすべきです。臣昭《わたくし》が考えるに、虞喜が（六宗を）地を祀る（祭祀）

とすることは、その実を得るに近いと思います。しかし虞喜が、（地の）五色を分け、五を合わせて六になるとすること、また（六宗の祭祀方法である）禋に通じていないことは、なお疑いを抱かせます。『尚書』尭典篇を見ると書かれている「そこで上帝《じょうてい》を類祭する」とは、天を祀ることです。天には天といわず上帝というのは、上帝が天神の極みであり、上帝を挙げれば天神はここに尽き、日月や星辰はこれにより知れるからです。「六宗に禋祭する」とは、まことに地を祀ることです。地には地といわず六宗というのは、六は地数の中だからで、中を挙げてこれにより数を備えれば、社稷などの祭祀は、これにより知ることができるからです。天は神と称して上にあり、地は数を表して中にあります。仰ぎ観て俯瞰《ふかん》し観察して、異とする理由です。宗というものは、尊崇の称であり、これもまた敬を尽くすという意味です。禋というものは、埋祭という意味です。本当は瘞埋《えいまい》〔地の祭祀〕の異称であり、周の煙祭ではありません。そもそも文字が神の意味を持つときには、必ず今の「示」偏をつけます。今の「示」は古《いにしえ》の神なのです。社稷という字が、神という実態を持たないことはない理由です。『尚書』尭典篇は同じではなく、祭祀の名称はここと隔たっています。『周礼』が煙に改めたのは、音と形を共に異なるものとしたからです。『尚書』尭典篇は「土」を改め、元の祭祀の義を正しました。どうして疑うことができましょう、考えるに良しとすべきです。どうして六つも宗を置いて、傍祭とできるでしょうか。『風俗通《ふうぞくつう》』に、「『周礼』に、「槱燎して、司中・司命、文昌の上六星を祀る」としている。槱というものは、薪を積み柴を燔くものである。いま民間では、なお司命を祀っている。木を刻み長さ一尺二寸の人の像をつくり、行く者は箱の中にしまい、居る者は別に小さい居場所を作る。斉の地方では大いにこれを尊重し、汝南郡《じょなんぐん》などにも多く存在し、みな祀る際には豬を犠牲とし、おおむね春秋の月に行います」とある」と言っている。

延光《えんこう》三〔一二四〕年、安帝《あんてい》は東方に巡狩して泰山《たいざん》に至り、柴祭《しさい》をして、さらに汶《ふん》のほとりにある明堂《めいどう》を祭祀することは、元和《げんわ》二〔八五〕年の（章帝の）故事の通りであった。順帝《じゅんてい》が即位すると、それを制度として整えて、常祀《じょうし》とした。

老子

桓帝《かんてい》は即位してより十八年、神仙《しんせん》思想を好み、延熹《えんき》八〔一六五〕年に、はじめて中《ちゅう》常侍《じょうじ》（の左悺《さわん》）を陳国《ちんこく》の苦県《こけん》〔河南省の鹿邑〕に派遣して老子《ろうし》を祀らせた。（さらに翌）延熹九〔一六六〕年には、親しく老子を（洛陽北宮の）濯龍《たくりゅう》宮で祀った。模様のついた毛氈《もうせん》で祭壇を造り、純金で作った器を供え、（黄帝が登仙のときに建てたという）華蓋《かがい》の坐を設けて、郊天《こうてん》の楽を用いた。

祭祀志下 第九　宗廟　社稷　霊星　先農　迎春

宗廟

光武帝《こうぶてい》の建武《けんむ》二〔二六〕年正月、高廟《こうびょう》を洛陽《らくよう》に立てた〔一〕。（春夏秋冬の）四時《しいじ》に祫祀《こうし》（大祭）し、高帝《こうてい》（劉邦《りゅうほう》）を太祖《たいそ》とし、文帝《ぶんてい》を太宗《たいそう》とし、武帝《ぶてい》を世宗《せそう》とすることは、（前漢の）旧制のようにした。そのほかの帝は四時ごとに、春は正月、夏は四月、秋は七月、冬は十月と臘《ろう》〔冬至から三番目の戌の日〕と、一年に五回祀った。（建武）三〔二七〕年正月、親廟《しんびょう》を洛陽に立て、父である南頓君《なんとんくん》（劉欽《りゅうきん》）より（遡《さかのぼ》って四世祖である）春陵《しょうりょう》節侯《せっこう》（劉買《りゅうばい》）に至るまで（親《しん》の尽きていない祖先）を祀った。このとき賊はまだ平定されておらず、征伐に努めていたので、祭祀の次第はいまだ整ってはいなかった。（建武）十九〔四三〕年に至り、盗賊は討ち果たされ、兵事が一段落したので、五官中郎将《ごかんちゅうろうしょう》の張純《ちょうじゅん》は、太僕《たいぼく》の朱浮《しゅふ》と共に奏議して、「礼〔正しくは『春秋公羊伝《しゅんじゅうくようでん》』成公《せいこう》十五年〕に、人の後継ぎとなって大宗《たいそう》に仕えれば、（もとの家の）私親は（大宗の祭祀よりも）降すとあります。礼の定めでは、これを授けられた場合と自らこれを得た場合では、意義を異にします。いま（春陵節侯より南頓君までの）四つの親廟を除かれるべきです。孝宣皇《こうせんこう》帝《てい》は（武帝の子である戻太子《れいたいし》の）孫として祖父の業を受け継いだため、父（の史皇孫　劉《りゅう》進《しん》）のための廟を奉明《ほうめい》に立てて、皇考廟《こうこうびょう》と呼び、（皇帝として祭祀はせず）群臣のみが祭祀に侍《じ》したのです。どうか担当の役人に下問して先帝の四廟で（今の四つの）親廟に代えるべきもの及び皇考廟のことを議させるべきであります」とした。（光武帝は）公卿・博士・議郎に下問した。大司徒《だいしと》の戴渉《たいちょく》たちは議して、「代えるべきところを申し上げますと、平帝《へいてい》・哀帝《あいてい》・成帝《せいてい》・元帝《げんてい》の廟を立て、今の親廟に代えるべきです。（陛下の）兄弟以下（の親の廟）は有司に祀らせましょう。（陛下の父の）南頓君《なんとんくん》のために皇考廟を立て、上（の祖として）は（四代前の）春陵節侯までを祀ることにし、群臣に祭祀させましょう」と申し上げた。このときに（戴渉たち以外が提出した）議には（内容が）異なるものもあったが、書き記さない。光武帝は、戴渉たちの議を可とし、詔を下して、「宗《そう》廟《びょう》の場所は、まだ定まっていないので、しばらくは（洛陽の）高廟で祫祭《こうさい》せよ。成帝・哀帝・平帝は、しばらく長安《ちょうあん》の故高廟《ここうびょう》で祠祭せよ。南陽《なんよう》と春陵は、年ごとにそれぞれしばらく元の園陵《えんりょう》の廟により祭祀せよ[二]。園陵の廟が南陽太守の治所から離れているものは、所在の（県の）令長《れいちょう》が太守の事を代行して侍祠せよ[三]。思うに孝宣皇帝は功徳があるので、尊号を奉り中宗《ちゅうそう》と呼ぼう」とした。こうして洛陽の高廟は、四時の祭祀に孝宣皇帝・孝元皇帝を加えて、すべてで〔不毀廟《ふきびょう》の太祖廟〔高帝劉邦〕・太宗廟〔文帝〕・世宗廟〔武帝〕とあわせて〕五帝となった。その西廟《せいびょう》には、成帝・哀帝・平帝の三帝の神主《しんしゅ》がおかれた。〔三帝は〕四時に〔長安の〕故高廟で祀られた。東廟《とうびょう》は、京兆尹《けいちょういん》が祭祀に侍し、〔京兆尹の〕冠衣《かんい》・車服《しゃふく》は、太常が陵墓の廟を祀る時の礼のようにした。南頓君から春陵節侯に至るまでは、みな園陵の廟で〔祭祀〕した。南頓君〔劉欽の廟〕は皇考廟と呼び、鉅鹿都尉《きょろくとい》〔劉回《りゅうかい》の廟〕は皇祖考廟《こうそこうびょう》と呼び、鬱林太守《うつりんたいしゅ》〔劉外《りゅうがい》の廟〕は皇曾祖考廟《こうそそうこうびょう》と呼び、春陵節侯〔劉買の廟〕は皇高祖考廟《こうこうそこうびょう》と呼び、〔それぞれの陵墓が〕在る所の郡県に祭祀に侍《じ》させた。

〔劉昭注〕

〔一〕『漢旧儀《かんきゅうぎ》』に、「〔高廟は〕もとの孝武廟《こうぶびょう》である」という。『古今注《ここんちゅう》』に、「〔高廟は〕洛陽《らくよう》の校官《こうかん》に立てた」とある。

〔二〕『古今注』に、「建武十八〔四二〕年七月、中郎将《ちゅうろうしょう》の耿遵《こうじゅん》に皇祖廟のもとの草廬《そうろ》と稲田を修復させた」とある。

〔三〕如淳《じょじゅん》は、「宗廟は章陵《しょうりょう》〔春陵〕にあり、南陽太守が〔天子の〕使者と称して祭祀に赴く。

（前漢のときの郡国廟《ぐんこくびょう》のように）諸侯王に祭祀させないのは、諸侯は天子を祖とできないためである。およそ（南陽太守は）宗廟の祭祀に臨み、祭祀に侍した」といっている。

（建武）二十六〔五〇〕年、（光武帝の）詔があり、張純に、「禘《てい》〔五年ごとの大祭〕・祫《こう》〔三年ごとの大祭〕の礼が、施行されなくなり何年になるか（三年以上行わなければ礼が壊れるのではないか）」と問うた。張純は上奏して、「（周の）礼では、三年に一度祫祭し、五年に一度禘祭いたします。（『春秋公羊伝』文公《ぶんこう》二年によれば、大祫では）毀廟《きびょう》〔毎日食事を供えるといった通常の礼を絶やされた廟〕の木主《もくしゅ》は太祖と並べ、未毀廟《みきびょう》〔礼を絶やされていない廟〕の木主はみな併せて太祖に合わせ食《まつ》ります。五年後にまた殷祭《いんさい》〔禘祭〕をします。（漢家の）旧制では、三年に一度祫祭し、毀廟の木主は、高廟に合わせ食りますが、まだ祀られている廟の木主は、いまだかつて合祭したことはありません。元始《げんし》五〔五〕年、始めて禘（祭の儀）礼をしました。父は昭《しょう》として、南を向き、子は穆《ぼく》として、北を向き、父子は並んで坐せず、孫は祖父に従わせます[二]。禘という言葉の意味は諦《てい》であり、昭穆《しょうぼく》（という宗廟の序列）の尊卑の義を諦《つまび》らかに定めるということです。（禘祭を）夏四月（にする理由は）陽気が上にあり、陰気が下にあるので、尊卑の義を正せるためです。祫祭を冬十月（にする理由は）五穀が成熟するので、血族が集まって飲食できるためです。いま祖宗の廟は、まだ定められておりませんので、しばらく合祭いたしましょう。時に合わせて定めるべきです」と申し上げた。（上奏の）言葉は（『後漢書』列伝二十五）張純伝に（詳細で）ある。

　光武帝はまた、廟を立て増すことに難色を示し、こうして高廟に合祭することを常例とした（その結果、洛陽の高廟が祖宗の廟となった）。のち三年ごとの冬の祫祭、五年ごとの夏の禘祭の時に、ただ並べ連ねて毀廟の木主を祀るだけとし、これを殷祭といった。太祖（劉邦）は東面し、恵帝《けいてい》・文帝・武帝・元帝を昭となし、景帝《けいてい》・宣帝を穆となした。恵帝・景帝・昭帝《しょうてい》の三帝は、殷祭の時でなければ祀らなかった[二]。光武皇帝が崩御し、明帝が即位すると、光武帝が乱を治めて中興したことから、さらに（光武帝の）ために廟を起てた。尊号を世祖廟という[三]。（これにより、後漢では祖宗の廟が二つとなった）。元帝は、光武帝の穆に当たるので、（王莽により廟を壊されたこともあり）「宗」の廟号を持たないが、礼を絶やさなかった。以後これが常例となった。

［劉昭注］

［一］『決疑要注《けつぎようちゅう》』に、「およそ昭穆では、父は南面する。そのため昭という。昭は明るいという意味である。子は北面する。そのため穆という。穆は順うという意味である。始祖は北に特に置かれ、それ以降は順序によって始祖を挟んで南に向き、昭は西（側の列）にあり、穆は東（側の列）にあり、向かい合う」とある。

［二］『漢旧儀《かんきゅうぎ》』に、「宗廟《そうびょう》は三年ごとに大（祭としての）祫祭《こうさい》を行う。（高廟に祀られる高祖の）子孫である諸帝は昭穆の順により高廟に坐をつくり、もろもろの毀廟《きびょう》の神主もみな合わせ食《まつ》り、左右の坐を設ける。高祖（劉邦の神主）は南面して、幄《あく》は繡帳《しゅうちょう》〔ぬいとりをしたとばり〕で、（高祖の神主は）堂上の西北の隅に置いて望祭する。帳中の坐は長さ一丈（約2.3ｍ）、広さ六尺（約1.4ｍ）、繡絪《しゅういん》〔ぬいとりのあるしとね〕をして（坐の）厚さは一尺（約23㎝）であり、これをつくるのに絮《わた》四百斤《きん》を用いる。曲几《きょくき》〔脇息〕は、黄金の釦器《こうき》〔金で縁を修飾した器〕である。高后《こうこう》（劉邦の呂皇后の神主）は右の坐で、また幄帳《あくちょう》があり、垂らすこと六寸（約14㎝）である。（曲几は）白銀の釦器〔白銀で縁を修飾した器〕である。（犠牲の）牢《ろう》ごとにこれを半分にし、左は上帝に供え、右は上后に供える。俎《そ》の余った肉は前に積み（それは）数千斤あり、名づけて堆俎《たいそ》と呼んでいる。子は昭とし、孫は穆とする。昭は西面し、曲がった屏《びょう》

風《ぶ》をたて、穆は東面し、みな曲几があることは、高祖のようである。饌《そなえもの》はその右に並べ、それぞれその左に配し、坐は祖妣《そひ》の法のようにする。太常が皇帝を導き北門より入る。群臣の陪席する者は、みな手を挙げ、連なり（皇帝を）避け首を下げて平伏する。大鴻臚《だいこうろ》・大行《たいこう》令《れい》・九儐《きゅうひん》が伝えて、「起て」と言う。姿勢を戻す。皇帝は堂に上り手を洗い、侍中が巾に包んで觶酒《ししゅ》を奉じて従う。皇帝は進んで拝謁する。賛饗《さんきょう》が、「嗣曾孫《しそうそん》皇帝が、敬意を示して再拝される」という。上《しょう》は酒を進める。引き下がり、昭穆の坐に行き順に酒を注ぐ。子は昭とし、孫は穆として、それぞれ父子が向かい合う（位置になる）。終わると、退いて西面して坐す。坐り方は（皇帝が乗る）車駕《しゃが》の坐のようにする。賛饗が高祖（の神主）を奉じて寿を賜《たてまつ》り、皇帝は立ち上がって再拝し、太牢の左弁《さべん》に席を設け皇帝に賜ることは祭祀のようにする。その夜半に、入って礼をして、暁《あかつき》に九つの卮《し》〔さかずき〕を上《のぼ》す。終わると、群臣はみな拝礼し、そして胙《そ》〔供えた肉〕を賜わる。皇帝は退出すると、ただちに衣巾を着替え、詔して罷め、従者に奉承させる」とある。丁孚《ていふ》の『漢儀《かんぎ》』に、桓帝が恭懐《きょうかい》皇后を祀った祝文を載せて、「孝曾孫《こうそうそん》皇帝の志《し》〔桓帝の名〕、担当の役人である臣太常《たいじょう》の撫《ぶ》に、朝早く起きて夜遅くまで、心を小さくして畏れ慎み、その身を堕さず、ひとえに安らがず、あえて絜牲《けっせい》の一元大武《いちげんだいぶ》〔宗廟の祭祀の際に、犠牲とする豕〕、柔毛《じゅうもう》〔宗廟の祭祀の際に、犠牲とする羊〕・剛鬣《ごうりょう》〔宗廟の祭祀の際に、犠牲とする羊〕、商祭《しょうさい》〔宗廟の祭祀の際に、犠牲とする槀魚《こうぎょ》〕・明視《めいし》〔宗廟の祭祀の際に、犠牲とする兎〕、薌萁《きょうき》〔宗廟の祭祀の際に用いる粱〕・嘉薦《かせん》〔菹《しょ》（塩漬けの野菜）と醢《かい》（ししびしほ）〕、普淖《ふとう》〔黍稷（きび）〕・鹹鹺《かんさ》〔宗廟の祭祀の際に用いる塩〕、豊本《ほうほん》〔宗廟の祭祀の際に用いる韭〕・明粢《めいし》〔宗廟の祭祀の際に用いる稷〕を捧げ、醪《ろう》は薦酎《すいちゅう》を用いて、恭懐皇后にお仕えします。乞い願わくは受けよ」と。嘏辞《かじ》〔祭祀の時に福を主人に致すことば〕を述べて、皇帝に福を賜り、「恭懐皇后は工祝《こうしゅく》に命じて、多くの福を限りなく爾《なんじ》の孝曾孫皇帝に承《うけたまわ》り致し、爾に禄をここに受けさせたので、よろしく田で耕すべきである。長寿万年、爾の景福《けいふく》を助けて、爾の民を守らせ、これを替えることなかれ」とした。太常は再拝して、太牢の左弁に席を設け皇帝に賜った」とある。

［三］蔡邕《さいよう》の『表志《ひょうし》』に、「孝明皇帝が世祖廟《せいそびょう》を立てたのは、再受命の祖（である光武帝）の功徳の義を明らかにするためである。後嗣ぎの皇帝たちは（明帝の）倹約に従い倣って、また（廟を）改めて立てず、みな神主を世祖廟の中に納めた。聖明の（君主が）制定した、王者の法である。（しかし）執事の吏から下は学士に至るまで、よく二つの廟が並存する意義を知る者がなかった。まことに詳しく、この事を記すべきである。建武乙未《けんむいつび》・元和丙寅《げんわへいいん》の詔書は、下は宗廟の儀礼より斎令《さいれい》まで言及する。（蔡邕が書こうとしていた）郊祀志《こうしし》に入れ、長く典式

とすべきである」という。『東観漢記《とうかんかんき》』に、「永平《えいへい》三〔六〇〕年八月丁卯《ていぼう》、公卿が上奏して世祖廟の登歌《とうか》八佾舞《はちいつまい》の名称を議した。東平王《とうへいおう》の劉蒼《りゅうそう》は議して、「漢制の旧典では、宗廟はそれぞれ専用の楽を演奏し、みな互いに同じ楽を用いず、それにより功徳を明らかにしております。秦が無道をなし、民草を損《そこ》ない虐《しいた》げると、高皇帝は天命を受け暴秦を誅し、人々はそれぞれその居場所を得て、万国がみな喜んだため、武徳《ぶとく》の舞を作りました。孝文皇帝は身と行いを慎み倹約に努め、誹謗《ひぼう》を聞かず、肉刑《にくけい》を除き、恩沢を四海に施されましたので、孝景皇帝が昭徳《しょうとく》の舞を制定されました。孝武皇帝は功徳が盛んで、威は海外まで震い、（新たに）地を開き郡を置いたので、これを無窮に伝えようと、孝宣皇帝が盛徳《せいとく》の舞を制定されました。光武皇帝は天命を受け（漢の）中興を果たし、乱を治め正しい姿に戻し、武威は国境の外に及び、百蛮を震服させ、戎狄《じゅうてき》を奉貢させ、国内は泰平となりました。封禅《ほうぜん》をして（天に）太平を報告し、（明堂・辟雍・霊台の）三雍《さんよう》を修復建設し、祭典儀礼を制定し、功徳が聳《そび》え立つこと、前代（の諸帝）にもまして高く、兵を指揮して乱を平定し、武功も盛大であります。歌は徳を讃えるため、舞は功を象徴するためのものですから、世祖廟の楽名は大武《たいぶ》の舞というべきでしょう。『春秋元命苞《しゅんじゅうげんめいほう》』に、「天地の楽を交える所でこれを文典とする」とあります。（周の）文王の時、民は文王が兵を興し征伐をすることを楽しみ、詩人はその武功を讃え（楽をつくり）ました。『尚書琁機鈐《しょうしょせんききん》』に、「帝が漢より現れる。徳は盛んで楽を定める」とあります。それぞれ虞韶《ぐしょう》・禹夏《うか》・湯護《とうご》・周武《しゅうぶ》（という舞の名の付け方）と異ならず、舞にその名を付ける訳には参りません。『叶図徴《きょうとちょう》』に、「大いに楽する時には易《か》える」とあります。『詩伝《しでん》』に、「頌《しょう》の言葉の意味は成である。一章が篇を成すごとに、よろしく徳を列すべきである。このため登歌清廟《とうかせいびょう》は一章である」とあります。『漢書』に、「百官が登御に際して頌《うた》う歌は、一章十四句である」とあります。書に依れば文始・五行・武徳は、真修《しんしゅう》の舞を明らかにし、節は前後の良いものを損益し、六十四節により舞となし、曲は八佾の数に合わせました。十月の烝祭《じょうさい》に始めて臨まれた際に、文始・五行の舞を用いたことは故事の通りです。武徳の舞の歌詩を進めて、「ああ美《うる》わしい世祖廟、敬和な心を持つ輝かしく清らかなものたち。優れて賢い人々は敬い慎み、文の完成を執り守る。（光武帝は）かくて上帝に配され、大いに奔走して安寧をもたらす。三雍を建立し、泰山に封禅した。図讖《としん》を明らかにして、唐堯《とうぎょう》の文に倣った。大いなるかな光武帝の徳は、損なうことなく併せ共にせよ。本宗より支宗に至るまで百世に渡り、永くその功を保て」と奏上した」。詔書して、「驃騎《ひょうき》将軍（劉蒼）の議を可とする」とした。武徳の舞を進めることは故事のようにした」とある。

明帝は崩御に臨んで遺詔《いしょう》を下し、「倹約（の精神）に従って（陵の傍らに）寝廟《しんびょう》を建てず、（自分の）神主を世祖廟の更衣《こうい》〔皇帝の陵墓の寝廟のそばにある便殿〕に納めよ」とした。孝章帝は即位すると、あえて（明帝の遺詔に）背かず、更衣の小さな別室（を明帝の廟として扱い、そこ）に、廟号を奉って顕宗廟《けんそうびょう》といい、（四時の正祭以外の祭祀である、五月の嘗麦《しょうばく》・三伏《さんぷく》、立秋の嘗粢《しょうし》・盛酎《せいちゅう》、十月の嘗稲《しょうとう》などの）間祠《かんし》は更衣で（祭祀を）行い、四時（の正祭）には世祖廟に合祭した。（このことについての）詳細は（『続漢書』の）章帝紀にある〔一〕。章帝は崩御に臨んで遺詔を下し、「寝廟を建てることなく、廟は先帝の故事のようにせよ」とした。和帝は即位すると、あえて（章帝の遺詔に）背かず、尊号を奉り粛宗《しゅくそう》といった。後の皇帝も（この故事を）継承し、みな神主を世祖廟に納め、（神主は）積み置かれて（昭穆の）別などなかった。こののち顕宗は（本来は廟号であるのに）ただ顕節陵《けんせつりょう》の寝殿の号となった。永元《えいげん》年間〔八九～一〇五年〕、和帝はその母である梁貴人《りょうきじん》を追尊して恭懐皇后《きょうかいこうごう》と称し、陵を西陵《せいりょう》と称した。（嫡妻である）竇太《とうたい》后《こう》を章帝に配食し、（和帝の生母である）恭懐皇后は別に陵寝《りょうしん》に行ってこれを祀った。和帝が崩御すると、尊号を奉り（和帝を）穆宗《ぼくそう》と称した。（後を嗣いだ）殤帝《しょうてい》は生後三百日あまりで崩御した。鄧太后《とうたいこう》が摂政をしており、かつ嬰児《えいじ》であったため、光武廟には並べず、陵寝に行ってこれを祀った。安帝《あんてい》は（章帝の皇太子でありながら廃嫡された）清《せい》河孝王《がこうおう》〔劉慶〕の子であることから即位し、建光元《けんこう》〔一二一〕年、その祖母である（章帝の）宋貴人《そうきじん》を追尊して、敬隠后《けいいんこう》と称し、陵を敬北陵《けいほくりょう》と称した。また陵寝に行って祀り、太常が管理することは西陵の（故事の）ようにした。父の清河孝王を追尊して、孝徳皇《こうとくこう》と称し、母を孝徳后《こうとくこう》と称したが、清河で（弟に）王位を嗣がせ奉祭させるだけとした。安帝は讒言《ざんげん》によって大臣を殺害し、皇太子（の劉保《りゅうほ》、のちの順帝）を廃嫡したので、崩御に及んでも、宗号をたてまつる上奏がなかった。後に建武（年間の光武帝）以降、（宗廟を）毀たれた皇帝がなかったことから、常祭とし、その陵号（である恭陵）から取って恭宗《きょうそう》と称した。順帝《じゅんてい》が即位すると、その母を追尊して恭愍后《きょうびんこう》と称し、陵を恭北陵《きょうほくりょう》と称した。陵寝に行って祀ることは、敬北陵のようであった。順帝が崩御すると、尊号を奉り敬宗《けいそう》と称した〔二〕。沖帝《ちゅうてい》と質帝《しってい》は共に若くして崩御し、（また）梁太后《りょうたいこう》が摂政していた。（そこで）殤帝の故事によって、陵寝に行って祀った。すべて廟を祀り終わった後、（沖帝と質帝らの陵寝における祭祀を）三公が分祭した。桓帝《かんてい》は（章帝の子である）河間孝王《かかんこうおう》〔劉開〕の孫として蠡吾侯《れいごこう》であったことから即位し、また祖父（である河間孝王の劉開）と父（である蠡吾侯の劉翼《りゅうよく》）を追尊して（それぞれ孝穆皇、孝崇皇と称し）、

（弟の劉碩《りゅうせき》を平原王として、平原）王国で（祖父と父の）祭祀をさせた。詳細は（『続漢書』の）章和八王伝にある。桓帝が崩御すると、尊号を奉り威宗《いそう》と称した。（桓帝には）継嗣が無かった。霊帝《れいてい》は河間孝王の曾孫として解犢侯《かいとくこう》であったことから即位し、また祖父（である解犢亭侯の劉淑《りゅうしゅく》）と父（である解犢亭侯の劉萇《りゅうちょう》）を追尊し（て、それぞれ孝元皇、孝仁皇と称し）た。詳細は（『続漢書』の）章和八王伝にある。霊帝の時、京師（の宗廟）で四時に祀る祖先は、高廟の五主（太祖高帝・太宗文帝・世宗武帝・宣帝・元帝）、世祖廟の七主（光武帝・明帝・章帝・和帝・安帝・順帝・桓帝）、少帝の三陵（殤帝・沖帝・質帝の陵）、追尊后の三陵（西陵・敬北陵・恭北陵）であった。あわせて犠牲には十八の太牢《たいろう》を用い、それぞれ補佐役がついた。故高廟の三主（成帝・哀帝・平帝）は親が尽き毀《こぼ》たれた後、ただ殷祭の歳にだけに祭祀した[三]。霊帝が崩御すると、献帝《けんてい》が即位した。初平《しょへい》年間〔一九〇～一九三年〕、相国《しょうこく》の董卓《とうたく》と左中郎将《さちゅうろうしょう》の蔡邕たちは、和帝以下（の皇帝たち）は、功徳が殊更《ことさら》無いどころか過誤《かご》すらあることにより、（穆宗〈和帝〉・恭宗〈安帝〉・敬宗〈順帝〉・威宗〈桓帝〉と追尊して）宗とすべきではなく、そのほか宗でない皇帝が追尊した三后（恭懐皇后・敬隠后・恭愍后）に及ぶまで、みな上奏してこれを毀った[四]。（これにより献帝が宗廟で）四時に祀る祖先は、高廟に一祖（高祖）・

二宗（文帝・武帝）、及び近帝四（光武帝・明帝・章帝・霊帝）の、あわせて七帝となった。

〔劉昭注〕

〔一〕『東観漢記《とうかんかんき》』に、「章帝は初めて即位すると、東平憲王《とうへいけんおう》の劉蒼《りゅうそう》に書簡を賜わり、「朕は昼夜となく伏して考えるに、思うに先帝（明帝）は身に九徳を備え、（食・貨・祀・司空・司徒・司寇・賓・師の）八政《はちせい》にむかって、骨おり努めて遜《へりくだ》り己に打ち勝ち、始めから終わりまでを図っており、（太宗〈文帝〉・世宗〈武帝〉・中宗〈宣帝〉の）三宗《さんそう》に比べ並べても、誠にその美がある。いま遺詔《いしょう》に縛られ、戒めて寝廟《しんびょう》を起てなかったので、臣子は悲しみにくれている。みな考えるに、（神主を）更衣《こうい》に置くとしても、なお宗として号を立て、それにより（先帝の）功と徳に合わせるべきではないか、としている。宗廟《そうびょう》は至重であり、朕は幼く無知であるから（どうしてよいか分からず）、寝ても覚めても憂えるばかりである。先帝は経典《けいてん》の義を援用することがあるたびに、いまだ王に相談して、その中庸《ちゅうよう》を定められないことはなかった。願わくは王は英知を尽くし、どうかこれを安寧にさせてくれまいか。公卿の議と駁《ばく》は、いまみな併せて送る。危機を持ち直し憂いを助けることがあれば、どうか忌《い》むことなく言ってほしい。思いを承けるところがあれば、公は困しむところがない」と述べた。太尉《たいい》の趙憙《ちょうき》たちの上奏には、「礼には、祖《そ》（を贈る天子に）は（創業の）功があり、宗《そう》（を贈る天子に）は徳がある、と申します。孝明皇帝は、功徳が盛んでしたので、どうか尊号を奉り、顕宗《けんそう》と称し、四時に世祖廟《せいそびょう》で祫食《こうしょく》すること、孝文皇帝に高廟《こうびょう》で行われた礼のようにして、武徳《ぶとく》・文始《ぶんし》・五行《ごぎょう》の舞を奏すべきであります」とあった。劉蒼は上言し、「むかし、孝文廟の楽を昭徳《しょうとく》の舞と呼び、孝武廟の楽を盛徳《せいとく》の舞と呼んでおりました。今は（文帝も武帝も）みな高廟に祫食されておりますので、昭徳の舞と盛徳の舞を進めることはなく、高廟と楽を同じにしております。いま孝明皇帝の神主は、世祖廟に置かれておりますので楽も同じとし、盛徳の楽は行うべきではございません。もし独自の廟を立てられるのであれば、舞楽を作らねばなりませんが、（それであれば）世宗廟の盛徳の舞と同名にしてはなりません。したがって（孝明皇帝には）舞楽を改めて作ることはせず、武徳の舞を奉納すべきであります。臣は愚かで頑固で鄙《ひな》びて卑しい者ですので、廟堂の論はまことに耳にすべきで、言うべきものではございません。陛下は純徳の妙を体現し、至謙の意を奮われ、みだりに美を居並ぶだけの臣にも帰されます。ですからあえて愚情を隠すことなく、腹心を披露いたしました。誠に愚かでつまらぬ発言であることを知っておりますので、四門の賓客の議論のように迎え仰がれてはなりません。伏して思いますに、陛下は至徳により、（周の）成王《せいおう》や康王《こうおう》が隆んであったようで、天下が安定して刑罰を措く時とすべきです。民草は盛んに元首の徳を歌い、股肱は貞良であり、庶事は安寧であります。臣は（陛下の）聖化を謹んで仰ぎ、盛徳を喜び慕っておりますれば、危機転覆への備えなど、口になさるべきではないかと存じます」と申し上げた。上（章帝）はまた報じて、「有司が奏上するに、（孝明皇帝の）尊号を顕宗と称し、神主を（世祖廟の）更衣に置くことは、あえて（光武帝の）遺詔に背かないようにすると、（孝明皇帝を）世祖廟に祫食するときに、廟楽《びょうがく》（を新しく作らず武徳の舞とすること）は、みな東平王の議のようにせよ。正月十八日をもって祭祀を始めよ。仰いで榱桷《すいかく》〔たるき〕を見、伏して几筵《きえん》〔ひじかけ〕を視て、眇眇《びょうびょう》たる小子（である朕）は、哀しみ懼《おそ》れ震えて、思いを承けるところがない。愛してこれを労《ねぎら》うことは、王に望むところである」とした」とある。謝沈の『後漢書』に、「上（章帝）は公卿の奏した明徳《めいとく》皇后を世祖廟の坐位に置くことについての駮議《ばくぎ》を劉蒼に示した。（劉蒼は）上言して、「文帝・武帝・宣帝・元帝は、高廟で祫食し、（皇后も）みな配食されております。先帝の制する所は、法に基づいて設けられたものです。（『詩経』）大雅《たいが》（下武）に、「昭らかであるかな（武王は）。来たり進んで、その先祖の行いを継ぐ」とあります。また、（『詩経』大雅 仮楽には）「誤らず忘れず、（文王・武王の定めた）旧典による」ともあります。明徳皇后は孝明皇帝に配食し、世祖廟で席を同じくして饌《せん》を供えることがよろしいでしょう」と申し上げた」とある。

［二］『東観漢記』に、「担当の役人が奏上して、「孝順皇帝は広く聖哲をとり、龍のように興《おこ》り大業を受け継ぎ、物のありさまを考え、古《いにしえ》に則り、大いなる功績をあげられました。寛容でおだやかで、恩を広めることを極め、自ら遜って、沈黙を貫かれました。遺詔して約をのこし、万国を顧み念《おも》われました。衣服に新たに作ったものは無く、装飾品で飾り立てたりしませんでした。塋陵《えいりょう》は狭く、寝廟を起こさず、前制を踏襲して、勅を敬い終わりを慎むこと、始めから終わりまででした。『孝経《こうきょう》』（天子章篇）に、「愛敬を親に事える際に尽くし、徳教を民草に施す」とございます。『詩経』（大雅 抑）には、「威儀を敬い慎み、民の儀表となる」とございます。臣が願いますに、尊号を奉り敬宗廟《けいそうびょう》とお呼びいたしましょう。天子は代々謹み奉り、蔵主を祫祭《こうさい》され、武徳の舞を進めますこと、祖宗の故事のようになされますよう」と申し上げた。露布奏《ろふそう》〔封緘をせず、露布を用いた公開を前提とする上奏〕は可とされた」とある。

［三］『決疑要注《けつぎようちゅう》』に、「毀廟《きびょう》の木主《もくしゅ》は、廟の外戸の外、西牖《せいゆう》のなかに保管される。（保管用の）石箱があり、宗祏《そうたく》と呼ばれている。石箱の中には竹箱があり、これに木主を安置する。親が尽きた場合、廟は毀《こぼ》たれ、毀廟の木主は始祖の廟に保存される。一世代目を祧《ちょう》といい、祧は

四時ごとにこれを祀る。二世代目を壇《だん》といい、三世代目を墠《せん》といい、四世代目を鬼《き》といい、祫祭の時にこれを祀り、祈りがあれば、またこれを祀る。始祖の廟に祫祭する際、祈りがあれば木主を迎え出し、壇と墠を並べて祀り、事が終われば戻して元の部屋に納める。（木主の）送迎の際に、みな先払いを立てるのは、礼である」とある。

［四］袁山松《えんさんしょう》の『後漢書』に蔡邕《さいよう》の議を載せて、「（蔡邕は議して）「漢は亡秦が儒学を滅ぼした後を受け継いだため、宗廟の制度に、周の礼制を用いておりません。帝が即位するごとに、一つの廟を立て、（礼では天子は七廟であるのに、廟の数は）七に止まらず、昭穆《しょうぼく》を並べず、（七廟になるよう廟を）毀《こぼ》ったり残したり（する原則を定めることを）しておりませんでした。孝元皇帝の時に、丞相の匡衡《きょうこう》と御史大夫の貢禹《かくう》は、始めて大議を建白し、典礼に従うよう願い出ました。（こうして）孝文帝・孝武帝・孝宣帝は、みな功徳が特に盛んでありましたので、宗《そう》として毀《こぼ》たぬこととなりました。孝宣帝は孝武帝を尊崇して、廟を世宗と定めました。（しかし）忠誠正直な大臣である夏侯勝《かこうしょう》たちは、なお異議を唱え、（孝武帝は）宗とすべきではないといたしました。孝成皇帝に至っても、議はなお決着しておらず、太僕《たいぼく》の王舜《おうしゅん》と中塁校《ちゅうるいこう》尉《い》の劉歆《りゅうきん》たちが、（孝武帝を世宗とし、廟を）不毀《ふき》とする説を取ったため、孝成皇帝はその議に従いました。古人が正に従い順を重んじ、あえてその君父を贔屓《ひいき》しないことは、このよう

に至れるものでした。後に王莽《おうもう》の乱に遭い、光武皇帝は、命を受け中興して、廟を世祖と称されました。孝明皇帝は、聖徳かつ聡明であり、政治は文帝・宣帝に準えられ、廟を顕宗と称されました。孝章皇帝は、至孝この上なく、仁恩はどこまでも広ければ、廟を粛宗と称されました。（これらは）前世に比べましても、礼にかなった（廟の）称され方であります。これより以降は、政事に誤りが多く、実権は臣下に移り、後を継がれた皇帝は懇《ねんご》ろにそれぞれ（外藩より帝位を継承しながら自らの生父など）の至親を尊崇するだけでした。（それを止めるべき）臣下も惰弱で、夏侯勝の直に倣うものはありません。いまこそ聖朝は、古《いにしえ》を尊重して礼にもどり、その正しきを求め、誠に事宜《じぎ》に叶うべきであります。元帝の世代は（高祖から数えて）第八にあたり、光武帝は第九にあたりますので、元帝を考廟《こうびょう》とし、尊重してこれを奉じます。孝明皇帝は（帝業を）遵守されており、またあえて毀つべきではありません。孝和帝より以下、穆宗《ぼくそう》・恭宗・敬宗・威宗の廟号は、みな除き去るべきです。五年ごとにまた殷祭をし、太祖に合食すること、先典に遵《したが》われますように」と申し上げた。この議は、こうして施行された」とある。

古《いにしえ》は墓祭をしなかった。漢の諸陵にみな園寝《えんりょう》〔陵の上の廟〕があるのは、秦の施行した（陵寝）制度を継承したからである。（陵寝を）説明する者は、「古の宗廟《そうびょう》は、前に廟を作り、後に寝《しん》を作り、（葬られる）人の宮殿の前に朝（朝廷）があり、後に寝があることに象《かたど》った。（『礼記《らいき》』）月令《がつりょう》篇に、「（天子は羊を献じ氷を取り出し）先ず寝廟に薦める」とあり、『詩経《しきょう》』（小雅 巧言）に、「寝廟は輝き大きい」と称するのは、言辞が互いに通ずる。廟は木主《ぼくしゅ》を納め、四時に祀る。寝は衣冠や几杖《きじょう》などがあり、生前の道具に準え、（時が至れば）新しい物を薦める。秦は始めて寝を外に出し、墓の側に建て、漢は（秦に）拠って改めなかった。このため（漢は）陵上でも寝殿《しんでん》と称し、起居・衣服は、生きている人の道具に準えたのは、（陵上の寝殿は）古の寝という意味を持つためである」という。建武《けんむ》年間〔二五～五六年〕以来、関西《かんせい》〔潼関《どうかん》より西にある前漢の諸帝〕の諸陵は遠いため、次第に四時にのみ（牛か豕の）特牲を捧げて祀り、皇帝が長安に行幸するごとに、諸陵に拝謁《はいえつ》し、（牛と豕と羊の）太牢《たいろう》を捧げ祀るだけになった。洛陽の諸陵から霊帝に至るまでは、みな晦《つごもり》〔一日〕と望《もちづき》〔十五日〕・二十四節気・伏《ふく》〔夏祭〕と臘《ろう》〔冬祭〕及び四時に祀る。廟祭の日は飯を奉るため、太官《たいかん》は使う品物を送り、園令《えんれい》と食監《しょくかん》は管理をして、親陵に仕える人々は、（水時計の）鼓漏《ころう》〔夜〕のうちに（寝殿中で）用いる枕を整え、手を洗う水を備え、装具を並べる〔一〕。

［劉昭注］

［一］蔡邕《さいよう》の『表志《ひょうし》』に、「宗廟《そうびょう》を順番に毀《こぼ》つことを論ずる議奏は、国家の大きな体裁（を論ずるもの）である。班固《はんご》の編纂した『漢書』は、それなのに韋賢《いけん》伝の末尾に（それを）置いている。臣《わたし》が（その是非を師の）胡広《ここう》に尋ねると、広は、「まことに（宗廟の議論は）郊祀志《こうしし》にあるべきである。（『漢書』の）郊祀志から鬼神や仙道の記録を除き、韋賢伝の宗廟の議論を取ってその中に入れれば、孝を明らかにするとの旨に合致する。また（そのほかの）祭祀の記事も種類によって纏《まと》めるべきである」といった」とある。臣《わたくし》劉昭は、「国史は得失を明らかにするためのものです。孝武皇帝《こうぶこうてい》の淫祀《いんし》や妄祭《もうさい》のようなものは、天下をあげて従わせました。民草を疲弊させ、国家財政を破綻させ、後王の深き戒めとなり、来世が懲りるべきものです。志の収録する記事は、これ一点で十分です。宗廟を先にしなかったことは、誠に胡広の論のとおりですが、尽《ことごと》く仙道（の記録）を除くことは、失う所がないとは言えないでしょう」と考えます。

社稷

建武《けんむ》二〔二六〕年、太社稷《たいしゃしょく》を洛陽《らくよう》に立てた。宗廟《そうびょう》の右側に位置した[一]。方壇《ほうだん》[二]で、屋根は無く、牆門《しょうもん》があるだけである[三]。二月と八月および臘《ろう》と、一年に三度祀り、みな太牢《たいろう》を具《そな》え、有司《ゆうし》〔担当の役人〕に祀らせる[四]。『孝経援神契《こうきょうえんしんけい》』に、「社は、土地の主である。稷は、五穀の長である」とある[五]。『礼記《らいき》』（祭法篇）と『国語《こくご》』（魯語上）は共に、「共工氏《きょうこうし》の子を句龍《こうりゅう》といい、后土《こうど》の官となり、よく九州の土を整備したので、このため祀って社とした。烈山氏《れつざんし》の子を柱《ちゅう》といい、よく百穀百蔬《そ》を植え育てたので、夏《か》以前は祀って稷《しょく》としていた。殷《いん》に至って柱が久しく遠い存在となり、（また）尭の時に棄《き》が后稷《こうしょく》となり、また百穀を植え育てたことから、柱を廃して、棄を祀って稷とした」とする[六]。大司農《だいしのう》（の鄭衆）と鄭玄の説では、「古《いにしえ》は官に（就き）大功を挙げれば、その神に配食《はいしょく》された。このため句龍は社に配食され、棄は稷に配食された」とする[七]。郡県には社稷を置き、郡太守と県令・県長が、侍祠する。犠牲には羊と豕《いのこ》を用いる。ただ州の治所は、社はあるが稷はなく、使官《しかん》により祀る。古《いにしえ》は師が出兵するときには、社の主を載いたが、稷を載くことはない[八]。国家もまた五祀の祭があり、有司がこれを掌る。（ただし）その礼は社稷（の礼）よりも簡便である[九]。

［劉昭注］

［一］馬融《ばゆう》は『周礼《しゅらい》』に注をつけて、「社稷は右にあり、宗廟は左にある。ある人は、「王者は五社をもち、太社《たいしゃ》は中門の外にあり、これは松である。東社《とうしゃ》は八里にあり、これは柏である。西社《せいしゃ》は九里にあり、これは栗である。南社《なんしゃ》は七里にあり、これは梓《し》である。北社《ほくしゃ》は六里にあり、これは槐《かい》である」という」と言っている。『礼記《らいき》』郊特牲《こうとくせい》に、「社は、土を祀り陰気を主体とするものである」とある。王粛《おうしゅく》の注に、「（社は）五行の主である。よく（五行を）吐いて百穀を生じさせる」とある。馬昭《ばしょう》は、「（原文に）列ねて五官となる、とあるのは、（社が土という）ただ一行の名だからである。（社が）自ら専ら陰気を主体とするわけではない。陰気は、地が主体であるため、（地を）五行の主という。もし社が五行の主であるなら、どうして社稷・五祀というであろう。土は自ら五祀に列なり、社も自らまた祭祀があるので、（土と社は）同じではない」といっている。馬昭《ばしょう》はまた、「土と地とは同じである。どうして二つあってよいであろうか。『尚書《しょうしょ》』に、「禹《う》は大地を（九州に）分けた」とある。また、「句《こう》龍《りゅう》はよく九土を整備した」とある。九土は、九州の土である。地官は、五行の土官の名なのである」といっている。

〔二〕『白虎通《びゃくこつう》』（社稷篇）に、「『春秋文義《しゅんじゅうぶんぎ》』に、「天子の（太）社は広さが五丈（約11.5ｍ）、諸侯はこれの半分である。その色は（四面のうち）東方は青、南方は赤、西方は白、北方は黒とし、上を覆うには黄色の土を用いる。このため東方の諸侯を封建しようとすれば、青い土を取り分け、（それを包む）苴《あらごも》は白茅《はくぼう》で織る。それぞれ太社の側面を取って、（諸侯の）社を封じて、土が謹敬で絜浄《けつじょう》なことを明らかにする」とある。社を祀るには楽を用いるのか。『礼記《らいき》』（楽記篇）に、「音楽を金石（や糸竹《しちく》の楽器）で演奏し、（あるいは）声にのせて歌い、宗廟や社稷（の祭祀）に用いる」とある」という。『独断』（巻下）に、「天子の太社は、諸侯に封建する者にはその土を取り、白茅で包んでこれを授け、その土により社をその国に立てる。このため「茅土を受ける」というのである。漢の建国以来、皇子で封建されて王となる者だけが茅土を得るようになり、その他の功臣は戸数あたりの租税収入を限りとして、茅土を受けず、社も立てない」とある。

〔三〕『礼記《らいき》』（郊特牲篇）に、「天子の太社は、必ず霜・露・風・雨を（直接）受ける。天と地の気がよく通じ合うようにするためである」という。盧植《ろしょく》は、「（太社には）屋根の無いことをいうのである」といっている。

〔四〕『礼記』（郊特牲篇）に、「地は万物を載せ、天は（日月星辰の天）象を垂れる。（人は）恵みを地から受け、法を天より受ける。これにより（人は）天を尊び地に親しむ。このため（聖王は）民に（天地の恩に）報謝する美を教える。家は中霤《ちゅうりゅう》を中心とし、国は社を中心とするのは、根本を（尊重することを）示すのである」とある。盧植は、「祭祀をするには、土地を根本とする。中霤（という祭祀）は、祀られる神格は后土《こうど》、すなわち句龍《こうりゅう》である。すでに（土地を祀る）社を祀り、さらに（土地神である）中霤を祀る」といっている。『古今注《ここんちゅう》』には、「建武《けんむ》二十一〔四五〕年二月乙酉《いつゆう》、社稷を上東門内に移し立てた」とある。『漢旧儀《かんきゅうぎ》』に、「使者が祠を監察する際には、南を向いて立ち、拝礼しない」とある。

〔五〕『月令章句《がつりょうしょうく》』に、「稷は秋から夏を過ぎることで熟し、四時を巡り、陰陽を備える。穀物のうちで貴い」とある。

〔六〕（劉昭が）『漢書』郊祀志を調べてみますと、「（前漢では）官社《かんしゃ》を立てる際に、夏《か》の禹《う》王を配食した。王莽《おうもう》は奏上して官稷《かんしょく》を立てる際に、后稷を配食した」とあります。

〔七〕『白虎通』（社稷篇）に、「王者に社稷がある理由はなにか。天下のために福を求め功を報ずるからである。人は土でなければ立てず、穀物でなければ食べられない。土地は広大であり、あまねく敬意を尽くすことはできない。五穀は多いので、一つ一つ祀ることはできない。このため土を盛って社を立て、土を尊重することを示すのである。稷は、五穀の長である。このため稷を立てて祀るのである。稷というものは、陰陽中和《いんようちゅうわ》の気を備え、しかも用途もまた広い。そのため稷は（五穀の）長なのである。一年ごとに（社稷を）二度祀るのはなぜか。春に（豊作を）求め秋に（収穫を）報告するためである。社稷を祀るのに三牲を供えるのは、（社稷の）功を重んじるからである。天子の社稷はみな太牢、諸侯の社稷はすべて少牢（で祀るの）である。王者と諸侯が（それぞれ）二社を共に持つのはなぜか。共に土地を持つ君主だからである。このため『礼三正記《れいさんせいき》』には、「王者は二社であり、天下のために社を立てて太社《たいしゃ》といい、自らのために社を立てて王社《おうしゃ》という。諸侯は民草のために社を立てて国社《こくしゃ》といい、自らのために社を立てて侯社《こうしゃ》という。太社は天下のために功を報告し、王社は京師のために功を報告する」とある」という。孔鼂《こうちょう》は、「周の祭祀は一社一稷、漢および魏の初めもまた一社一稷であった。（魏の明帝の）景初《けいしょ》年間〔二三七～二三九年〕にいたり、帝社《ていしゃ》を立てて二社とした。二社は今に至るまで祀られているが、こののち諸儒がこれを論じて、その文章は多い」といっている。

［八］漢の諸儒より論じられてきたことに、句龍《こうりゅう》は、そのまま社の主であるか、あるいは配食されているのか（という問題である）。その論議はたいへんに多い。のちに荀彧《じゅんいく》は仲長統《ちゅうちょうとう》に尋ね、社に祀っているのは何の神であろうか、とした。仲長統は祀られているものは土神です

と答えた。侍中の鄧義《とうぎ》が、そうではないとして論駁《ろんばく》したので、荀彧は仲長統に返答させた。仲長統は鄧義に答えて、「さきに（社で祀られているものが土神であるとの議に対して）追及されたことに、あえてお答えしませんでした。じっくりと考えたところ、郊社《こうしゃ》の祭祀は、国の大事であり、誠に浅学非才の者が、論を興し何度も口にすべきではございません。ですが鄧君の難により、事に少しく進展があり、議が行われましたので、辞を言うべきなのに言わないことは、すべきではありません（ので申し述べます）。（『周易』の）屯卦《ちゅんか》（大象）には経綸《けいりん》の義があり、睽卦《けいか》には同異《どうい》の辞があります。国を建て家を立てる（経綸は）、志を通じながらも類を断つ（同にして異なる）ことに帰するものです。思いますに（説の）微細な（違いの）部分を広く見て本質を尊重し、論を具えて真実を求めれば、先は難くとも後は易しくなり、出発点は異なっても帰着する所は同じになるでしょう」とした。（鄧義は）難じて、「（『礼記』郊特牲篇《こうとくせい》に）社は土を祀って、陰の気を主《つかさど》るものである、という。まさにいわゆる、句龍は土行の官である。社となって陰を主ることは明らかである。（こうした理解で）『礼記』の説と違うことがあるだろうか」と言った。（仲長統は）答えて、「いま『礼記』が社を説く場合、そのたびに郊《こう》と共に説かれており、体裁に本末があり、言辞に上下があり、社を句龍とすることに誤りがないというわけではありません。『礼記』礼運篇《らいうん》に、「政治は必ず天に基づき、

（天に）倣って命令を下す。命令が社から降る、これを地に倣うという。（聖人は）天地に準え、鬼神と並び立つ（ことで政教を治める）」とあります。また『礼記』礼運篇に、「（天子が）上帝を南郊に祀るのは、天を尊んで最高の位を定めるためである。社を国中に祀るのは、地の財利の功を並べ教えるためである」とあります。『礼記』郊特牲篇に、「社（を立てるの）は地の道を神明にするためである。地は万物を載せ、天は（日月星辰の）象《しょう》を垂れる。財物を地から取り、（季節の）法を天から取る。このために天を尊んで地に親しむのである。（卿・大夫の）家では中霤《ちゅうりゅう》を主とし（て祀り）、国では社を主とする。（国や民を養う）本（がそこにあること）を示すためである」といいます。このような記述を見ますと、（『礼記』では）もとより（句龍を）配食しているとは言わないのです。（社の）主を句龍とすることは明文が無く、したがって誤っているのではないでしょうか」とした。（鄧義は）難じて、「信ずることがこのようなこと（社の主が土神で句龍ではない）で、土が尊いというのであれば、土神は（人鬼の句龍などと違って）先とされ、上に書かれるべきである。（しかし『周礼』春官大）宗伯《そうはく》の体裁では、並べられる（天・地・人の）上下の叙述は、上の句から天神《てんしん》・地祇《ちぎ》・人鬼《じんき》というべきである。（しかし、実際には天神・人鬼・地示（地祇）の順に記されているが）どうして人鬼を先にして地祇を後にするであろうか。上文がこのようであるにも拘《かかわ》らず、下はどうして不可であり、しかも社が句龍でないならば、地とすることができるのであろうか（社がもし土神であれば、地祇は人鬼よりも上位に来るべきではないのか）」とした。（仲長統は）答えて、「これは（書籍を）形づくり体裁を整え、上から言及した順番を数えて、このようにいっているだけで、どうして（社の主が句龍という）人鬼であるという例証に足りましょうか。三科の祭りは、それぞれその体裁があります。いまただ社稷だけを取り出して考え、ただ句龍は烈山《れつざん》氏の子とすることとは、恐らくはその本意でないでしょう。調べてみますと、『礼記』（郊特牲篇）に、「社は土を祀る」とありますが、どうしてこれが句龍といえるでしょうか。さらに『春秋左氏伝』（昭公 伝二十九年）に、「句龍を祀って社とする」とありますが、また何を嫌がって、かえってこの事例だけを（社に）配食すると言わないのでしょうか。（『礼記』）祭法篇に、「周の人は禘《てい》の祭りに嚳《こく》を配食し、郊《こう》の祭りに稷《しょく》を配食して、文王を祖とし、武王を宗として祀った」とあります。みな配食としていますが、もしまた（この事例を）用いるのであれば、これを天を祀らないと言えるでしょうか。詳細に『春秋左氏伝』を読む者は、（社の主は）土神であることを真実とし、『礼記』だけに依る者も（社の主が）句龍であることを疑うでしょう。両者を交え参校して、その義を致して互いに成すことを善とすべきでしょう」とした。（鄧義は）難じて、「（『尚書』）召誥《しょうこう》篇に、周公が新邑に）二頭の郊牛《こうぎゅう》を犠牲に埋めたのは、（天に）后稷を配食するためであったとある。（『尚書』召誥篇に）「新邑に社を立てるのに、牛一頭・羊一頭・豕一頭を犠牲として埋めた」とある。（天地を祀る際の特牛ではなく、牛のほか羊と豕の）二牲を用いた理由は、社の位を立て句龍を祀るときに、人鬼として句龍に仕えたためである。この事例は、（社では）地神を祀っていないことを明らかにしよう。宮室が新たに完成したので、社を立てただけであ（り、二牲を用いる他の理由はないのであ）る」とした。また（鄧義は難じて）、「軍が行くときに社を載せることは、賞罰にあたって、自分の専断では決しかねるため、祖に告げて報償をし、社に至って殺戮をするためである。（それを考えれば、祖と社の）二主がともに人鬼であることは明らかである。人鬼であるからこそ、これを告げる。必ず（仲長統の）言うよう（に社が土神）であれば、地の主を斎車《さいしゃ》に載せる、と言うべきである。また（『尚書』の文も）命を用いるものは天に賞し、命を用いないものは地に戮《りく》す、と言うべきであるが、そうは言ってない。社稷に死ぬという義がある理由は、およそ命を賜って国を受ければ、宮室を造営し、社を立てないものはない。これにより言辞を受ける所であれば、（国が危機を迎えたときに）立ちどころに（社を）棄てて卑しくも免れて逃げ去ることはできない。まさに社で死ぬべきなのである。句龍が変わってその社（の主）となったことは、『春秋左氏伝』（昭公 伝二十九年）に明文がある。いま神のあり方を変えて、『礼記』を規範に祭祀しようとしている。その証拠を明らかにすべきである。祭祀は国家の大事であり、重んじられるべきことである。経伝を典拠として、過ちや悔いがないよう（解釈されることを）こいねがう」とした。（仲長統は）答えて、「郊祭（に用いる犠牲）が特牲なのは、天は至尊で、そのほかの物で（天に）適《かな》い専らにするものがないためです。これに対して社稷（に用いる犠牲）が太牢なのは、土は天に比べると卑しいので、人事に依拠して太牢で祀るからです。社の礼は今では滅び、特牲を併せる義は、まだ明らかにはなっていません。明らかに告げる文は、天にも地にも行います。どうして人鬼にだけと言えましょう。この発言は賛同できません。郊と社の並び方は、天地の順序です。いま句龍に社主の名を冠すると、（句龍という）文を（本来、地と対偶関係にある）天との対偶関係に置くことになり、均衡から見て安定するとは言い難くなります。土は、人の拠り所で、固くて最も身近にあるものです。このため（土を）立てて守りとして祀り、平事にはこれに時々に仕え、軍旅にはこれに殺戮を告げるのは、自順の義です。どうして平事には社に言わないのに、命を用いるものを天に賞するでしょうか。帝王は、両儀《りょうぎ》（天・地）の参《さん》（人）であり、宇宙でそれ以上尊い者がない存在です。それが一官の臣下（にすぎぬ句龍）を顕彰し、土の貴神とし、これを宗廟の上に置き、これを郊禘《こうてい》の次に並べ、これを守る者に、死んでも失うことがないようにさせるのであれば、どうして聖人は法を制定しながら（そのような）ゆがみを生み出し、礼を用いながら（そのような）偏頗《へんぱ》なことをしたのでしょうか。句龍の序列は、先王の人臣の位にあり、そのほかの四官と、爵位は等しく班位は同じで、これを司徒《しと》に準え、数においては二とされています。たとえまた王者が、礼儀を同じくせず、互いに変化し、あるいは句龍を尊重したことがあっても、それでも一定の地位を過ぎることはありません。五卿《ごけい》と冢宰《ちょうさい》とのように、上下に坐したり、先後にしたりするだけです。祖と社は同じであってはならず、共に尊位に置かれていると言えるだけです。『周礼』は礼の経《けい》であり、『礼記』は礼の伝《でん》です。経伝を調査して条文を探し求めれば、ここにあります。この両者を比べると、まだどちらが正しいのかは分かりません。本神を去って祀らないのと、句龍が土に配されることを貶めるのとでは、軽重を比べた場合、何を甚だしいと言えるでしょうか。経には条例があり、記には明義があるのに、（相互の記述が矛盾しているため）先儒はいまだ正せず、良しとはできません。典籍を突き合わせ、根本を論じ、始めを考察して、前説を撓《たわ》めて旧説を改め、定説に従わないからといって、誤りとしてはなりません。孟軻《もうか》は、「予《わたし》はどうして弁舌を好もうか、（弁舌を振るうのは）やむを得ないためである」と言っています。鄭司農の正も、これのことでしょう」とした。

〔九〕五祀《ごし》は、門・戸・井・竈・中霤《ちゅうりゅう》である。韋昭《いしょう》は、「古は穴に住んでいた。このため（雨垂れがあるので）部屋の真ん中を名付けて中霤と呼ぶのである」といっている。

霊星

漢が興って八〔前一九九〕年、言うものがあり、周が興ると邑ごとに后稷《こうしょく》の祀を立てたと。このため高帝《こうてい》（劉邦）は、天下に霊星祠《れいせいし》を立てさせた〔一〕。后稷を祀ると言って（立てたのに）、これを霊星と呼ぶのは、后稷を（地のほかに）また星に配食《はいしょく》するからである。旧説には、（霊）星とは天田星《てんでんせい》であるという。一説には、龍星《りゅうせい》の左角を天田官といい、穀物を掌《つかさど》るという〔二〕。（霊星を）祀るには壬辰《じんしん》の位により、これを祀る。壬を水とし、辰を龍と見立て、その似通った所に依るのである。犠牲は太牢《たいろう》を用い、県令・県長が侍祠した〔三〕。舞う者は童男十六人である〔四〕。舞う者は教田《きょうでん》をまねて、初めに草取りをし、次いで種を播き、草を切り、雀を追い立て、そして刈り入れ、臼づく形により、その功を象徴させる〔五〕。

〔劉昭注〕
〔一〕『三輔故事《さんぽこじ》』に、「長安城の東十里に霊星祠がある」という。
〔二〕張晏《ちょうあん》は、「農祥《のうしょう》（霊星）が早朝に現れれば、祀るのである」といっている。
〔三〕『漢旧儀《かんきゅうぎ》』に、「古《いにしえ》は、一年に二回霊星を祀った。春と秋に少牢《しょうろう》の礼を用いる」とある。
〔四〕服虔《ふくけん》と応劭《おうしょう》は（ともに）、「十六人とは、つまり古でいう二羽である」といっている。
〔五〕『古今注《ここんちゅう》』に、「元和《げんわ》三〔八六〕年、初めて郡国のために社稷と霊星を祀るための礼を制定した」とある。

先農

県邑では常に乙未《いつび》の日に先農《せんのう》〔炎帝神農氏《えんていしんのう》〕を乙地〔東方〕に祀り、丙戌《へいじゅつ》の日には風伯《ふうはく》〔飛廉《ひれん》〕を戌地〔中央〕に祀り、己丑《きちゅう》の日には雨師《うし》〔畢星《ひっせい》〕を丑地〔北東〕に祀り、（犠牲には）羊と豕を用いる。

迎春

立春の日は、みな青い（服に青い）幡《はた》を立て幘《さく》〔ずきん〕を被り、春を東の郭《かく》〔外城〕

の外に迎える。一人の男の子に青い巾《きん》〔ずきん〕を被せ、青衣を着せ、前もって東の郭の外の野原に待機させておく。春を迎える者が至れば、（男の子は）野原の中から出て来て、迎える者はこれに拝礼して帰り、祭祀はしない。（立夏・立秋・立冬の）三時には迎え（る行事は）ない。

論に言う、臧文仲《ぞうぶんちゅう》は爰居《えんきょ》〔海鳥の一種〕を祀り、孔子はそれを（臧文仲の）不知（の一つ）とした（と『春秋左氏伝』文公伝二年にある）。『漢書《かんじょ》』（巻二十五）郊祀志《こうしし》は、秦《しん》以来、王莽《おうもう》まで（の祭祀）を著述するが、祭祀・典礼には、まだ修められていないものもあり、（孔子がその祭祀の不当を批判した）爰居の類のことが多かった。世祖光武帝《せいそこうぶてい》が中興すると、常態ではない祭祀を取り除き、（古典に定められた）旧来の祭祀を修復したので、これを前の祭祀に比べると、遥かに優れたものとなった。かつて聞いた儒者の言によれば、三皇《さんこう》の時には文字が無く、縄を結び（文字のように用いて）統治し、五帝《ごてい》より始めて文字を刻むようになったという。（夏・殷・周の）三王《さんおう》に至ると、ようやく次第に文章を飾り、詐欺が行われるようになり、はじめて印璽《いんじ》をつくり、悪の芽を摘んだが、それでも金玉・銀銅の器を用いることはなかった〔一〕。上皇《じょうこう》より以降、泰山《たいざん》で封じた者は、周に至るまで七十二代である。封というものは、土を盛って壇をつくり、柴を焚く祀りで天に告げ、天子が興り功が成ったことをいう。『礼記《らいき》』（礼器篇）のいわゆる、名山を祀り、（地域の諸侯の）業績を天に告げるというものである。（天子の）姓が変わると封を改めるのは、その一代の創始者が、明らかに血を継承していないことを示すためである。継承した王が巡狩すると、封を修繕して祀るだけである。秦の始皇帝《しこうてい》より漢の孝武帝《こうぶてい》が泰山に封じた時までは、そもそも神仙《しんせん》を好み方士《ほうし》の言葉を信じたために、石《せき》検印《けんいん》を造ってその事跡を封じた。聞く所ではそうである。まことに天道《てんどう》は図り知ることが難しいが、それでもなお概《おおむ》ねで要《かなめ》がある。天道は質素で清廉、倹約して出費を嫌う。そのため犠牲は犢《こうし》を用い、器は陶匏《とうほう》を用い、ほぼ検封により事足れりとし、壊れにくい石を願うことはない[二]。かつ封は、（易姓革命により）改め代わるために行うので（その場所を）岱宗《たいそう》という。夏の少康《しょうこう》と周の宣王《せんおう》は、廃《すた》れた国を復興したのに、封を改めたとは聞かない。光武帝が武帝のもとの封に依ろうとしたのは、まことに祖宗を継ぐ道である。それなのに梁松《りょうしょう》は強く争い、必ず（封を）改めるべきであるとした。それではすでに（漢としては武帝が）封をした後にすることになるので福禄はなく、そして梁松は誅されて死んだ。その罪は身から出た錆であったが、これはまた神を冒瀆した罰であろう。さらに言えば、帝王がよく大いに後世に輝く理由は、まことに徳が民に加えられたか否かにより、封（をしたか否か）にあるとは聞いたことがない〔三〕。天地について述べる書物で、『周易《しゅうえき》』より偉大なものはないが、『周易』には、「六宗《りくそう》は中に在る」の文はない。もし（六宗を）「天地四方の宗とする所」とする説を信じるならば、これは至大である。しかし太社の祭祀に比すのであれば、有るべき姿を失う。（後漢の祭祀方法を）真の（六宗の）祭祀方法とすることは難しいのではないか。

〔劉昭注〕

〔一〕臣《わたくし》劉昭は、「（『淮南子《えなんじ》』原遺訓《げんいくん》によれば、夏の）禹《う》王が群臣と塗山《とざん》に会見した際に、玉帛《ぎょくはく》を執る者は一万国もあったといいます。このためすでに（禹のときに）贄《し》は同じでなく、円や方など形を異にしていました。『周礼《しゅらい》』（春官 大伯宗）には、天地四方（の祭祀）に、璧《へき》・琮《そう》・琥《こ》・璋《しょう》など、それぞれの玉があったといいます。それなのにいまだ器がなかったというのは、いったいどうしたわけであろうか」と考えます。

〔二〕臣《わたくし》劉昭は、「玉は（その持つ）五徳により貴ばれ、金は不朽に残り（それが尊重され）ます。（天に）告げる（ための）文が（検封《けんふう》に）あれば、どうしてあえて（石に）題刻《だいこく》するでしょうか。

その成功を告げることは、難しいと知ることができます」と考えます。

［三］臣《わたくし》劉昭は、「功が成り道が盛んで、天下は（天子の教）化を受け、徳が布かれ、世が治まっていることが、登封する理由です。封は徳により行われ、封を行うことは、徳を完成させるためです。明らかに天に告げ、互いに（天と人とが）あい感じます。もしこの論が通用するのであれば、（封を行う資格のある天子は）七十二人だけでしょうか」と考えます。

賛にいう、「天地の禋郊《いんこう》にも、宗廟の享祀《きょうし》にも、みな（明記された）文は無かったが、（それを）秩序だて山川（の祭祀）も詳細に定まった。（祭祀を）妄《みだ》りにすれば国家は廃《すた》れ、（祭祀の）典範が整えば国家の紀《のり》となる。（祭祀は天地と祖先への）盛んなる敬愛から始まった。誰が祭祀を始めたのであろうか」と。

天文志上　第十　王莽三　光武十二

『周易《しゅうえき》』（繫辞上伝《けいじじょうでん》）に、「天は（各種の）象《しょう》を降して（吉凶を示し）、聖人はこれを（言動の）準則とした。庖犧氏《ほうぎし》が、天下を統治すると、上を仰いでは天の象を観、下を見ては地の法を見た」とある。象を天に観るとは、太陽と月や星辰（を観ること）をいう。法を地に観るとは、（地の）水土と州郡の区分（を見ること）をいう。形が地に起こると、象が天に現れる。このため、「天というものは北辰星《ほくしんせい》（を枢軸とするもの）であり、元気を合わせて輝きを発し、帝王の形を構築して、天文を運行させ、（特定の）度数《どすう》を（日月星辰に）授け、あまたの星々を張りめぐらせる」というのである。（地上では天子に仕える）三公《さんこう》・九卿《きゅうけい》、二十七大夫《たいふ》、八十一元士《げんし》（のあわせて百二十官）がいる。（同様に、天には天帝の御車である）斗衡《とこう》、（北斗七星のめぐる北辰を中心に）太微《たいび》（垣《えん》には「三公」「九卿」などが備わり）、（大臣を象徴する）摂提《せってい》閣などの属は（地と同様に天も）百二十官がいる。（百二十官が含まれる）二十八宿は、それぞれ列を並べ、下は十二分野に対応している。（このように）天地は（それぞれ）位を設け（対応しているので）、星辰《せいしん》の象は、備わっているのである［一］。

〔劉昭注〕

〔一〕『星経《せいけい》』〔戦国時代の天文学者石申《せきしん》に仮託された『石氏星経』〕に、「歳星《さいせい》〔木星〕は、泰山《たいざん》と徐《じょ》州・青《せい》州・兗《えん》州を管轄する。熒惑《けいわく》〔火星〕は、霍山《かくざん》と揚《よう》州・荊《けい》州・交《こう》州を管轄する。鎮星《ちんせい》〔土星〕は、嵩高山《すうこうざん》と豫《よ》州を管轄する。太白《たいはく》〔金星〕は、華陰山《かいんざん》と涼《りょう》州・雍《よう》州・益《えき》州を管轄する。辰星《しんせい》〔水星〕は、恒山《こうざん》と冀《き》州・幽《ゆう》州・并《へい》州を管轄する。（また）歳星は、角《かく》・亢《こう》・氐《てい》・房《ぼう》・心《しん》・尾《び》・箕《き》を管轄する。熒惑は、輿鬼《よき》・柳《りゅう》・七星《しちせい》・張《ちょう》・翼《よく》・軫《しん》を管轄する。鎮星は、東井《とうせい》を管轄する。太白は、奎《けい》・婁《ろう》・胃《い》・昴《ぼう》・畢《ひつ》・觜《し》・参《さん》を管轄する。辰星《しんせい》は、斗《と》・牛《ぎゅう》・女《じょ》・虚《きょ》・危《き》・室《しつ》・壁《へき》を管轄する。琁璣《せんき》とは、北極星をいう。玉衡《ぎょくこう》とは、北斗の九星をいう。玉衡の第一星は、徐州を掌《つかさど》り、常に五つの子《ね》の日にこれを測候する。甲子は東海《とうかい》郡、丙子は琅邪《ろうや》郡、戊子は彭城《ほうじょう》郡、庚子は下邳《かひ》郡、壬子は広陵《こうりょう》郡で、およそこの五郡である。第二星は、益州を掌り、常に五つの亥《い》の日よりこれを測候する。乙亥は漢中《かんちゅう》郡、丁亥は永昌《えいしょう》郡、己亥は巴《は》郡・蜀《しょく》郡・牂牁《しょうか》郡、辛亥は広漢《こうかん》郡、癸亥は犍為《けんい》郡であり、およそこの七郡である。第三星は、冀州を掌り、常に五つの戌《いぬ》の日よりこれを測候する。甲戌は魏《ぎ》郡・勃海《ぼっかい》郡、丙戌は安平《あんぺい》郡、戊戌は鉅鹿《きょろく》郡・河間《かかん》郡、庚戌は清河《せいが》郡・趙《ちょう》国、壬戌は恒山《こうざん》郡であり、およそこの八郡である。第四星は、荊州を掌り、常に五つの卯《う》の日にこれを測候する。乙卯は南陽《なんよう》郡、己卯は零陵《れいりょう》郡、辛卯は桂陽《けいよう》郡、癸卯は長沙《ちょうさ》郡、丁卯は武陵《ぶりょう》郡であり、およそこの五郡である。第五星は、兗州を掌り、常に五つの辰《たつ》の日にこれを測候する。甲辰は東《とう》郡・陳留《ちんりゅう》郡、丙辰は済北《せいほく》郡、戊辰は山陽《さんよう》郡・泰山《たいざん》郡、庚辰は濟陰《せいいん》郡、壬辰は東平《とうへい》郡・任城《じんじょう》郡であり、およそこの八郡である。第六星は、揚州を掌り、常に五つの巳《み》の日にこれを測候する。乙巳は豫章《よしょう》郡、辛巳は丹陽《たんよう》郡、己巳は廬江《ろこう》郡、丁巳は呉《ご》郡・会稽《かいけい》郡、癸巳は九江《きゅうこう》郡であり、およそこの六郡である。第七星は、豫州を掌り、常に五つの午《うま》の日にこれを測候する。甲午は潁川《えいせん》郡、壬午は梁《りょう》国、丙午は汝南《じょなん》郡、戊午は沛《はい》国、庚午は魯《ろ》国であり、およそこの五郡である。第八星は、幽州を掌り、常に五つの寅《とら》の日にこれを測候する。甲寅は玄菟《げんと》郡、丙寅は遼東《りょうとう》郡・遼西《りょうせい》郡・漁陽《ぎょよう》郡、庚寅は上谷《じょうこく》郡・代《だい》郡、壬寅は広陽《こうよう》郡、戊寅は涿《たく》郡であり、およそこの八郡である。第九星は幷州を掌り、常に五つの申《さる》の日にこれを測候する。甲申は五原《ごげん》郡・鴈門《がんもん》郡、丙申は朔方《さくほう》郡・雲中《うんちゅう》郡、戊申は西河《せいが》郡、庚申は太原《たいげん》郡・定襄《ていじょう》郡、壬申は上党《じょうとう》郡であり、およそこの八郡である。琁璣・玉衡は色を占い、春は青黄、夏は赤黄、秋は白黄、冬は黒黄である。これは常に明らかなものである。このようにならないものは、向かう先の国で軍事的な災いが起こる。およそ六十郡あり、九州が領有するものは、自然と分かれて名づけられた」とある。

三皇《さんこう》は教化に努め、心を一つにして醇朴《じゅんぼく》であった。（これは）五星《ごせい》が珠を連ねるようなぁ、また日と月が璧を合わせるようであったことをいう。教化は自然と成り、民は悪事をしなくなった。文字が興ってからは、五帝《ごてい》が（様々な書籍を）創作した。軒轅《けんえん》〔黄《こう》帝《てい》〕が始めて『河図闓苞受《かとかいほうじゅ》』を授かり、日月・星辰の象を規定した。このため星官の書は黄帝より始まった。高陽氏《こうようし》〔顓頊〕の時に至り、南正《なんせい》の重《ちょう》に天を司らせ、北正《ほくせい》の黎《れい》に地を司らせた。唐堯《とうぎょう》・虞舜《ぐしゅん》の時には羲仲《ぎちゅう》と和仲《かちゅう》が［一］、夏《か》には昆吾《こんご》がおり、（殷の）湯《とう》王には巫咸《ふかん》がおり、（また）周《しゅう》の史佚《しいつ》と萇弘《ちょうこう》、宋《そう》の子韋《しい》、楚《そ》の唐蔑《とうべつ》、魯《ろ》の梓慎《ししん》、鄭《てい》の裨《ひ》竈《そう》、魏《ぎ》の石申夫《せきしんふ》［二］、斉《せい》の甘公《かんこう》は、いずれも天文の官を掌った。（かれらは上は天を）仰ぎ見ると共に（下は地を）俯《うつむ》き見て、時の政治を輔佐し、変事を推し量り、（その）徴候を摘み取り、遍《あまね》く行き届いた。禍福の原因を採り、成敗の趨勢を見分けたのである。秦《しん》は（儒家の経典である）詩《し》・書《しょ》を焼いて、人々を愚かにし、六経《りくけい》の典籍は、損なわれて灰や炭と化したが、星官の書籍は、全く損なわれなかった。このため秦の史官は、始皇《しこう》帝《てい》の時の彗孛《すいはい》〔ほうき星〕と大角《たいかく》〔亢宿に含まれる星。アークツルス〕を記録した。大角が見えなくなり、大星と小星とが宮中で闘うことがあれば、廃亡の徴候である。漢《かん》が興隆して、景帝《けいてい》・武帝《ぶてい》の時になると、司馬談《しばたん》とその子の司馬遷《しばせん》は、黎氏の後裔であることから太史令《たいしれい》となった。司馬遷は『史記《しき》』を著して（その中に）天官書《てんかんしょ》を作った。成帝《せいてい》の時、中塁校尉《ちゅうるいこうい》の劉向《りゅうきょう》は、（『尚書《しょうしょ》』の）洪範《こうはん》篇に見える災異《さいい》の条を敷衍して五紀皇極《ごきこうきょく》の論を作り、それにより過去の出来事を照らし合わせた。孝明帝《こうめいてい》は班固《はんご》に『漢書《かんじょ》』を叙述させ、（その弟子の）馬続《ばしょく》は天文志《てんもんし》を撰述した。いま（本書は）『漢書』を継承して「天文志」を作り〔三〕、（その内容は）王莽《おうもう》の居摂《きょせつ》元〔六〕年より書き始め、孝献帝《こうけんてい》の建安《けんあん》二十五〔二二〇〕年に至るまで、二百十五年となる。その時々の星辰の変化や、象の事応を述べ、それにより天の戒めを顕著にし、王事を明らかにする〔四〕。

〔劉昭注〕

〔一〕『尚書』（舜典《しゅんてん》篇）に、「帝（舜）は（天体観測器の）璇璣玉衡《せんきぎょくこう》を（用いて天を）見て、（日・月・五星の）七つの天体の運行法則を正した」とある。孔安国《こうあんこく》は（『尚書』舜典篇の注に）、「（原文の）在は、察という意味である。璇は、美玉という意味である。璣衡は、王者が天文を正すための器械であり、（この器械を）動かして（運行法則を）正せる。七政は、日・月・五星が、それぞれ（の運行により）政治（への予言）を異にすることをいう。舜は、天文を観察して、七政を正したのである」と言っている。

［二］（石中夫は）あるいは石中父《せきしんふ》という。

［三］謝沈《しゃしん》の『後漢書』に、「蔡邕《さいよう》は建武《けんむ》年間（二五〜五六年）以後の星宿の事応の著明なものを撰定して『漢書』天文志に続け、譙周《しょうしゅう》がそれより後の（三国《さんごく》時代の）ものを継いだ」とある。

［四］臣劉昭《わたくしりゅうしょう》が考えますには、張衡《ちょうこう》の天文の精妙さは、一代に冠絶しています。（張衡が）著した『霊憲《れいけん》』と『渾儀《こんぎ》』は、天体の輝きの本質を整えており、いま（ここに）写し載せて、その理論を備えます。『霊憲』に、「古《いにしえ》の先王は、天の路を計算し、（日・月・五星などの）明るい天体の軌道〔霊軌〕を定め、その大本を探求しようとした。そのため（天の形を）天球〔渾体《こんたい》〕に準えて、観測器械を正して天の数を整えた。こうして（大本となる正しい中枢）が定められると、枢運《すううん》〔要となる天の運行〕が考察できた。そして皇極《こうぎょく》が定められ、枢運が考察されると、天の恒常的な有様が、規則立てられた。聖人は、自然のままの精神で、（物事の）核心を導き出し、『霊憲』〔宇宙の玄妙たる大本〕が作成された。言うには、「（物質の始まりである）太素《たいそ》の前は、奥深く静かで、ひっそりとして物音もなく、有形のものが存在し得ない。その世界の中は空虚で、その世界の外は無であった」と。このような状態が、永久のような長さの間続いた。これを溟涬《めいけい》〔天地の元気がまだ分かれぬ状態〕というのは、それが

（万物が生じる）道すじの根源だからである。（この）道の根源が打ち立てられると、無から有が生じる。太素が兆し始めても、その萌芽は、まだ徴《しるし》が表れず、（根源の）気を合わせて同じ様子を示し、渾沌として一体をなしていた。これを述べたのが、「物が存在して混成し、まず初めに天地が生じた」という言葉である。天と地の気の本体は、形を成すことができず、その（働きの）遅速は、依然として秩序立てられなかった。このような状態がまた永久のような長さの間続いた。これを庬鴻《ぼうこう》〔天の気が明確に分かれず混沌としている状態〕というのは、それが（万物が生成する）道すじの根幹だからである。道すじの根幹が生育すると、物が本体を形成するようになる。こうして大本の気が分かれ、剛《かた》いものと柔らかいものが始めて分かれ、清《す》んだものと濁ったものが層位を異にし、天はその外側に成り、地はその内側に定まった。天は陽（の気）より形成されるため、円形をとって動く。地は陰（の気）より形成されるため、平面の形をとって静止する。動くものは行為によって恵みを与え、静かなるものは交わることによって（万物を）造化する。塞がれ結ばれた状態で精髄を組み合わせると、時に応じてあらゆる種類（の事物）が育つ。このような状態を太元《たいげん》〔万物の大本〕というのは、道すじが充実するからである。天にあっては星象を成し、地にあっては地形を成す。天には（鈞天《きんてん》・蒼天《そうてん》・変天《へんてん》・玄天《げんてん》・幽天《ゆうてん》・顥天《こうてん》・朱天《しゅてん》・炎天《えんてん》・陽天《ようてん》の）九位《きゅうい》があり、地には（神州《しんしゅう》・次《じ》州《しゅう》・戎州《じゅうしゅう》・弇州《えんしゅう》・冀州《きしゅう》・台州《たいしゅう》・泲州《せいしゅう》・薄州《はくしゅう》・陽州《ようしゅう》の）九域《きゅういき》がある。また天には（日・月・星の）三辰《さんしん》があり、地には（高・下・平の）三形がある。星象が現れると、それを見ることができ、地形が作られると、それを測ることができる。（生成された事物の）本性は、多くの特殊性を持ち、遍く通じて感応し迫り合って、自然に生じ合うものであるのに、これを秩序立てられなかった。そこで人間の精髄が聖人を生み、まことに初めて綱紀《こうき》を立てて事物の骨子を作り上げた。八方の地域の果てにある大綱は、直径が二億三万二千三百里、南北（の径）はこれより千里短く、東西（の径）はこれより千里長い。地から天までは、八極の（直径の）半分であり、地の深さも同様である。これらを通算して測れば、渾天（の直径）となる。この数値を調べるには、重差鉤股《ちょうさこうこ》を用い、天から懸《か》かる影と、地に立てた器具〔ノーモン〕によって（観測して計算すると）、（天の場合も地の場合も）いずれも千里を移動するごとに、一寸の差を生じてこの値を得る。これを超過したものについては、まだよく分かっていない。このよく分からないものこそが、宇宙という意味なのである。宇の表は極まる所がなく、宙の端は（どこまで行っても）終わりがない。天には（陰と陽の気という）両儀《りょうぎ》があり、それらは道中に舞うように現れる。（そこに）観測できるものは、（北斗の第一星たる）枢星《すうせい》である。これを北極《ほっきょく》という。南の天では（目印となる星が）現れないため、聖人は名づけなかった。

世の中（の巡り）が成し遂げられると、（陰陽の気は）九分まで進んで二分減少する。陽の道すじは左回りであるため、天は左から（右へと）運行する。事物によって調べるには、人の気は左から伸び、形は左から巡る（ことを見ればよい）。天は陽（の気）によって回り、地は陰（の気）によって厚くなる。このため天は、その運動を起こし、気を受けて光を差し伸べる。地は、その静止状態を作り、（天の）兆しを受けて明るさを与える。天は秩序だった巡りに従って動き、（偏ることなく）中立であり続けることで、四季は順序通り訪れ、寒さ暑さ（の変化）も違えることなく、事物生成の作用は節度を保つため、（それを受けて）諸々の事物が生じる。地は霊妙（なる働き）により静止し、（造化の機能を）合わせて天より承け、造化（の働き）を清《す》まして養育（の機能）を成し、四時が巡行した後に生育するため、諸々の事物はこれにより生成する。およそどれだけ大きくとも天（の大きさ）に及ぶものはなく、どれだけ厚くとも地（の厚さ）に及ぶものはない。最も内容の詰まったものを地という。どれだけ多量でも水（の多さ）に及ぶものはなく、水の精髄が漢《かん》（銀河）である。漢は天をめぐり、これに並ぶものはない。（聖人の）思惟は（地の）内容の充実ぶりに次ぐものである。地には山獄があり、それにより気を行き渡らせ、精髄の種が星となる。星とは、本体は地より生じ、精髄は天で生成され、（それが天に）列なって錯綜して留まり、それぞれに帰属する星宿がある。紫宮《しきゅう》は（帝王の居所たる）皇極《こうきょく》であり、太微《たいび》は五帝の宮廷である。明堂《めいどう》の傍らの房宿《ぼうしゅく》には、大角《たいかく》の席があり、天市《てんし》の位置する所がある。（東方の）蒼龍《そうりゅう》（の七星）は連なって左にうねり、（西方の）白虎《びゃくこ》（の七星）は猛って右に寄りかかり、（南方の）朱雀《すざく》（の七星）は前方で翼を広げ、（北方の）霊亀《れいき》（の七星）は後方で首を曲げ、黄神軒轅《こうしんけんえん》は中央に位置する。六つの家畜（馬・牛・羊・豕・犬・雞）は、すでに飼い馴らされ、狼《おおかみ》・蚖《とかげ》・魚・鼈《すっぽん》など（あらゆる動物がおり）、具わってないものはない。野にあっては諸々の事物を象《かたど》り、朝廷にあっては官位を象り、人にあっては出来事を象り、こうして（天にはあらゆるものが）備わっているのである。天上に関わる現象のうちで顕著なものとして、太陽と月より大きなものはない。その径は天周の七百三十六分の一、地の広さの二百四十二分の一にあたる。太陽は、陽の精の本源である。（その精が）集まって鳥となり、鳥を象って三趾《さんし》を持つ。それは陽の類であり、奇数に対応する。月は、陰の精の本源である。（その精が）集まって獣となり、兔《うさぎ》を象る。それは陰の類であり、偶数に対応する。その後で、太陽や月に身を寄せるものが現れた。羿《げい》は不死の薬を西王母《せいおうぼ》に求めたが、（羿の妻の）姮娥《こうが》はこれを盗んで月に逃げようとした。いざ向かおうとした際、この逃亡を有黄《ゆうこう》に筮竹《ぜいちく》で占わせた。有黄はこれを占い、「吉です。鳥がひらひらと翩《ひるがえ》るようで帰妹《きまい》となり、ひとり西方に行こうとして、天が暗くなるのに遭遇するでしょう。驚いたり恐れてはなりません。後になって大いに栄えるでしょう」と答えた。こうして姮娥は身を月にゆだね、その結果、蟾蠩《ひきがえる》となった。太陽は喩えるなら火のようなもので、月は喩えるなら水のようなものである。火は外に向かって輝き、水は（内に）景《ひかり》を含む。だからこそ月光は太陽の照る所に生じ、月の影の部分は太陽の蔽う所に生じるのである。太陽に真向かいになれば（月の）光は満ち、太陽に近づけば光は尽きる。諸々の星は（太陽の）輝きを受け、水（の精）によって光を反射する。太陽と（真向かい）の突きあたりの位置にある時、（太陽と月の）光が常に合わさらないのは、地に覆われ（て光が遮られ）るからである。これを闇虚《あんきょ》〔月食の際に地球に蔽われる暗い部分〕という。星の場合は星（の光）が微《かす》かになり、月の場合はそこを通過すれば月食になる。太陽が地に迫ると、明るいものを暗くする。暗い所から明るいものを見れば、明るさは尽きることなく、そこから明るいものを望めば火のようである。（太陽が）中天に来ると、天と地は同じ明るさになる。明るい所から暗いものを見れば、暗（い所の光）はひとりでに奪われるため、これを望むと水のようである。火は夜であれば輝きを増すが、昼は明るく見えない。月は夜にあっては、太陽と同じ程度でやや微《かす》かである。星の場合はそうではなく、強弱の差がある。多くの星が列なって遍く広がり、その神秘的かつ顕著さゆえに、五列を成し、これらには三十五の名称がある。一つは中央に位置し、これを北斗《ほくと》（七星）という。その変動ぶりによって占いを定める、（北斗七星は）まことに王命を司るものである。（また）四方には（七つの星宿が）置かれ、（これを）二十八宿という。太陽と月は（その間を）運行し、あまねく吉凶を示し、五つの惑星は（二十八宿を）巡り宿りながら、それにより禍福を告げるので、天の意思はここに現れる。（北極の周囲に分布する）中官星《ちゅうかんせい》と（二十八宿より南の）外官星《がいかんせい》のうち、常に明るく見えるものは百二十四であり、名称がつけられるものは三百二十であり、星（の合計数）は二千五百であるが、『海人の占』はまだ存在しない。（光の）微かな星の数は、おそらく一万一千五百二十ほどであろう。諸々の事物は蠢動《しゅんどう》し、いずれも命を（天に）繋いでいる。そうでなければ、どうしてそれらを総括して秩序だてられようか。そもそも（日・月・星の）三光は、形を同じくしており、珠玉に似て、神秘的な働きが保たれ、（そこに）精髄が存在し、その作用を華やかにして、その明るさを広めていく。（明るさが）衰えると、神秘的な働きが尽き（そこにある）精髄もなくなり、この結果として隕ちる星が現れる。そうなると流星の落ちた所で、地では石になる。天上で輝き文様をなすもので、動くものは七つあり、太陽・月・五惑星である。（それらは）天を巡って右に（東から西へと）回る。天道は、順序法則を貴ぶ。天に近ければ遅く、天に遠ければ速く、運行すれば（進路が）曲がり、曲がると留まって旋回し、留まって旋回すると逆行し、逆行すると遅くなり、天に迫る。運行の遅いものは東に見え、東に見えるものは陽に属する。運行の速いものは西に見え、西に見えるものは陰に属する。（これは）太陽と月が釣り合っているからである。摂提《せってい》（木星）・熒惑《けいわく》（火星）・地候《ちこう》（土星）は明け方に、太陽に付く。太白《たいはく》（金星）・辰星《しんせい》（水星）は暮れ方に見え、月に付く。二つの陰と三つの陽があり、天を三、地を二として、男女はこれに則っている。方星が鎮を巡る時は、必ず一定の速さにより、仮に増減があっても、次を飛び越えることはない。だから（天官である）列司（列星）が使者を立てることがあり、「老子《ろうし》宿の四星は、周伯《しゅうはく》・王逢《おうほう》・芮《ぜい》（・絮《じょ》）のそれぞれ一星であり、（これらは）五つの惑星の間を錯綜し（て進み）、見られる期間は一定しておらず、運行速度も決まっておらず、恒星のいる所を惑わす」という。その後に吉凶を遍く知らせ、その祥応（の詳細）を尽くすことができる」とあります。

蔡邕の『表志《ひょうし》』に、「天体を論じる学派には三家があり、第一に周髀《しゅうひ》といい、第二に宣夜《せんや》といい、第三に渾天《こんてん》といいます。宣夜の学問は絶えて師法が亡びた。周髀はその術が完存するが、天の状態を（実際に）調べると、食い違いが多く、史官は用いません。渾天だけが天の状態をほぼ把握でき、いま史官が用いる観測台の銅儀は、その方法（に基づいて製作されたもの）です。（それは）八尺の球体を設置し、天地の形状を具え、それにより黄道《こうどう》を正し、春夏秋冬の流れを観察し、日と月を巡らせ、五つの惑星を巡らせます。（渾天説は）精密かつ深奥で、万世に不変の方法です。官にはその器械（渾天儀）はありますが基づく本はなく、前志（『漢書』天文志）は欠落して論じていません。臣《わたくし》はその旧文を探し求めましたが、何年かけても得られませんでした。東観《とうかん》で律暦を学んだものの究められず、まだ書を著すには及びませんでした。思案を巡らせ探し求め、秘かに自らの力量も考えず、天体観測器のもとで寝ね伏し、思案して心を尽くし、法則を考えて計算を成し、文義を支え、道術で潤色し、著述して篇章を作りたいと考えております。（しかし）無実の罪ながら、（わたくしの身は）北方の不毛の地に投げ与えられ、身は亡びて遠く離散し、渡世で成すべき方法がありません。どうか広く群臣や隠者の中で、渾天の意を知る者に問い、その義を述べて、天文志を補わせるべきです。建武《けんむ》年間（二五〜五六年）以来の星変や彗孛の占験の顕著なものを撰して、その後に続けましょう」とある。

王莽三

王莽《おうもう》の地皇《ちこう》三（二二）年十一月、孛星《はいせい》（彗星）が張宿《ちょう》（の方角）に現れ、東南に進んで五日経って見えなくなった。孛星というものは、悪気が生ずるものである。兵乱が起こる（象である）のは[二]、それが徳義に孛《もと》るためである。孛徳というものは、乱の象であり、不明の表れである。また鮮やかに輝き流れるのは、兵の象である。だからこれを名づけて孛という。孛という字は、傷つけ、妨げ蔽《おお》うという意味である。あるいはこれを彗星というのは、穢れを払って新しいものを布くためである[三]。張宿は周の地を示す。孛星が張宿に現れて、東南に進んだ。そこは翼《よく》宿・軫《しん》宿の分野である。翼宿・軫宿は、楚（の地）を示すので、これは周と楚の地で兵乱が起ころうとしている（象である）。この後一年の正月に、光武帝《こうぶてい》は兵を舂陵郷《しょうりょうきょう》〔湖南省寧遠の北東〕に起こし、下江《かこう》〔長江下流地区〕・新市《しんし》県〔湖北省京山県の北東〕の賊である張卬《ちょうぎょう》・王常《おうじょう》に会した。更始帝《こうしてい》の兵も到着するに及び、ともに南陽《なんよう》郡〔河南省南陽市〕を攻め破り、王莽の前隊大夫《ぜんたいたいふ》である甄阜《しんふ》・属正《しょくせい》の梁丘賜《りょうきゅうし》らを斬り、その将兵数万人を殺した。更始帝が天子となり、洛陽《らくよう》〔河南省洛陽市の北東〕を都とし、西に向かって長安《ちょうあん》〔陝西省西安市の北西〕に入ったが敗死した（のは、いずれもその事応である）。光武帝が河北で興隆し、また（かつての周の首都であった）洛陽を都として、周の地にいるのは、穢れを除き、新しい徳を布き並べる象徴である。

［劉昭注］

［一］『星占《せいせん》』に、「（兵乱が起こるとは）その国の内外に兵を用いることである」という。

［二］宋均《そうきん》は『孝経《こうきょう》鉤命決《こうめいけつ》』に注をつけて、「彗は、五つの彗星のことである。（彗星が）蒼色であれば王侯が敗れ、天子は兵難に苦しむ（象である）。赤色であれば賊が起こり、強国が恣《ほしいまま》に振る舞う（象である）。黄色であれば女性の害が起こる色であり、権力を后妃に奪われる（象である）。白色であれば将軍が反逆し、二年経って大軍が起こる（象である）。黒色であれば水精が動き、長江や黄河が決壊し、賊があちこちで起こる（象である）」と言っている。『韓揚占《かんようせん》』に、「その形象は竹彗や樹木の枝のようで、長短は一定ではない。大きくて長時間現れるものは、災いが甚だしい（象である）。短かく小さく現れるものは、災いがそれほど大きくない（象である）」とある。『晏子春秋《あんししゅんじゅう》』（内《ない》篇）に、「斉の景公《けいこう》が彗星を望み見て、伯《はく》常騫《じょうけん》に命じて（禍いを）祓わせた。（しかし）晏子は、「なりません。これは天の教えです。日月の気と風雨が時宜を得ておらず、（また）彗星が出現することは、天が民の乱れを理由に現しているのです」と答えた」とある。またもう一つの話として（『晏子春秋』外《がい》篇に）、「景公は彗星が現れたことで泣き、晏子がこれを尋ねた。景公は、「寡人《わたし》はこう聞いている。彗星が現れれば、その向かう方角の国君がこれに当たると。いま彗星が出現して、我が（斉

の）国に向かっている。わたしはそのために悲しんでいるのだ」と答えた。晏子は、「我が君の振る舞いは、邪《よこしま》なことばかりで、国に徳を施しておりません。陂池を掘れば、深くかつ広くしようとします。（また）高殿を造れば、高くかつ大きくしようとします。租税の取り立ては奪い取るかのようで、誅戮は仇を討つかのようにしています。このように見てみれば、彗星がまた現れようというものです。彗星の出現を、どうして懼れるのでしょうか」と言った」とある。考えてみるに、晏子の発言では、孛と彗とで、（意味が）似ているようですが、同じではありません。

（地皇）四〔二三〕年六月、漢兵が南陽郡より起こり、昆陽県《こんよう》〔河南省葉県〕に到着した。王莽は、司徒《しと》の王尋《おうじん》・司空《しくう》の王邑《おうゆう》に命じて、諸郡の兵を率いさせ、百万の軍勢と号したが、（期日に）やって来た者は四十二万人であった。兵法に通暁した者は、六十三家おり、みな将帥とし、それぞれに図書と器械を持たせた。（王莽の）軍は、関東より出て、群象・虎狼・猛獣を引き連れ、これらを道路に放って富強を示し、山東を威圧した。昆陽山に着き、百余りの陣営を築き、幾重にも城を取り囲み、あるいは衝車《しょうしゃ》を用いて城を突き、高さ十丈ばかりの雲車《うんしゃ》を用いて城内を見下ろした。弩《ど》から放たれた矢が、雨のように降り集まり、城内では戸を背負って水を汲むほどであった。降伏を求めても許さず、退出を求めても許さなかった。（王尋・王邑ら）二公の兵たちは、必ず勝てると思ったが、軍事に心を砕かず、計慮を一致させなかった。（このため）王莽に敗北する変が現れたのである。昼に山を壊すかのような雲気が立ちこめ、軍の上に落ち、軍の人々はみなこれを恐れた。いわゆる営頭《えいとう》星である。『占』に、「営頭星が落ちた所の下では、軍が転覆して流血が三千里に及ぶ」という〔一〕。この時、光武帝は数千人の兵を率い、赴いて昆陽を救出し、二公の兵を馳せ撃ち、力を合わせて旋風のように進んだ。叫び声は天地を揺るがし、虎豹は驚き怖れて敗れた。（すると）折しも天に大風が吹き、屋根瓦を飛ばし、水を注ぐような大雨が降った。二公の兵は敗乱し、互いに害し合い、死んだ者は数万人に及んだ。（敗残兵は）競って滍水《しすい》〔河南省南西部の沙河〕に赴き、死者が積み重なり、そのため滍水の流れが止まった。（光武帝は王莽の）司徒の王尋を殺した。軍は、みな散り散りになり、逃げて本郡に帰った。王邑は長安に戻り、王莽が敗れると、共に誅殺された。営頭星の異変は、軍を転覆し血を流すことを示す事応である。

〔劉昭注〕

〔一〕袁山松《えんさんしょう》の『後漢書』に、「あやしい星が昼に進む、（これを）名づけて営頭といい、（営頭星は天を）進んで大誅を振るう（象である）」とある。

（地皇）四（二三）年秋、太白《たいはく》が太微垣《たいびえん》の中で、月光のように地を照らした。太白は兵であり、太微垣は天の宮廷である。太白が進んで北の太微垣に入るのは、大軍が天子の宮廷に入ろうとしている（象である）。この時、王莽は（王尋・王邑の）二公の兵を派遣して、昆陽に向かわせたが、光武帝に破られた。王莽は、さらに九人を取りたて将軍とし、みな「虎」の字を（将軍の）名号に入れた。これら九虎《きゅうこ》将軍《しょうぐん》が、華陰《かいん》県〔陝西省華陰の東〕に来たが、いずれも漢将の鄧曄《とうよう》と李松《りしょう》に破られた。（鄧曄と李松は）進軍して京師の倉を攻め、（李松麾下の）将軍の韓臣《かんしん》は長門宮《ちょうもんきゅう》に至った。十月戊申、漢兵は（長安の）宣平城門《せんぺいじょうもん》より侵入した。二日己酉《きゆう》、城中の若者の朱弟《しゅてい》・張魚《ちょうぎょ》ら数千人が、兵を起こして王莽を攻め、（長安城中の）作室門《さくしつもん》を焼き、敬法殿《けいほうでん》の小門を斧で斬った。商人の杜呉《とご》が、王莽を漸台《ぜんだい》の上で殺し、校尉《こうい》の公賓就《こうひんしゅう》は、王莽の首を斬った。多くの兵が宮廷の中を踏み荒らした。こうして更始帝と共に長安に入り、赤眉《せきび》の賊は劉盆子《りゅうぼんし》を立てて天子とし、みな大軍を率いて宮廷に入った。これはその事応である。

光武十二

光武帝《こうぶてい》の建武《けんむ》九〔三三〕年七月乙丑《いっちゅう》〔一〕、金星（太白）が軒轅大星《けんえんたいせい》を犯した〔二〕。十一月乙丑、金星がまた軒轅を犯した。軒轅というものは、後宮の官であり、大星は皇后である。金星がこれを犯すときは（皇后が）権勢を失う象である。この時、郭皇后《かくこうごう》はすでに権勢を失って疎《うと》まれ、後に（皇后を）廃されて中山太后《ちゅうざんたいこう》となり、（代わって）陰貴人《いんきじん》が皇后に立てられた（のは、その事応である）。

〔劉昭注〕

〔一〕『古今注《ここんちゅう》』に、「建武六〔三〇〕年九月丙戌《へいじゅつ》、月が太微《たいび》の西藩〔西壁〕を犯した。十一月辛亥、月が軒轅星を犯した。（建武）七〔三一〕年九月庚子《こうし》、土星〔鎮星〕が鬼宿の中に入った」とある。『漢史』（『漢書』天文志）に、「鎮星が輿鬼《よき》〔鬼宿〕に逆行するのは、女主や貴親に憂患がある（ことの象である）」とある。巫咸《ふかん》は、「土木工事が行われる（象である）」といっている。この年、太白が太微を通過した。（建武）八〔三二〕年四月辛未《しんび》、月が房宿《ぼうしゅく》の第二星を犯したが、光芒《こうぼう》は現れなかった。（建武）九〔三三〕年正月乙卯、金星が婁宿《ろうしゅく》の南星を犯した。甲子、月が軒轅の第二星を犯し、壬寅《じんいん》、心宿《しんしゅく》の大星を犯した。七月戊辰《ぼしん》、月がなべて昴宿《こうしゅく》を犯した。『黄帝星占《こうていせいせん》』に、「土星が鬼宿を犯すのは、皇后に憂患があり、その権勢を失う（ことの象である）」とある。『河図《かと》』に、「月が房宿を犯すのは、天子に憂患があり、四足の虫が多く死ぬ（ことの象である）」とある。『漢史』（『漢書』巻二十六 天文志）に、「その国に憂患があり、将軍が死ぬ（ことの象である）」とある。また考えてみるに（『後漢書』列伝七十三 逸民《いつみん》）厳光《げんこう》伝に、「厳光は光武帝とともに寝て、足を帝の腹の上に乗せた。（すると）太史《たいし》は、「客星が帝坐を犯し、たいへん切迫しております」と奏上した」とある。

〔二〕孟康《もうこう》は（『漢書』巻二十六 天文志の注で）、「犯とは、七寸以内に光芒が届くことである」と言っている。韋昭《いしょう》は（『漢書』巻二十六 天文志の注で）、「下方から向かってこれに触れることを犯という」と言っている。

（建武）十（三四）年三月癸卯《きぼう》、流星があって月のようで、太微垣《たいびえん》より出て、北斗七星の第六星に入り、白色であった。傍らには小さな星が射るように十余りあり、消滅する際に雷のような音を発し、しばらくして止んだ〔一〕。流星は（天からの）貴い使者であり、星の大きいものは使者の位が高く、星の小さいものは使者の位が低い。太微垣は天子の宮廷であり、北斗魁は殺をつかさどる。星が太微垣より出て、北斗魁に行きつくのは、天子の大使が出て、殺伐が起こる象である[二]。十二月己亥《きがい》、大流星があって缶《かめ》のよう（な大きさ）であり、柳宿《りゅうしゅく》から出て西南に向かい軫宿《しんしゅく》に入った。消滅する際、十余りに分裂し、残り火のようであった。程なく音がして、殷々と雷のようであった。柳宿は周を示し、軫宿は秦・蜀《しょく》を示す。この時、大流星が柳宿から出て軫宿に入るのは、大使が周から蜀に入る（ことの象である）。この時、光武帝は大司馬《だいしば》の呉漢《ごかん》に命じて南陽郡の兵三万人を出発させ、船に乗って長江を遡上し、蜀の白帝公孫述《こうそんじゅつ》を攻撃させた[三]。また将軍の馬武《ばぶ》・劉尚《りゅうしょう》・郭覇《かくは》・岑彭《しんほう》・馮駿《ふうしゅん》に命じて、武都《ぶと》郡〔甘粛省成県の西〕と巴《は》郡〔四川省重慶市江北区〕を平定させた。（建武）十二〔三六〕年十月、漢は兵を進めて、公孫述の従弟である衛尉《えいい》の公孫永《こうそんえい》を撃ち、ついに広都《こうと》県〔四川省成都市の南東〕に至り、公孫述の娘婿である史興《しこう》を殺した。威虜将軍《いりょしょうぐん》の馮駿は、江州《こうしゅう》県〔四川省重慶市の江北区〕を攻め落とし、公孫述の将である田戎《でんじゅう》を斬った。呉漢は、さらに公孫述の大司馬である謝《しゃ》豊《ほう》を撃ち、五千余りを斬首した。臧宮《ぞうきゅう》は、涪《ふ》城〔四川省錦陽市の北東〕を破り、公孫述の弟である大司空の公孫恢《こうそんかい》を殺した。十一月丁丑《ていちゅう》、漢の護軍将軍《ごぐんしょうぐん》である高午《こうご》は、公孫述を刺して胸を貫き、（公孫述は）その夜に死んだ。翌日、漢は蜀城に侵入して屠《ほふ》り、公孫述の大将の公孫晃《こうそんこう》・延岑《えんしん》らを誅し、数万人を殺して、公孫述と妻の宗族一万人以上を族滅させた。これは大将が出て殺伐する事応である。小さな星の飛び出すもの、および残り火のようになって十余りに分裂するのは、いずれも小将が随従することの象である。雷のように大きな音を発するのは、将兵が怒る徴である。

［劉昭注］

［一］孟康《もうこう》は（『漢書』巻二十六 天文志の注に）、「流星は、光の跡が連なっているものをいう。（光の）跡を絶って去っていくものを飛《ひ》（星）という」と言っている。

［二］『古今注《ここんちゅう》』に、「正月壬戌《じんじゅつ》、月が心宿の後星を犯した。閏月庚辰《じゅんげつこうしん》、火が輿鬼《よき》（鬼宿）に入り、軫宿《しんしゅく》の北を通過した。庚申《こうしん》、月が斗宿《としゅく》にあり、丹のように赤かった」とある。

［三］臣《わたくし》劉昭は、「公孫述は白徳を掲げて、黄徳の（王莽の）後を継いだとはいえ、ここで白帝と号するのは、文がくどくて冗長です。書例に明らかとは言えません」と申し上げます。

（建武）十二〔三六〕年正月己未《いつび》［一］、百個以上の小星が流れ、あるものは西北へ、あるものは真北へ、あるものは東北へ向かい、二夜にして止んだ［二］。六月戊戌《ぼじゅつ》の晨、小さな流星が百個以上あり、四方に飛んでいった。小星というものは、庶民の類である。流行というものは、移り動くことの象である。あるものは西北、あるものは東北、あるものは四面にいくとは、いずれも庶民が移り動く徴である。この時、西北の公孫述を討ち、北の盧芳《ろほう》を征伐した。匈奴《きょうど》が盧芳を助けて辺境を侵すと、漢は将軍の馬武・騎都尉《きとい》の劉納《りゅうどう》・閻興《えんこう》を派遣して、下曲陽《かきょくよう》県〔河北省晉県の西〕・臨平《りんぺい》県〔河北省晉県の南東〕・呼《こ》沱《た》に陣取り、胡に備えさせた。匈奴が河東に侵入したことで、中国はまだ安定せず、米穀（の値が）高騰し、民草は流散した。三年後、呉漢《ごかん》と馬武《ばぶ》はまた鴈門《がんもん》郡〔山西省代県の北西一円〕・代《だい》郡〔山西省陽高の北西一円〕・上谷《じょうこく》郡〔河北省懐来の南東一円〕・関西《かんせい》〔函谷関あるいは潼関より西の地区〕の県の吏民六万余口を、常山《じょうざん》関〔河北省唐県の北西の倒馬関〕・居庸《きょよう》関〔北京市昌平の北西の居庸関〕以東に移住させ、それによって胡の侵攻を避けさせた。これは庶民が流れ移る事応である〔三〕。

〔劉昭注〕

〔一〕『古今注《ここんちゅう》』に、「丁丑《ていちゅう》、月が軒轅大星《けんえんたいせい》の上にきた」とある。

〔二〕『古今注』に、「二月辛亥《しんがい》、月が氐宿《ていしゅく》に入り、暈珥《うんじ》〔月の周囲に生ずるかさ〕が角宿《かくしゅく》・亢《こう》宿《しゅく》・房宿《ぼうしゅく》を囲んだ」とある。

〔三〕『古今注』に、「その年の七月丁丑、月が昴宿《こうしゅく》の両星を犯した。八月辛酉《しんゆう》、水星が東方の翼《よく》宿《しゅく》の境に現れた。九月甲午《こうご》、火星が輿鬼《よき》を犯した。十月丁卯《ていぼう》、大星が流れ、光を放って、東《とう》井《せい》宿から出て西に行き、大きな音を立てた。（建武）十三〔三七〕年二月乙卯《いつぼう》、火星が輿鬼の西北を犯した」とある。『黄帝占《こうていせん》』に、「熒惑《けいわく》〔火星〕が輿鬼に留まるときは、大人の不幸がある。一説によれば、貴人がこれにあたる」とある。巫咸《ふかん》は、「水星が翼宿に現れるときは、火災が多く発生する（象である）」といっている。石氏（石申夫）は、「旱魃が起こる（象である）」といっている。『郗萌占《ちぼうせん》』に、「流星が東井に出るときは、（流星が）向かう先の国で大水が起こる（象である）」とある。

（建武）十五〔三九〕年正月丁未《ていび》、彗星が昴宿《こうしゅく》に現れ〔一〕、次第に西北に行って営室《えいしつ》（室宿）に入り、離宮を犯した〔三〕。三月乙未、東壁《とうへき》に至って消滅したが、四十九日も出現していた。彗星は、兵が入って穢《けが》れを除《はら》うことの象であり、昴宿は辺境を守る兵（の象）であり、彗星がここに出現するのは戦争の象である。十一月になって、定襄都尉《ていじょうとい》の陰承《いんしょう》が叛き、（定襄）太守がこれに従って誅殺した。盧芳《ろほう》は匈奴から入って高柳県《こうりゅう》

〔山西省陽高〕におり、（建武）十六〔四〇〕年十月になって降伏し、璽綬《じじゅ》を奉った。一説によれば、昴星は裁判沙汰（の象）であるという。この時、大司徒の歐陽歙《おうようきゅう》は罪を問われて獄に繋がれ、翌年になって死んだ。営室は、天子が常にいる宮であり、離宮は、妃后がいる所である。彗星が営室に入り、離宮を犯すのは、宮室を払うこと（の象）である。この時、郭皇后《かくこうごう》はすでに疎まれており、（建武）十七〔四一〕年十月になって、（皇后を）廃して中山太后《ちゅうざんたいこう》とし、（代わって）陰貴人《いんきじん》を皇后に立てた。（これは）宮室を払うことの徴である〔三〕。

〔劉昭注〕

〔一〕（彗星の）炎の長さは三丈あった。『韓揚占《かんようせん》』に、「（彗星が）昴宿にあるときは、大国が兵を起こす（象である）」とある。

〔二〕『韓揚占』に、「彗星が営室と東壁の間に出現するときは、戦争が起こる（象である）」とある。

〔三〕『古今注《ここんちゅう》』に、「（建武）十六〔四〇〕年四月、土星が逆行した。（建武）十七〔四一〕年三月乙未《いつび》、火星が逆行し、東門から太微垣に入り、執法星《しっぽうせい》の東に到った。己酉《きゆう》、南の端門《たんもん》に出現した。（建武）十八〔四二〕年十二月壬戌《じんじゅつ》、月が木星を犯した。（建武）十九〔四三〕年閏《じゅん》月戊申《げつぼしん》、火星が逆行して、氐宿《ていしゅく》から亢宿《こうしゅく》に到った。（建武）二十一〔四五〕年七月辛酉《しんゆう》、月が畢宿《ひつしゅく》に入った。（建武）二十三〔四七〕年三月癸未《きび》、月が火星により食となった」とある。郗萌《ちぼう》は、「熒惑が氐宿に逆行するときは、失火がある（象である）」といっている。

（建武）三十〔五四〕年閏月甲午《じゅんげつこうご》、水星が東井《とうせい》二十度の位置にあった。白気を生じて、東南の方向を指し、炎の長さは五尺、彗《ほうき》を出して、東北に行き、紫宮《しきゅう》の西藩《せいはん》（西壁）に至って止まり、五月甲子《こうし》に見えなくなった。およそ三十一日間出現していた。水星は常に夏至の時に東井《とうせい》で（光を）放つ。閏月は四月にあり、まだ現れるべきではないのに現れ、進んで行った。東井は水計りのことであり、水星がここに出現するときは大水がある（象である）。この年の五月から翌年まで、郡国に大水があり、城郭を破壊し、穀物を傷つけ、人民を殺した（これはその事応である）。白気は喪事を示し、炎があり彗となるのは、彗が穢れを払うためである。紫宮は、天子の宮廷である。彗がその藩《さかい》に重なるのは、宮を払う象である[二]。三年後、光武帝が崩御した（のはその事応である）。

〔劉昭注〕
〔一〕『荊州星経《けいしゅうせいけい》』に、「彗星が東井にあるときは、国の大人が死ぬ（象である）。七十日（出現しているとき）は君主がこれに該当し、五十日では宰相がこれに該当し、三十日は兵将がこれに該当する」とある。

（建武）三十一〔五五〕年七月戊午《ぼご》〔一〕、火星が輿鬼《よき》一度の所にあり、鬼宿《きしゅく》の中に入り、尸星《しせい》の南半度に出て、十月己亥、軒轅大星《けんえんたいせい》を犯した。また（朱雀《すざく》七宿の一つである）七星の間に客星《きゃくせい》があり、炎は二尺ばかりをあげ、西南に向かった。翌年二月二十二日になって、輿鬼の東北六尺ほどのところにあって消滅した。およそ百十三日出現していた〔二〕。熒惑は凶衰であり、輿鬼・尸星は死亡を司り、熒惑がここに入るのは大喪《たいそう》を示す（象である）。軒轅は後宮である。七星は、周の地である。客星がここに位置するのは死喪を示す（象である）。その二年後、光武帝が崩御した（のはその事応である）。

〔劉昭注〕
〔一〕『古今注《ここんちゅう》』に、「戊申《ぼしん》、月が心宿の後星を犯した」とある。

［二二］輿鬼の五星は、天府を示す。『黄帝占《こうていせん》』に、「輿鬼は、天の目である。（南方の）朱雀《すざく》（七宿）の頭にあたる。中央の星は綿くずのようであり、鬼が変災や危害をなすため、このようにいう。あるいは天尸《てんし》または斧鉞《ふえつ》とも呼ぶ。あるいは（天尸は）病気で亡くなり、あるいは（斧鉞は）罪に処されて斬られるという（象である）。火は金に尅《か》ち、天は法を制定する。その西南の一星は、麻や絹を蓄えることを管轄する。西北の一星は、金銭や宝玉を蓄えることを管轄する。東北の一星は、馬を蓄えることを管轄する。東南の一星は、兵を蓄えることを管轄し、一説には珠玉や金銭の取りまとめを管轄する（象である）という」とある。郗萌《ちぼう》は、「輿鬼とは、参宿《しんしゅく》の尸《しかばね》である。弧星《こせい》が狼星《ろうせい》を射たが、誤って参宿の左肩に当ててしまった。死体を担いで東井の治に行き、（死体を）留めて輿鬼を晒したため、天尸という。鬼という字の意味は、帰である」といっている。また『占』に、「月と五惑星が輿鬼に入るときは、大臣が罪に処される（象である）。干鉞《かんえつ》（鈇鉞《ふえつ》）が質の上に乗ることがあれば、君や貴人が憂慮し、金玉が用いられれば、民に病気が多く発生する（象である）。南から入るときは男子であり、北から入るときは女性であり、西から入るときは老人であり、東から入るときは若者である（象である）。棺《ひつぎ》の材料となる木は、値段が倍になる（象である）」とある。

中元《ちゅうげん》二（五七）年八月丁巳《ていし》〔一〕、火星が太微《たいび》の西南の角宿《かくしゅく》を犯し、二つの間は二寸離れていた。十月戊子、大流星が西南から東北に行き、雷のような音を立てた。火星が太微の西南の角宿を犯すことは、将軍や宰相（の象）である。後に太尉《たいい》の趙憙《ちょうき》・司徒《しと》の李訢《りきん》が、罪に問われて免官となった（のはその事応である）。大流星は（天からの）使者である。中郎将《ちゅうろうしょう》の竇固《とうこ》・揚虚侯《ようきょこう》の馬武・揚郷侯《ようきょうこう》の王賞《おうしょう》は、兵を率いて西方を征伐した（のはその事応である）。

〔劉昭注〕

〔一〕『古今注《ここんちゅう》』に、「（中元）元〔五六〕年三月甲寅《こういん》、月が心宿の後星を犯した」とある。

天文志中　第十一　明十二　章五　和三十三　殤一　安四十六　順二十三　質三

明十二

明帝《めいてい》の永平《えいへい》元〔五八〕年四月丁酉《ていゆう》、流星があり一斗枡《ます》のような大きさであった。天市《てんし》楼《ろう》〔天市垣の市楼〕から出現して、西南に向かって、その光は地上を照らした。流星は外敵との戦い（の象）である。（流星が）西南に行くときは西南夷《せいなんい》（との戦い）がある（という象である）。この時、益州《えきしゅう》は兵を発して、姑復蛮夷《こふくばんい》の大牟替滅陵《たいぼうたいめつりょう》を攻撃し、その首を斬って洛陽《らくよう》にもたらした（のはその事応である）〔一〕。

〔劉昭注〕

〔一〕『古今注《ここんちゅう》』に、「閏《うるう》九月辛未《しんび》、火星が太微垣《たいびえん》の左執法星《さしつぽうせい》のところにあり、光芒《こうぼう》が及んだ。十一月辛未、土星が逆行し、東井《とうせい》の北の軒轅《けんえん》の第二星の上に来た。（永平）二〔五九〕年十二月戊辰、月が火星を食した」とある。『黄帝星経《こうていせいけい》』に、「（流星が）出て井宿《せいしゅく》に入るのは、人主（の象）である。一説には、爵位と秩禄を賜う（象である）という」とある。

（永平）三〔六〇〕年六月丁卯《ていぼう》、彗星が天船《てんせん》の北に出現し、長さは二尺ばかりで、次第に北に向かって亢《こう》宿の南に至り、三十五日間出現して去った。天船は水であり、彗星がここから出現するときは、大水が起こる（象である）。この年、伊水《いすい》〔河南省の伊河〕と洛水《らくすい》〔河南省の洛河〕が溢れ、（その水が洛陽城南面の西門である）津城門《しんじょうもん》にまで到り、伊橋を壊した。七つの郡と三十二の県で、いずれも大水があった（という事応がみられた）。

（永平）四〔六一〕年八月辛酉《しんゆう》、客星が梗河《こうが》に出現し、（その尾は）西北に向かって貫索《かんさく》（の方角）を向き、七十日経って去った。梗河は胡兵《こへい》（の象）である。（永平）五〔六二〕年十一月に至り、北匈奴《きたきょうど》の七千騎が五原塞《ごげんさい》〔内蒙古自治区托克托の西〕に入り、十二月、また雲中《うんちゅう》郡〔内蒙古自治区托克托の北東一円〕に入り、原陽《げんよう》県〔内蒙古自治区呼和浩特《フホホト》市の南東〕に至った（のはその事応である）。貫索は、貴人の牢（の象）である。その（年の）十二月、陵郷侯《りょうきょうこう》の梁松《りょうしょう》は、怨みを抱いて匿名の投書を懸けて、朝廷を誹謗したことで罪に触れ、獄に下されて死んだ。妻子や家族は、九真《きゅうしん》郡〔ベトナム清化省清化一円〕に移された（のはその事応である）。

（永平）七〔六四〕年正月戊子《ぼし》、流星があり杯のような大きさで、織女《しょくじょ》から西に行き、その光は地上を照らした。織女は、天の真女であり、流星がここから出現するときは、女主に不幸がある（象である）。その月の癸卯《きぼう》、光烈皇后《こうれつこうごう》（陰皇后《いんこうごう》）が崩御した（のはその事応である）〔一〕。

〔劉昭注〕

〔一〕『古今注《ここんちゅう》』に、「三月庚戌《こうじゅつ》、光気が二尺ばかりの客星があり、太微垣の左執法《さしっぽう》の南端の門外にあり、およそ七十五日出現していた」とある。

（永平）八〔六五〕年六月壬午《じんご》、長星《ちょうせい》（ほうき星の一種）が柳《りゅう》宿と張《ちょう》宿の三十七度の所に出現し、軒轅星《けんえんせい》を犯し、天船《てんせん》を刺し、太微垣《たいびえん》に接近した。その気は上陸に至り、およそ五十六日出現して去った。柳は、周の地である。この年、雨が多く、十四の郡で穀物の実りを損なった〔一〕。

〔劉昭注〕
〔一〕『古今注《ここんちゅう》』に、「十二月戊子《ぼし》、客星が東方に現れた」とある。

（永平）九〔六六〕年正月戊申、客星が牽牛《けんぎゅう》から出現し、長さは八尺、〔斗宿の〕建星《けんせい》をめぐり房《ぼう》宿の南に至って消滅した〔一〕。出現すること五十日に至った〔二〕。牽牛は呉《ご》・越《えつ》を司《つかさど》り、房宿・心《しん》宿は宋《そう》である。後に広陵王《こうりょうおう》の劉荊《りゅうけい》と沈涼《しんりょう》が、また楚王《そおう》の劉英《りゅうえい》と顔忠《がんちゅう》が、それぞれ反逆を企てた。そのことが発覚して、みな自殺した（のはその事応である）。広陵国は呉に属し、彭城国は古《いにしえ》の宋の地である〔三〕。

〔劉昭注〕
〔一〕『古今注』に、「斗《と》宿・建星・箕《き》宿・房宿をめぐり、角《かく》宿・亢《こう》宿を通過して翼《よく》宿に至った。芒《ぼう》は東の方角を向いた」とある。
〔二〕郗萌《ちぼう》の占に、「客星が房《ぼう》宿にあるときは、左右の群臣で薬を飲んで死ぬ（象である）」という。また占に、「地を奪う（象である）」という。
〔三〕『古今注』に、「（永平）十〔六七〕年七月甲寅、月が歳星《さいせい》を犯した。（永平）十一〔六八〕年六月壬辰《じんしん》、火星が土星を犯した」とある。

（永平）十三〔七〇〕年閏月丁亥《ていがい》、火星が輿鬼《よき》を犯した。大喪がある（象である）。質星《しっせい》（が現れるとき）は、大臣が誅戮される（象である）〔一〕。その（年の）十二月、楚王《そおう》の劉英《りゅうえい》は、顔忠《がんちゅう》らと共に怪文書を作って謀反したが、事が発覚したため、劉英は自殺し、顔忠らはみな誅に伏した（のはその事応である）〔二〕。

〔劉昭注〕
〔一〕晉灼《しんしゃく》は（『漢書《かんじょ》』巻二十六 天文志《てんもんし》の注で）、「鬼宿の五星は、その中の白いものを質という」と言っている。
〔二〕『古今注』に、「十一月、客星が軒轅星《けんえんせい》のところに四十八日間出現していた。十二月戊午《ぼご》、月が木星を犯した」とある。

（永平）十四〔七一〕年正月戊子、客星が昴《ぼう》宿から出て、六十日経ち、軒轅《けんえん》星の右角にあり次第に消滅した。昴宿は辺境の兵を司る。一年後、漢は奉車都尉《ほうしゃとい》・顕親侯《けんしんこう》の竇固《とうこ》、駙馬都尉《ふばとい》の耿秉《こうへい》、騎都尉《きとい》の耿忠《こうちゅう》、開陽城門候《かいようじょうもんこう》の秦彭《しんほう》、太僕《たいぼく》の祭肜《さいゆう》を派遣し、兵を率いて匈奴を攻撃させた（のはその事応である）。一説に、軒轅星の右角は貴相であり、昴宿は裁判事であり、客星がここで留まると大獄となる（象である）という。この時、楚王の事件の調査がまだ終わらぬうち、司徒《しと》の虞延《ぐえん》は楚王劉英の与党である黄初《こうしょ》や公孫弘《こうそんこう》らと交際して、みな自殺し、あるいは獄に下されて誅に伏した（のはその事応である）。

（永平）十五〔七二〕年十一月乙丑《いっちゅう》、太白《たいはく》が月の中に入った。（これは）大将が誅戮され、人主が亡くなること、三年を超えない（ことの象である）。三年後、明帝が崩御した（ことはその事応である）。

（永平）十六〔七三〕年正月丁丑、歳星《さいせい》が房宿の右驂《ゆうさん》の北の第一星を犯して見えなくなり、辛巳《しんし》の日に現れた〔二〕。房宿の右驂は貴臣であり、歳星が犯すときは誅殺される（との象である）。この後、司徒の邢穆《けいぼく》は、阜陵王《ふりょうおう》の劉延《りゅうえん》と交際し、大逆の謀を知っ（ていながら告げなかっ）たことで罪に問われ、自殺した（のはその事応である）。四月癸未《きび》、太白が畢《ひつ》宿を犯した。畢宿は辺境の兵である。後に北匈奴が辺境を荒らし、雲中《うんちゅう》郡

〔内蒙古自治区托克托の北東一円〕に入り、漁陽郡〔北京市密雲の南西一円〕に至った（ことはその事応である）。使者の高弘《こうこう》は三郡の兵を発して追討したが、何も得るものがなかった。太僕の祭肜《さいゆう》は進軍しなかった罪に問われ、獄に下された。

［劉昭注］

［一］『石氏星経《せきしせいけい》』に、「歳星が房宿に留まるときは、良馬が廐《うまや》より出る（象である）」とある。

『古今注』に、「正月丁未《ていび》、月が房宿を犯した」とある。

（永平）十八〔七五〕年六月己未《きび》、彗星が張《ちょう》宿より出て、長さは三尺で、方向を変えて郎将《ろうしょう》のところにあり、南に向かって太微《たいび》に入り、いずれも張宿に属した。張は、周の地である。また東都である。太微は、天子の宮廷である。彗星がこれを犯すときは兵が失われる（象である）。その（年の）八月壬子《じんし》、孝明帝が崩御した（のはその事応である）。

章五

孝章帝《こうしょうてい》の建初《けんしょ》元〔七六〕年正月丁巳《ていみ》、太白が昴《ぼう》宿の西一尺のところにあった。八月庚寅《こういん》、彗星が天市《てんし》より出て、長さは二尺ばかり、次第に進んで牽牛《けんぎゅう》の三度のところに入り、四十日出現してようやく消滅した。太白が昴宿にあるときは、辺境に兵乱が起こる（象である）。彗星が天市に出現するときは、外敵（の襲来）がある（象である）。牽牛（の分野）は呉・越である。この時、蛮夷の陳縦《ちんしょう》らと哀牢王《あいろうおう》の類牢《るいろう》が叛乱し、嶲唐《けいとう》城《じょう》〔雲南省永平の北西〕を攻撃した。永昌《えいしょう》太守の王尋《おうじん》は楪楡《ようゆ》県〔雲南省大理市の北西〕に逃れ、安夷《あんい》長の宋延《そうえん》は羌《きょう》族に殺された。武威《ぶい》太守の傅育《ふいく》に護羌校尉《ごきょうこうい》を兼領させ、馬《ば》防《ぼう》には車騎将軍《しゃきしょうぐん》を代行させ、西羌《せいきょう》を征討させた。また阜陵《ふりょう》王の劉延《りゅうえん》は子の劉魴《りゅうほう》と謀反した。大逆無道であったが、誅殺されずに、（王を）廃されて侯となった（のは、いずれもその事応である）。

（建初）二〔七七〕年九月甲寅《こういん》〔一〕、流星が紫宮《しきゅう》の中を通過した。長さは数丈で、散らばって三つになり、消滅した。十二月戊寅《ぼいん》、彗星が婁《ろう》宿の三度のところに出現し、長さは八から九尺、次第に紫宮の中に入り、百六日経って次第に消滅した。流星が通過し、紫宮に入るのは、いずれも大人（高貴な身分の者）の不幸がある（象である）。のち（建初）四〔七九〕年六月癸丑《きちゅう》、明徳皇后《めいとくこうごう》が崩御した（のはその事応である）〔二〕。

〔劉昭注〕

〔一〕『古今注《ここんちゅう》』に、「甲申《こうしん》、金星が斗の魁に入った」とある。

〔二〕『古今注』に、「（建初）五〔八〇〕年二月戊辰、木星と火星がともに参宿《しん》のところにあり、三月戊寅《ぼいん》、木星と水星が東井《とうせい》にあった。（建初）六〔八一〕年七月丁酉《ていゆう》、夜に流星があって軒轅《けんえん》より出現し、拳のような大きさで、文昌《ぶんしょう》をめぐり、その余りの気は真っ白で曲がって連なり、西の文昌に向かい、長い間出現してから消滅した」とある。『黄帝星経《こうていせいけい》』に、「木星が東井を守れば、土木工事がある（象である）。一説に大水が起こる（象である）」とある。郗萌《ちぼう》は、「歳星が参宿に止まっているのは、皇后がこれに相当する（象である）。熒惑《けいわく》が止まっているのは、大人がこれに相当する（象である）」といっている。

元和《げんわ》二〔八五〕年四月丁巳《ていし》、客星が早朝に東方より出現して、胃《い》宿の八度にあり、長さは三尺で、閣道《かくどう》をめぐって紫宮《しきゅう》〔紫微宮〕に入り、留まること四十日間で消滅した。閣道《かくどう》と柴宮は、天子の宮廷である。客星が犯入して長らく留まっているときは、大喪《たいそう》となる（象である）。四年後、孝章帝が崩御した（のはその事応である）。

和三十三

孝和帝《こうわてい》の永元《えいげん》元〔八九〕年正月辛卯《しんぼう》、流星があり参宿《しん》より出現し、長さは四丈[一]、光を放ち、色は黄白であった[二]。二月、流星が天棓《てんぼう》より出現し、三丈ばかり東北に進んで消滅した。色は青白であった。壬申《じんしん》、夜に流星があって太微垣《たいびえん》の東蕃《とうばん》（東の城壁）より出現し、長さは三丈であった。三月丙辰《へいしん》[三]、流星が天津《てんしん》より出現した[四]。壬戌《じんじゅつ》、流星があって天将軍《てんしょうぐん》より出現し、東北に向かった[五]。参宿は辺境の兵であり、天棓は兵であり、太微は天の宮廷であり、天津は水であり、天将軍は兵であり、流星がここに出現するときは、いずれも軍事が起こる（象である）。その六月、漢は車騎《しゃき》将軍の竇《とう》憲《けん》・執金吾《しつきんご》の耿秉を派遣して、度遼《どりょう》将軍の鄧鴻《とうこう》とともに朔方《さくほう》郡〔内蒙古自治区磴口県一円〕に出て、並びに兵を進めて私渠北鞮海《しきょほくていかい》〔モンゴルバヤンオンドル省の中部〕に臨み、異民族の首一万余級を斬り、捕虜・牛・馬・羊百万頭を獲得した。日逐王《にっちくおう》ら八十一部は降伏し、（その人数は）およそ三十余万人であった。単于を追って西海《せいかい》郡〔青海省海晏一円〕に至った。この年七月、また大雨があり、民を溺死させた、これがその事応である[六]。

［劉昭注］

［一］『古今注《ここんちゅう》』に、「（流星は）拳のような大きさで、参宿《しん》の東南より出現した」とある。

［二］『古今注』に、「癸亥《きがい》、鎮星《ちんせい》が参宿のところにあった。また流星が起こり、桃のような大きさで、色は赤く、太微垣の東蕃に出現した」とある。石氏（『石氏星経』）は、「鎮星が参宿に留まるときは、土木工事がある（象である）」と言っている。

［三］『古今注』に、「戊子《ぼし》、土星が参宿のところにあった」とある。

［四］『古今注』に、「星の大きさは桃のようで、天津《てんしん》より出現して、東の斗《と》宿に至り、（色は）黄白で頻繁に光を放った」とある。

［五］『古今注』に、「色は黄色で、光を放たなかった」とある。

［六］『古今注』に、「十一月壬申《じんしん》、鎮星が東井にあった」とある。石氏（『石氏星経』）は、「天下の水が、大いに溢れ出て、人々を流殺する（象である）」と言っている。

（永元）二〔九〇〕年正月乙卯《いつぼう》、金星と木星はともに奎宿《けい》にあり［二］、丙寅《へいいん》、水星がまた奎《けい》宿にあった。奎宿は武庫の兵をつかさどり、（金星・木星・水星の）三星が集まることは、また兵が失われる（象である）。辛未《しんび》、水星・金星・木星は婁宿《ろう》にあり、（これも）また軍事が起こり、また密かな謀が起こる（象である）［二］。二月丁酉《ていゆう》、桃のような大きさの流星があり、紫宮の東蕃より出現し、西北に五丈進み、次第に消滅した［三］。四月丙辰《へいしん》、瓜のような大きさの流星があり、文昌《ぶんしょう》の東北より出現し、西南に進み、少微《しょうび》の西に至って消滅した。しばらくして雷鳴のような音を立て、そのうちに金星が、軒轅の大星の東北二尺ばかりのところにあった。八月丁未《ていび》、鶏卵のような大きさの流星があり、太微の西より出現し、東南に進むこと四丈ばかりで消滅した［四］。十月癸未《きび》、流星があって桃のような大きさで、天津より出現し、西に進むこと六丈ばかりで消滅した。十一月辛酉《しんゆう》、流星があって拳のような大きさで、紫宮より出現し、西に進んで胃宿《い》に到って消滅した。

［劉昭注］

［一］巫咸《ふかん》は、「辰《しん》宿が奎《けい》宿に留まれば、水災と火災が多く、また旱《ひでり》となる（象である）」と言っている。『古今注《ここんちゅう》』に、「土星が東井にあった」とある。

［二］郗萌《ちぼう》は、「辰宿が婁《ろう》宿に留まるときは、戦争があれば戦争が止み、戦争がなければ戦争が

起こる（象である）」といっている。巫咸《ふかん》と石氏は、「火災が多い（象である）」といっている。『古今注』に、「丙寅《へいいん》、水星が奎宿にあり、土星が東井にあり、金星が婁宿にあり、木星と火星が昴宿にあった」という。

〔三〕『古今注』に、「三月甲子《こうし》、火星が亢《こう》星の南端門《なんたんもん》の第一星の南にあった。乙亥《いつがい》、金星が東井にあった」とある。

〔四〕『古今注』に、「丁丑《ていちゅう》、火星が氐《てい》宿の東南星の東南にあった」とある。

（永元）三〔九一〕年九月丁卯《ていぼう》、鶏卵のような大きさの流星があり、紫宮より出現し、西南に進んで北斗の柄の間に至って消滅した〔一〕。紫宮は天子の宮であり、文昌・少微は貴臣であり、天津は水であり、北斗は殺をつかさどる。流星が出現し、紫宮・文昌・少微・天津を通過した。文昌は天子の使者であり、（それが）出現することは兵誅が起こる（象である）。竇憲《とうけん》が大将軍《だいしょうぐん》となり、竇憲の弟の竇篤《とうとく》・竇景《とうけい》らはみな卿《けい》・校尉《こうい》となった。竇憲の妹婿である郭挙《かくきょ》は侍中《じちゅう》・射声校尉《せきせいこうい》となり、衛尉《えいい》である鄧畳《とうじょう》の母の鄧元《とうげん》と共に出世して宮中に入り、反逆を起こそうと謀ったが、（永元）四〔九二〕年六月丙辰《へいしん》に（計画が）発覚した。和帝は、北宮に幸し、執金吾《しつきんご》・（長水・歩兵・射声・屯騎・越騎の）五校尉に詔して、兵を整えて南宮・北宮に駐屯し、城門を閉じて、郭挙を捕らえさせた。郭挙の父である長楽少府《ちょうらくしょうふ》の郭璜《かくこう》および鄧畳、鄧畳の弟で歩兵校尉《ほへいこうい》の鄧磊《とうらい》、母の鄧元は、みな獄に下されて殺された。竇憲の弟の竇篤と竇景たちは、みな自殺した。金星が軒轅を犯すときは、女主が権勢を失う。竇氏が誅殺され、竇太后は権勢を失った（のはその事応である）。

［劉昭注］

［一］『星紫宮占《せいしきゅうせん》』に、「流星があって紫宮垣《しきゅうえん》より出現するのは、天子の使者である。色が赤いものは兵といい、白いものは喪といい、黄色いものは吉といい、青いものは憂といい、黒いものは水という。出現してみな向かう所の分野によって、東・西・南・北（の行く方向）を命じた」とある。

（永元）五〔九三〕年四月癸巳《きし》〔一〕、太白《たいはく》・熒惑《けいわく》・辰星《しんせい》が共に東井《とうせい》にあった〔二〕。（永元）七〔九五〕月壬午《じんご》、歳星が軒轅《けんえん》の大星を犯した。九月、金星が南斗《なんと》の魁中《かいちゅう》にあった〔三〕。火星が房《ぼう》宿の北の第一星を犯した。東井は、秦の地であり、法（の適用の象）である。

（太白・熒惑・辰星の）三星が合わされば、内外に戦争があり、また法令（の適用の象）となる。水星・金星が北斗の口中に入れば、大将が死ぬことを示す（象である）。火星が房宿の北の第一星を犯すときは、将相（が死ぬこと）を示す（象である）。その六〔九四〕年正月、司徒の丁鴻《ていこう》が薨じた〔四〕。七月、大水があり、多くの人民を流して殺し、五穀を傷つけた。許侯《きょこう》の馬光《ばこう》は罪があって自殺した。九月、行車騎将軍事の鄧鴻《とうこう》・越騎《えっき》校尉《こうい》の馮柱《ふうちゅう》は左右の羽林《うりん》・北軍五校の士および八郡の跡射《せきせき》〔敵の跡を探索する兵種〕、烏桓《うがん》・鮮卑《せんぴ》の合わせて四万騎を発し、度遼《どりょう》将軍の朱徴《しゅちょう》・護烏桓校尉《ごうがんこうい》の任尚《じんしょう》・中郎将《ちゅうろうしょう》の杜崇《とすう》と共に、叛乱を起こした胡を征伐した。十二月、車騎将軍の鄧鴻は、虜を追って勝利しなかったことで罪に問われ、獄に下されて死んだ。度遼将軍の朱徴・中郎将の杜崇が、いずれも罪に抵触した（のは、すべてその事応である）。

〔劉昭注〕

〔一〕『古今注《ここんちゅう》』に、「正月甲戌《こうじゅつ》、月が歳星の上に来た」とある。

〔二〕巫咸《ふかん》は、「太白が井《せい》宿に留まるときは、五穀が実らない（象である）」と言っている。『黄帝《こうてい》経《けい》』に、「五星および客星が井宿に留まっていれば、いずれも大水となる（象である）」とある。石氏は、「旱《ひでり》となる（象である）」と言っている。また、「太白が東井に入り、留まること一日以上であれば、大臣を占い、この予兆に当てること、三ヵ月を期限とする。もし一年たてば、（予兆から）遠ざかること五年となる（象である）」とある。『古今注』に、「木星が輿《よ》鬼《き》にあった」とある。

〔三〕大水がある（象である）。石氏は、「旱がある（象である）」と言っている。

〔四〕『古今注』に、「（永元）六〔九四〕年六月丁亥《ていがい》、金星が東井にあった。閏月己丑《きちゅう》、流星が桃のような大きさで、参《しん》宿の北より出現し、西の参宿の肩の南に至って、少しく光を放った」とある。

（永元）七〔九五〕年正月丁未《ていび》、流星が天津より出現し、紫宮垣の中に入って消滅した。青黄色で、光を放った。二月癸酉《きゆう》、金星・火星がともに参《しん》宿にあった〔一〕。戊寅《ぼいん》、金星・火星が共に東井にあった〔二〕。八月甲寅《こういん》、水星・土星・金星がともに軫《しん》宿にあった〔三〕。十一月甲戌、金星・火星がともに心《しん》宿にあった〔四〕。十二月己卯《きぼう》、流星が文昌より出現し、紫宮垣に入って消滅した。丙辰《へいしん》、火星・金星・水星がともに斗《と》宿にあった。流星が紫宮垣に入り、金星・火星が心宿にあるときは、いずれも大喪が起こる（象である）。

三星が軫《しん》宿に集まるときは（凶事により）白い素服で朝会することがあり、金星・火星がともに参宿・東井にあるときは、いずれも外敵の侵攻があり、死ぬ将がいる（象である）。三星が共に斗宿にあるときは、殺される将もしくは死ぬ相がいる（象である）。（永元）八〔九六〕年四月、楽成王《らくせいおう》の劉党《りゅうとう》が、七月、楽成王《らくせいおう》の劉宗《りゅうそう》がいずれも薨じた。将《しょう》兵長史《へいちょうし》の呉琴《ごちん》が事件に連坐して徴され、下獄のうえ誅殺された[五]。十月、北海王《ほくかいおう》の劉威《りゅうい》が自殺した。十二月、陳王《ちんおう》の劉羨《りゅうせん》が薨じた。（永元）九〔九七〕年閏月、皇太后の竇《とう》氏が崩じた。遼東《りょうとう》郡〔遼寧省遼陽市一円〕の鮮卑《せんぴ》が反乱を起こしたが、（遼東）太守の祭参《さいさん》は、虜を追わなかったので、徴されて下獄のうえ誅殺された。九月、司徒の劉方《りゅうほう》が、事件に連坐して免官となり、自殺した。隴西《ろうせい》郡〔甘粛省臨洮一円〕の羌族が反乱を起こし、執金吾の劉尚《りゅうしょう》に征西将軍《せいせいしょうぐん》の職務を代行させ、越騎校尉・節郷侯《せっきょうこう》の趙世《ちょうせい》に北軍の五校・黎陽《れいよう》・雍営《ようえい》および辺胡の兵三万騎を進発して、西羌を征伐させた（のは、いずれもその事応である）。

［劉昭注］

［一］『巫咸占《ふかんせん》』に、「熒惑《けいわく》が参《しん》宿に留まれば、火災が多い（象である）」とある。『海中占《かいちゅうせん》』に、

「旱《ひでり》が起こる（象である）。太白が参宿に留まるときは、国内に反逆する臣下がいる（象である）」とある。郗萌《ちぼう》は、「攻め戦って国を伐つことがある（象である）」と言っている。

［二］郗萌は、「熒惑が井《せい》宿に留まるときは、百川がみな満ちる（象である）。太白がまた星宿に従うと、およそ二十日経って国を流す（象である）」と言っている。また、「雉羅が高くなる。さらに将軍や宰相が死ぬ（象）であろう」と言っている。

［三］『春秋緯《しゅんじゅうい》』に、「五星が（同時に）軫《しん》宿に入るときは、戦争がさかんに起こる（象である）」とある。『巫咸占』に、「五星が軫宿に入るときは、出現する日を伺察してこれを数え、二十日を期限として戦争が起こる（象である）。（星が）始めて入宿した場所の角度の一日分を伺察して、十日分が経つと軍が撤退する（象である）」とある。『石氏星経《せきしせいきょう》』に、「辰星が軫宿に留まると、一年中水害がある（象である）」とある。郗萌は、「鎮星が出入して、軫宿に留まること六十日を下らなければ、必ず大喪《たいそう》がある（象である）」と言っている。『春秋緯』に、「太白が軫《しん》宿に入ると、戦争がさかんに起こる（象）であろう」とある。郗萌は、「太白が軫宿に留まると、必ず死ぬ王がいる（象である）」と言っている。

［四］『洛書《らくしょ》』に、「太白が心宿に留まるときは、九年後に大きな飢饉が起こる（象である）」とある。

〔五〕『古今注』に、「（永元）八〔九六〕年九月辛丑、夜に流星があり、拳のような大きさで、婁《ろう》宿より出現した」とある。

（永元）十一〔九九〕年五月丙午、瓜のような大きさの流星が氐《てい》宿より出現し、西南に行き、少しばかり光を放ち、（その色は）白色であった〔一〕。『占《せん》』に、「流星が白いものは、使客がある（という象）であり、大きいものは（天子の命令を奉じる）大使であり、小さいものも身分の低い使者である。疾《はや》ければ疾くめぐり、遅ければまた遅くめぐる。瓜のような大きさのものは近く、少しずつ進んで次第に光を発するものは遅い。また正王日〔五行が事を用いる日にあたる土王日・水王日・木王日・金王日・火王日などの特別な日〕に、辺境で王命を受ける者がある（象である）」という。翌〔永元十二、一〇〇〕年二月、蜀《しょく》郡旄牛《ぼうぎゅう》県〔四川省漢源の南〕の砦の外の夷狄である白狼《はくろう》と、楼薄《ろうはく》種《しゅ》の王唐繒《おうとうそう》らが、種族十七万人を率いて（漢の）義を慕って帰服、内属した（のはその事応である）。（和帝はかれらに）金印・紫綬《しじゅ》・銭帛を賜った。

〔劉昭注〕

〔一〕『古今注《ここんちゅう》』に、「六月庚辰《こうしん》、月が畢《ひつ》宿の中に入った」とある。

（永元）十二〔一〇〇〕年十一月癸酉《きゆう》、夜に蒼白の気があり、長さは三丈、天園《てんえん》より発生し、東北の軍市《ぐんし》（の方角）を向き、出現すること十日間であった。『占』に、「戦争が十日続けば、（そのまま）丸一年かかる（象である）」とある。翌〔一〇一〕年十一月、遼東《りょうとう》の鮮卑《せんぴ》二千余騎が右北平《ゆうほくへい》郡〔河北省豊潤の南東一円〕を侵した（のはその事応である）。

（永元）十三〔一〇一〕年十一月乙丑《いっちゅう》〔一〕、軒轅《けんえん》の第四星の間に小客星があり、青黄色であった。軒轅は後宮であり、星がここに出現するときは、勢力を失う（象である）。

（永元）十四〔一〇二〕年六月辛卯《しんぼう》に、陰皇后《いんこうごう》が廃された（のはその事応である）〔二〕。

〔劉昭注〕

〔一〕『古今注』に、「正月辛未《しんび》、水星が輿鬼《よき》の上に来た。十二月癸巳《きし》、軒轅の大星を犯した」とある。

〔二〕『古今注』に、「（永元）十四〔一〇二〕年正月乙卯《いつぼう》、月が軒轅を犯し、太微垣《たいびえん》の中にあった。二月十日丁酉《ていゆう》、水星が太微垣の西門より入った。十一月丁丑《ていちゅう》、拳のような大きさの流星があり、北斗の魁中《かいちゅう》より出現し、北の閣道《かくどう》に至り、やや光を発し、赤黄色であった。しばらくして西北で雷鳴が轟いた」とある。

（永元）十六〔一〇四〕年四月丁未《ていび》、紫宮垣《しきゅうえん》の中に白気が綿くずのように生じた。戊午《ぼご》、客星が紫宮垣の西より出現し、進んで昴宿《ぼう》に至り、五月壬申《じんしん》に消滅した。七月庚午《こうご》、水星が輿鬼《よき》の中にあった〔二〕。十月辛亥《しんがい》、流星が鉤陳《こうちん》より出現し、北にむかって三丈進み、光を放ち黄色であった。白気が紫宮垣の中に生ずるのは喪事がある（象である）。客星が紫宮の西より進んで昴宿に至ることは趙を示す（象である）。輿鬼は死喪（の象）である。鉤陳は皇后のことであり、流星がここに出現するのは宮中の使者がやって来る（象である）。一年の後、元興元《げんこう》〔一〇五〕年十二月、和帝が崩御した（のはその事応である）。殤《しょう》帝《てい》が即位したが、一年後にまた崩御し、後嗣がなかった。鄧太后《とうたいこう》は使者を派遣して、清河孝王《せいがこうおう》（劉慶《りゅうけい》）の子を迎えて即位させた。これが孝安皇帝《こうあんこうてい》である。これはその事応である。清河国は、趙の地である。

［劉昭注］

［一］『黄帝占《こうていせん》』に、「辰星が鬼《き》宿を犯せば、大臣が誅せられ、国に不幸がある（象である）」とある。郗萌《ちぼう》は、「蝗《いなご》が多い（象である）」と言っている。

元興《げんこう》元〔一〇五〕年二月庚辰《こうしん》、流星があって角《かく》宿・亢《こう》宿から五丈ほどのところに出現した。四月辛亥《しんがい》、流星が斗《と》宿より出現し、東北に進んで須女《しゅじょ》に到った。七月己巳《きし》、流星があって天市《てんし》より五丈ほどのところに出現し、光は赤色であった。閏月辛亥、水星・金星が共に氐《てい》宿にあった［二］。流星が斗宿より出現し、東北に進んで須女に至った。須女は、燕《えん》の地である。天市は国外の軍である。水星と金星が集まるときは兵誅がある（象である）。その年、遼東《りょうとう》郡〔遼寧省遼陽市一円〕の貊《はく》人が叛き、六県を侵略したため、上谷郡《じょうこくぐん》〔河北省懐来の南東一円〕・漁陽《ぎょよう》郡〔北京市密雲の南西一円〕・右北平《ゆうほくへい》郡〔河北省豊潤の南東一円〕・遼西《りょうせい》郡〔遼寧省義県一円〕の烏桓《うがん》を徴発して討たせた（のはその事応である）。

〔劉昭注〕
〔一〕巫咸《ふかん》は、「辰星が氐宿を守れば、水災が多く起こる（象である）」と言っている。『海中《かいちゅう》占《せん》』に、「天下で大いに旱が起こり、到る所で収まらない（象である）」とある。『荊州星《けいしゅうせい》占《せん》』（『荊州星経』）に、「太白が氐宿に留まるときは、国君が大いに哭泣する（象である）」とある。

殤一

孝殤《こうしょう》帝の延平《えんぺい》元〔一〇六〉年正月丁酉《ていゆう》、金星・火星が婁《ろう》宿のところにあった。金星と火星が合わさると（金属が）溶けるという意味になり、大人に不幸がある（象である）〔一〕。この年の八月辛亥《しんがい》、孝殤帝が崩御した（のはその事応である）。

〔劉昭注〕
〔一〕『古今注《ここんちゅう》』に、「七月甲申《こうしん》、月が南斗《なんと》の中にあった」とある。

安四十六

孝安《こうあん》帝の永初《えいしょ》元〔一〇七〕年五月戊寅《ぼいん》、熒惑《けいわく》が逆行して心宿の前星に留まった〔一〕。八月戊申《ぼしん》、客星が東井・弧《こ》星の西南にあった。心宿は天子の明堂《めいどう》であり、熒惑が逆行してこれに留まるときは、背く臣下がいる（象である）〔二〕。客星が東井《とうせい》に在るときは、大水がある（象である）〔三〕。この時、安帝はまだ親政せず、鄧太后《とうたいこう》が臨朝して、鄧騭《とうしつ》が車《しゃ》騎《き》将軍となり、弟の鄧弘《とうこう》・鄧悝《とうかい》・鄧閶《とうしょう》らは、みな校尉《こうい》の立場で侯に封ぜられ、国家の権勢を握った。司空の周章《しゅうしょう》は不平を抱き、王尊《おうそん》・叔元茂《しゅくげんぼう》たちと謀り、宮門を閉ざして、将軍の兄弟を捕らえ、中常侍《ちゅうじょうじ》の鄭衆《ていしゅう》・蔡倫《さいりん》を誅殺し、尚書を脅し刺して、皇太后を廃し、皇帝を遠国の王に封じようとした（のはその事応である）。（しかし）事が発覚したことで、周章は自殺した。東井・弧星は、いずれも秦の地である。この時、羌《きょう》族が背き、隴道《ろうどう》〔甘粛省の張家川県付近〕を断った。漢は鄧騭を派遣して左右の羽林《うりん》・北軍の五校と諸郡の兵を率いて征討させた。この年、四十一の郡国と三百十五の県で大雨があった。（黄河《こうが》・長江《ちょうこう》・淮水《わいすい》・済水《せいすい》の）四瀆《しとく》で水があふれ、穀物の稔《みの》りを傷つけ、城郭を壊し、民を殺したのは、その事応である。

〔劉昭注〕

〔一〕『韓楊占《かんようせん》』に、「火災が多くある（象である）。一説によれば、地震が起きる（象である）」とある。その年を調べてみると十八の郡で地震があり、翌年には漢陽《かんよう》郡〔甘粛省甘谷の南東一円〕で火災があった。

〔二〕『洛書《らくしょ》』に、「熒惑《けいわく》が心宿に留まるときは、逆臣が起こる（象である）」とある。『黄帝占《こうていせん》』に、「（熒惑が）逆行して心宿に留まることが二十日続けば、大臣が乱心する（象である）」とある。

〔三〕『荊州経《けいしゅうけい》』に、「客星が東井を干犯するときは、大臣が誅殺される（象である）」とある。

（永初）二〔一〇八〕年正月戊子《ぼし》、太白が昼に出現した〔一〕。

〔劉昭注〕

〔一〕『古今注《ここんちゅう》』に、「四月乙亥《いつがい》、月が南斗の魁中《かいちゅう》に入った。八月己亥《きがい》、熒惑が出現して太微垣《たいびえん》の端門に入った」とある。

（永初）三〔一〇九〕年正月庚戌《こうじゅつ》、月が心宿の後星を犯した［一］。己亥《きがい》、太白が斗宿の中に入った［二］。十二月、彗星が天苑《てんえん》の南より現れ、東北の方角を向き、長さは六から七尺で、蒼白色であった。太白が昼に現れるときは、強い臣下が現れる（象である）［三］。この時、鄧《とう》氏は勢い盛んであった（のはその事応である）。月が心宿の後星を犯すときは、子孫に利がない（象である）。心宿は宋《そう》である。五月丁酉《ていゆう》、沛王《はいおう》の劉正《りゅうせい》が薨じた（のはその事応である）。太白が斗宿の中に入るときは、貴相に凶事がある（象である）［四］。天苑は外国の軍であり、彗星がその南に出現するときは国外で戦争が起こる（象である）。この後、羌《きゅう》・氐《てい》に賊の李貴《りき》を討たせ、また烏桓《うがん》に鮮卑《せんぴ》を攻撃させ、さらに中郎将の任尚《じんしょう》・護羌校尉の馬賢《ばけん》に羌を攻撃させたところ、みな降伏した（のはその事応である）。

［劉昭注］

［一］『河図《かと》』に、「乱臣がそばにいる」とある。

［二］『古今注《ここんちゅう》』に、「三月壬寅《じんいん》、熒惑が輿鬼の中に入った。五月丙寅《へいいん》、太白が畢《ひつ》宿の中に入った」とある。『石氏経《せきしけい》』に、「太白が畢宿に留まるときは、国内で刑罰を濫発することが多い（象である）」とある。

〔三〕『漢書《かんじょ》』（巻二十六）天文志に、「太白が昼に現れるとき、強国は弱くなり、小国は強くなり、女主が栄えるであろう（象である）」とある。

〔四〕臣《わたくし》劉昭が思いますに、『後漢書』列伝二十上 楊厚伝に）「楊厚《ようこう》は、「考えますに、諸王子は多く京師《けいし》におられますが、あるいは非常事態があるでしょう。どうかすみやかに出発させて本国に還《かえ》すべきです」と答えた。鄧太后《とうたいこう》がこれに従ったところ、星がまもなく消滅した」とあります。このことから、太白がここに入るときは、災いが貴相に起こると言えます。

（永初）四〔一一〇〕年六月甲子《こうし》〔一〕、李《すもも》のような大きさの客星があり、蒼白色で、芒気《ぼうき》は長さ二尺、西南に向かって上階星《じょうかいせい》を指していた。癸酉《きゆう》、太白が輿鬼《よき》に入った。上階を指すときは、三公《さんこう》を示す（象である）。後に太尉《たいい》の張禹《ちょうう》・司空の張敏《ちょうびん》がどちらも免官となった（のはその事応である）。太白が輿鬼に入るときは、将に凶事が起こる（象である）。後に中郎将の任尚《じんしょう》が一千万銭の賄賂を受け取ったことで罪に問われ、檻車に乗せられて徴し出されると、公開処刑となり、死体を市に晒された（のはその事応である）〔二〕。

［劉昭注］

［一］『古今注《ここんちゅう》』に、「二月丙寅《へいいん》、月が軒轅《けんえん》の大星を犯した」とある。

［二］『韓揚占《かんようせん》』に、「太白が輿鬼に入るときは、乱臣が国内にいる（象である）」とある。臣《わたくし》劉昭が思いますに、占いによれば明堂であり、どうして任尚が感応しましょうか。

（永初）五〔一一一〕年六月辛丑《しんちゅう》、太白が昼に現れ、天を横切った[一]。元初《げんしょ》元〔一一四〕年三月癸酉《きゆう》、熒惑《けいわく》が輿鬼《よき》に入った。（元初）二〔一一五〕年九月辛酉《しんゆう》、熒惑が輿鬼の中に入った。（元初）三〔一一六〕年三月、熒惑が輿鬼の中に入った。五月丙寅《へいいん》、太白が畢《ひつ》宿の口に入った[二]。七月甲寅《こういん》、歳星が輿鬼に入った。閏月己未、太白が太微の左《さ》執法《しっぽう》を犯した。十一月甲午《こうご》、客星が西方より現れ、己亥、虚《きょ》宿・危《き》宿にあり、南の胃《い》宿・昴《ぼう》宿に至った[三]。（元初）四〔一一七〕年正月丙戌《へいじゅつ》、歳星が輿鬼の中に留まった[四]。乙未《いつび》、太白が昼に丙の上に現れた。四月壬戌《じんじゅつ》、太白が輿鬼の中に入った[五]。己巳《きし》、辰《しん》星が輿鬼の中に入った[六]。五月己卯《きぼう》、辰星が歳星を犯した。六月丙申《へいしん》、熒惑が輿鬼の中に入り、戊戌《ぼじゅつ》、輿鬼の大星を犯した。九月辛巳《しんし》、太白が南斗の口中に入った[七]。（元初）五〔一一八〕年三月丙申《へいしん》、鎮星が東井《とうせい》の鉞《えつ》星を犯した。五月庚午《こうご》、辰星が輿鬼の質《しつ》星を犯した。丙戌、太白が鉞星を犯した。（元初）六〔一一九〕年四月癸丑《きちゅう》、太白が輿鬼に入った〔八〕。六月丙戌、熒惑が輿鬼の中にあった〔九〕。丁卯《ていぼう》、鎮星が輿鬼の中にあった〔一〇〕。辛巳、太白が左執法を犯した。永初五〔一一一〕年より永寧《えいねい》年間〔一二〇～一二一年〕に到るまでの十年間に、太白は一度昼に現れて天を横切り、再び輿鬼に入り、一度畢宿に留まり、再び左執法を犯し、南斗に入り、鉞星を犯した。熒惑は五度輿鬼に入った。鎮星は一度東井の鉞星に入り、一度輿鬼に入った。歳星・辰星は再び輿鬼に入った。およそ五星が、輿鬼の中に入るときは、いずれも死喪がある（象である）。太白が頻繁に鉞星・質星を犯すときは、誅戮が起こる（象である）。斗は貴将である。熒惑・執法は近臣である。客星が虚宿・危宿にあるときは、喪事が起こり、哭泣が起こる（象である）〔一一〕。昴《ぼう》宿・畢宿は、辺境の兵乱（の象）であり、また裁判沙汰が起こる（象である）。建光《けんこう》元〔一二一〕年三月癸巳《きし》に至って、鄧太后《とうたいこう》が崩じた（のはその事応である）。五月庚辰、鄧太后の兄である車騎《しゃき》将軍の鄧騭《とうしつ》たち七侯がみな免官となり、自殺したのは、その事応である。

〔劉昭注〕

〔一〕『春秋漢含孳《しゅんじゅうかんがんじ》』に、「陽が弱く、辰星が逆行すれば、太白は天を横切る」とある。注に、「陽が弱ければ、君は柔和で堪えられない（象である）」とある。『（孝経《こうきょう》）鉤命決《こうめいけつ》』に、「天が仁を失えば、太白が天を横切る」とある。

〔二〕『黄帝占《こうていせん》』に、「火攻は、近いときは十五日を時日として定め、遠いときは四十日を定める」とある。また、「大臣がこれに当たれば、国を乱し主君を代える（象）である」とある。

〔三〕郗萌《ちぼう》は、「客星が虚《きょ》宿に入るときは、大人がこれに当たる（象である）」とある。また、「客星が危《き》宿に留まるときは、権勢の盛んな臣によって一国の政治を執ることが、皇后の一族にある（象である）。かつさらに大風が起これば、危敗することがある（象である）」とある。『黄帝星経《こうていせいけい》』に、「客星が入り留まって危宿に出現すれば、大いに飢饉が起こり、民の食べ物は高騰する（象である）」とある。

〔四〕『石氏経《せきしけい》』に、「歳星が入って輿鬼に留まることが、五十日を下回らなければ、民に大喪が起こる（象である）。百日を下回らなければ、民の半数が死ぬ（象である）」とある。『黄帝経』に、「（歳星が）鬼宿に留まることが十日であれば、金銭が諸侯に分け与えられる（象である）」とある。郗萌は、「五穀が多く傷つき、人民で飢死する者は数え切れない（象である）」といっている。

［五］『石氏占《せきしせん》』に、「太白が鬼宿に入るときは、一説によれば、女主が病気にかか（る象であ）り、別の一説によれば、将が死罪に処せられる（象である）」とある。

［六］郗萌は、「罪により大臣を誅する（象である）。一説によれば、皇后が病気となる（象である）。また一説によれば、大人に不幸がある（象である）」といっている。

［七］『黄帝経』に、「大人がこれに相当し、国は政治を改める（象である）」とある。

［八］郗萌は、「太白が輿鬼に留まるときは、女主が病気にかかる（象である）」といっている。

［九］『黄帝経』に、「熒惑が鬼宿を犯して留まるときは、国に大喪が起こり、女の喪事が起こり、大将で死ぬ者が現れる（象である）」とある。『荊州星占』に、「熒惑が鬼宿を犯すときは、忠臣が死刑に処せられることが、一年以内に起こる（象である）」とある。

［一〇］『黄帝経』に、「鎮星が鬼宿の中に入るときは、大臣が誅殺される（象である）」とある。『海中（占）』に、「石氏は、「大人に不幸がある（象である）」といっている」とある。

［一一］『星占《せいせん》』に、「一年以内ではなく、遠ければ二年を時日として定める」とある。

延光《えんこう》二〔一二三〕年八月己亥《きがい》［一］、熒惑《けいわく》が太微垣《たいびえん》の端門に出現した。（延光）三〔一二四〕年二月辛未《しんび》、太白が昴《ぼう》宿を犯した[二]。五月癸丑《きちゅう》、太白が畢《ひつ》宿に入った[三]。九月壬《じん》寅《いん》、鎮星が左執法を犯した。（延光）四〔一二五〕年、太白が輿鬼の中に入った[四]。六月壬辰《じんしん》、太白が太微垣に出現した。九月甲子、太白が北斗の口中に入った。十一月、客星が天市垣《てんしえん》に現れた。熒惑が太微に現れるときは、乱臣がいる（象である）。太白が昴宿・畢宿を犯すときは、辺境で兵乱が起こ（る象であ）り、一説によれば、大人がこれに相当する（象である）という。鎮星が左執法を犯すときは、臣下を誅する（象である）。太白が輿鬼の中に入るときは、大きな喪事が起こる（象である）。太白が太微に出現するときは、中宮で兵乱が起こる（象である）。北斗の口に入るときは、身分の高い将相で誅殺される者がいる（象である）。客星が天市垣の中に現れるときは、貴人の喪事が起こる（象である）。この時、大将軍の耿宝《こうほう》・中常侍の江京《こうけい》・樊豊《はんぽう》・小黄門《しょうこうもん》の劉安《りゅうあん》は、阿母《あぼ》の王聖《おうせい》・王聖の娘の王永《おうえい》らと共に、陥れようとして太子保《ほう》を譖《そし》り、あわせて太子の乳母の王男《おうだん》・廚監《ちゅうかん》の邴吉《へいきつ》を憎んだ。（延光）三〔一二四〕年九月丁酉《ていゆう》、太子を廃して済《せい》陰王《いんおう》とし、北郷侯《ほくきょうこう》の劉懿《りゅうい》を代わりに立てた。王男・邴吉を殺し、その父母・妻子を日《にち》南《なん》郡〔ベトナム平治天省広治河《クアンチ》と甘露河が合流する所一円〕に流罪とした。（延光）四〔一二五〕年三月丁卯《ていぼう》、安帝は巡狩して、南陽《なんよう》郡〔河南省南陽市一円〕より帰還するも、道中にて病を発して臥せ、葉《しょう》県〔河南省葉県の南西の旧県〕に着いて崩御した。閻皇后《えんこうごう》は兄で衛尉の閻顕《えんけん》・中常侍の江京らと共に（この事実を）隠匿し、群臣たちには安帝の崩御を知らせず、司徒の劉喜《りゅうき》らを派遣して別々に郊廟《こうびょう》に赴かせ、天に告げて（安帝の）延命を請わせつつ、（安帝の遺骸を）載せて北宮に入った。庚午《こうご》、夕方に喪を発し、閻氏を尊んで皇太后とした。北郷侯《ほくきょうこう》の劉懿《りゅうい》が病気で薨去したが、江京らはまた劉保《りゅうほ》を擁立したがらず、閻皇太后に言上し、改めて諸王子を召し寄せて、擁立する者を選ぼうとした。中黄門《ちゅうこうもん》の孫程《そんてい》・王国《おうこく》・王康《おうこう》ら十九人は、共謀して閻顕・江京らを誅殺し、劉保を擁立して天子とした。これが孝順皇帝《こうじゅんこうてい》である。みな姦悪な人間や権勢の盛んな臣下が王室を狂わせ乱し、死亡や誅戮のときに、兵乱が宮中で起こったのは、これがその事応である［五］。

〔劉昭注〕

［一］『古今注《ここんちゅう》』に、「（延光）元〔一二二〕年四月丙午《へいご》、太白が昼に現れた」とある。

［二］『石氏星占』に、「太白が昴《ぼう》宿に留まるときは、（および）兵が宮城の門から入るときは、君主が逃げる（象である）」とある。郗萌《ちぼう》は、「国を失わなければ、必ず反逆する（象である）」

とある。また、「昴宿に入るときは、大赦がある（象である）」とある。

［三］郗萌は、「太白が畢《ひつ》宿の口に入るときは、馬が馳せ人が走る（象である）」といっている。また、「中喪がある（象である）」といっている。

［四］『古今注』に、「四月甲辰《こうしん》、（太白が輿鬼に）入った」とある。

［五］『古今注』に、「永建《えいけん》元（一二六）年二月甲午、客星が太微垣に入った。五月甲子《こうし》、月が斗に入った」とある。『李《り》氏《し》家書《かしょ》』に、「時に天には気節の変化があったため、李郃《りこう》が上書して諫めていうには、「臣《わたくし》が聞き及びますに、天は何もしゃべらず、（天に）県《か》かる万象によって吉凶を示し、災いを招いて変異《へんい》を表し、それによって譴誡《けんかい》としました。むかし斉《せい》の桓公《かんこう》は、虹が牛《ぎゅう》宿・斗《と》宿を貫くという変事に遭遇したところ、管仲《かんちゅう》の謀を納れました。（それは）「斉から婦人を追い出し、妃宮《ひきゅう》に近づかない」と（いう謀でした）。桓公は（管仲の策を）聞き入れ用いたことで、斉は大いに落ち着きました。趙に尹史《いんし》がおりましたが、月が歯を生じ、畢宿の大星を嚙むさまを見て、兵による変事が起きることを占いました。趙君は、「天下は一つの畢宿を共用しており、どこの国（の出来事）とすることが分かろうか」と言いました。（そして）尹史を獄に下したのです。その後、公子《こうし》牙《が》が君主の弑殺を謀り、端門に血で文書を著しました。尹史の言うとおりでした。その月の十三日、客星があって（その）気は彗孛の

形をしており、天市・梗河・招揺《しょうよう》・天槍《てんそう》・天棓《てんほう》をめぐり、十六日に紫宮《しきゅう》に入り、北辰に迫りました。十七日にまた文昌・泰陵《たいりょう》を通過し、天船・積水《せきすい》の間に至り、次第に消えて見えなくなりました。客星の一占によれば、「天市垣を通過する魯星《ろせい》があるときは、穀物の値段が高騰する（象である）。梗河の三星は、非常事態に備え、泰陵の八星は凶喪であり、紫宮・北辰は至尊である（象である）」とあります。占のとおりであれば、宮殿内で兵が損なわれる変事が起こり、千里の外で異常な暴逆という形の不幸が起こることを恐れます。魯星が尊宿を通過できず、運行が速ければ、おそらく一端ではないでしょう。また王阿母《おうあぼ》の母子のような賤妾が、帝のそばにいて政事を損ない乱そうとする者があることを恐れます。これを保持させるためには、遠方を抑え、財を充足すべきであります。王者の権柄と爵禄は、人と天とが慎み重んずるものであり、まことに阿妾《あしょう》などが与《あずか》るべきではありません。天は、だからこそ変異を下して、明確に人に示すのです。もし慎まねば、災禍が訪れ異変が起こり、これを後悔しても及びません」と言った」とある。

順二十三

孝順帝《こうじゅんてい》の永建《えいけん》二〔一二七〕年二月癸未《きび》、太白が昼に現れること三十九日であった〔一〕。

閏月乙酉《いつゆう》、太白が昼に東南の維に現れること四十一日であった。八月乙巳《いつし》、熒惑《けいわく》が輿鬼《よき》に入った。太白が昼に現れるときは、強力な臣下がいる（象である）。熒惑は凶事（の象）である。輿鬼は死喪（の象）である。質《しつ》星は誅戮（の象）である。このとき、中常侍の高梵《こうぼん》・張防《ちょうぼう》、将作大匠《しょうさくだいしょう》の翟酺《てきほ》、尚書令《しょうしょれい》の高堂芝《こうどうし》、（尚書）僕射《ぼくや》の張敦《ちょうとん》、尚書《しょうしょ》の尹《いん》就《しゅう》、（尚書）郎《ろう》の姜述《きょうじゅつ》・楊鳳《ようほう》らは、兗州刺史《えんしゅうしし》の鮑就《ほうしゅう》、使匈奴中郎将《しきょうどちゅうろうしょう》の張国《ちょうこく》、金城《きんじょう》太守の張篤《ちょうとく》、敦煌《とんこう》太守の張朗《ちょうろう》らと交際したが、（それが）漏洩して、尹就・姜述は公開処刑となって死体を晒され、高梵・張防・翟酺・高堂芝・張敦・楊鳳・鮑就・張国は、みな罪に触れた（のはその事応である）。また定遠侯《ていえんこう》の班始《はんし》は陰城公主《いんじょうこうしゅ》の堅得《けんとく》を娶ったが、争いの末に堅得を殺したことで、罪に問われて馬市で腰斬《ようざん》（の刑）に処せられ、兄弟はみな市中で処刑となり、死体を晒された（のはその事応である）〔二〕。

〔劉昭注〕

〔一〕『古今注《ここんちゅう》』に、「丁巳《ていし》、月が心宿を犯し、七月丁酉《ていゆう》、昴《ぼう》宿を犯した」とある。

〔二〕『古今注』に、「その年の九月戊寅《ぼいん》、白気があり、広さは三尺、長さは十余丈で、北落師門《ほくらくしもん》から南の斗宿のところに至った。（永建）三〔一二八〕年二月癸未《きび》、月が心宿の後星を犯した。

六月甲子《こうし》、太白が昼に現れた。〔永建〕四〔一二九〕年二月癸丑《きちゅう》、月が心宿の後星を犯した。〔永建〕五〔一三〇〕年閏月庚子《こうし》、太白が昼に現れた。〔永建〕六〔一三一〕年、彗星が斗宿・牽牛《けんぎゅう》のところに出現し、虚宿・危宿のあたりで消滅した。虚宿・危宿は斉であり、牽牛は呉・越であるため、海賊が会稽《かいけい》郡〔浙江省紹興市一円〕に現れ、山賊は濟南《せいなん》郡〔山東省章丘の西一円〕で猛威を振るう〔象である〕。〔永建〕五〔一三〇〕年夏、熒惑が氐《てい》宿に留まるのは、諸侯に斬られる者がいる〔象である〕。この年の冬、班始が馬市にて腰斬に処された〔のはその事応である〕」とある。

〔永建〕六〔一三一〕年四月、熒惑《けいわく》が太微《たいび》垣《えん》の中に入り、左・右の執法星《しっぽうせい》の西北の方角六寸ばかりのところを犯した。十月乙卯《いつぼう》、太白が昼に現れた。十二月壬申《じんしん》、客星の芒気《ぼうき》が二尺余りの長さで、西南の方向を指し、色は蒼白で、牽牛《けんぎゅう》の六度のところにあった。客星の芒気が白いものは兵〔の象〕である。牽牛は呉・越のことである。一年後、会稽《かいけい》郡〔浙江省紹興市一円〕の海賊の曾於《そうお》ら千余人が句章《こうしょう》県〔浙江省余姚の南〕を焼き、長吏を殺し、さらに鄞《ぎん》県〔浙江省奉化市の東〕・鄮《ぼう》県〔浙江省寧波市の東〕の長を殺して、官兵を捕らえ、吏民を拘殺し、会稽東部都尉《かいけいとうぶとい》を攻撃した〔のはその事応である〕。揚州《ようしゅう》六郡の逆賊の章何《しょうか》たちは将軍を自称し、四十九県を侵犯し、大いに吏民を攻撃して掠奪した（のはその事応である）。

陽嘉《ようか》元〔一三二〕年閏月戊子《ぼし》〔一〕、客星の気が白く、広さは二尺、長さは五丈、天苑の西南に発生した。（客星の気は）馬や牛を司り、外敵（の襲来）であり、色が白いときは兵乱が起こる（象である）。この時、敦煌《とんこう》太守の徐白《じょはく》は、疏勒王《そろくおう》の盤《ばん》らの兵二万人を于窴国《うてんこく》〔新疆維吾爾《ウイグル》自治区和田《ホーテン》の南一円〕の国境に侵入させ、三百人余りを捕虜にし斬首した。護烏桓校尉の耿曄《こうか》は、烏桓族で親漢都尉《しんかんとい》の戎末瘣《じゅうばつかい》らを出塞させ、鮮卑《せんぴ》を攻撃して斬首し、捕虜と財物を獲得した。鮮卑はこれを怨み、遼東郡・代郡を侵略し、吏民を殺傷した。この後、西戎・北狄が侵寇して害を加え、馬や牛を率いて兵を起こすと、馬や牛もまた戦いの中で死傷し、十余年に至ってようやく止んだ（のはその事応である）〔二〕。

〔劉昭注〕

〔一〕臣《わたくし》劉昭が調べますと、郎顗《ろうぎ》の上表には、「十七日己丑《きちゅう》」とあります。

〔二〕臣《わたくし》劉昭が調べますと、(『後漢書』列伝二十下）郎顗伝では、「陽嘉元〔一三二〕年、太白と歳星が房宿・心宿に集まった。陽嘉二〔一三三〕年、熒惑《けいわく》が軌道を失い、前進したり後退したり往来しつつ、輿鬼をめぐり、軒轅《けんえん》を回っている」とあります。『古今注《ここんちゅう》』に、「(陽嘉）二〔一三三〕年四月壬寅《じんいん》、太白が昼に現れ、五月癸巳《きし》、また昼に現れ、十一月辛未《しんび》、また昼に現れた。十二月壬寅、月が太白を犯した。(陽嘉）三〔一三四〕年十二月辛未、太白が昼に現れた。四月乙卯、太白・熒惑が輿鬼《よき》に入った。永和《えいわ》元〔一三六〕年正月丁卯《ていぼう》、太白が牽牛の大星を犯した」とあります。

永和《えいわ》二〔一三七〕年五月戊申《ぼしん》、太白が昼に現れた。八月庚子《こうし》、熒惑《けいわく》が南斗を犯した。(南）斗は呉である〔二〕。翌年五月、呉郡太守行丞事《ごぐんたいしゅこうじょうじ》の羊珍《ようちん》は、越兵の弟の羊葉《ようしょう》・吏民の呉銅《ごどう》ら二百余人と共に兵を起こして反乱し、吏民を殺害して、官舎や人民の家を焼き、太守の役所を攻撃した。(呉郡）太守の王衡《おうこう》はこれを防ぎ、吏兵は羊珍らを打ち殺した。また九江郡《きゅうこうこう》〔安徽省定遠の北西一円〕の賊の蔡伯流《さいはくりゅう》ら数百人が、広陵《こうりょう》郡〔江蘇省揚州市北西一円〕・九江郡を攻め、城郭を焼き、江都長《こうとちょう》を殺した（のは、その事応である）。

〔劉昭注〕

〔一〕『黄帝経《こうていけい》』に、「一年も経たないうちに、国に乱が起こり、不幸がある（象である）」とある。『海中占《かいちゅうせん》』に、「火災が多い。一説には、旱が起こる（象である）」とある。『古今注《ここんちゅう》』に、「九月壬午《じんご》、月が畢《ひつ》宿の口中に入った」とある。

（永和）三（一三八）年二月辛巳《しんし》、太白が昼に現れ、戊子、熒惑《けいわく》の西南にあり、光芒《こうぼう》が互いに犯した。辛丑《しんちゅう》、斗のような大きさの流星があり、西北より東に行き、長さは八から九尺、色は赤黄で、雷が轟くような音を立てた。三月壬子《じんし》、太白が昼に現れた。六月丙午、太白が昼に現れた。八月乙卯《いつぼう》〔一〕、太白が昼に現れた。閏月甲寅《こういん》、辰星が輿鬼《よき》に入った。己酉、熒惑が太微垣《たいびえん》に入った。乙卯、太白が昼に現れた〔二〕。太白は、将軍の官であり、また西州（の象）である。昼に現れるときは、陰が盛んであり、君主と明るさを争い合う（象である）。熒惑が太白と犯し合うときは、兵が失われる（象である）。流星は使者であり、音を轟かせるのは、怒りの象である。辰星が輿鬼に入るときは、死ぬ大臣がいる（象である）。熒惑が太微に入るときは、乱臣が朝廷内にいる（象である）。この時、大将軍の梁商《りょうしょう》父子が権勢を握っていたため、太白は常に昼に現れたのである。

（永和）四〔一三九〕年正月、南郊で祭祀を行い、夕牲《せきせい》した。中常侍の張逵《ちょうき》・蘧政《きょせい》・楊定《ようてい》・内者令《ないしゃれい》の石光《せきこう》・尚方令《しょうほうれい》の傅福《ふふく》たちは、中常侍の曹騰《そうとう》・孟賁《もうほん》と権勢を争い、順帝に、「曹騰・孟賁は梁商とともに謀反しています」と言上した。そして詔命と偽って曹騰・孟賁を捕らえたところ、孟賁は自ら弁明した。順帝は気が付き、曹騰・孟賁の縛めを解いた。張逵たちは事が従われなかったことを知り、各々逃げ出し、ある者は自らを刺し（て自害を図り）、貂蟬《ちょうせん》を解いて草中に投げ捨てて逃亡し、みな免れ得た。（永和）六〔一四一〕年、征西《せいせい》将軍の馬賢《ばけん》は、西羌を北地の射姑山《えきこざん》〔甘粛省慶陽の北〕の麓で撃ったが、父子ともども羌族に殺された。これはその事応である。

［劉昭注］
［一］『古今注』に、「己酉《きゆう》、熒惑が太微垣に入った」とある。
［二］『古今注』に、「十二月丁卯《ていぼう》、月が軒轅《けんえん》の大星を犯した」とある。

（永和）四〔一三九〕年七月壬午《じんご》、熒惑が南斗に入って第三星を犯した。（永和）五〔一四〇〕年四月戊午《ぼご》、太白が昼に現れた。八月己酉《きゆう》、熒惑が太微に入った。斗は貴相であり、また揚州であり、熒惑がこれに犯し入るときは兵が失われる〔象である〕。〔永和〕六〔一四一〕年、大将軍の梁商《りょうしょう》が薨じた。九江郡・丹陽《たんよう》郡〔安徽省宣城市一円〕の賊の周生《しゅうせい》・馬勉《ばべん》らが、兵を起こして郡県を攻め落とした〔のは、その事応である〕。梁氏は、また天子の朝廷で専権を振るった。

〔永和〕六〔一四一〕年二月丁巳《ていし》、彗星が東方に現れ、長さは六から七尺、色は青白で、西南の営室《えいしつ》および墳墓星《ふんぼせい》の方角を向いた[一]。丁丑、彗星が奎《けい》宿の一度のところにあり、長さは六尺であった。癸未、夕方に〔彗星が〕現れ[二]、西北の昴《ぼう》宿・畢《ひつ》宿をめぐった。甲申、東井にあり、そして輿鬼《よき》・柳《りゅう》宿・七星・張《ちょう》宿をめぐり、かがやく炎は三台《さんだい》にまで及び、軒轅《けんえん》の中に至って消滅した[三]。営室は、天子の常にいる宮殿である。墳墓星は、死を司る。彗星が出現して営室・墳墓星にあるときは、五年と経たぬうちに、天下に大喪がある〔象である〕。四年後、孝順帝《こうじゅんてい》が崩御した〔のはその事応である〕。昴は辺境の兵であり、また趙である。羌の周馬《しゅうば》父子が、後に侵寇してきた。また劉文《りゅうぶん》が清河《せいが》相《しょう》の射暠《しゃこう》を脅迫して、〔清河〕王の劉蒜《りゅうさん》を天子に立てようとしたが、射暠が聞き入れなかったため、射暠を殺した。〔清河〕王は門を閉ざして劉文を拒み、官兵に〔劉文を〕

捕えさせてこれを誅殺した。劉蒜は悪人に脅迫され、（王位を）廃されて尉氏侯《いしこう》となり、また左遷されて犍陽《けんよう》都《と》郷侯《きょうこう》となった。（劉蒜が）薨ずると、侯国が絶えた（のはその事応である）。（彗星が）東井・輿鬼を巡るときは、秦に（事件が）起こり、いずれも羌族に攻められ掠奪される（象である）。炎が三台に及ぶときは、三公に（事件が）起こる（象である）。この時、太尉の杜喬《ときょう》およびかつての太尉の李固《りこ》は梁冀《りょうき》に陥れられ、（誣告の上奏による）文書によって罪に問われ死んだ（のはその事応である）。（彗星が）注（柳宿）・張宿に至ったときは周に起こり、軒轅の中に消滅するときは後宮に起こる（象である）。その後、懿献后《いけんこう》は憂悶のあまり息絶え、梁氏は誅殺されたが、これはその事応である。

［劉昭注］

［一］『郗萌占《ちぼうせん》』に、「彗星が出現して営室に当たるときは、天下が乱れる（象である）。政治（の仕方）を改め、五色によりこの吉凶を占う」とある。

［二］『河図《かと》』に、「彗星が出現して奎《けい》宿を貫くときは、武器庫の武器がことごとく出て、災禍は強侯・外夷にあり、胡族は反逆に応じて首謀する（象である）」とある。

［三］『古今注《ここんちゅう》』に、「五月庚寅《こういん》、太白が昼に現れた。十一月甲午《こうご》、太白が昼に現れた」とある。

漢安《かんあん》二〔一四三〕年［一］、正月己亥《きがい》、太白が昼に現れた。五月丁亥《ていがい》、辰星が輿鬼《よき》を犯した［二］。六月乙丑《いっちゅう》、熒惑《けいわく》の光芒が鎮星を犯した。七月甲申《こうしん》、太白が昼に現れた。辰星が輿鬼を犯すときは大喪がある（象である）。熒惑が鎮星を犯すときは大人の不幸がある（象である）。翌〔一四四〕年八月、孝順帝が崩御し、孝沖帝《こうちゅうてい》が翌〔一四五〕年正月にまた崩御した（のはその事応である）［三］。

［劉昭注］

［一］『古今注』に、「（漢安）元〔一四二〕年二月壬午《じんご》、歳星が太微の中にあった。八月癸丑《きちゅう》、月が南斗を犯し、魁の中に入った」とある。

［二］『古今注』に、「丙辰《へいしん》、月が斗の中に入った」とある。

［三］『古今注』に、「建康《けんこう》元〔一四四〕年九月己亥、太白が昼に現れた」とある。『韓揚占《かんようせん》』に、「天下に喪事がある（象である）。一説によれば、（凶事により）白い素服で朝会することがある（象である）」とある。

質三

孝質帝《こうしつてい》の本初《ほんしょ》元〔一四六〕年[一]、三月癸丑、熒惑が輿鬼に入り、四月辛巳《しんし》、太白が輿鬼に入った。いずれも大喪がある（象である）。五月庚戌《こうじゅつ》、太白が熒惑を犯した。逆謀がある（象である）。閏月一日、質帝は梁冀《りょうき》に鴆殺《ちんさつ》され、崩御した（のはその事応である）。

〔劉昭注〕

［一］『古今注』に、「二月丁丑《ていちゅう》、月が南斗に入った」とある。

桓三十八

孝桓帝《こうかんてい》の建和《けんわ》元〔一四七〕年八月壬寅《じんいん》、熒惑《けいわく》（火星）が輿鬼《よき》の質星《しっせい》を犯した。（建和）二〔一四八〕年二月辛卯《しんぼう》、熒惑が巡行して太微垣《たいびえん》の右掖門《ゆうえきもん》より入り、十五日間留まり、端門《たんもん》から出た。（建和）三〔一四九〕年五月己丑《きちゅう》、太白《たいはく》（金星）が巡行して太微垣の中にあった。丙申《へいしん》、熒惑が東井《とうせい》に入った。八月己亥《きがい》、鎮星《ちんせい》（土星）が輿鬼の中南星を犯した。乙丑《いっちゅう》、光芒の長さ五尺の彗星が、天市垣《てんしえん》の中に現れ、東南の方角を向き、色は黄白で、九月戊辰《ぼしん》に見えなくなった。熒惑が輿鬼を犯すときは死喪があり、質星のときは誅戮される臣下がおり、太微垣に入るときは乱臣が現れる（象である）。鎮星が輿鬼を犯すときは喪事が起こる（象である）。彗星が天市垣の中に現れるときは貴人（の喪事）がある（象である）。和平《わへい》元〔一五〇〕年二月甲寅《こういん》に至って、梁太后《りょうたいこう》が崩じ、梁冀《りょうき》は、ますます驕慢かつ乱暴な振る舞いをするようになった（のはその事応である）。

元嘉《げんか》元〔一五一〕年二月戊子《ぼし》、太白が昼に現れた。永興《えいこう》二〔一五四〕年閏月丁酉《ていゆう》、太白が昼に現れた。時に桓帝は後宮に幸して鄧猛《とうもう》を采女《さいじょ》とし（て夜伽の相手に選び）、翌

〔一五五〕年、鄧猛の兄の鄧演《とうえん》を南頓侯《なんとんこう》に封じた。四年後（の一五九年）、梁皇后が崩じ、梁冀が誅殺されると、鄧猛は皇后に立てられ、はなはだ恩寵を受けた（のはその事応である）。

永寿元《えいじゅ》〔一五五〕年三月丙申《へいしん》、鎮星《ちんせい》が逆行して太微垣の中に入り、七十四日経って左《さ》掖門《えきもん》より去った。七月己未《きび》、辰星《しんせい》（水星）が太微垣の中に入り、八十日経って左掖門より去った。八月己巳《きし》、熒惑が太微垣に入り、二十一日経って端門より出た。太微垣は、天子の宮廷である。鎮星は貴臣・妃后であり、それが逆行するときは密かな謀略が起こる（象である）。辰星が太微垣に入るときは大水が起こり、一説には後宮に不幸がある（象である）という。この年、洛水《らくすい》が溢れて津陽城門《しんようじょうもん》〔洛陽城南面の西端の門〕にまで至り、南陽《なんよう》郡で大水が発生した（のはその事応である）。熒惑が留まって太微垣の中に入るときは、また乱臣がいる（象である）。この時、梁氏は政治を恣《ほしいまま》にしていた（のは、その事応である）。九月己酉《きゆう》、昼に長さ二尺ほどの流星があり、色は黄白であった。癸《き》巳《し》、熒惑が歳星を犯したのは、姦臣が謀略を練り、大将が殺される（象である）。

永寿二〔一五六〕年六月甲寅《こういん》、辰星が太微垣に入り、そのまま隠れて見えなくなった。辰星は水であり、兵であり、妃后である。八月戊午《ぼご》、太白が軒轅大星《けんえんたいせい》を犯したのは、皇后（の変事の象）である。（永寿）三〔一五七〕年四月戊寅《ぼいん》、熒惑《けいわく》が東井の口中に入ったのは、誅殺される大臣がいる（象である）。その年の七月丁丑《ていちゅう》、太白が心《しん》宿の前星を犯したのは、大臣（に関する変事の象）である。二年後（一五九年）の七月、懿献皇后《いけんこうごう》は憂悶のうちに死んだ。大将軍《だいしょうぐん》の梁冀は、太倉令《たいそうれい》の秦宮《しんきゅう》に議郎《ぎろう》の邴尊《へいそん》を刺殺させ、また鄧皇后の母の宣《せん》を殺そうとしたが、事が発覚し、桓帝は梁冀および妻の孫寿《そんじゅ》が持つ襄《じょう》城君《じょうくん》の印綬を回収させ、みな自殺させた。梁氏一族と孫氏の宗族を誅殺し、ある者は辺境に移住させた。これらはその事応である。

延熹《えんき》四〔一六一〕年三月甲寅《こういん》、熒惑が輿鬼《よき》の質星を犯した。五月辛酉《しんゆう》、客星が営室にあり、やや巡行して、長さ五尺ほどの光芒を生じ、心宿の一度のところに至り、変転して彗星となった。熒惑が輿鬼の質星を犯すときは、大臣の中で誅戮されて死ぬ者が現れる（象である）。（延熹）五〔一六二〕年十月、南郡太守《なんぐんたいしゅ》の李粛《りしゅく》は、蛮夷の賊が郡県を攻撃して一億以上の財を奪い、太守府に入って銅虎符《どうこふ》を奪った（ことに遭遇した）が、李粛は敵に背を向けて逃走し、城郭を救出しなかったことで罪に問われた。また黎陽県《れいよう》〔河南省浚県の北東〕を監察する謁者《えつしゃ》の燕喬《えんきょう》は収賄罪によって罪に問われ、重泉令《じゅうせん》の彭《ほう》良《りょう》は罪なき者を殺害したことで、いずれも棄市された。京兆虎牙都尉《けいちょうこがとい》の宋謙《そうけん》は収賄罪により罪に問われ、獄に下されて死んだ（のはその事応である）。客星が営室にあり、心宿に至って彗星になるときは、大喪がある（象である）。四年後（の一六五年）、鄧皇后《とうこうごう》が憂死した（のはその事応である）。

（延熹）六（一六三）年十一月丁亥《ていがい》、太白が昼に現れた。この時、鄧皇后の家が尊貴なうえに隆盛していた（のはその事応である）。

（延熹）七（一六四）年七月戊辰《ぼしん》、辰星が歳星を犯した。八月庚戌《こうじゅつ》、熒惑が輿鬼の質星を犯した。庚申《こうしん》、歳星が軒轅《けんえん》大星を犯した。

十月丙辰《へいしん》、太白が房《ぼう》宿の北星を犯した。丁卯《ていぼう》、辰星が太白を犯した。十二月乙丑《いっちゅう》、熒惑《けいわく》が軒轅の第二星を犯した。辰星が歳星を犯すときは戦争が起こる（象である）。熒惑が質星を犯すときは誅戮される臣下がいる（象である）。歳星が軒轅を犯すときは女主の不幸がある（象である）。太白が房宿の北星を犯すときは後宮（の変事）がある（象である）。（延熹）八（一六五）年二月、太僕《たいぼく》・南郷侯《なんきょうこう》の左勝《さしょう》は罪を受けて死を賜わり、左勝の弟で中常侍《ちゅうじょうじ》・上蔡侯《じょうさいこう》の左悺《さわん》と、北郷侯《ほくきょうこう》（劉懿《りゅうい》）の与党はみな自殺した。癸亥、皇后の鄧氏は、邪《よこしま》な手段を取ったことで罪に問われて（皇后を）廃され、桐宮《とうきゅう》に遷されて死去し、宗親である侍中《じちゅう》・沘陽侯《ひようこう》の鄧康《とうこう》、河南尹《かなんいん》の鄧万《とうまん》、越騎校尉《えつきこうい》の鄧弼《とうひつ》、虎賁中《こほんちゅう》郎将《ろうしょう》・安陽侯《あんようこう》の鄧会《とうかい》、侍中・監羽林左騎《かんうりんさき》の鄧徳《とうとく》、右騎《うき》の鄧寿《とうじゅ》、昆陽侯《こんようこう》の鄧統《とうとう》、淯陽侯《いくようこう》の鄧秉《とうへい》、議郎《ぎろう》の鄧循《とうじゅん》は、いずれも暴室《ぼうしつ》に繋がれ、鄧万・鄧会は死し、鄧康らは免官となった。また荊州刺史の芝《し》・交阯《こうし》刺史の葛祗《かつし》は、いずれも賊に捕らわれ、桂陽《けいよう》太守の任《じん》胤《いん》は、敵に背を向けて逃走したことで、みな棄市された。（これらは）熒惑《けいわく》が輿鬼《よき》の質星を犯したことの事応である。

（延熹）八〔一六五〕年五月癸酉《きゆう》、太白が輿鬼《よき》の質星を犯した。壬午《じんご》、熒惑《けいわく》が太微垣《たいびえん》の右執法《ゆうしっぽう》より入った。閏月己未《きび》、太白が心宿の前星を犯した。十月癸酉《きゆう》、歳星が左執法《さしっぽう》を犯した。十一月戊午《ぼご》、歳星が太微垣に入り、左執法を犯した。（延熹）九〔一六六〕年正月壬辰《じんしん》、歳星が太微垣の中に入り、五十八日経って端門より出た。六月壬戌《じんじゅつ》、太白が巡行して輿鬼に入った。七月乙未《いつび》、熒惑が輿鬼の中をめぐり、質星を犯した。九月辛《しん》亥《がい》、熒惑が太微垣の西門に入り、五十八日を経過した。永康《えいこう》元〔一六七〕年正月庚寅《こういん》、熒惑が逆行して太微垣の東門より入り、太微垣の中に留まり、百一日経って端門より出た。七月丙戌《へいじゅつ》、太白が昼に現れて天をめぐった。太白が心の前星を犯し、太白が輿鬼の質星を犯すときは誅戮される臣下がいる（象である）。熒惑が太微垣に入るときは賊臣が現れる（象である）。太白が心宿の前星を犯すときは兵が損なわれる（象である）。

歳星が太微垣に入って左執法を犯すときは、将相の中で誅される者が現れる（象である）。歳星が太微垣に入って守ること五十日を経たときは、占いによれば君主（の変事）である。太白・熒惑が輿鬼に入るときは、いずれも死喪があり、また質星を犯すときは臣下を誅戮する（象である）。熒惑が太微垣の中に百一日留まるときは、占いによれば君主（の変事）である。太白が昼に現れて天をめぐるときは戦いが起こり、不幸が大人に起こる（象である）。（延熹）九〔一六六〕年十一月、太原太守《たいげん》の劉瓆《りゅうしつ》・南陽太守の成瑨《せいしん》は、どちらも無辜《むこ》の人間を殺したと罪に問われ、荊州刺史の李隗《りかい》は賊に捕らわれ、尚書郎《しょうしょろう》の孟瑨《もうとう》は、金銭を受け取って機密を漏らしたことで罪に問われ、みな棄市された（のはその事応である）。永康《えいこう》元〔一六七〕年十二月丁丑《ていちゅう》、桓帝《かんてい》が崩御し、太傅《たいふ》の陳蕃《ちんばん》・大将軍の竇武《とうぶ》・尚書令《しょうしょれい》の尹勳《いんくん》・黄門令《こうもんれい》の山冰《さんひょう》らは、みな非業の死を遂げた。（これらは）太白が心宿を犯し、熒惑が太微垣に留まったことの事応である。

霊二十

孝霊帝《こうれいてい》の建寧《けんねい》元〔一六八〕年六月、太白が西方にあり、太微垣に入り、西蕃《せいばん》（西の城壁）の南頭星を犯した。太微垣は、天の宮廷である。太白がその中を巡るときは、宮門は閉ざすべきであり、大将は鎧と武器を身に着け、大臣は誅殺される（象である）。その（年の）八月、太傅の陳蕃と大将軍の竇武は、謀略をめぐらせて宦官たちを全滅させようした。九月辛亥《しんがい》、中常侍の曹節《そうせつ》・長楽五官史《ちょうらくごかんし》の朱瑀《しゅう》はこれを察知し、制詔を偽造して、陳蕃・竇武らを殺害すると、家族は日南《にちなん》郡比景《ひけい》県〔ベトナム高平《カオバン》省宋河下流の高牢下村〕に移住させられた（のはその事応である）。

熹平元〔一七二〕年十月、熒惑《けいわく》が南斗の中に入った。『占』に、「熒惑が守る所には兵乱が起こる（象である）。南斗は呉である」とある。その（年の）十一月、会稽《かいけい》郡〔浙江省紹興市一円〕の賊の許昭《きょしょう》は、兵を集めて大将軍と自称し、許昭の父の許生《きょせい》は越王《えつおう》となり、郡県を攻め破った（のはその事応である）。

（熹平）二〔一七三〕年四月、（彗）星が文昌《ぶんしょう》より出現し、紫宮《しきゅう》（紫微垣《しびえん》）に入り、蛇行して、頭と尾があって身が無く、赤色をして、光を放って（紫宮の）垣牆を照らした。八月丙寅《へいいん》、太白が心宿の前星を犯した。辛未《しんび》、一匹の練《ねりぎぬ》のような白気があり、北斗の第四星を衝いた。『占』に、「文昌《ぶんしょう》は上将・貴相である。太白が心宿の前星を犯すときは、大臣が相当する（象である）」とある。六年後（の一七九年）、司徒《しと》の劉郃《りゅうこう》は中常侍の曹《そう》節《せつ》に讒言され、獄に下されて死んだ（のはその事応である）。白気が北斗を衝くときは大戦が起こる。翌〔一七四〕年冬、揚州《ようしゅう》刺史の臧旻《ぞうびん》と丹陽《たんよう》太守の陳寅《ちんいん》は、盗賊の苴康《しょこう》を攻め、数千級を斬首した（のはその事応である）。

光和《こうわ》元〔一七八〕年四月癸丑《きちゅう》、流星が軒轅《けんえん》の第二星を犯し、東北に進んで北斗の魁中に入った。八月、彗星が亢《こう》宿の北に出て、天市垣《てんしえん》の中に入った。長さは数尺であったが、次第に伸びて五から六丈に至り、赤色で、十余りの星宿をめぐり、八十余日にして、天《てん》苑《えん》の中に消えた。流星は（天からの）貴い使者であり、軒轅は内宮であり、北斗の魁は殺すことをつかさどる。流星が軒轅より出現して北斗の魁に至るときは、これこそ天子の大使が出立して、殺伐がある（象である）。中平《ちゅうへい》元〔一八四〕年に至り、黄巾賊《こうきんぞく》が蜂起すると、天子は中郎将《ちゅうろうしょう》の皇甫嵩《こうほすう》・朱儁《しゅしゅん》らを派遣して征伐させ、十余万級を斬首した（のはその事応である）。彗星が天市垣を掃き清めるときは、天帝が移動しようとし、皇帝が遷都を行う（象である）。初平《しょへい》元〔一九〇〕年に至って、献帝《けんてい》は長安《ちょうあん》に遷都した（のはその事応である）。

（光和）三〔一八〇〕年冬、彗星が天狼《てんろう》と弧矢《こし》（の所）より出て、東に進み張《ちょう》宿に至ってようやく去った。張宿は周《しゅう》の地であり、彗星がここを犯すときは兵乱が起こる（象である）。四年後（の一八四年）、京都《みやこ》は大軍を出発させて、黄巾賊を撃った（のはその事応である）。

（光和）五〔一八二〕年四月、熒惑《けいわく》が太微垣《たいびえん》の中にあり、屛《へい》に留まった。七月、彗星が三台《さんだい》の下から出現し、東に向かって進んで太微垣に入り、太子《たいし》・幸臣《こうしん》に至り、二十余日経って消えた。十月、歳星・熒惑・太白が、虚《きょ》宿に三つとも集まり、それぞれ五から六寸離れ、まるで連ねた珠のようであった。『占』に、「熒惑が太微垣にあるときは乱臣がいる（象である）」とある。この時、中常侍の趙忠《ちょうちゅう》・張譲《ちょうじょう》・郭勝《かくしょう》・孫璋《そんしょう》らが、いずれも悪事や反乱を起こした（のはその事応である）。彗星が太微垣に入るときは、天下の主が交替する（象である）。中平六〔一八九〕年に至って、天子（霊帝）が崩御した（のはその事応である）。歳星・熒惑・太白が虚宿に三つとも集まるときは喪事がある（象である）。虚宿は、斉《せい》の地である。翌〔一八三〕年、琅邪王《ろうやおう》の劉拠《りゅうきょ》が薨去した（のはその事応である）。

光和年間（一七八～一八四年）、国皇星《こくこうせい》の東南角は、地から一から二丈離れ、炬火のような形状をしており、十余日経って見えなくなった。『占』に、「国皇星（が現れるとき）は内乱が起こり、国内外で兵が損なわれる（象である）」とある。その後、黄巾賊の張角《ちょうかく》は州郡を焼き、朝廷は将を派遣してこれを征討させ、十余万級を斬首した。中平六〔一八九〕年、天子が崩御すると、大将軍の何進《かしん》は、司隷校尉《しれいこうい》の袁紹《えんしょう》に命じて密かに兵を千余人募り、こっそりと洛陽《らくよう》の城外に駐屯させた。内密に幷州牧《へいしゅうぼく》の董卓《とうたく》を呼び寄せ、兵を率いて京都に来させ、共に宦官を誅滅しようとした。南北の宮門で戦闘となり、死者は数千人に及び、宮室を焼き、（その後、董卓は）西京《せいけい》（長安）に遷都した。司徒の王允《おういん》は、将軍の呂布《りょふ》と共に董卓を誅殺したところ、董卓の部曲将である郭汜《かくし》・李傕《りかく》は、兵をめぐらせて長安を攻め、公卿・百官・吏民の戦死者は一万人に達しようとした。天下の乱れは、みな（朝廷の）内部から発生した（のはその事応である）。

中平二〔一八五〕年十月癸亥《きがい》、客星が南門の中に出て、半筵《はんえん》のような大きさで、五色で喜怒は次第に小さくなり、翌〔一八六〕年六月に至って消えた。『占』に、「戦いが起こる（象である）」とある。（中平）六〔一八九〕年に至って、司隷校尉の袁紹は宦官を誅滅すると、大将軍（何進）の部曲将であった呉匡《ごきょう》は、車騎《しゃき》将軍の何苗《かびょう》を攻め殺し、死者は数千人に及んだ（のはその事応である）。

（中平）三〔一八六〕年四月、熒惑が逆行して心宿の後星に留まった。十月戊午《ぼご》、月が心宿の後星を食した。『占』に、「大喪がある（象である）」とある。三年後（の一八九年）に霊帝が崩御した（のはその事応である）。

（中平）五〔一八八〕年二月、彗星が奎《けい》宿より出現し、逆行して紫宮に入った。後に三度出現し、六十余日経過して消えた。六月丁卯《ていぼう》、三升椀《さんしょうわん》のような客星が、貫索《かんさく》より出現し、西南に向かって進んで天市垣《てんしえん》に入り、尾《び》宿に至って消えた。『占』に、「彗星が紫宮を掃き清めるときは、天下の主が交替する（象である）。客星が天市垣に入るときは、貴人の喪事がある（象である）」とある。翌〔一八九〕年四月、天子が崩御した（のはその事応である）。中平《ちゅうへい》年間〔一八四～一八九年〕中の夏、火のように赤い流星があり、長さは三丈で、河鼓《かこ》より現れ、天市垣に入った。宦者星《かんじゃせい》に抵触し、色は白く、長さは二から三丈で、後部の尾が二度屈折し、しばらくして消滅した。その形状は曲がった矢のようであった。『占』に、「曲がった矢が流れ飛び、その宮を射た。いわゆる矢は真っ直ぐなのに曲がっているのは、矢を操る者が邪《よこしま》でねじけた人物だからである」とある。中平六〔一八九〕年、大将軍の何進は、宦官をすべて誅殺しようと謀ったが、宦官は（その計画を）察知し、省中で何進を殺害し、（その後、何氏と宦官は）共に破滅した。天下はこれにより大いに壊乱した（のはその事応である）。

（中平）六〔一八九〕年八月丙寅《へいいん》、太白が心宿の前星を犯し、戊辰《ぼしん》、心宿の中の大星を犯した。その日の四刻〔夕方〕にならぬうちに、大将軍の何進は省中で宦官たちに殺された（のはその事応である）。己巳、車騎将軍の何苗《かびょう》は、何進の部曲将であった呉匡《ごきょう》に殺された（のはその事応である）。

献九

孝献帝《こうけんてい》の初平《しょへい》二〔一九一〕年九月、蚩尤旗《しゆうき》が現れ、長さは十余丈で、色は白く、角宿・亢宿の南から出た。『占』に、「蚩尤旗が現れるときは、王が四方を征伐する（象である）」とある。その後、丞相《じょうしょう》の曹公《そうこう》（曹操《そうそう》）は、三十年近い歳月をかけて天下を征討した（のはその事応である）。

建安五〔二〇〇〕年十月辛亥《しんがい》、孛星《はいせい》が大梁《たいりょう》（の方角）に現れ、（これは）冀州《きしゅう》の分野である。時に袁紹は冀州にいた。その年の十一月、袁紹の軍は曹操に敗れた。（建安）七〔二〇二〕年夏、袁紹が死亡し、後に曹操はついに冀州を手に入れた（のはその事応である）。

（建安）九〔二〇四〕年十一月、孛星が東井・輿鬼《よき》より現れ、軒轅《けんえん》・太微垣《たいびえん》に入った。（建安）十一〔二〇六〕年正月、孛星が北斗より現れ、頭は北斗の中で、尾は紫宮を貫き北辰《ほくしん》に及んだ。『占』に、「彗星が太微宮を掃き清めるときは、君主が位を変える（象である）」とある。その後、魏《ぎ》の文帝《ぶんてい》（曹丕《そうひ》）は（献帝から）禅譲を受けた。（建安）十二（二〇七）年十月辛卯《しんぼう》、孛星が鶉尾《じゅんび》より現れた。（ここは）荊州《けいしゅう》の分野である。時に荊州牧の劉表《りゅうひょう》は荊州を根拠地としていた。益州従事《えきしゅうじゅうじ》の周群《しゅうぐん》は、「荊州牧はもうすぐ死んで土地を失うだろう」と言った。翌（二〇八）年秋、劉表は卒し、小子の劉琮《りゅうそう》を自らの後継者とした。曹操がちょうど荊州を討伐しようとしたとき、劉琮は怖れ、軍を挙げて曹操のもとに降伏した（のはその事応である）。

（建安）十七（二一二）年十二月、孛星が五諸侯《ごしょこう》に現れた。周群は、「西方でもっぱら土地に割拠している者は、みな領土を失おうとしている」と言った。この時、益州牧の劉璋《りゅうしょう》は益州を根拠地とし、漢中《かんちゅう》太守の張魯《ちょうろ》は（これとは）別に漢中郡〔陝西省漢中市一円〕を根拠地とし、韓遂《かんすい》は涼州《りょうしゅう》を根拠地とし、宋建《そうけん》は（またこれとは）別に枹罕《ふかん》県〔甘粛省臨夏の南西〕を根拠地としていた。翌（二一三）年冬、曹操は一部隊の大将を派遣して涼州を攻撃させた。（建安）十九（二一四）年、宋建を捕虜にした。韓遂は羌《きょう》族の地に逃れ、病死した。その年の秋、劉璋は益州を失った。（建安）二十（二一五）年秋、曹操は漢中郡を攻め、張魯は降伏した（これらは、その事応である）。

（建安）十八（二一三）年秋、歳星・鎮星・熒惑《けいわく》が、共に太微垣《たいびえん》に入り、逆行して帝坐《ていざ》に百余日も留まった。『占』に、「歳星が太微垣に入るときは、君主が改まる（象である）」とある。

（建安）二十三（二一八）年三月、孛星《はいせい》が明け方に東方に二十余日間現れ、夕方に西方に現れ、五車《ごしゃ》・東井・五諸侯・文昌・軒轅《けんえん》・后妃《こうひ》・太微を犯しめぐり、鋒炎《ほうか》は帝坐の方角を向いた。『占』に、「古いものを掃き清め、新しいものを布くことの象である」とある。

隕石

殤帝《しょうてい》の延平《えんぺい》元（一〇六）年九月乙亥、石が陳留郡《ちんりゅう》（河南省開封県の南東の陳留鎮一円）に四つ隕《お》ちた。『春秋《しゅんじゅう》』の僖公《きこう》十六（前六四四）年に、「石が宋《そう》に五つ隕ちた」とある。（またその）伝《でん》（『春秋左氏伝《しゅんじゅうさしでん》』）に、「隕星である」とある。董仲舒《とうちゅうじょ》は、「高いところから低いところに返ることの象である」といった。ある人は、「庶人の象である」といった。星が隕ちることは、民が困窮することの象である。

桓帝《かんてい》の延熹《えんき》七（一六四）年三月癸亥《きがい》、石が右扶風《ゆうふふう》（陝西省興平の南東一円）に隕ちること一つであり、鄠《こ》県（陝西省盧県）にまた隕石が二つあり、いずれも雷のような音を発した。

〔天文志下　第十二は劉昭注を欠き、最後の終わり方も中途半端である。〕

本書は、二〇〇一年から二〇一六年にかけて汲古書院より刊行された『全譯後漢書』（全十九冊）のうちの「第三－六冊　志（一）－（四）」を底本とし、司馬彪が著した『続漢書』の志と劉昭がつけた注を現代日本語に翻訳し、収録したものである。

渡邉義浩（わたなべ　よしひろ）
1962年、東京都生まれ。文学博士。早稲田大学文学学術院教授。専攻は「古典中国」学。
著訳書に、『後漢国家の支配と儒教』（雄山閣出版）、『三国志よりみた邪馬台国』（汲古書院）、『全譯論語集解』（主編、同）、『全譯後漢書』（主編、同）、『儒教と中国――「二千年の正統思想」の起源』（講談社選書メチエ）、『「論語」――孔子の言葉はいかにつくられたか』（同）、『魏武注孫子』（講談社学術文庫）、『関羽――神になった「三国志」の英雄』（筑摩選書）、『漢帝国――400年の興亡』（中公新書）、『孫子――「兵法の真髄」を読む』（同）、『三国志辞典』（大修館書店）、『論語集解――魏・何晏（集解）（上／下）』（早稲田文庫）、『後漢書 本紀［一］／本紀［二］』（同）など多数。

早稲田文庫005

後漢書《ごかんじょ》 志《し》［一《いち》］

2023年12月31日　初版第1刷発行

訳　者　渡邉義浩
発行者　須賀晃一
発行所　株式会社　早稲田大学出版部
〒169-0051　東京都新宿区西早稲田1-9-12
電話　03-3203-1551
https://www.waseda-up.co.jp/
印刷・製本　中央精版印刷株式会社
校正・校閲　海老沢基嗣
装丁　精文堂印刷株式会社デザイン室

ISBN 978-4-657-23014-0